Implementierungskonzepte für Datenbanksysteme

Springer
*Berlin
Heidelberg
New York
Hongkong
London
Mailand
Paris
Tokio*

Markus Schneider

Implementierungs-konzepte für Datenbanksysteme

mit 70 Abbildungen

Springer

Dr. Markus Schneider
University of Florida
Computer & Information Science
& Engineering (CISE)
E450, CSE Building
Gainesville, FL 32611-6120, USA

mschneid@cise.ufl.edu

Bibliografische Information Der Deutschen Bibliothek

Die Deutsche Bibliothek verzeichnet diese Publikation
in der Deutschen Nationalbibliografie; detaillierte bibliografische
Daten sind im Internet über <http://nb.ddb.de> abrufbar.

ISBN 3-540-41962-4 Springer-Verlag Berlin Heidelberg New York

Springer-Verlag Berlin Heidelberg New York
ein Unternehmen der BertelsmannSpringer Science+Business Media GmbH

http://www.springer.de

© Springer-Verlag Berlin Heidelberg 2004
Printed in Germany

Satz: Reproduktionsfertige Vorlagen des Autors
Produktion: LE-TeX Jelonek, Schmidt & Vöckler GbR, Leipzig
Umschlaggestaltung: KünkelLopka Werbeagentur GmbH, Heidelberg
Gedruckt auf säurefreiem Papier   33/3142YL - 5 4 3 2 1 0

Für Annette, Florian Markus und Tim Christopher

sowie

für meine Eltern Hans und Christel Schneider

Vorwort

Datenbanken und Datenbanktechnologie spielen heutzutage in praktisch allen Bereichen, in denen Computer eingesetzt werden, eine tragende Rolle. Die Nachteile konventioneller Dateisysteme, die zunehmenden Anforderungen an die Datenhaltung und an die Auswertung von Daten sowie neue Anwendungsgebiete sorgten und sorgen für eine rasante Entwicklung und Verbesserung der Konzepte und Techniken von Datenhaltungssystemen. Die Forderung nach verallgemeinerten und standardisierten Funktionen zur Datendefinition und Datenmanipulation sowie zur Integritätsüberwachung und Zugriffskontrolle bewirkten in einem stufenweisen Prozess die Entwicklung von einfachen Dateisystemen zu allgemeinen *Datenbanksystemen*. Ein Datenbanksystem übernimmt alle Aufgaben der effizienten Datenhaltung und Datenverwaltung in einem Anwendungssystem. Es zeichnet sich vor allem durch einen hohen Grad an Datenunabhängigkeit, durch ein logisches Datenmodell und durch die Bereitstellung einer Anfragesprache aus. Weiterhin unterstützt es den Mehrbenutzerbetrieb und bietet ein Transaktionskonzept sowie Maßnahmen zur Datensicherung an.

In diesem Buch werden wir der Frage nachgehen, wie Datenbanksysteme, die bekanntermaßen große Softwaresysteme darstellen, realisiert werden, d.h. welchen Implementierungsanforderungen sie unterliegen, wie die Architektur solcher Systeme aussieht und welche allgemeinen Konzepte für die Implementierung von Datenbanksystemen existieren. Hierbei sind verschiedene Sichtweisen auf Datenbanksysteme möglich, die spezielle Konzepte und Techniken erfordern können. Datenbanksysteme können klassifiziert werden nach dem zugrundeliegenden Datenmodell, nach Anwendungsgebieten und nach Einsatzformen.

Im Laufe der Zeit sind verschiedene Datenbankmodelle entworfen worden, die zur Entwicklung der entsprechenden Datenbanksysteme geführt haben. Diese Modelle beschreiben im Wesentlichen verschiedene Sichtweisen auf Datenbankobjekte und den auf ihnen definierten Operationen. Wichtige Beispiele sind das hierarchische Modell, das Netzwerkmodell, das relationale Modell, das objekt-orientierte Modell und das objekt-relationale Modell.

Aus Anwendungssicht haben sich Datenbanksysteme mittlerweile in den administrativen und betriebswirtschaftlichen Anwendungsgebieten etabliert. „Klassische" Anwendungsbereiche sind zum Beispiel Personalwesen, Produktionsplanung und

Produktionssteuerung, Waren- und Materialwirtschaft, Rechtswesen, Medizin, Bankwesen, Buchungswesen usw. Diesen sogenannten „Standard"-Datenbankanwendungen ist gemein, dass die von ihnen verarbeiteten Daten – im Wesentlichen handelt es sich um alphanumerische Daten – eine einfache Struktur aufweisen. Andererseits haben sich in den letzten Jahren in zunehmendem Maße eine ganze Reihe neuer, „nicht-klassischer" Computeranwendungen herauskristallisiert, die aus der Sicht herkömmlicher Datenbanksysteme als „Nicht-Standard"-Datenbankanwendungen bezeichnet werden. Beispiele sind CAD-Datenbanksysteme für den rechnergestützten Entwurf, geographische Informationssysteme und Geo-Datenbanksysteme für geowissenschaftliche Anwendungen wie Kartographie und Anwendungen zur räumlichen Analyse, Expertendatenbanksysteme, deduktive Datenbanksysteme oder Wissensbankverwaltungssysteme für wissensbasierte Anwendungen wie Expertensystemanwendungen und entscheidungsunterstützende Anwendungen sowie Multimedia-Datenbanksysteme für Anwendungen, die Text, Bild, Ton und Sprache integrieren. Alle diese Nicht-Standard-Anwendungen zeichnen sich durch das Auftreten enormer Datenmengen, durch eine große Anwendungskomplexität und durch komplex strukturierte und konzeptionell beliebig große Objekte aus. So werden beispielsweise in CAD-Datenbanksystemen, Geo-Datenbanksystemen und Multimedia-Datenbanksystemen geometrische Objekte wie Punkte, Polylinien, Polygone und Polyeder verwaltet, die eine komplexe Struktur aufweisen und besondere Speicherungs-, Zugriffs- und Anfragemechanismen erfordern.

Unabhängig vom zugrundeliegenden Datenmodell und vom betrachteten Anwendungsgebiet haben sich ausgehend von monolithischen Systemen (wir verstehen hierunter zentralisierte Systeme auf Ein-Prozessor-Rechnern) unterschiedliche neue Einsatzformen von Datenbanksystemen entwickelt. Diese beruhen im Wesentlichen auf Entwicklungen im Bereich der Hardware (Workstation-Server-Konfigurationen, Mehrprozessorsysteme, homogene/heterogene Rechnernetze, erweiterte Speicherarchitekturen mit sehr großen und teilweise nicht-flüchtigen Hauptspeichern) und auf der Zunahme verteilter Systeme (insbesondere von Client-Server-Systemen). Entsprechende Datenbanksysteme umfassen verteilte Datenbanksysteme, Client-Server-Datenbanksysteme und parallele Datenbanksysteme.

Die Mannigfaltigkeit der Entwicklungsrichtungen weist auf das weite Spektrum der Anforderungen in Bezug auf die Architektur und die Implementierung von Datenbanksystemen hin und zwingt zu einer Auswahl der behandelten Themen. In diesem Buch werden wir uns auf Implementierungskonzepte und -techniken konzentrieren, die (im Wesentlichen) allen Arten von Datenbanksystemen gemeinsam sind. An einigen Stellen erfolgt eine Einschränkung auf ein bestimmtes Datenmodell. So werden wir uns beispielsweise bei der Behandlung der Anfrageverarbeitung und Anfrageoptimierung auf das relationale Modell beschränken. Aus Anwendungssicht stehen Standard-Datenbanksysteme im Vordergrund. Allerdings werden wir auch Aspekte diskutieren, die sich speziell und ausschließlich auf Nicht-Standard-Datenbanksysteme beziehen. So besprechen wir bei der Betrachtung von Indexstrukturen auch Indexstrukturen für geometrische Objekte, wie sie in Geo- und

CAD-Datenbanksystemen vorkommen. Was die verschiedenen Einsatzformen von Datenbanksystemen anbetrifft, so beschränken wir uns im gesamten Buch auf monolithische Systeme. Auf Einschränkungen und Spezialisierungen der einzelnen Themenbereiche wird an den entsprechenden Stellen hingewiesen.

Intention dieses Buches ist es, eine kompakte Einführung in und ein grundlegendes Verständnis für die Architektur und die Implementierung von Datenbanksystemen zu entwickeln. Hierbei wird auch Wert auf die Kenntnis der englischen Fachbegriffe gelegt, die jeweils in runden Klammern angegeben werden. Dies soll den Leser beim Studium englischsprachlicher Fachliteratur unterstützen. Manchmal wird auch eine Übernahme eines englischen Fachbegriffs erfolgen, wenn eine deutsche Übersetzung oder ein gleichwertiger deutscher Begriff zu ungelenk erscheint.

Das Buch ist in sieben Kapitel unterteilt. Jedes Kapitel enthält am Ende Aufgaben und Literaturhinweise, die dem Leser eine Vertiefung des Stoffs ermöglichen. Lösungen zu allen Aufgaben finden sich am Ende des Buches. Die Literaturhinweise beziehen sich oft auch auf Material, das den Stoff des Kapitels ergänzt oder weiterführt.

Kapitel 1 bildet die Einführung und beschäftigt sich mit der Architektur von Datenbanksystemen und den Anforderungen an ihre Implementierung. Die traditionelle Datenorganisation in Dateisystemen mit ihren gravierenden Nachteilen wird den Datenbanksystemen mit ihren Vorteilen gegenübergestellt. Ferner wird ein abstraktes 3-Ebenen-Modell vorgestellt, das heute weitgehend als Grundlage für den Aufbau von Datenbanksystemen gilt. Schließlich wird aus der Sicht des Software-Engineering eine hierarchische und modulare Systemarchitektur für ein Datenbanksystem beschrieben.

Kapitel 2 behandelt das Speichersystem eines Datenbanksystems. Die wesentlichen Aufgaben eines Speichersystems untergliedern sich in die beiden Bereiche der Externspeicherverwaltung und der Systempufferverwaltung. Wesentliches Ziel der Externspeicherverwaltung ist es, die Daten der Datenbank auf einem externen Speichermedium persistent und möglichst speicherplatzeffizient zu speichern und gleichzeitig einen möglichst laufzeiteffizienten Zugriff auf diese Daten zu ermöglichen. Um die Daten einer Datenbank verarbeiten zu können, müssen sie vom Externspeicher in einen bestimmten Bereich des Hauptspeichers, dem Systempuffer, geladen und bei Änderung später wieder vom Hauptspeicher auf den Externspeicher zurückgeschrieben werden. Um die hierbei auftretenden Probleme kümmert sich die Systempufferverwaltung.

Kapitel 3 führt Indexstrukturen als spezialisierte, externe Datenstrukturen zum effizienten Zugriff auf die Daten einer Datenbank ein, die eine sonst erforderliche sequentielle Suche vermeiden. Nach der Erläuterung des Begriffs und der Aufgaben einer Indexstruktur werden verschiedene Klassifikationen für Indexstrukturen vorgestellt. Anschließend werden aus der Fülle der vorhandenen Indexstrukturen wichtige Vertreter betrachtet. Behandelt werden zum einen Indexstrukturen für alphanumerische Daten wie baumbasierte und hashbasierte Indexstrukturen und zum anderen geometrische Indexstrukturen, die weniger bekannt sind, aber in wesentlichem

Maße Bedeutung für die Unterstützung von räumlichen oder geometrischen Datenbanksystemen besitzen. Nach einer kurzen Charakterisierung geometrischer
Objekte, Operationen und Anfragetypen sowie der Aufgaben und Eigenschaften
geometrischer Indexstrukturen werden als wichtige Vertreter eindimensionale Einbettungen, externe Strukturen für Punktmengen (z.B. das Grid-File) und externe
Strukturen für Rechteckmengen (z.B. die R-Baum-Familie) beschrieben.

Kapitel 4 befasst sich mit dem externen Sortieren großer externer Datenbestände auf
Sekundärspeicher anhand eines Sortierschlüssels. Diese Sortierverfahren zeichnen
sich im Gegensatz zu internen Verfahren durch einen sequentiellen Datenzugriff
aus. Ziel ist es, beim Sortieren die Anzahl externer Seitenzugriffe zu minimieren.
Sortieren ist eine wichtige Funktion eines Datenbanksystems und wird z.B. zur
Beantwortung von Benutzeranfragen in einer gewünschten Sortierreihenfolge, zur
Eliminierung von Duplikaten in einer Menge von Datensätzen, zur Unterstützung
der Implementierung bestimmter relationaler Algebraoperationen wie einer
bestimmten Join-Variante oder zur Erzeugung von Partitionen durch Zerlegung
einer Datensatzmenge in disjunkte Gruppen benötigt. Als wichtigste Vertreter werden verschiedene Mergesort-Varianten betrachtet.

Kapitel 5 hat Transaktionen und Concurrency Control zum Thema. Eine Datenbank
stellt eine Informationsbasis dar, auf die von vielen verschiedenen Anwendungspro-
grammen und interaktiven Benutzern unabhängig, ohne Wissen voneinander und
insbesondere nebenläufig zugegriffen wird. Es ist die Aufgabe des Concurrency
Control, den nebenläufigen Zugriff auf geteilte Daten zu steuern und die beteiligten
Prozesse zu synchronisieren, um inkonsistente Datenbankzustände zu verhindern.
Synchronisation im Datenbankbereich bedeutet Serialisierung konkurrierender
Zugriffe auf gemeinsam benutzte Datenbankobjekte. Das grundlegende Konzept für
Concurrency Control (und Recovery) ist die Transaktion. Sie bezeichnet eine Folge
von zusammengehörenden Operationen, die eine logische Arbeitseinheit bilden und
entweder vollständig oder gar nicht ausgeführt werden. Einen breiten Raum nimmt
die Darstellung von Sperrverfahren ein, die wohl als das wichtigste Synchronisationsmittel für Transaktionen in Datenbanksystemen anzusehen sind.

Kapitel 6 befasst sich mit denjenigen Funktionen eines Datenbanksystems, die die
Wiederherstellung eines korrekten Datenbankzustands nach dem Auftreten eines
Datenbankfehlers ermöglichen und die die Unteilbarkeit und Dauerhaftigkeit von
Transaktionen sicherstellen. Unteilbarkeit wird erreicht, indem die Operationen
aller nicht beendeten Transaktionen abgebrochen und rückgängig gemacht werden.
Dauerhaftigkeit wird bewirkt, indem sichergestellt wird, dass alle Operationen von
beendeten Transaktionen Fehler überleben. Die Wiederherstellung des letzten kon-
sistenten Datenbankzustands wird auch Recovery genannt. Verschiedene Recovery-
Techniken werden erläutert und Algorithmen hierzu im Rahmen der in Datenbanksystemen weit verbreiteten Log-basierten Recovery vorgestellt.

Kapitel 7 behandelt die Verarbeitung von Anfragen. Die Möglichkeit, mit Hilfe
einer Anfragesprache Anfragen an eine Datenbank zu stellen, sei es durch ein
Anwendungsprogramm oder aber ad hoc durch den Endbenutzer am Computer, und

unmittelbar darauf eine Antwort zu erhalten, gehört mit zu den herausragenden Eigenschaften eines Datenbanksystems. Ziel der Anfrageverarbeitung ist es, eine gegebene Anfrage unter Ausnutzung logischer Gesetzmäßigkeiten und externer physischer Speicherungsstrukturen möglichst effizient auszuführen. Der Übersetzung einer Anfrage mit lexikalischer, syntaktischer und semantischer Analyse folgt deren Optimierung und Ausführung. Die Optimierung einer Anfrage ist erforderlich, um aus der Menge der möglichen Ausführungsalternativen für eine Anfrage möglichst eine mit minimalen Kosten auszuwählen. Nach einer Anfrageumformung auf der Basis von Äquivalenzregeln (algebraische Optimierung) werden verschiedene Auswertungspläne erzeugt, die mit Hilfe der Kostenschätzung bewertet werden und zum letztendlich „optimalen" Auswertungsplan führen. Eine effiziente Anfrageauswertung hängt natürlich insbesondere von der physischen Speicherung der Daten ab. Vorhandene Indexe können die Anfrageverarbeitung beträchtlich beschleunigen. Am Beispiel relationaler Operationen werden verschiedene Implementierungs- und Auswertungsmöglichkeiten aufgezeigt.

Zwei Anhänge beenden das Buch. Anhang A gibt einen Einblick in die wesentlichen Konzepte der Relationenalgebra. In Anhang B finden sich die Musterlösungen zu den Aufgaben im Buch.

Dieses Buch wendet sich an alle diejenigen Interessenten, die mehr über die Interna von Datenbanksystemen erfahren möchten. Allgemeine Kenntnisse über Datenbanksysteme sind wünschenswert, aber nicht unbedingt erforderlich, da alle benötigten Konzepte eingeführt werden. Für Studenten im Hauptstudium kann dieses Buch als eine Grundlage oder als Begleitmaterial für eine Vorlesung dienen. Informatikern und Wissenschaftlern aus verwandten Bereichen kann dieses Buch ein Überblick und eine Einführung in Implementierungstechniken für Datenbanksysteme sein. Insbesondere wird auch ein Einblick in die Implementierung von räumlichen Datenbanksystemen und von geographischen Informationssystemen gegeben. Für Praktiker, wie z.B. Datenbankadministratoren oder Softwareentwickler für Datenbankanwendungen, kann dieses Buch einen vertieften Einblick in die Struktur und in die Funktionsweise von Datenbanksystemen geben.

Mein Dank gilt dem Springer-Verlag für die freundliche und sachkundige Begleitung dieses Buchprojekts.

Gainesville, Florida, im Juli 2003 *Markus Schneider*

Inhaltsverzeichnis

Kapitel 1

Einführung

Datenbanksysteme und Datenbanken sind heutzutage in allen Bereichen zu finden, in denen Computer auftreten. Eine stetig wachsende Zahl von neuen Anwendungsgebieten (insbesondere von Nicht-Standard-Anwendungen) und daraus resultierende neue Anforderungen an Datenbanksysteme haben bis heute zu einer geradezu stürmischen Entwicklung der Datenbanktechnologie geführt. Ziel dieses Buches ist es, wesentliche Elemente dieser Technologie zu vermitteln und zu zeigen, wie Datenbanksysteme aufgebaut sind, aus welchen modularen Komponenten sie bestehen und wie diese realisiert werden können.

In diesem einleitenden Kapitel beschäftigen wir uns mit den Aufgaben und der Architektur von Datenbanksystemen sowie den Anforderungen bezüglich ihrer Implementierung. Abschnitt 1.1 beschreibt zunächst kurz die Nachteile traditioneller Datenorganisation in Dateisystemen, die letztendlich zur Entwicklung von Datenbanksystemen führten. Danach erläutern wir das Konzept des Datenbanksystems. Wir führen die wichtigste Terminologie ein und klären Begriffe wie „Datenbank", „Datenbanksystem", „Datenbankmanagementsystem" und „Datenmodell". Abschnitt 1.2 umreisst das breite Spektrum der Anforderungen an Datenbanksysteme, insbesondere aus Implementierungssicht. Abschnitt 1.3 stellt ein 3-Ebenen-Modell vor, das heute weitgehend als Grundlage für den Aufbau von Datenbanksystemen dient. Die physische Ebene als Bestandteil des 3-Ebenen-Modells steht im Mittelpunkt unserer Betrachtungen. Abschnitt 1.4 betrachtet DBMS aus der Sicht des Software-Engineering und beschreibt ihren Aufbau anhand einer hierarchischen und modularen Systemarchitektur. Abschnitt 1.5 beschreibt zusätzliche Komponenten in Form von Werkzeugen und Hilfsprogrammen.

1.1 Konzept des Datenbanksystems

Das Wesen traditioneller Datenverwaltung in von Betriebssystemen unterstützten Dateisystemen ist, dass jeder Anwendungsprogrammierer diejenigen Dateien definiert, die er für seine Anwendung braucht, unabhängig und vielleicht sogar ohne Kenntnis der Dateien von Anwendungen anderer Programmierer. Der Dateiaufbau ist unmittelbar an die jeweilige Verarbeitung angepasst, und dementsprechend ist die Datei auch physisch abgespeichert. Die traditionelle Datenverwaltung mittels Dateisystemen führt im Wesentlichen zu folgenden schwerwiegenden Problemen:

❑ *Redundanz* (*redundancy*). Die anwendungsspezifische Gestaltung von Dateien führt zu wiederholtem Auftreten von gleichen Daten in verschiedenen Dateien. Die dadurch herbeigeführte Redundanz hat insbesondere bei Änderungen Speicherverschwendung und erhöhten Verwaltungs- und Verarbeitungsaufwand zur Folge und wird in der Regel nicht zentral kontrolliert. Hieraus ergeben sich die folgenden, weiteren Probleme.

❑ *Inkonsistenz* (*inconsistency*). Die Konsistenz der Daten, d.h. die logische Übereinstimmung der Dateiinhalte, kann nur schwer aufrechterhalten werden. Bei der Änderung eines Datums müssen alle Dateien geändert und angepasst werden, die dieses Datum enthalten. Ferner müssen diese Änderungen so aufeinander abgestimmt werden, dass nicht verschiedene Programme zum selben Zeitpunkt auf unterschiedliche Werte desselben Datums zugreifen können.

❑ *Daten-Programm-Abhängigkeit*. Ein weiteres Problem ergibt sich durch die sehr enge Abhängigkeit zwischen Anwendungsprogramm und Datenorganisation; das Anwendungsprogramm hat nämlich einen direkten Zugang zu den Daten einer Datei. Ändert sich der Aufbau einer Datei oder ihre Organisationsform, so müssen alle darauf basierenden Programme geändert werden. Umgekehrt kann eine Erweiterung der Funktionalität eines Anwendungsprogramms neue Anforderungen an den Dateiaufbau stellen und eine Restrukturierung von Dateien erfordern.

❑ *Inflexibilität*. Da die Daten nicht anwendungsneutral und in ihrer Gesamtheit, sondern ausschließlich anwendungsspezifisch gesehen werden, erweist sich die Realisierung neuer Anwendungen sowie die Auswertung vorhandener Daten als problematisch. Dies gilt insbesondere für Anwendungen und Auswertungen, die Daten aus verschiedenen Dateien benötigen würden. Mangelnde Anpassungsfähigkeit ist daher ein wesentliches Kennzeichen der traditionellen Datenorganisation.

Datenbanksysteme fielen daher nicht vom Himmel, sondern entstanden aus den erkannten Nachteilen traditioneller Datenorganisation sowie aus den zunehmenden Anforderungen an die Verwaltung und Analyse großer Datenbestände. Während bei der traditionellen Datenorganisation die Anwendungsprogramme im Vordergrund standen und die Daten mehr als deren Anhängsel betrachtet wurden, änderte sich nun die Sichtweise. Die Daten selbst stehen nun im Mittelpunkt der Betrachtung und werden als eigenständig und wesentlich angesehen. Die Daten werden einmal definiert und für alle Benutzer zentral und als integriertes Ganzes verwaltet.

Dies ist der entscheidende Schritt zum Konzept des Datenbanksystems, das wir im Folgenden beschreiben werden. Beginnen wollen wir mit dem Begriff der Datenbank, für den sich eine präzise Beschreibung allerdings schwerlich finden lässt. Folgende Charakterisierung trifft jedoch das Wesentliche:

Eine *Datenbank*[1] (*database*), kurz *DB*, ist eine integrierte und strukturierte Sammlung persistenter Daten, die allen Benutzern eines Anwendungsbereichs als gemeinsame und verlässliche Basis aktueller Information dient.

Das Attribut *integriert* (*integrated data*) bedeutet, dass eine Datenbank eine vereinheitlichende und anwendungsneutrale Gesamtsicht auf die interessierenden Daten bietet, die den natürlichen Gegebenheiten und Zusammenhängen der Anwendungswelt entspricht. Insbesondere sind die Daten also nicht danach angeordnet, wie einzelne Anwendungen sie benötigen. Das Attribut *strukturiert* (*structured data*) besagt, dass eine Datenbank keine zufällige Zusammenstellung von Daten darstellt, sondern dass logisch kohärente Informationseinheiten identifizierbar sind, deren zugehörige Daten (möglichst) redundanzfrei gespeichert werden. Das Attribut *persistent* (*persistent data*) beschreibt die Eigenschaft, dass die Daten in der Datenbank dauerhaft auf externen Speichermedien verfügbar sein sollen. Diese Daten unterscheiden sich also zum Beispiel von flüchtigen Ein- und Ausgabedaten. Die Daten in der Datenbank bilden eine *gemeinsame, geteilte Basis* (*shared data*) für alle Benutzer und Anwendungsprogramme zu jeweils eigenen Zwecken. Auf gleiche Daten kann sogar von verschiedenen Benutzern gleichzeitig zugegriffen werden (*concurrent access*), wobei dafür gesorgt werden muss, dass sich diese nicht gegenseitig stören. Das Attribut *verlässlich* (*reliable data*) besagt, dass trotz etwaiger Systemabstürze oder Versuche des unautorisierten Zugriffs stets für die Sicherheit der gespeicherten Information gesorgt werden muss.

Alle Anwendungsprogramme und Benutzer arbeiten also auf einem gemeinsamen Datenbestand; sie greifen nun aber nicht mehr direkt auf die abgespeicherten Daten zu, sondern erhalten die gewünschten Daten durch das sogenannte Datenbankmanagementsystem. Dadurch wird erreicht, dass ihnen Betriebssystem- und Hardwaredetails verborgen bleiben.

Ein *Datenbankmanagementsystem* (*database management system*), kurz *DBMS*, ist ein All-Zweck-Softwaresystem, das den Benutzer bei der Definition, Konstruktion und Manipulation von Datenbanken für verschiedene Anwendungen applikationsneutral und effizient unterstützt.

Zwischen der physischen Datenbank und seinen Benutzern liegt also eine Softwareschicht, die aus einer Menge von Programmen zur Verwaltung und zum Zugriff auf die Daten in der Datenbank besteht. Die Definition einer Datenbank umfasst die Spezifikation der Typen der Daten, die in der Datenbank gespeichert werden sollen, mit einer entsprechenden Beschreibung jedes Datentyps. Ferner umfasst sie die Angabe von Strukturen für die Speicherung von Werten dieser Datentypen. Die Konstruktion der Datenbank beinhaltet den Prozess der Speicherung der Daten auf einem externen Speichermedium, das von dem DBMS kontrolliert wird. Die Mani-

---

[1] Manchmal wird neben dem Begriff der Datenbank auch der Begriff der *Datenbasis* verwendet. Wir unterscheiden nicht zwischen diesen beiden Begriffen.

pulation einer Datenbank umfasst solche Funktionen wie das Stellen von Anfragen (*queries*) zum Auffinden (*retrieval*) spezieller Daten, das Aktualisieren (*update*) der Datenbank und die Generierung von Berichten über die Daten. Die Aufgaben eines DBMS werden wir ausführlich in Abschnitt 1.2 beschreiben.

> Ein *Datenbanksystem* (*database system*), kurz *DBS*, fasst die beiden
> Komponenten Datenbanksystem und Datenbank zusammen: DBS =
> DBMS + DB.

Die Kernaufgabe eines DBS besteht also darin, große Mengen von strukturierten Informationen entgegenzunehmen, effizient zu speichern und zu verwalten sowie auf Anforderung bereitzustellen. Selbstverständlich kann dasselbe DBMS (in einer oder mehreren Kopien) mehrere Datenbanken verwalten und damit mehrere DBS bilden. Wo Zweifel ausgeschlossen sind, werden wir trotzdem, wie dies auch allgemein üblich ist, den Begriff DBS synonym zu DBMS verwenden. Bild 1.1 zeigt eine stark vereinfachte Sicht eines Datenbanksystems.

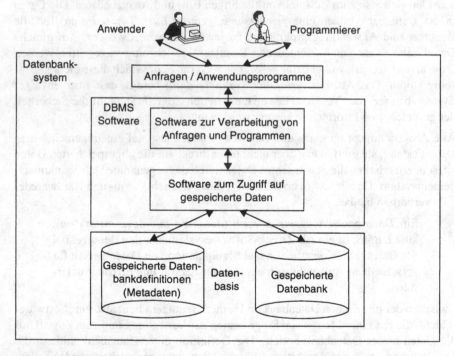

Bild 1.1. Eine stark vereinfachte Sicht eines Datenbanksystems

Jedem Datenbanksystem liegt ein abstraktes Datenmodell zugrunde, das dem Benutzer eine bestimmte Sicht auf die Daten der Datenbank bietet.

> Ein *Datenmodell* (*data model*) ist ein mathematischer Formalismus,
> der aus einer Notation zur Beschreibung der interessierenden Daten
> und aus einer Menge von Operationen zur Manipulation dieser Daten
> besteht.

Ein solches Datenmodell erlaubt es, die Struktur einer Datenbank – hierunter verstehen wir die Datentypen, Beziehungen und Bedingungen, die auf den Daten gelten
sollen – angemessen zu beschreiben und dem Benutzer Daten in verständlicheren
Begriffen zur Verfügung zu stellen. Daten kann man auf verschiedenen Abstraktionsebenen betrachten, wie wir in Abschnitt 1.3 erkennen werden. Wichtige Daten-
modelle für DBS sind das relationale und das objekt-orientierte Datenmodell sowie
das objekt-relationale Datenmodell, das zunehmend an Popularität gewinnt, indem
es versucht, die positiven Eigenschaften des relationalen und des objekt-orientierten
Modells miteinander zu verbinden. Ältere Modelle sind das hierarchische Modell
und das Netzwerkmodell.

1.2 Anforderungen an Datenbanksysteme

Moderne Datenbanksysteme bieten ein breites Spektrum von Funktionen an und
haben eine Vielzahl von Anforderungen zu erfüllen, die sich in der Architektur und
somit in der Implementierung solcher Systeme widerspiegeln (siehe Abschnitt 1.4).
Einerseits werden die Nachteile der traditionellen Datenorganisation behoben, aber
darüberhinaus werden eine ganze Anzahl weiterer Funktionen für den Benutzer
sichtbar oder unsichtbar bereitgestellt. Alle im Folgenden beschriebenen Anforderungen werden mehr oder minder in heutigen Datenbanksystemen realisiert und
stellen somit gleichsam die Vorteile solcher Systeme dar. Wir betrachten diese
Anforderungen insbesondere aus dem Blickwinkel der Implementierung.

❑   *Datenunabhängigkeit (data independence)*. Anwendungsprogramme sollten
    so unabhängig wie möglich von den Einzelheiten der Datenrepräsentation
    und -speicherung sein. Das DBMS sorgt hierzu für eine abstrakte Sicht auf
    die Daten (siehe auch Abschnitt 1.3).

❑   *Effizienter Datenzugriff*. Ein DBMS verwendet eine Vielzahl von ausgeklü-
    gelten Techniken zur effizienten Speicherung von und zum effizienten
    Zugriff auf Daten. Dies ist insbesondere dann von Bedeutung, wenn die
    Datenmenge so groß ist, dass sie nicht im Hauptspeicher gehalten werden
    kann, sondern auf einem externen Medium gespeichert werden muss. Beab-
    sichtigen wir zum Beispiel, in einer Datenbank, die Tausende von Artikeln
    gespeichert hat, anhand der Artikelnummer nach einem bestimmten Artikel
    zu suchen, ist es sehr kostenintensiv, den gesamten Datenbestand zu durch-
    laufen und jeden Datensatz mit der gesuchten Artikelnummer zu vergleichen.
    Effizienter ist es, einen *Index* einer *Indexstruktur (index structure)* über den
    Artikelnummern zu benutzen, der einen direkten Zugriff auf den gesuchten
    Artikel erlaubt.

❑   *Gemeinsame Datenbasis*. Alle jetzigen und zukünftigen Anwendungspro-
    gramme und Benutzer greifen auf einen gemeinsamen Datenbestand zu (siehe
    auch Abschnitt 1.1).

❏   *Nebenläufiger Datenzugriff* (*concurrent access*). Ein DBMS ermöglicht es, dass auf gleiche Daten von verschiedenen Benutzern quasi gleichzeitig zugegriffen werden kann und dass jedem Benutzer der (fälschliche) Eindruck eines exklusiven Zugriffs auf diese Daten vermittelt wird. Versuchen zum Beispiel zwei Benutzer, das gleiche Datum gleichzeitig zu verändern, kann eine Änderung verloren gehen, weil sie durch den Wert der anderen Änderung überschrieben werden kann. DBMS benutzen das Konzept der *Transaktionen* (*transactions*), um nebenläufigen Datenzugriff zu steuern (*Synchronisation*) und dafür zu sorgen, dass sich zwei Zugriffe nicht gegenseitig beeinflussen. Eine Transaktion ist eine konsistenzerhaltende Operation, die nach Ausführung die Datenbank in einem konsistenten Zustand zurücklässt, wenn diese vor Beginn der Transaktion ebenfalls konsistent war.

❏   *Fehlende oder kontrollierte Redundanz* (*redundancy*). Die Nachteile der traditionellen Datenorganisation werden in DBS durch eine integrierte Sicht der Daten, die Kopien desselben Datums nicht erlaubt, vermieden. Allerdings wird in gewissem Rahmen eine begrenzte und vom DBMS *kontrollierte Redundanz* (*controlled redundancy*) zugelassen, zum Beispiel um die logischen Beziehungen zwischen Daten aufrechtzuerhalten oder um die Leistungsfähigkeit oder *Performance* zu verbessern. Für konsistente Änderungen auf verschiedenen Kopien des gleichen Datums ist dann das DBMS verantwortlich.

❏   *Konsistenz der Daten* (*consistency*). Fehlende Redundanz der Daten bedingt ihre Konsistenz. Wenn ein Datum nur einmal in der Datenbank auftritt, muss jede Änderung eines Wertes nur einmal durchgeführt werden, und alle Benutzer haben sofortigen Zugriff auf diesen neuen Wert. Bei kontrollierter Redundanz muss das DBMS sicherstellen, dass die Datenbank aus der Sicht des Benutzers niemals inkonsistent wird. Dies geschieht durch automatisches Propagieren der Änderungen (*propagating updates*) eines Datums zu all seinen Kopien.

❏   *Integrität der Daten* (*integrity*). Integrität bedeutet ganz allgemein Korrektheit und Vollständigkeit der Daten. Selbst bei einer redundanzfreien Datenbank können die abgespeicherten Daten semantisch falsch sein. Zum Beispiel könnte die Datenbank die wöchentliche Arbeitszeit eines Angestellten mit 400 statt 40 Stunden ausweisen oder ihn der nicht existierenden Abteilung D17 zuordnen. *Integritätsbedingungen* oder *-regeln* (*integrity constraints*) sind ein Mittel, um solche Integritätsverletzungen zu vermeiden. Beispielsweise können solche Regeln festlegen, dass ein Angestellter zwischen 10 und 40 Stunden wöchentlich arbeitet und dass es die Abteilungen D1 bis D7 gibt. Das DBMS muss diese Bedingungen dann beim Einfügen, Ändern und Löschen von Daten überprüfen. Inkonsistenz ist ein Spezialfall mangelnder Integrität.

❏   *Datensicherheit* (*security*). Datensicherheit bezeichnet den Schutz der Datenbank vor unautorisiertem Zugriff. Beispielsweise sollte ein Personalsachbearbeiter einer Bank, der für Gehaltsabrechnungen verantwortlich ist, nur die

Daten der Bankangestellten aber nicht die Daten der Kundenkonten einsehen können, d.h. er erhält eine bestimmte *Sicht* (*view*) auf die Daten. Dies erfordert eine *Zugriffskontrolle* (*access control*) mit Authentisierung und Verschlüsselung als möglichen Mechanismen zur Sicherung. Authentisierung bedeutet, dass Sicherheitsregeln, Sicherheitsverfahren oder zusätzliche Kennwörter für jede Zugriffsart (Lesen, Einfügen, Löschen, Ändern usw.) die Zugriffserlaubnis eines Benutzers auf bestimmte, sensitive Daten überprüfen. Zusätzlich kann das DBMS die Daten vor der Abspeicherung verschlüsseln. Wenn dann ein autorisierter Benutzer auf die entsprechenden Daten zugreifen möchte, werden sie von ihm unbemerkt automatisch entschlüsselt und zur Verfügung gestellt. Daten, auf die unautorisiert zugegriffen wird, erscheinen in verschlüsselter Form.

❑ *Bereitstellung von Backup- und Recovery-Verfahren.* Ein DBMS verfügt über Mechanismen, um Benutzer vor den Auswirkungen von Systemfehlern zu schützen. Meist nachts werden Sicherungskopien der Datenbank auf Bändern vorgenommen (*backup*). Während des Tagesablaufs wird diese Maßnahme gewöhnlich durch ein Protokoll der durchgeführten Änderungen ergänzt. Wird die Datenbank modifiziert, erfolgt ein Protokolleintrag. Bei einem Systemabsturz werden die Bänder und das Protokoll dazu benutzt, in der Datenbank den zuletzt aktuellen Zustand automatisch wiederherzustellen (*recovery*).

❑ *Stellen von Anfragen.* In der traditionellen Datenorganisation muss eine Anfrage an den Datenbestand stets mittels eines eigenen Anwendungsprogramms gestellt werden. Dies ist extrem inflexibel. DBMS stellen eine *Anfragesprache* (*query language*) zur Verfügung, die es dem Benutzer erlaubt, ad hoc am Bildschirm mittels der Tastatur eine Anfrage zu stellen und unmittelbar eine Antwort zu erhalten. Ferner kann eine solche Anfragesprache auch in eine Programmiersprache eingebettet sein. Eine wichtige Anforderung an das DBMS ist nun, eine solche Anfrage möglichst effizient zu verarbeiten (*query processing*), d.h. eine lexikalische Analyse (*query scanning*) und Syntaxanalyse (*query parsing*) der Anfrage durchzuführen, die Anfrage zu optimieren (*query optimization*) und effizient auszuführen (*query execution*).

❑ *Bereitstellung verschiedenartiger Benutzerschnittstellen.* Weil viele Arten von Benutzern mit unterschiedlichem inhaltlichen und technischen Wissen eine Datenbank nutzen, muss ein DBMS verschiedenartige Benutzerschnittstellen zur Verfügung stellen. Mögliche Schnittstellen sind Anfragesprachen für gelegentliche Benutzer, Programmierschnittstellen für Anwendungsprogrammierer, menügesteuerte Schnittstellen für naive Anwender, fenster- und graphikorientierte Benutzeroberflächen, *Datendefinitionssprachen* (*data definition languages*), *Datenmanipulationssprachen* (*data manipulation language*) usw.

❑ *Flexibilität.* Hierunter ist einerseits die Anforderung zu verstehen, dass die Struktur einer Datenbank auf bequeme Weise geändert werden kann, ohne existierende Anwendungsprogramme verändern zu müssen. Zum Beispiel

sollte es möglich sein, Datensätze um ein neues Feld zu erweitern oder eine
neue Kollektion von Daten in die Datenbank einzufügen. Ferner besteht die
Anforderung, auf einfache Weise Daten nach anderen Gesichtspunkten als
bisher vorgesehen auswerten zu können.

❑ *Schnellere Entwicklung von neuen Anwendungen.* Ein DBMS bietet wichtige
Funktionen an, die von vielen auf die Daten der Datenbank zugreifenden
Anwendungen benötigt werden. Zum Beispiel können komplexe Anfragen
leicht durch eine Anfragesprache beantwortet werden; nebenläufiger Zugriff
und Fehlerbehandlung bei einem Systemabsturz werden vom DBMS unterstützt. Alle diese Funktionen erlauben eine schnelle Entwicklung von
Anwendungen. Darüberhinaus sind Anwendungen, die auf Funktionen des
DBMS aufbauen, meist robuster, weil viele Aufgaben bereits vom DBMS
übernommen werden und nicht mehr von der Anwendung implementiert werden müssen.

1.3   Das 3-Ebenen-Modell

Die Nachteile traditioneller Datenorganisation sowie die in Abschnitt 1.2 beschriebenen Anforderungen führten 1975 zum Vorschlag eines 3-Ebenen-Modells, einer
abstrakten Architektur für DBS, durch das ANSI/SPARC-Standardisierungskomi-
tee. Dieses Modell ist heute im Wesentlichen Grundlage aller modernen DBS. Sein
erklärtes Ziel ist es, dem Benutzer eine abstrakte Sicht auf die von ihm benötigten
Daten zu geben und diese Sicht von der konkreten, physischen Sicht zu trennen. Das
Modell besteht aus drei Abstraktionsebenen (Bild 1.2):

❑ Die *physische/interne Ebene* (*physical/internal level*) basiert auf einem *phy-
sischen/internen Schema* (*physical/internal schema*), das die physischen und
persistenten Speicherstrukturen der Datenbank beschreibt. Dieses Schema
benutzt ein *physisches Datenmodell* und beschreibt für die Datenbank alle
Implementierungseinzelheiten über den Aufbau der Daten, die Datenspeicherung und die Zugriffspfade. Hier wird also beschrieben, *wie* Daten gespeichert werden.

❑ Die *konzeptuelle Ebene* (*conceptual level*) beruht auf einem *konzeptuellen
Schema* (*conceptual schema*), das mittels eines vom DBMS bereitgestellten
Datenmodells (z.B. relationales Modell) die logische Struktur der gesamten
Datenbank für eine Gemeinschaft von Benutzern erfasst. Das konzeptuelle
Schema ist eine globale Beschreibung der Datenbank, die Details der physi-
schen Speicherstrukturen verbirgt, von ihnen abstrahiert und sich darauf kon-
zentriert, Entitäten, Datentypen, Beziehungen und Integritätsbedingungen zu
beschreiben. Hier wird also modelliert, *was* für Daten gespeichert werden.

❑ Die *externe Ebene* (*external level*, *view level*) umfasst eine Anzahl von *externen Schemata* (*external schema*) oder *Benutzersichten* (*user view*). Jedes
externe Schema beschreibt die Datenbanksicht einer Gruppe von Datenbank-

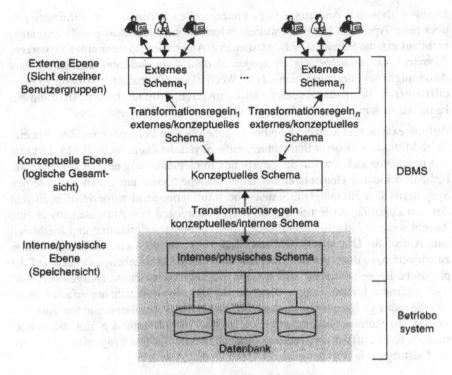

Bild 1.2. Das 3-Ebenen-Modell

nutzern. Jede Sicht beschreibt typischerweise den Teil der Datenbank, für den sich eine bestimmte Benutzergruppe interessiert (und auf den sie auch zugreifen darf) und verbirgt den Rest der Datenbank vor ihr.

Transformationsregeln (*mappings*) definieren die Beziehungen zwischen jeweils zwei aufeinanderfolgenden Ebenen. Die *Transformationsregeln konzeptuelles/ internes Schema* beschreiben, wie für jedes Objekt des konzeptuellen Schemas die Information aus den physisch abgespeicherten Sätzen, Feldern usw. des internen Schemas erhalten werden kann. Änderungen des internen Schemas wirken sich nur auf die Transformationsregeln, aber nicht auf das konzeptuelle Schema aus. In den *Transformationsregeln externes/konzeptuelles Schema* wird angegeben, wie eine spezielle externe Sicht mit dem konzeptuellen Schema zusammenhängt, d.h. welchen Ausschnitt des konzeptuellen Schemas eine bestimmte Benutzergruppe sieht. Daten über die Schemata aller drei Ebenen sowie über die Transformationsregeln (sog. *Meta-Daten*) werden in einem *Systemkatalog* (*system catalog*, *data dictionary*) persistent abgespeichert.

Ein wichtiger Vorteil des 3-Ebenen-Modells ist die *Datenunabhängigkeit* (*data independence*). Dies bedeutet, dass höhere Ebenen des Modells unbeeinflusst von Änderungen auf niedrigeren Ebenen bleiben. Zwei Arten von Datenunabhängigkeit werden unterschieden: *Logische Datenunabhängigkeit* (*logical data independence*) bedeutet, dass sich Änderungen des konzeptuellen Schemas (z.B. Informationen über neue Typen von Entitäten, weitere Informationen über existierende Entitäten) nicht auf externe Schemata (z.B. existierende Anwendungsprogramme) auswirken. *Physische Datenunabhängigkeit* (*physical data independence*) beinhaltet, dass Änderungen des internen Schemas (z.B. Wechsel von einer Zugriffsstruktur zu einer effizienteren, Benutzung anderer Datenstrukturen, Austausch von Algorithmen) keine Auswirkungen auf das konzeptuelle (und externe) Schema haben.

Auf die externe und konzeptuelle Ebene gehen wir im Folgenden nicht weiter ein, da im Mittelpunkt unserer Betrachtungen die physische Ebene steht (Bild 1.2). Letztere beschäftigt sich also mit der physischen Implementierung einer Datenbank. Sie bedient sich dabei elementarer Betriebssystemmethoden, um Daten auf externen Speichermedien auszulagern. Statistische Informationen über die Häufigkeit und Art von Zugriffen auf Entities, über Werteverteilungen von Attributen sowie eine Anzahl weiterer Faktoren beeinflussen die verwendeten Strukturen und Methoden zum Aufbau der Datenbank. Globales Ziel ist es, eine physische Datenorganisation zu entwerfen, so dass die im konzeptuellen Schema beschriebenen Objekte auf die physische Ebene abbildbar sind und die Aufgaben aller Benutzer insgesamt „gut" und effizient erfüllen. Fragestellungen, die das physische Schema erfassen muss und die später genauer betrachtet werden, sind z.B. die Repräsentation von Attributwerten, der Aufbau gespeicherter Datensätze, Zugriffsmethoden auf Datensätze, zusätzliche Zugriffspfade (Indexe). Vom physischen Schema hängt also wesentlich die Leistungsfähigkeit des gesamten Datenbanksystems ab.

1.4   Softwarearchitektur eines DBMS

Bedingt durch eine Vielzahl von Anforderungen (siehe Abschnitt 1.2) sind heutige DBMS kompliziert aufgebaute Softwareprodukte. DBMS bieten einerseits nach oben hin eine Schnittstelle zum Endbenutzer und andererseits nach unten hin eine Schnittstelle zum Betriebssystem und zur Hardware an (Bild 1.1). In diesem Abschnitt befassen wir uns mit der systematischen und modularen Zerlegung dieser Softwareprodukte in handhabbare Komponenten sowie mit deren Wechselwirkungen und Schnittstellen untereinander, d.h. wir beschreiben die prinzipielle Systemarchitektur von Datenbanksystemen. Wir betrachten also ein *Modell* eines DBMS, das so allgemein gehalten ist, dass es weitgehend der Realität entspricht. Konkrete Architekturen und die dort verwendete Terminologie können sich natürlich in Einzelheiten unterscheiden.

Bild 1.3 zeigt die grundlegenden Komponenten eines typischen DBMS. Die DBMS-Software ist hierarchisch in Schichten organisiert (wir sprechen daher auch von einer *Schichtenarchitektur*), wobei jede Schicht auf der direkt unter ihr liegenden Schicht aufbaut und bestimmte Objekte und Operatoren der niedrigeren Schicht mittels einer von dieser bereitgestellten Schnittstelle zur eigenen Realisierung benutzen bzw. aufrufen kann. Die interne Struktur der Objekte und die Implemen-

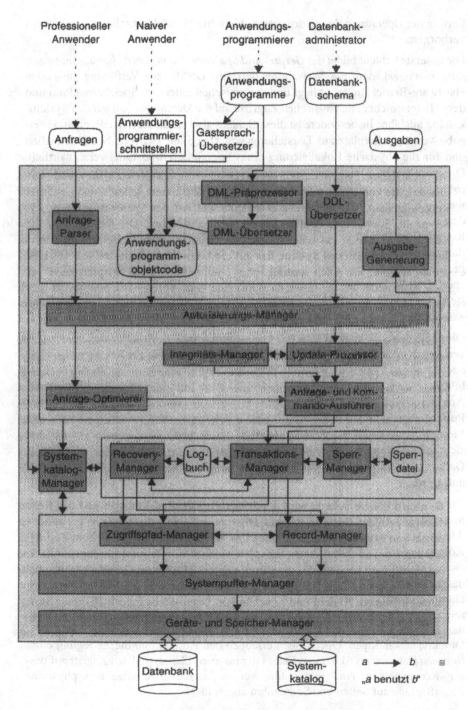

Bild 1.3. Komponenten eines Datenbanksystems

tierung der Operatoren der niedrigeren Schicht bleibt der darüberliegenden Schicht verborgen.

Die unterste Schicht bildet der *Geräte- und Speicher-Manager* (*disk space manager*, *data manager*), dem die Verwaltung der dem DBMS zur Verfügung stehenden Hardware-Betriebsmittel obliegt und der zwischen externem Speichermedium und dem Hauptspeicher alle physischen Zugriffe auf die Datenbank und auf den System-katalog ausführt. Insbesondere ist diese Schicht also für die Bereitstellung und Frei-gabe von Speicherplatz zur Darstellung von Daten auf externen Speichermedien und für die physische Lokalisierung eines angeforderten Datums verantwortlich. Die von dieser Schicht angebotenen Objekte sind *Dateien* (*files*) und *Blöcke* (*blocks*), die von höheren Schichten allokiert, deallokiert, gelesen und geschrieben werden können. Von Gerätecharakteristika wie Art des Speichermediums, Zylin-deranzahl, Spuranzahl, Spurlänge usw. wird abstrahiert. Die Realisierung dieser Komponente erfolgt entweder durch das darunter liegende Betriebssystem oder durch ein spezialisiertes System, das auf die besonderen Bedürfnisse eines DBMS gezielt eingeht. Ein solch spezialisiertes System kann dann beispielsweise versu-chen, Datenteile, auf die meistens als Einheit zugegriffen wird, benachbart (geclu-stert) auf einer Festplatte abzuspeichern. Dieses Vorgehen minimiert die Suchzeit, weil die gesamte Einheit in einem Lesevorgang erhalten werden kann.

Oberhalb dieser Schicht liegt der *Systempuffer-Manager* (*buffer manager*), der den verfügbaren Hauptspeicherbereich (den „Puffer") in eine Folge von *Seiten* (*pages*) oder *Rahmen* (*frames*) unterteilt. In der Regel wird eine Seite auf einen Block abge-bildet, so dass Lesen und Schreiben einer Seite nur einen Plattenzugriff erfordern. Auf Leseanforderung werden Seiten von einem externen Speichermedium in den Puffer gebracht, auf Schreibanforderung Seiten des Puffers auf einem persistenten Medium gesichert. Nach oben hin stellt dieser Manager *Segmente* (*segments*) mit sichtbaren Seitengrenzen als lineare Adressräume im Systempuffer zur Verfügung. Dadurch erfolgt die konzeptionelle Trennung von Segment und Datei sowie Seite und Block.

Die nächst höhere Schicht wird durch den Zugriffspfad-Manager und den Record-Manager gebildet. Der *Zugriffspfad-Manager* (*access path manager*) verwaltet eine Anzahl von externen Datenstrukturen zur Abspeicherung von und zum Zugriff auf Kollektionen von Datensätzen. Beispiele solcher Strukturen sind sequentielle Spei-cherungsformen sowie Indexstrukturen wie der B*-Baum. Operationen beinhalten das Erzeugen und Löschen dieser Speicherstrukturen sowie das effiziente Spei-chern, Auffinden, Ändern und Löschen von Datensätzen innerhalb dieser Struktu-ren. Der *Record-Manager* (*record manager*) übernimmt alle Aufgaben, die sich mit der internen Darstellung eines *logischen* Datensatzes (z.B. eines Tupels oder Objekts) beschäftigen. Operationen erlauben den Aufbau und die Zerlegung eines *internen* Datensatzes (d.h. eines Satzes der internen Ebene) und den Zugriff auf des-sen Komponenten. Nach unten hin werden interne Datensätze und physische Zugriffspfade auf Seiten von Segmenten abgebildet.

Der Datensicherungs- oder Recovery-Manager, der Transaktions-Manager sowie der Sperr-Manager befinden sich in der nächst höheren Schicht. Im Allgemeinen steht eine Datenbank nicht nur einem Benutzer exklusiv, sondern mehreren Benutzern gleichzeitig zur Verfügung. Eine Folge von Befehlen, die nur in ihrer Gesamtheit und ansonsten überhaupt nicht ausgeführt wird, wird als Transaktion (*transaction*) bezeichnet. Für einen Mehrbenutzerbetrieb ergibt sich dann das zu lösende Problem der *Synchronisation* (quasi-) parallel ablaufender Transaktionen. Für die Verwaltung von Transaktionen ist der *Transaktions-Manager* (*transaction manager*) zuständig, der nach außen dem Benutzer die Datenbank als ein für ihn exklusiv verfügbares Betriebsmittel erscheinen lässt. Jedoch ist es intern im Allgemeinen nicht sinnvoll, alle zu einem bestimmten Zeitpunkt aktuellen Transaktionen sequentiell ablaufen zu lassen bzw. zu verarbeiten. Dies würde die Blockierung eines kurz andauernden Auftrags durch einen länger andauernden Auftrag zur Folge haben, obwohl beide vielleicht sogar mit disjunkten Teilen der Datenbank arbeiten. Daher werden die einzelnen Transaktionen im Allgemeinen zeitlich verzahnt ausgeführt. Diese Verzahnung ist allerdings nicht frei von Problemen und kann zu Konflikten führen. Daher sind spezielle Kontrollstrategien notwendig (*concurrency control*).

Eine Transaktion setzt vor ihrer Ausführung gemäß einem geeigneten *Sperrprotokoll Sperren* (*locks*) auf die von ihr exklusiv benötigten Datenbankobjekte und Betriebsmittel und gibt sie am Ende wieder frei. Der *Sperr-Manager* (*lock manager*) verwaltet Anforderungen auf Sperren und gewährt Sperren auf Datenbankobjekte, wenn sie verfügbar werden. Sperrinformationen werden in einer *Sperr-Datei* (*lock file*) abgespeichert.

Bei der Ausführung einer Transaktion kann es passieren, dass der Transaktions-Manager feststellt, dass die aktuell bearbeitete Transaktion nicht erfolgreich beendet werden kann. In diesem Fall übergibt er sie dem *Datensicherungs-* oder *Recovery-Manager* (*recovery manager*), dessen Aufgabe es ist, die Datenbank in den Zustand vor dem Start der Transaktion zurückzuversetzen. Hierzu muss er alle Änderungen, die die Transaktion an der Datenbank bereits vorgenommen hat, wieder rückgängig machen. Dies geschieht mit Hilfe des *Log-Buchs*, welches unter anderem derartige Änderungen protokolliert. Der Recovery-Manager ist auch dann zuständig, wenn das System einen Software- oder Hardware-Fehler erkennt oder wenn es „zusammenbricht". Er ist dann für den Wiederanlauf des Datenbanksystems verantwortlich und muss die Datenbank in einen konsistenten Zustand (z.B. mit Hilfe von Sicherungskopien) zurückversetzen; alle „verlorengegangenen" Transaktionen sind vollständig neu zu starten.

Die nächst höhere Schicht wird von mehreren Komponenten gebildet und umfasst den Autorisierungs-Manager, den Integritäts-Manager, den Update-Prozessor, den Anfrage-Optimierer und den Anfrage- und Kommando-Ausführer. Benutzeranfragen (*queries*) und Änderungskommandos liegen an der oberen Schnittstelle dieser Schicht in einer „internen" Form vor (vergleichbar mit dem von einem Compiler von der einen an die nächste Übersetzungsphase übergebenen Zwischencode). Diese Form kann z.B. für relationale Anfragen ein Syntaxbaum (Operatorbaum) sein, dessen Blätter die Operanden und dessen innere Knoten die auf diesen auszuführenden Operationen repräsentieren. Für Anfragen und Kommandos führt der *Autorisierungs-Manager* (*authorization manager*) eine *Zugriffskontrolle* durch. Diese ermittelt, ob der Benutzer auf die in der Anfrage oder im Kommando vorkommenden Daten überhaupt zugreifen darf. Informationen darüber, wer auf welche Daten zugreifen darf, sind in Autorisierungstabellen abgelegt, die Bestandteil des Systemkatalogs sind.

Benutzeranfragen und Änderungskommandos werden danach unterschiedlich gehandhabt. Bei Änderungen (*updates*), die vom *Update-Prozessor* bearbeitet werden, werden mit Hilfe des *Integritäts-Managers* (*integrity manager*) sogenannte *Integritätsbedingungen* (*integrity constraints*) überprüft, die die semantische Korrektheit der Datenbank überwachen. Beispiele solcher Bedingungen sind „Gehälter sind stets größer als 0" oder „Kundennummern müssen eindeutig sein". Integritätsbedingungen werden bei der Definition des konzeptuellen Schemas festgelegt und zur Laufzeit vom DBMS automatisch ohne Einwirkung des Benutzers überwacht. Die interne Zwischenform des Kommandos wird hierzu geeignet erweitert. Anfragen werden häufig aus Ausführungssicht unnötig kompliziert vom Benutzer formuliert. Daher wird eine Anfrage an den *Anfrage-Optimierer* (*query optimizer*) übergeben, der die interne Zwischenform so verändert, dass sie einer effizienter ausführbaren Formulierung entspricht, ohne jedoch das Ergebnis zu verändern. Der Update-Prozessor für Kommandos und der *Anfrage-Ausführer* (*query executor*) für optimierte Anfragen in interner Form erstellen dann Ausführungsprogramme bzw. *Zugriffspläne* (*execution plans*), für die Code erzeugt wird. Hierzu benutzen beide Komponenten Implementierungen von Zugriffsstrukturen und -operatoren des DBMS.

Die oberste Ebene besteht ebenfalls aus mehreren Komponenten und bietet nach oben hin eine mengenorientierte Schnittstelle an. Naive, d.h. ungeübte oder gelegentliche Benutzer verwenden *Anwendungsschnittstellen* (*application interfaces*), die bereits in permanenten *Anwendungsprogrammobjectcode* (*application program object code*) übersetzt sind, zur Kommunikation mit der Datenbank. Der *DDL-Übersetzer* (*DDL compiler*) verarbeitet Schemadefinitionen, die in einer *Datendefinitionssprache* (*data definition language, DDL*) spezifiziert sind, und speichert die Beschreibungen der Schemata im Systemkatalog. Geübte, professionelle Benutzer stellen interaktiv und ad hoc *Anfragen* (*queries*) an das System. Die Formulierung von Anfragen erfolgt mittels einer deskriptiven, nicht-prozeduralen Hochsprache, die *Anfragesprache* (*query language*) (z.B. SQL) genannt wird. Charakteristisch für solche Sprachen ist, dass sie das zu lösende Problem, aber nicht den Lösungsweg beschreiben und dass das DBMS stets Mengen von Datenobjekten liefert, die die Anfrage erfüllen. Anfragen werden mit Hilfe des *Anfrage-Parsers* (*query parser*) einer lexikalischen Analyse und einer Syntaxanalyse unterzogen und bei Korrektheit in eine äquivalente, interne, aber effizientere Form, z.B. einem Syntaxbaum, überführt. *Anwendungsprogrammierer* (*application programmer*) interagieren mit dem System durch Kommandos einer *Datenmanipulationssprache* (*data manipulation language, DML*), die in ein Programm einer *Gastsprache* (*host language*) eingebettet werden. Die Syntax einer DML ist gewöhnlich sehr verschieden von der

Syntax der Gastsprache. Der *DML-Präprozessor* (*DML preprocessor*) filtert die besonders markierten DML-Kommandos aus dem Anwendungsprogramm heraus und führt sie dem *DML-Übersetzer* (*DML compiler*) zu, der sie in Objektcode übersetzt. Die Objektcodes für die DML-Kommandos und das restliche Programm, das durch den Gastsprachübersetzer (*host language compiler*) übersetzt wird, werden danach gebunden.

Der *Systemkatalog-Manager* (*system catalog manager, dictionary manager*) steht zu fast allen Komponenten des DBMS in Verbindung und verwaltet den *Systemkatalog* (*system catalog, data dictionary*). Der Systemkatalog ist wie die Datenbank auf einem externen Speichermedium abgelegt und enthält *Meta-Daten* (*meta data*) („Daten über Daten") über die Struktur der Datenbank. Beispiele für Metadaten sind Beschreibungen der Daten, Angaben zu deren Beziehungen untereinander, Beschreibungen der Programme, Konsistenzbedingungen, Angaben über Zugriffsbefugnisse und Speicherdetails.

1.5 Weitere Komponenten eines Datenbanksystems

Zusätzlich zu den oben beschriebenen Softwarekomponenten gibt es eine Reihe von unterschiedlichen *Werkzeugen* (*tools*), die die Entwicklung von Anwendungen auf Datenbanken erleichtern, und *Hilfsprogrammen* (*utilities*), die den Datenbankadministrator bei seiner Arbeit unterstützen. Werkzeuge gibt es nicht nur für den professionellen Anwendungsprogrammierer, sondern auch für den Endbenutzer, dem es ermöglicht wird, Anwendungen zu erzeugen, ohne selbst konventionell programmieren zu müssen. Beispiele sind *Abfragesysteme*, die es auch dem Nicht-Fachmann erlauben, ad hoc Anfragen an das System zu stellen, *Reportgeneratoren*, die formatierte Berichte erzeugen und Berechnungen auf Daten ausführen, Spreadsheets, Werkzeuge zur Erstellung von Geschäftsgraphiken, Werkzeuge für den Datenbankentwurf und CASE-Werkzeuge für den Entwurf von Datenbankanwendungen.

Beispiele für wichtige Hilfsprogramme sind die folgenden. Eine *Import*-Funktion erlaubt es, in einem genau spezifizierten Format vorliegende Dateien (z.B. Textdateien oder sequentielle Dateien) in eine Datenbank einzuladen. Hierdurch können auf recht einfache Weise gleich oder ähnlich strukturierte Massendaten in Objekte der Datenbank überführt werden. Die *Export*-Funktion erzeugt eine Sicherungskopie der Datenbank in einem gewünschten, genau spezifizierten Format. Dies ist für Recovery-Maßnahmen bei einem Systemabsturz von großem Nutzen. Ferner kann diese Funktion zur Archivierung von Daten und zum Austausch von Daten mit anderen DBMS benutzt werden. Ein Programm zur *Dateireorganisation* ermöglicht es, den physischen Aufbau einer Datei der Datenbank umzustrukturieren, um eine größere Performance und Effizienz zu erreichen. Ein Programm zur *Leistungsüberwachung* kontrolliert die Auslastung des DBMS und liefert statistische Daten zur Entscheidung, ob und welche Maßnahmen ergriffen werden müssen, um die Performance des Systems zu steigern.

1.6 Aufgaben

Aufgabe 1.1: Zwei Sachbearbeiter einer Universitätsverwaltung seien mit unterschiedlichen Aufgaben betraut. Sachbearbeiter *A* im Prüfungsamt ist für die Verwaltung der Leistungsdaten der Studenten zuständig. Er erfasst für jeden Studenten neben privaten Daten die Ergebnisse der mündlichen Prüfungen, Klausuren, Seminare usw. Sachbearbeiter *B* im Studentensekretariat verwaltet neben privaten Daten die belegten Kurse/Vorlesungen der Studenten.

Skizzieren Sie für dieses Szenario eine traditionelle Datenorganisation, indem Sie davon ausgehen, dass jeder Sachbearbeiter eine, auf die jeweilige Anwendung zugeschnittene Datei verwendet, und erläutern Sie beispielhaft die in Abschnitt 1.1 genannten Nachteile der traditionellen Datenorganisation.

Aufgabe 1.2: Überlegen und beschreiben Sie, welche Nachteile Datenbanksysteme haben können.

1.7 Literaturhinweise

Zu Datenbanksystemen allgemein gibt es eine Vielzahl von Büchern, von denen hier nur einige erwähnt werden können. Diese Bücher decken weitestgehend den Gesamtbereich der Datenbanktechnologie ab und behandeln teilweise auch Architektur- und Implementierungsaspekte.

Sehr gute englischsprachige Darstellungen finden sich in den Büchern von Elmasri & Navathe (2000) und von Silberschatz, Korth & Sudarshan (2002). Ein weiteres Buch, das auch verschiedene Nichtstandarddatenbanksysteme beschreibt, stammt von Ramakrishnan (1997). „Klassiker" der englischsprachigen Datenbankliteratur sind sicherlich das Werk von Date (1995), das weltweit wohl das am meisten verkaufte und eher praktisch orientierte Buch in diesem Bereich ist, und das zweibändige Werk von Ullman (1988, 1989), dessen Gewichtung mehr auf den theoretischen Grundlagen von Datenbanksystemen liegt.

Eine sehr gute und allgemeine, deutschsprachige Einführung in Datenbanksysteme bietet das Buch von Kemper & Eickler (1999), das auch Implementierungsaspekte behandelt. Des Weiteren ist das Buch von Heuer & Saake (2000) zu nennen, das sich auf Datenbankkonzepte und -sprachen konzentriert und auch neuere Entwicklungstrends betrachtet, aber auf die Beschreibung von Implementierungskonzepten gänzlich verzichtet.

Der Schwerpunkt in allen genannten Büchern liegt auf relationalen Datenbanksystemen als der aktuellen, marktbeherrschenden Datenbanktechnologie. Überblickhaft behandelt werden allerdings auch neuere Technologien wie objekt-orientierte, objekt-relationale, wissensbasierte, deduktive, geometrische, temporale, statistische und wissenschaftliche Datenbanksysteme, Entscheidungsunterstützungssysteme,

Netzwerkdatenbanksysteme, Hauptspeicherdatenbanken, geographische Informationssysteme, Bild- und Video-Datenbanken, Multimedia-Datenbanken und Textdatenbanken.

Bücher, die sich ausdrücklich und ausführlich mit Implementierungskonzepten für Datenbanksysteme beschäftigen, sind selten. Eine sehr gute englischsprachige Darstellung ist das Buch von Garcia-Molina, Ullman & Widom (2000). Deutschsprachige Ausführungen finden sich in den Büchern von Saake & Heuer (1999) und Härder & Rahm (1999). Letzteres ist aus dem bekannten "Datenbank-Handbuch" von Lockemann & Schmidt (1987) entstanden.

Weiterhin gibt es auch einige wichtige Fachzeitschriften zum Thema Datenbanken wie z.B.

> *ACM Transactions on Database Systems (TODS)*
> *ACM SIGMOD Record*
> *IEEE Transactions on Knowledge and Data Engineering (TKDE)*
> *Information Systems*
> *The VLDB Journal*

Die wichtigsten regelmäßigen Konferenzen sind

> *ACM SIGACT-SIGMOD Symposium on Principles of Database*
> *Systems (PODS)*
> *ACM SIGMOD International Conference on Management of Data*
> *(SIGMOD)*
> *Datenbanksysteme für Büro, Technik, Wissenschaft (BTW)*
> *European Conference on Database Technology (EDBT)*
> *International Conference on Data Engineering (ICDE)*
> *International Conference on Very Large Databases (VLDB)*

Das 3-Ebenen-Modell wurde 1975 in einem Zwischenbericht (ANSI 1975) und 1978 in einem Endbericht (Tsichritzis & Klug (1978)) von der ANSI/SPARC-Arbeitsgruppe aufgestellt und beschrieben. Ziel der Arbeitsgruppe war es, Standardisierungsvorschläge für geeignete Bereiche der Datenbanktechnologie zu entwikkeln. Die Arbeitsgruppe kam zum Schluss, dass Schnittstellen die einzige Komponente eines Datenbanksystems sind, die für eine Standardisierung geeignet sind. Daher wurde eine verallgemeinerte Datenbankarchitektur entworfen, die die Bedeutung solcher Schnittstellen betont. Trotz seines Alters hat dieses Modell immer noch Bestand. Beschreibungen dieses Modells befinden sich natürlich auch in allen oben genannten Lehrbüchern.

Das 3-Ebenen-Modell betont insbesondere die Aspekte der Datenunabhängigkeit, der Integration von Datenbeständen und der benutzerspezifizischen Sicht auf Teile der Datenbank. Ein anderes Modell, die sogenannte *Fünf-Schichten-Architektur* (Lockemann & Schmidt (1987), Härder & Rahm (1999)), setzt andere Schwerpunkte und betont den Schichten- und den Schnittstellenaspekt. Es ähnelt ein wenig der in Abschnitt 1.4 beschriebenen Softwarearchitektur eines DBMS. Ein Datenbanksystem wird in fünf Schichten zerlegt, wobei eine Schicht mittels einer Schnittstelle der direkt über ihr liegenden Schicht Objekte und Operatoren zu deren Realisierung zur Verfügung stellt. Die Struktur der Objekte und die Realisierung der Operatoren sind nach außen hin nicht sichtbar. Die fünf Schichten sind (1) Externspeicherverwaltung, (2) Systempufferverwaltung, (3) Record-Manager, Zugriffspfadverwaltung, Sperrverwaltung, Recovery-Komponente, (4) Systemkatalog, Transaktionsverwaltung und (5) Zugriffspfadoptimierung, Zugriffskontrolle, Integritätskontrolle. Sechs Schnittstellen werden unterschieden: (1) die Geräteschnittstelle, (2) die Dateischnittstelle, (3) die Systempufferschnittstelle, (4) die interne Satzschnittstelle, (5) die satzorientierte Schnittstelle und (6) die mengenorientierte Schnittstelle.

Kapitel 2

Externspeicher- und Systempufferverwaltung

Nachdem wir im vorhergehenden Kapitel die aus Implementierungssicht wichtigsten Konzepte von Datenbanksystemen betrachtet haben, erfolgt nun eine detailliertere Erörterung der Interna eines DBMS. Wir beginnen mit den beiden untersten Schichten des Systems (siehe Bild 1.3), nämlich dem Geräte- und Speicher-Manager und dem Systempuffer-Manager. Beide Komponenten bilden zusammen das *Speichersystem*. Der *Geräte- und Speicher-Manager* (*disk space manager, data manager*) ist für die Externspeicherverwaltung verantwortlich. Im Wesentlichen bestehen seine Aufgaben in der Speicherung von physischen Datenobjekten auf Sekundärspeichern, in der Verwaltung freier Bereiche auf Sekundärspeichern, in der Abschottung aller höheren Systemschichten von Geräteeigenschaften, in der Abbildung von physischen Blöcken auf externe Speicher (Zylinder, Spuren) und in der Kontrolle des Datentransports physischer Datenobjekte zwischen dem Hauptspeicher des Computers und dem externen Speicher. Der *Systempuffer-Manager* (*buffer manager*) verwaltet einen ausgezeichneten, begrenzten Hauptspeicherbereich, den *Systempuffer*, in dem Datenobjekte abgelegt werden. Auf diese Datenobjekte ist dann ein direkter Zugriff möglich. Ferner stellt er für das Zugriffssystem eine Schnittstelle bereit, die eine Unabhängigkeit von den Speicherzuordnungsstrukturen wie die aktuelle Zuordnung von Blöcken zu Dateien, die relative Lage der Blöcke zueinander usw. sicherstellt. Die Idealvorstellung ist hierbei, dass diese Schnittstelle einen potentiell unendlichen, linearen Adressraum anbietet, der eine direkte Adressierung der einzelnen Datenobjekte erlaubt.

Im diesem Kapitel beschreiben wir Techniken zur Speicherung großer Mengen strukturierter Daten.[2] In der Regel wird es mehrere Optionen zur Organisation dieser Daten geben, und der Prozess des *physischen Datenbankentwurfs* beinhaltet eine Auswahl allgemeiner und effizienter Datenorganisationstechniken, die den Anforderungen der meisten Anwendungen genügen. Abschnitt 2.1 fasst einige Eigenschaften von Primär- und Sekundärspeichern zusammen, soweit sie für ein Verständnis dieses Kapitels notwendig sind. Abschnitt 2.2 erläutert das einer Datenbank zugrundeliegende physische Datenmodell, das im Wesentlichen auf dem

---

[2] Spezielle Zugriffsmechanismen für diese Daten (sogenannte *Indexstrukturen*) werden wir im nächsten Kapitel behandeln. Die Übergänge zwischen Speicherungsstrukturen und Zugriffsmethoden sind allerdings fließend.

Dateikonzept beruht. In Abschnitt 2.3 werden Datensatzformate für Datensätze fixer, variabler und sehr großer Länge vorgestellt. Ferner werden die Ausrichtung von Feldwerten sowie Zeiger zur Referenzierung von Datensätzen angesprochen. Abschnitt 2.4 behandelt Seitenformate für Datensätze fixer, variabler und sehr großer Länge. Abschnitt 2.5 beschreibt die Abbildung von Datensätzen in Seiten und erläutert den effizienzsteigernden Aspekt der physischen Clusterung. Abschnitt 2.6 behandelt das Dateikonzept und skizziert die wichtigsten Operationen auf Dateien. Abschnitt 2.7 diskutiert grundlegende Dateiorganisationen wie Haufendateien, sequentielle Dateien und Hash-Dateien und vergleicht ihre Effizienz in Bezug auf einige der allgemeinen Dateioperationen. In Abschnitt 2.8 wird auf die wichtige Bedeutung des Systemkatalogs für Datenbanksysteme zur Verwaltung von Meta-Daten eingegangen. Abschnitt 2.9 beschreibt die Systempufferverwaltung. Wichtige Aspekte sind hier das Segment-Konzept mit sichtbaren Seitengrenzen, die Abbildung von Segmenten in Dateien, indirekte Einbringstrategien für Änderungen, die Verwaltung des Systempuffers sowie Unterschiede der Pufferverwaltung in Datenbanksystemen und in Betriebssystemen.

2.1 Primär- und Sekundärspeicher

Eine Sammlung von Datenobjekten, die eine rechnerunterstützte Datenbank bildet, muss physisch auf einem Speichermedium aufbewahrt werden. Bekanntermaßen unterscheidet man (wenigstens) zwei Arten von Speichermedien. Auf *Primärspeichern* wie dem Hauptspeicher und den kleineren aber schnelleren Cache-Speichern kann die Zentraleinheit eines Computers direkt arbeiten. Primärspeicher bieten schnellen Datenzugriff, aber sind von begrenzter Speicherkapazität und insbesondere *flüchtige Speicher* (*volatile storage*). Letztere Eigenschaft besagt, dass Daten nicht persistent im Speicher gehalten werden können. *Sekundärspeicher* oder externe Speichermedien wie Festplatten, optische Platten, Magnettrommeln und Magnetbänder haben gewöhnlich eine größere Kapazität, niedrigere Kosten, aber dafür auch langsameren Datenzugriff als Primärspeicher. Sie sind *nicht-flüchtige Speicher* (*non-volatile storage*), deren Daten allerdings nicht direkt von einer Zentraleinheit verarbeitet werden können. Diese müssen erst in den Hauptspeicher zur Verarbeitung kopiert werden. Wegen der Flüchtigkeit dieses Speichertyps werden die Daten nach ihrer Änderung wieder auf das externe Medium zurückgeschrieben. Alle physischen Datenobjekte eines Datenbanksystems werden folglich auf persistenten Sekundärspeichern aufbewahrt.

Kennzeichnend für Sekundärspeicher ist eine Vielzahl unterschiedlicher und von der technologischen Entwicklung abhängiger Geräteeigenschaften wie Speicherkapazität, Zugriffsgeschwindigkeit, Schreib-/Lesetechnik usw. Auf eine Diskussion der verschiedenen Arten von Sekundärspeichern und ihren Eigenschaften verzichten wir hier. Auf einem Sekundärspeicher wie z.B. einer Festplatte werden Daten in Einheiten gespeichert, die man *Blöcke* (*blocks*) nennt. Ein Block ist eine zusammenhängende Folge von Bytes und ist die Einheit, in der Daten auf die Platte geschrieben oder von Platte gelesen werden. Ein Block umfasst gewöhnlich ein Vielfaches von 512 Bytes und ist typischerweise zwischen 1 und 8 KB groß. Blöcke werden in konzentrischen Ringen, *Spuren* (*tracks*) genannt, angeordnet. Jede Spur ist in Abschnitte, den *Sektoren* (*sectors*), unterteilt. Mit Hilfe eines Schreib-/Lesekopfes ist ein direkter Zugriff auf einen Block möglich. Während der direkte Zugriff zu jeder gewünschten Position im Hauptspeicher annähernd die gleichen Kosten verursacht, ist die Bestimmung der Kosten für einen direkten Zugriff zu einer Position auf der Platte komplizierter und von drei Zeiten abhängig. Die *Zugriffszeit* (*access time*) ergibt sich dann aus der Summe dieser drei Zeiten. Die *Suchzeit* (*seek time*) ist die Zeit, die für die Positionierung des Lese-/Schreibkopfs auf die richtige Spur, auf der sich ein gewünschter Block befindet, benötigt wird. Die *Latenzzeit* (*rotational delay time*, *latency time*) ist die Wartezeit, die für die Rotation des Lese-/Schreibkopfs auf den gewünschten Block gebraucht wird. Die *Übertragungszeit* (*transfer time*) ist die Zeit, die tatsächlich für das Lesen oder Schreiben der Daten im Block nach Positionierung des Lese-/Schreibkopfs aufgewendet werden muss. Die Zugriffszeit für die Übertragung von Blöcken von und zum externen Speicher ist der wesentliche Kostenfaktor für Datenbankoperationen.

2.2 Das physische Datenmodell

Zur Beschreibung des physischen Schemas wird ein *physisches Datenmodell* benutzt, das alle Implementierungseinzelheiten in Bezug auf den Aufbau der Daten, die Datenspeicherung und die Zugriffspfade modelliert. Grundsätzlich lässt sich der gesamte, von einer Datenbank beanspruchte physische Speicherbereich als eine Einheit realisieren und verwalten. Praktische Gründe befürworten allerdings schon auf der Speicherebene eine Zerlegung der Datenbank in disjunkte Teilbereiche. Diese Teilbereiche werden als *Dateien* (*files*) bezeichnet. Dateien bieten als Einheiten der Externspeicherverwaltung für den Datenbankaufbau folgende Vorteile:

❑   Typische Datenbankanwendungen benötigen zu einem Zeitpunkt nur einen kleinen Teil der Datenbank. Daher müssen nur tatsächlich benötigte Dateien für einen direkten Zugriff aktiviert werden.

❑   Da Dateien dynamische Strukturen sind, kann eine Datenbank wachsen oder auch schrumpfen. Der Speicherplatz für temporär benötigte Dateien kann anschließend wieder freigegeben werden.

❑   Durch Zuordnung von Dateien auf unterschiedlich schnelle Speichermedien können die Zugriffsanforderungen spezieller Anwendungen unterstützt werden.

❑   Zur Adressierung der Objekte innerhalb einer Datei genügen kürzere Adresslängen.

❑   Logisch zusammengehörende, d.h. gleich oder ähnlich strukturierte Daten können in einer Datei abgespeichert werden.

Eine Datei ist logisch als eine Folge von *Datensätzen* (*records*) und physisch als eine Folge von *Blöcken* (*blocks*) organisiert. Auf einen Block können ein oder mehrere Datensätze abgebildet werden. Ein Datensatz beinhaltet eine Sammlung von Datenwerten, die als Aussagen über Entitäten, ihre Attribute und ihre Beziehungen interpretiert werden können. Dateien gelten als Basiselement von *Betriebssystemen* (*operating systems*), so dass wir das Vorhandensein eines zugrundeliegenden *Dateisystems* (*file system*) annehmen dürfen.

2.3 Datensatzformate

Daten werden gewöhnlich in Datensätzen gespeichert. Jeder *Datensatz* (*record*) enthält eine Sammlung von zueinander in Beziehung stehenden *Werten* (*values, items*). Jeder Wert besteht aus einem oder mehreren Bytes und entspricht einem bestimmten *Feld* (*field*) des Datensatzes. Datensätze beschreiben in der Regel Entitäten, deren Attribute und deren Beziehungen. Beispielsweise repräsentiert ein Datensatz über einen Angestellten eine Angestellten-Entität; jeder Wert eines Feldes beschreibt ein Attribut oder eine Beziehung dieses Angestellten, wie den Namen, das Geburtsdatum, das Gehalt oder den Vorgesetzten. In relationalen Datenbanken besitzen Datensätze, die Tupel einer Relation repräsentieren, ein Feld für jedes Attribut der Relation; das einem Attribut zugeordnete Feld hat den Datentyp, der dem Attribut zugewiesen ist. Eine Sammlung von Feldnamen und eine Zuordnung von Datentypen zu Feldnamen legen ein *Datensatzformat* (*record format*) fest. Der einem Feld zugewiesene Datentyp spezifiziert den Typ der Werte, die ein Feld annehmen kann. Alle Datensätze eines gegebenen Datensatzformats haben die gleiche Anzahl von Feldern, und entsprechende Felder haben den gleichen Datentyp, den gleichen Feldnamen und die gleiche intuitive Bedeutung. Informationen über Datensatzformate werden im Systemkatalog abgespeichert.

Der Datentyp eines Feldes ist gewöhnlich einer der von Programmiersprachen bekannten Standarddatentypen. Diese umfassen numerische Datentypen (Integer, Long Integer, Real, Long Real), String-Datentypen von fixer oder variabler Länge sowie Boolsche Datentypen. Die Byterepräsentation dieser Datentypen ist vom verwendeten Computersystem abhängig. Ein Integer-Wert kann z.B. 4 Bytes, ein Long Integer-Wert 8 Bytes, ein Real-Wert 4 Bytes, ein Long Real-Wert 8 Bytes, ein Boolscher Wert ein Byte und ein String-Wert der fixen Länge k eine Anzahl von k Bytes erfordern.

Während Blöcke von fixer Größe (z.B. 4 KB) sind, die durch die physische Eigenschaften der Festplatte und durch das Betriebssystem vorgegeben ist, können die Größen von Datensätzen gleicher und verschiedener Dateien variieren. So sind z.B. in einer relationalen Datenbank die Tupel verschiedener Relationen in der Regel von unterschiedlicher Größe. Das Ablegen von Datensätzen in Dateien kann im Wesentlichen auf drei Arten erfolgen. Die am leichtesten zu implementierende Alternative ist, Datensätze mit nur einer bestimmten Länge in einer Datei abzuspeichern. Eine andere Alternative strukturiert Dateien in einer Art und Weise, dass auch Datensätze unterschiedlicher Länge auf einer Seite der Datei verwaltet werden können. Wachsen Datensätze in einem Ausmaß, dass sie auf keine Seite passen, benötigt man Strategien, um das Problem sehr großer Objekte zu lösen. Unabhängig von der Länge eines Datensatzes ist es häufig notwendig, die Feldwerte in einem Datensatz auszurichten, was zu einem höheren Speicherplatzverbrauch führt. Ferner kann ein Problem entstehen, wenn es Zeiger auf Datensätze gibt. Datensätze sind nämlich dann unter Umständen nicht mehr frei von einer zur anderen Seite verschiebbar.

2.3.1 Datensätze fixer Länge

Hat jeder Datensatz in einer Datei genau die gleiche Größe in Bytes, spricht man von *Datensätzen fixer Länge* (*fixed-length records*). Die *Felder* eines gegebenen Datensatzes, die alle von fixer Länge sind, können aufeinanderfolgend gespeichert werden. Ist die Basisadresse, d.h. die Startposition, eines Datensatzes gegeben, kann die Adresse eines bestimmten Feldes mittels der Summe der Längen der vorhergehenden Felder berechnet werden. Die jedem Feld zugeordnete Summe wird *Offset* dieses Feldes genannt. Datensatz- und Feldinformationen sind im Systemkatalog gespeichert. Die Datensatzorganisation wird in Bild 2.1 gezeigt.

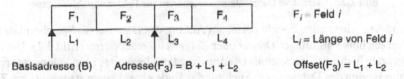

Bild 2.1. Organisation von Datensätzen mit Feldern fixer Länge

Datensätze fixer Länge sind relativ einfach zu verwalten und erlauben den Einsatz spezieller, schneller Suchverfahren. Andererseits müssen bei festen Satzlängen die Sätze selbst und somit deren Felder so groß gemacht werden, dass alle potentiell abzuspeichernden Daten und Werte Platz finden. Dies führt zu Speicherplatzverschwendung und zu ungünstigeren Zugriffszeiten, da der zu durchsuchende Speicherbereich bzw. die Zahl der zu übertragenden Blöcke zum Aufsuchen einer bestimmten Satzmenge größer wird.

2.3.2 Datensätze variabler Länge

Da jeder Datensatz einer Datei die gleiche, feste Anzahl von Feldern hat, kann ein *Datensatz variabler Länge* (*variable-length record*) nur dadurch entstehen, dass einige seiner Felder von variabler Länge sind. Der Name eines Angestellten kann z.B. als ein String variabler Länge definiert sein anstelle eines Strings fixer Länge, der so viele Buchstaben enthält wie der längste vorkommende Namenwert. Einige Felder können auch optionale Werte enthalten, d.h. nur für manche aber nicht für alle Datensätze einer Datei existieren Feldwerte.

Eine mögliche Organisation ist die aufeinanderfolgende und durch Separatoren getrennte Speicherung von Feldern. *Separatoren* sind dabei spezielle Symbole, die in den Daten selbst nicht vorkommen. Ein spezielles *Terminatorsymbol* markiert das Ende des Datensatzes. Diese Organisation erfordert allerdings einen Durchlauf (Scan) des Datensatzes, um ein gewünschtes Feld zu finden (Bild 2.2). Anstelle von Separatoren kann jedes Feld variabler Länge auch mit einem Zähler beginnen, der angibt, wie viele Bytes ein Feldwert besprucht. Auch hier kostet es Zeit, um auf die Felder jenseits des ersten Feldes variabler Länge zuzugreifen, weil wir den Offset eines Feldes nur berechnen können, wenn wir alle vorherigen Felder besuchen, um deren Längen zu bestimmen.

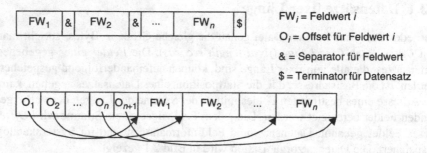

FW_i = Feldwert i

O_i = Offset für Feldwert i

& = Separator für Feldwert

$ = Terminator für Datensatz

Bild 2.2. Alternative Datensatzorganisationen für Felder variabler Länge

Eine andere Alternative besteht darin, am Anfang des Datensatzes Speicherplatz für ein Verzeichnis von Integer-*Offsets* oder *Zeigern* zu reservieren (Bild 2.2). Die i-te Integerzahl in diesem Verzeichnis ist dann die Startadresse des i-ten Feldwertes relativ zum Beginn des Datensatzes. Auch für das Ende eines Datensatzes muss ein Zeiger gespeichert werden, um erkennen zu können, wo der letzte Feldwert endet. Diese Alternative ist in der Regel die bessere. Kosten entstehen nur durch das Offset-Verzeichnis; dafür erhalten wir direkten Feldzugriff. Probleme treten insbesondere bei Änderungen auf. Bei einer Änderung kann ein Feld wachsen, was eine „Verschiebung" aller nachfolgenden Felder erforderlich macht, um Platz für die Änderung zu schaffen. Außerdem kann passieren, dass ein modifizierter Datensatz nicht mehr auf den ihm auf einer Seite zugewiesenen Platz passt und auf eine andere Seite bewegt werden muss. Falls Identifikatoren für Datensätze eine Seitennummer enthalten, entsteht ein Problem. Es muss auf dieser Seite ein Zeiger zum neuen Ort des Datensatzes zurückgelassen werden.

2.3.3 Datensätze sehr großer Länge

Ein weiteres Problem von Datensätzen variabler Länge besteht darin, dass ein Datensatz in einem solchen Ausmaße wächst, dass er nicht länger auf eine Seite passt. Dies kann bei Standarddatenbanken infolge sehr langer Zeichenfolgen geschehen. Solche *Datensätze sehr großer Länge* ((*binary*) *large objects* (*blobs*)) sind aber insbesondere charakteristisch für Nicht-Standard-Datenbanken. In Geo-

Datenbanken z.B. werden komplexe geometrische Objekte wie Polylinien, Polygone und Polyeder in Feldern verwaltet, die „beliebig" groß werden können.

Zur Speicherung kann solch ein Datensatz in kleinere Datensätze unterteilt werden.
Jeder kleinere Datensatz erhält zudem einen Zeiger auf den nächsten kleineren
Datensatz, so dass eine Verkettung dieser Datensätze untereinander erreicht wird.
Der Datensatz insgesamt erstreckt sich also über Seitengrenzen hinaus. Eine andere
Möglichkeit ist, nur die wichtigsten Informationen über den zu speichernden Wert
im Feld eines Datensatzes abzulegen und die genaue Repräsentation in einer Folge
von speziellen Datenseiten auszulagern. Gespeichert wird hier also zusätzlich eine
Seitenreferenz auf die erste Seite der Objektdarstellung oder sogar die gesamte *Seitenreferenzfolge*. Dies ist sinnvoll, da häufig für Anfragen der Informationsteil aus-
reicht und die gesamte Objektdarstellung nicht benötigt wird. Im Falle eines Polygons könnte im Informationsteil das minimale, achsenparallele Rechteck abgespeichert werden, das das Polygon enthält. Weitere Daten könnten die Anzahl der
Kanten, den Flächeninhalt und den Umfang enthalten. Alle diese Informationen
sind dann in konstanter Zeit erhältlich. Die Beschreibung der geometrischen Struktur des Polygons könnte dann auf ausgelagerten Seiten gespeichert sein.

2.3.4 Ausrichtung von Feldwerten

Ein allgemeines Problem, das Datensätze aller Längen betrifft, ist die Forderung
nach der *Ausrichtung* (*alignment*) von Feldwerten. Rechnerarchitekturen und Programmiersprachen verlangen häufig, dass Werte eines Datentyps in einem Datensatz ausgerichtet werden. Dies bedeutet, dass die absolute Anfangsadresse eines
Feldwertes durch die Anzahl der Bytes zur Darstellung des zugehörigen Typs ganzzahlig teilbar sein muss. Nehmen wir an, dass ein Integer-Wert 4 Bytes, ein Real-
Wert 4 Bytes, ein Long Real-Wert 8 Bytes, ein Boolscher Wert ein Byte und ein Zeichen ein Byte zu ihrer Darstellung benötigen, so muss die absolute Anfangsadresse
eines Feldwertes eines solchen Typs durch 4, 4, 8, 1 bzw. 1 ganzzahlig teilbar sein.
D.h. Einschränkungen gibt es für Integer-, Real- und Long Real-Werte. Die absolute
Anfangsadresse des Datensatzes muss durch die größte Anzahl an Bytes teilbar sein,
die eines seiner Feldwerte zur Darstellung benötigt.

Da Feldwerte aufeinanderfolgend im Datensatz angeordnet werden, hat dies gegebenenfalls ungenutzten Speicherplatz zur Folge. Enthält ein Datensatz z.B. aufeinanderfolgend einen Boolschen Wert, einen Real-Wert und ein Zeichen, so werden
für die Darstellung des Boolschen-Werts 1+3, des Real-Werts 4+0 und des Zeichens
1+3 Bytes benötigt, insgesamt also 12 Bytes. Der zweite Summand bezeichnet
jeweils den ungenutzten Speicherplatz (hier also insgesamt 6 Bytes). Wird die Reihenfolge verändert, so dass dem Boolschen Wert das Zeichen und dann der Real-
Wert folgt, so werden für die Darstellung des Boolschen-Werts 1+0, des Zeichens
1+2 und des Real-Werts 4+0 Bytes verwendet. Insgesamt braucht die Darstellung
eines solchen Datensatzes 8 Bytes, wovon 2 Bytes ungenutzt bleiben. In beiden Fällen muss die Anfangsadresse des Datensatzes durch 4 teilbar sein.

2.3.5 Zeiger

Um einen Datensatz zu referenzieren, ist häufig ein *Zeiger* (*pointer*) auf ihn ausreichend. Aufgrund der Verschiedenheit der Anforderungen zur Abspeicherung von Datensätzen kann der Aufbau von Zeigern variieren. Die offensichtlichste Art eines Zeigers ist die physische Adresse des Datensatzes in einem virtuellen Speicher oder in dem Adressraum der Festplatte. Aus ihr lässt sich die Seite, die gelesen werden muss, sehr leicht berechnen. Diese Adressierungsart hat den Vorteil, dass der Zugriff auf einen gesuchten Datensatz sehr schnell ist. Sie ist aber dennoch nicht wünschenswert, da sie das Verschieben eines Datensatzes innerhalb einer Seite oder innerhalb einer Gruppe von Seiten nicht ermöglicht. Bei der Verschiebung eines Datensatzes müssten nämlich alle Zeiger auf diesen Datensatz gefunden und verändert werden. Man spricht hier auch von *physischen Zeigern*.

Häufig wird daher ein Zeiger als ein Paar (s, p) beschrieben, wobei s die Nummer der Seite ist, auf der der Datensatz zu finden ist, und p auf eine Indexposition in einem Verzeichnis am Seitenanfang verweist. Der Eintrag an dieser Indexposition gibt die relative Position des Datensatzes in der Seite an. Muss der Datensatz innerhalb der Seite verschoben werden, muss lediglich der Eintrag an der Indexposition geändert werden. Alle Zeiger (s, p) bleiben unverändert. Man spricht hier von *seitenbezogenen Zeigern* (siehe Bild 2.5).

Gegenüber Verschiebungen im Speicher völlig stabile Zeiger erhält man, wenn Zeiger logisch realisiert werden. Dem Datensatz wird eine logische oder symbolische Adresse zugeordnet, die nichts über die Abspeicherung des referenzierten Datensatzes aussagt. Der Datensatz kann also beliebig im Adressraum der Datei bewegt werden, ohne dass Zeiger verändert werden müssen. Realisiert wird diese Zeigerform beispielsweise über indirekte Adressierung. Der Zeiger verweist auf eine Indexposition einer Zuordnungstabelle im Speicher, deren Eintrag die Position des Datensatzes im Speicher angibt. Bei der Verschiebung eines Datensatzes muss lediglich der zugehörige Eintrag in der Zuordnungstabelle geändert werden. Alle Zeiger bleiben unverändert. In diesem Fall spricht man von *logischen* oder *symbolischen Zeigern* (siehe Bild 2.3). Als großer Nachteil erweist sich, dass jeder Zugriff auf einen Datensatz einen zusätzlichen Zugriff auf die Zuordnungstabelle kostet. Ferner kann die Tabelle sehr groß werden, so dass sie oft nicht vollständig im Hauptspeicher gehalten werden kann.

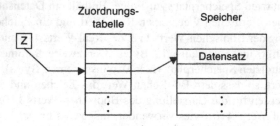

Bild 2.3. Realisierung logischer Zeiger

Wenn auf Datensätze Zeiger unbekannter Herkunft zeigen, so sprechen wir von *fixierten Datensätzen* (*pinned records*), ansonsten von *unfixierten Datensätzen* (*unpinned records*). Wenn Datensätze unfixiert sind, können sie innerhalb und zwischen verschiedenen Seiten ohne nachteilige Folgen verschoben werden, falls dies im Rahmen der gewählten Speicherstruktur Sinn macht. Wenn jedoch die Datensätze fixiert sind, können sie überhaupt nicht bewegt werden, falls Zeiger absolute Adressen sind, nur innerhalb der Seite, falls eine seitenbezogene Zeigervariante benutzt wird, und allgemein im Adressraum der Datei, falls logische Zeiger Verwendung finden.

Wird ein fixierter Datensatz gelöscht, ergibt sich das Problem, dass noch Zeiger auf ihn vorhanden sein können, die nun semantisch sinnlos sind. Wird anstelle des gelöschten Datensatzes ein neuer Datensatz eingefügt, verweisen Zeiger plötzlich auf falsche Datensätze. Man spricht hier auch von „baumelnden" Zeigern (*dangling pointers*, *dangling references*). Um diese Art von Zeigern zu vermeiden, muss für jeden Datensatz eine *Löschmarkierung* verwaltet werden, die gesetzt wird, falls der Datensatz gelöscht wird. Der freigewordene Speicherplatz kann dann allerdings nicht mehr für weitere Einfügungen benutzt werden, aber der gelöschte Datensatz kann z.B. bei einem Durchlauf über die Seite als gelöscht erkannt und ignoriert werden.

2.4 Seitenformate

In der gleichen Weise, wie wir Felder in Datensätzen lokalisieren müssen, müssen wir Datensätze innerhalb einer Seite (bzw. extern in einem Block) auffinden können. Wir betrachten daher, wie Datensätze auf einer Seite angeordnet werden können. Dazu stellen wir uns eine Seite als eine Sammlung von *Slots* (Aufnahmebereichen, *slots*) vor, wobei jeder Slot genau einen Datensatz enthält. Ein *Datensatzidentifikator* (*record identifier* (*RID*)), kurz *DID* genannt, der als Zeiger auf einen fixierten Datensatz dient, besteht typischerweise aus einem Paar (s, n), wobei s die Nummer der Seite ist, auf der der Datensatz zu finden ist, und n eine Zahl ist, die angibt, wo auf der Seite der Datensatz abgespeichert ist. Der Parameter n kann verschieden interpretiert werden, z.B. als relative Byteadresse auf der Seite, als Nummer eines Slots oder als Index eines im *Seitenkopf* (*page header*) zusätzlich eingerichteten *Verzeichnisses* (*directory*). Solch ein Identifikator hängt nicht vom Inhalt des zugehörigen Datensatzes ab. Mit der Verwaltung von Datensätzen in Seiten geht auch die *Freispeicherverwaltung* innerhalb einer Seite einher. Zudem müssen ähnlich wie Feldwerte auch Slots und somit die in ihnen enthaltenen Datensätze ausgerichtet werden. Hierauf gehen wir im Weiteren nicht mehr näher ein. Wir betrachten nun einige Alternativen, um für Datensätze Slots auf einer Seite einzurichten.

2.4.1 Seitenformate für Datensätze fixer Länge

Falls alle Datensätze von gleicher Länge sind, sind auch alle Slots gleich groß und können aufeinanderfolgend innerhalb der Seite angeordnet werden. Es können soviele Datensätze in einer Seite aufgenommen werden, wie Slots auf eine Seite passen. Abzuziehen ist allerdings der Speicherplatz für Seiteninformationen in speziellen Feldern des Seitenkopfes wie z.B. für Zeiger auf Vorgänger- und Nachfolgerseiten in einer Folge von Seiten oder für Verzeichnisse. Speicherplatz für spezielle Felder muss in jeder Seite an bestimmten Stellen reserviert sein.

Die erste Alternative zur Anordnung einer Menge von N Datensätzen fixer Länge ist, sie in den ersten N Slots abzulegen (Bild 2.4). Wenn ein Datensatz gelöscht wird, kann der letzte Datensatz auf der Seite in den freigewordenen Slot bewegt werden. Dies verursacht jedoch Probleme, wenn der zu bewegende Datensatz fixiert ist und nun die Slotnummer geändert werden muss. Die Möglichkeit, alle auf den gelöschten Datensatz nachfolgenden Datensätze um einen Slot nachrücken zu lassen, erweist sich als sehr ineffizient und noch problemhaltiger. Somit ist diese „gepackte" Organisation unflexibel, obwohl sie es erlaubt, den i-ten Datensatz durch eine einfache Offsetberechnung zu ermitteln.

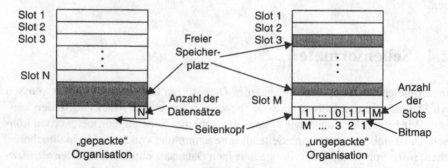

Bild 2.4. Alternative Seitenorganisationen für Datensätze fixer Länge

Eine zweite Alternative besteht darin, auf jeder Seite Löschungen von Datensätzen und somit Informationen über freie Slots mittels einer Verzeichnisstruktur, die eine Bitmap darstellt, zu verwalten (Bild 2.4). Das Auffinden des i-ten Datensatzes auf einer Seite erfordert dann einen Durchlauf durch das Verzeichnis, aber Datensätze müssen nicht verschoben werden. Auf eine Verzeichnisstruktur kann verzichtet werden, wenn es ein spezielles Feld gibt, das einen Zeiger auf den ersten Slot enthält, dessen Löschmarkierung gesetzt ist. Der Slot enthält dann einen Zeiger auf den nächsten freien Slot, so dass eine Verkettung von freien Slots erreicht wird.

2.4.2 Seitenformate für Datensätze variabler Länge

Auch wenn die Datensatzlängen variabel sind, können wir Datensätze aufeinanderfolgend auf einer Seite anordnen. Löschungen von Datensätzen können wir allerdings nicht mehr durch die oben beschriebenen Bitmaps oder durch verkettete Listen handhaben, weil Slots nicht mehr auf einfache Weise wiederbenutzbar sind. Wenn ein neuer Datensatz eingefügt werden soll, muss zunächst ein leerer Slot „der richtigen Länge" gefunden werden. Ist der Slot zu groß, wird Speicherplatz verschwendet; ist der Slot zu klein, kann er nicht benutzt werden. In der Regel wird also ein Slot, der einen Datensatz aufnehmen kann, nicht vollständig ausgefüllt werden, sondern am Ende des Slots entsteht ein relativ kleiner ungenutzter Speicherplatzbereich. Um diese ungenutzten Speicherplatzbereiche zwischen Datensätzen zu vermeiden – wir sprechen hier auch von *Fragmentierung* –, müssen Datensätze auf einer Seite verschoben und komprimiert werden können. Dadurch erhalten wir einen zusammenhängenden freien Speicherplatzbereich.

Wenn die Datensätze einer Seite unfixiert sind, externe Zeiger also keine Rolle spielen, kann die „gepackte" Repräsentation für Datensätze fixer Länge angepasst werden. Entweder verwendet man ein spezielles Terminatorsymbol zur Kennzeichnung des Datensatzendes oder aber eine Längenangabe am Datensatzanfang.

Für den allgemeinen Fall ist bei der Satzadressierung eine Indirektion vorzusehen, die Verschiebungen von fixierten Datensätzen innerhalb einer Seite ohne nachteilige Auswirkungen erlaubt, aber nach Möglichkeit keine weiteren Zugriffskosten mit sich bringt. Die flexibelste Organisation für Datensätze variabler Länge wird durch das *Datensatzidentifikator-Konzept* (*DID-Konzept*) beschrieben (Bild 2.5). In relationalen Datenbanksystemen ist es als *Tupelidentifikator-Konzept* (*TID-Konzept*) bekannt. Jedem Datensatz wird ein eindeutiger, stabiler DID zugeordnet, der aus einer Seitennummer und einem Index in ein seiteninternes Verzeichnis besteht. Der durch den Index *i* beschriebene Verzeichniseintrag enthält die relative Position des Slots *i* und somit des *i*-ten Datensatzes (d.h. einen Zeiger hierauf) innerhalb einer Seite. Die Längeninformation eines Datensatzes wird entweder ebenfalls im Verzeichniseintrag oder aber am Anfang der Datensatzrepräsentation abgelegt (L_i in Bild 2.5). Datensätze, die Wachstums- oder Schrumpfungsprozessen unterworfen werden, können nun innerhalb der Seite verschoben werden, ohne dass der DID als

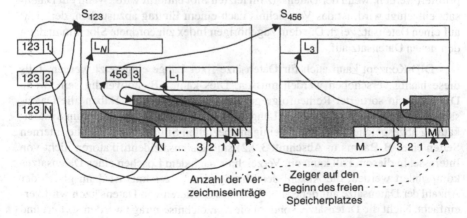

Bild 2.5. Seitenorganisation für Datensätze variabler Länge

extern sichtbare Zugriffsadresse modifiziert werden muss. Wird ein Datensatz gelöscht, so wird dies im entsprechenden Indexeintrag durch eine Löschmarkierung registriert.

Da eine Seite nicht in vorgegebene Slots eingeteilt werden kann, muss eine andere Art der Freispeicherverwaltung angewendet werden. Eine Methode ist, einen Zeiger auf den Anfang des freien Speicherplatzbereichs der Seite im Seitenkopf zu verwalten. Ist ein Datensatz zu groß, um vom aktuell verfügbaren, freien Speicherplatzbereich aufgenommen zu werden, wird die Seite komprimiert, d.h. Speicherplatzlücken zwischen Datensätzen bis auf diejenigen, die durch Ausrichtung von Datensätzen entstehen, werden beseitigt. Hierdurch wird erreicht, dass alle Datensätze lückenlos aufeinanderfolgend angeordnet sind und der maximal verfügbare freie Speicherplatz daran anschließt. Wenn ein Datensatz trotz Komprimierung der Seite nicht in den noch verfügbaren Speicherplatzbereich passt, muss er von seiner „Hausseite" auf eine „Überlaufseite" ausgelagert werden. Der zugehörige DID kann stabil gehalten werden, indem in der Hausseite anstelle des Datensatzes ein „Stellvertreter-DID" gespeichert wird, der genauso wie ein normaler DID funktioniert und auf den Satz in der neu zugewiesenen Überlaufseite zeigt. Da ein Überlaufsatz nicht weiter überlaufen darf, wird die Überlaufkette auf die Länge 1 beschränkt. Falls ein Überlaufsatz seine ihm zugewiesene Seite wieder verlassen muss, wird zunächst versucht, ihn wieder auf seiner Hausseite zu plazieren. Ist nicht genügend Speicherplatz vorhanden, erfolgt der neue Überlauf wieder von der Hausseite aus. Daher ist jeder Datensatz mit maximal zwei Seitenzugriffen aufzufinden.

Nach dem Löschen eines Datensatzes kann der Speicherplatz für den Verzeichniseintrag an der entsprechenden Indexposition nicht einfach gelöscht und das seiteninterne Verzeichnis komprimiert werden, weil die Indizes des Verzeichnisses dazu benutzt werden, um Datensätze zu identifizieren. Löschen wir einen Eintrag und schieben wir den restlichen Teil des Verzeichnisses heran, so vermindern sich die Indizes für die nachfolgenden Slots im Verzeichnis, so dass DIDs auf falsche Slots und somit auf falsche Datensätze zeigen. Das Verzeichnis kann nur dann komprimiert werden, wenn der Datensatz im letzten Slot entfernt wird. Wenn ein Datensatz eingefügt wird, ist das Verzeichnis nach einem Eintrag abzusuchen, der nicht auf einen Datensatz zeigt. Der dem zugehörigen Index zugeordnete Slot nimmt dann den neuen Datensatz auf.

Das DID-Konzept kann auch für Datensätze fixer Länge eingesetzt werden, falls diese häufig verschoben werden müssen. Dies kann z.B. notwendig sein, wenn Datensätze in sortierter Reihenfolge gehalten werden müssen. Haben alle Datensätze gleiche Länge, kann auch die Längeninformation weggelassen und im Systemkatalog abgespeichert werden. In einigen speziellen Situationen (z.B. die internen Seiten eines B-Baums in Abschnitt 3.2.2) sind Datensatzidentifikatoren nicht von Interesse. In diesem Fall kann ein Verzeichnis nach dem Löschen eines Datensatzes komprimiert werden; die Anzahl der Einträge im Verzeichnis ist dann gleich der Anzahl der Datensätze auf der Seite. Auch das Sortieren von Datensätzen wird vereinfacht. Nicht die Datensätze, sondern die Verzeichniseinträge werden sortiert und somit bewegt.

2.4.3 Seitenformate für Datensätze sehr großer Länge

Ist ein Datensatz von solcher Länge, dass er auf keine (auch nicht auf eine neue) Seite passt, so gibt es im Wesentlichen nur die beiden bereits in Abschnitt 2.3.3 besprochenen Strategien. Die erste Strategie, die gelegentlich auch zur Organisation von Datensätzen variabler Länge eingesetzt wird, sieht vor, dass ein Datensatz zunächst in eine Folge von mittels Zeigern verketteten, kleineren Datensätzen zerlegt wird. Diese Folge „überspannt" oder erstreckt sich dann über eine Anzahl von Seiten (*spanned records*). Als Konsequenz ergeben sich entsprechend viele Seitenzugriffe und hoher Zusatzaufwand bei der Integritätsüberwachung. Falls möglich, z.B. bei Datensätzen fixer Länge, wird daher versucht, ein Überschreiten von Seitengrenzen zu vermeiden (*unspanned records*).

Die andere Strategie speichert für die Feldwerte, die für die große Gesamtlänge eines Datensatzes verantwortlich sind, nur die wichtigsten Informationen ab und lagert die genauen Repräsentationen der Feldwerte jeweils auf eine Folge von speziellen Datenseiten aus. Der Datensatz enthält dann in den Feldwertdarstellungen jeweils zusätzlich eine Seitenreferenz auf die erste Seite der Objektdarstellung oder sogar die gesamte Seitenreferenzfolge.

2.5 Abbildung von Datensätzen in Seiten

In Abschnitt 2.4 haben wir betrachtet, wie Datensätze technisch auf Seiten plaziert werden können und wie die zugehörigen Seitenformate aussehen. Bei einer Folge von Datensätzen gleichen Formats, die zusammen eine Datei ausmachen, ist nun zu entscheiden, welche dieser Datensätze welchen Seiten zugeordnet werden. Da Daten zwischen externem Speichermedium und Hauptspeicher in Einheiten von Blöcken übertragen werden, ist es sinnvoll, Datensätze auf Seiten in einer Weise abzubilden, dass eine einzelne Seite miteinander in Beziehung stehende Datensätze enthält. Diese Art der „Datensatzgruppierung", die logisch verwandte (und daher häufig zusammen benutzte) Datensätze physisch nahe beieinanderliegend auf einem externen Speichermedium anordnet, wird auch *Clusterung* (*clustering*) genannt. Folgendes Beispiel belegt, dass die physische Clusterung von Daten ein extrem wichtiger Faktor in Bezug auf Effizienz ist und dass es bedeutsam ist, die Clusterung von Datensätzen in Seiten auf Seiten in Dateien fortzusetzen. Dies wird sich später insbesondere bei der Behandlung von Indexstrukturen zeigen.

Nehmen wir an, dass d_1 derjenige Datensatz ist, auf den zuletzt zugegriffen wurde, und dass d_2 der nächste angeforderte Datensatz ist. Sei ferner d_1 auf Seite s_1 und d_2 auf Seite s_2 gespeichert. Dann können sich folgende Situationen ergeben:

1. Sind s_1 und s_2 identisch, dann erfordert der Zugriff auf d_2 keinen zusätzlichen externen Seitenzugriff, weil sich die gewünschte Seite s_2 bereits im Systempuffer im Hauptspeicher befindet.

2. Sind s_1 und s_2 verschieden und liegen beide Seiten physisch nahe beieinander oder sind sogar physisch benachbart, dann erfordert der Zugriff auf d_2 (vorausgesetzt, s_2 ist nicht schon vorher in den Hauptspeicher geladen worden) einen weiteren externen Seitenzugriff. Aber die Suchzeit hierfür wird sehr klein sein, weil sich der Lese-/Schreibkopf bereits nahe der gewünschten Position befindet.

3. Sind s_1 und s_2 verschieden und liegen beide Seiten physisch weiter voneinander entfernt, so erfordert der Zugriff auf d_2 (vorausgesetzt, s_2 ist nicht schon vorher in den Hauptspeicher geladen worden) einen weiteren externen Seitenzugriff und die volle Zugriffszeit.

Wir sind bisher immer davon ausgegangen, dass nur Datensätze des gleichen Formats auf einer Seite abgelegt werden. Obiges Beispiel lässt aber offen, ob d_1 und d_2 zur gleichen oder zu verschiedenen Dateien gehören (und somit also verschiedene Formate haben) und ob also über eine oder mehr als eine Datei geclustert wird. Betrachten wir eine Datenbank, die Informationen über Lieferanten und Warensendungen enthält. Wenn der sequentielle Zugriff auf alle Lieferanten in einer numerierten Reihenfolge eine häufige Anwendungsanforderung ist, dann sollten die Lieferanten-Datensätze so geclustert werden, dass der erste solche Datensatz physisch nahe beim zweiten Datensatz angeordnet wird, der zweite Datensatz physisch nahe beim dritten Datensatz usw. Geclustert wird hier also innerhalb einer Datei (*intra-file clustering*). Ist die Anwendungsanforderung aber dergestalt, dass häufig auf Lieferanten zusammen mit den von ihnen gelieferten Waren zugegriffen werden muss, so empfiehlt sich, Lieferanten- und Warensendungen-Datensätze verzahnt miteinander zu speichern. Informationen über Warensendungen des ersten Lieferanten werden zusammen mit dem ersten Lieferanten-Datensatz abgespeichert, Informationen über Warensendungen des zweiten Lieferanten zusammen mit dem zweiten Lieferanten-Datensatz usw. Das Clustering erstreckt sich hierbei also über mehr als eine Datei (*inter-file clustering*).

2.6 Dateien

Eine *Datei* (*file*) ist logisch gesehen eine Folge von Datensätzen gleichen Formats. Diese Definition unterscheidet sich etwas von dem gewöhnlichen Verständnis einer Datei als ein Strom von Zeichen oder Elementen anderer Typen und der Vorstellung, dass solch ein Strom nur vom Anfang bis zum Ende durchlaufen werden kann. In der Datenbankpraxis kann auf eine Datei aber auf vielerlei Art und Weise zugegriffen werden, und die Datensätze sind häufig auch nicht als ein einzelner Strom angeordnet.

Physisch ist eine Datei als eine Folge von direkt adressierbaren Blöcken organisiert. Prinzipiell sind für die physischen Blöcke der Datei variable Längen denkbar. Konstante Blocklängen sollten aber bevorzugt werden, da sie neben der einfachen

Adressierung die flexible Ausnutzung des gesamten verfügbaren, externen Speicherplatzes ohne Fragmentierungsprobleme gestatten, ferner die Systempufferverwaltung (siehe Abschnitt 2.8) vereinfachen und eine saubere, geräteunabhängige
Schnittstelle anbieten. Meta-Daten über eine Datei (z.B. Länge, Adresse des ersten
und letzten Blocks) stehen gewöhnlich auf der ersten Seite im *Dateikopf* (*file header*).

Operationen auf Dateien werden gewöhnlich in *Such-* (*retrieval*) und *Änderungs-*
(*update*) Operationen unterschieden. Suchoperationen ändern nicht die Daten in
einer Datei, sondern lokalisieren bestimmte Datensätze, so dass deren Feldwerte
überprüft und verarbeitet werden können. Änderungsoperationen verändern die
Datei durch Einfügen oder Löschen von Datensätzen oder durch Modifizieren von
Feldwerten. In allen Fällen müssen ein oder mehrere Datensätze zum Auffinden,
Löschen oder Ändern mittels eines *Selektionskriteriums* ausgewählt werden. Dieses
Kriterium legt Bedingungen fest, die gewünschte Datensätze erfüllen müssen. Die
im Folgenden kurz beschriebenen Operationen zur Lokalisierung und zum Zugriff
auf Datensätze sind repräsentativ und variieren von System zu System. Hierbei wird
der Datensatz, auf den zuletzt zugegriffen worden ist, als *aktueller* Datensatz
bezeichnet.

❑ *Datensatz auffinden.* Diese Operation sucht nach dem ersten Datensatz, der
   ein Selektionskriterium erfüllt. Die den Datensatz enthaltende Seite wird in
   den Systempuffer geladen (falls sie dort nicht bereits vorhanden ist), und der
   Datensatz wird im Puffer lokalisiert und zum aktuellen Datensatz.

❑ *Datensatz lesen.* Diese Operation kopiert den aktuellen Datensatz aus dem
   Systempuffer in eine Programmvariable oder in den Arbeitsbereich eines
   Anwendungsprogramms. Die Anweisung kann auch ein Vorwärtsschreiten
   zum nächsten Datensatz zur Folge haben.

❑ *Nächsten Datensatz finden.* Diese Operation sucht den nächsten Datensatz,
   der das Selektionskriterium erfüllt. Die den Datensatz enthaltende Seite wird
   in den Systempuffer geladen (falls sie dort nicht bereits vorhanden ist), und
   der Datensatz wird im Puffer lokalisiert und zum aktuellen Datensatz.

❑ *Datensatz löschen.* Diese Operation löscht den aktuellen Datensatz aus einer
   Seite im Systempuffer und aktualisiert (eventuell) die externe Datei.

❑ *Datensatz verändern.* Diese Operation verändert einige Feldwerte des aktuellen Datensatzes aus einer Seite im Systempuffer und und aktualisiert (eventuell) die externe Datei.

❑ *Datensatz einfügen.* Diese Operation fügt einen neuen Datensatz in die Datei
   ein, indem sie zunächst die Seite feststellt, in die eingefügt werden muss, und
   dann die Seite in den Systempuffer lädt (falls sie dort nicht bereits vorhanden
   ist). Danach fügt sie den Datensatz in die Seite ein und aktualisiert (eventuell)
   die externe Datei.

Andere Operationen werden benötigt, um existierende Dateien für den Zugriff zu öffnen, nach Benutzung zu schließen, um neue, leere Dateien zu erzeugen und um existierende Dateien zu löschen.

Mengen von logischen Objekten der konzeptuellen Ebene werden nun auf Dateien abgebildet. In relationalen DBMS wird üblicherweise jede Relation in einer Datei gespeichert. Jedes Tupel wird als Datensatz in der Datei abgelegt, und Attributwerte des Tupels entsprechen Feldwerten des Datensatzes. In objektorientierten DBMS ist dies ähnlich. Objektklassen werden in Dateien, Objekte in Datensätzen und Attributwerte in Feldwerten abgelegt. Ausnahmen ergeben sich zum Beispiel bei der Clusterung von Relationen oder Objektklassen; mehrere Relationen oder Objektklassen können hier in einer Datei zusammen gespeichert sein. Informationen über Relationennamen, Objektklassennamen, deren Schemata, zugeordnete Dateien, Dateistrukturen, Attributnamen, Attributtypen usw. sind systemweit mittels des Systemkatalogs (Abschnitt 2.8) erhältlich.

2.7 Grundlegende Dateiorganisationen

Wir stellen nun drei grundlegende Dateiorganisationen, nämlich Dateien mit ungeordneten Datensätzen (Haufendateien), Dateien mit bezüglich eines Feldes geordneten Datensätzen (sortierte Dateien) und Dateien mit bezüglich eines Feldes verstreuten Datensätzen (Hash-Dateien), vor und vergleichen die Kosten einiger in Abschnitt 2.6 angesprochener, einfacher Operationen. Die betrachteten Operationen sind (1) der Durchlauf (Scan) aller Datensätze in einer Datei, (2) die Suche nach einem Datensatz, der eine bestimmte Gleichheitsbedingung erfüllt (z.B. „finde den Angestellten-Datensatz mit der Personalnummer 728", (3) die Suche nach allen Datensätzen, die eine Bereichsbedingung erfüllen (z.B. „finde alle Angestellten-Datensätze, deren Name lexikographisch zwischen Meier und Schmitt liegt"), (4) das Einfügen eines Datensatzes und (5) das Löschen eines Datensatzes.

2.7.1 Kostenmodell

Um Kosten überhaupt vergleichen zu können, geben wir zunächst ein sehr vereinfachtes Kostenmodell mit entsprechenden Notationen und Annahmen an. Sei b die Anzahl der Datenseiten und r die Anzahl der Datensätze pro Seite. Man bezeichnet r auch als *Blockungsfaktor* (*blocking factor*). Die Durchschnittszeit zum Lesen oder Schreiben einer Seite (eines Blocks) von bzw. auf ein externes Speichermedium sei d, und die Durchschnittszeit, um einen Datensatz zu verarbeiten, d.h. einen Feldwert mit einer Selektionskonstante zu vergleichen, sei c. Eine *Hash-Funktion* bildet einen Datensatz in einen Zahlenbereich ab und wird zur Organisation einer Hash-Datei verwendet, um anhand eines gegebenen Datensatzes die zugehörige Seite zu berechnen. Die Zeit, um die Hash-Funktion für einen Datensatz auszurechnen, sei h.

CPU-Kosten, Übertragungskosten usw. werden hier vernachlässigt, da sie gegenüber den wesentlich kostenintensiveren, externen (Platten-) Zugriffen nicht ins Gewicht fallen. Wir zählen daher in diesem sehr vereinfachten Modell nur die Anzahl der gelesenen oder geschriebenen externen Seiten. Ferner ignorieren wir auch den *geblockten Zugriff* (*blocked access*). D.h. Seiten werden normalerweise nicht einzeln gelesen, sondern mit einem Zugriff wird auch eine ganze Folge darauffolgender Seiten in den Sytempuffer geladen. Die Kosten sind also gleich der Suche nach der ersten Seite der Seitenfolge und der Übertragung aller Seiten der Seitenfolge in den Hauptspeicher. Der Grund für geblockten Zugriff liegt im *Lokalitätsprinzip*. Man hofft, dass der nächste Seitenzugriff in unmittelbarer Nähe der letzten Seite geschehen wird. Die neue Seite befindet sich aber dann schon im Systempuffer, so dass kein externer Zugriff mehr erforderlich ist. Wir werden jeden Seitenzugriff einzeln zählen, was in der Regel teurer ist, da wir für jede Seite eine zusätzliche Suchzeit haben.

2.7.2 Haufendateien

Diese einfachste Dateiorganisation plaziert Datensätze in eine Datei in der ungeordneten, chronologischen Reihenfolge, wie sie eingefügt werden. Neue Datensätze werden am Ende der Datei eingefügt. Solch eine Organisation wird *Haufendatei* (*heap file, pile file*) genannt. Datensätze werden ungeordnet abgespeichert, wenn die Art ihrer Nutzung in der Zukunft unklar ist. Auch wird diese Organisationsform in Verbindung mit zusätzlichen Zugriffspfaden verwendet.

Für jede Haufendatei müssen wir die zugeordneten Seiten verwalten, um Durchläufe zu unterstützen, sowie die Seiten, die freien Speicherplatz enthalten, um das Einfügen effizient durchzuführen. Doppelt verkettete Listen von Seiten sowie Verzeichnisse von Seiten stellen zwei mögliche Realisierungsalternativen dar. Sie benutzen Zeiger (Seitenidentifikatoren, -nummern) zur Adressierung von Seiten. Bezüglich der ersten Alternative wird vom DBMS eine Tabelle mit (Haufendateiname, Adresse der ersten Seite)-Einträgen eingerichtet. Die erste Seite einer Haufendatei wird *Kopfseite* (*header page*) genannt. Eine wichtige Aufgabe besteht darin, Informationen über freien Speicherplatz, der durch Löschen von Datensätzen entstanden ist, aufzubewahren. Hierzu sind der freie Speicherplatz innerhalb einer Seite (bereits in Abschnitt 2.4 behandelt) und die Seiten mit freiem Speicherplatz zu verwalten. Letztere Aufgabe kann mittels einer *doppelt verketteten Liste* für die Seiten mit freiem Speicherplatz und einer doppelt verketteten Liste für die vollen Seiten erreicht werden. Beide Listen enthalten zusammen alle Seiten der Haufendatei. Nachteilig ist, dass, falls die Datensätze von variabler Länge sind, die Seiten in der Regel noch einige freie Bytes haben und somit fast alle der freien Liste zugeordnet werden. Um einen Datensatz einzufügen, müssen mehrere Seiten der freien Liste gelesen und überprüft werden, bevor man eine Seite mit genügend freiem Speicherplatz findet.

Verzeichnisse von Seiten stellen eine Alternative dar. Das DBMS muss sich hier merken, wo sich die erste Verzeichnisseite der Haufendatei befindet. Das Verzeichnis selbst ist ebenfalls eine Menge von Seiten und kann z.B. als verkettete Liste organisiert sein. Jeder Verzeichniseintrag zeigt auf eine Seite in der Haufendatei. Genauso wie die Haufendatei wächst oder schrumpft, wächst oder schrumpft auch die Anzahl der Einträge. Freispeicherverwaltung kann mittels eines Biteintrags durchgeführt werden, der anzeigt, ob die jeweilige Seite freien Speicherplatz enthält, oder aber mittels eines Zählers pro Eintrag, der die freie Byteanzahl pro Seite angibt. Ein Vergleich der Länge eines Datensatzes variabler Länge mit dem Zählerwert eines Eintrags ergibt dann, ob der Datensatz auf die Seite, worauf der Eintrag zeigt, eingefügt werden kann.

Betrachten wir nun die Kosten für die obengenannten Operationen.

Durchlauf: Die Kosten sind $b(d + rc)$ Zeit, weil wir auf jede Seite zugreifen müssen, was Zeit d pro Seite kostet. Für jede Seite werden r Datensätze mit Zeit c pro Datensatz verarbeitet.

Suche mit Gleichheitsbedingung: Angenommen, wir wissen, dass es genau einen Datensatz gibt, der die gewünschte Bedingung erfüllt, d.h. die Bedingung ist bezüglich eines Schlüsselfeldes formuliert, und dass eine gleichmäßige Verteilung der Werte im Schlüsselfeld vorliegt. Im Durchschnitt müssen wir dann die Hälfte der Datei durchlaufen. Für jede gelesene Seite müssen wir alle Datensätze auf Übereinstimmung mit dem gewünschten Datensatz überprüfen. Die Kosten sind $0,5 \cdot b(d + rc)$ Zeit. Falls die Suche nicht bezüglich eines Schlüsselfeldes stattfindet, müssen wir die gesamte Datei durchlaufen, weil Datensätze mit dem gesuchten Feldwert über die gesamte Datei verstreut sein können und wir nicht wissen, wie viele dies sind. Dies gilt auch, wenn die Bedingung zwar bezüglich eines Schlüsselfeldes formuliert ist, aber der gewünschte Datensatz gar nicht in der Datei vorhanden ist.

Suche mit Bereichsbedingung: Die gesamte Datei muss durchlaufen werden, da Datensätze, die die Bereichsbedingung erfüllen, überall in der Datei auftreten können und wir nicht wissen, wie viele es sind. Die Kosten sind $b(d + rc)$ Zeit.

Einfügen eines Datensatzes: Angenommen, dass Datensätze immer am Ende der Datei eingefügt werden. Dann muss die letzte Seite der Datei, deren Adresse im Dateikopf steht, geladen, der Datensatz eingefügt und die Seite wieder zurückgeschrieben werden. Die Kosten hierfür sind $2d + c$. Gibt es eine Freispeicherverwaltung und wird versucht, Datensätze auf die erste passende Seite einzufügen, erhöht dies die Kosten. Diese zusätzlichen Kosten hängen von der internen Struktur für die Haufendatei ab. Wir ignorieren diesen Kostenaspekt in unserer Analyse.

Löschen eines Datensatzes: Der zu löschende Datensatz ist aufzufinden, von der Seite zu löschen, und die geänderte Seite muss zurückgeschrieben werden. Die Kosten sind die Suchkosten plus $c + d$. Falls der zu löschende Datensatz über einen DID identifiziert wird, sind die Suchkosten vernachlässigbar, weil der Seitenidentifikator aus dem DID erhalten werden kann. Falls der zu löschende Datensatz durch eine Gleichheitsbedingung über einigen Feldern gegeben ist, sind zwei Fälle zu unterscheiden. Sind die Felder Schlüsselfelder und genau ein Datensatz erfüllt die

Bedingung, so sind die Suchkosten gleich den Kosten für eine Suche mit Gleichheitsbedingung. Ansonsten müssen wir alle Datensätze der Datei betrachten.

2.7.3 Sequentielle Dateien

Die Datensätze einer Datei können physisch auch in sortierter Reihenfolge angeordnet werden. Die Sortierung erfolgt auf der Basis der Werte eines der Datensatzfelder. Dieses Feld wird auch *Ordnungsfeld* (*ordering field*) oder *Sortierfeld* genannt, und man spricht dementsprechend auch von *sortierten Dateien* oder *sequentiellen Dateien* (*sequential files*). Ist das Sortierfeld auch ein *Schlüsselfeld* (*key field*) der Datei, d.h. ein Feld, dessen Werte in der Datei eindeutig sind und somit einen Datensatz eindeutig identifizieren, dann spricht man auch von einem *Sortierschlüssel* (*ordering key*) für diese Datei. Für die Operationen ergeben sich folgende Kosten:

Durchlauf: Die Kosten betragen $b(d + rc)$ Zeit, weil auf jede Seite zugegriffen werden muss. Ein Scan ist also genauso teuer wie bei Haufendateien. Der Unterschied ist, dass hier gemäß der Sortierreihenfolge auf die Datensätze zugegriffen wird.

Suche mit Gleichheitsbedingung: Betrachten wir zunächst den Fall, dass alle Datensätze von fixer Länge und auf jeder Seite in gepackter Form organisiert sind (siehe Abschnitt 2.4.1). Ferner sollen die Datensätze in der Datei in aufeinanderfolgenden Blöcken abgelegt sein. Die Seite, die den oder die gewünschten Datensätze (falls sie existieren) enthält, kann mittels binärer Suche in $\log_2 b$ Schritten gefunden werden. Ist die Seite bekannt, kann wiederum bei Sortierung nach einem Sortierschlüssel mittels binärer Suche der gewünschte Datensatz in $c \cdot \log_2 r$ Zeit lokalisiert werden. Die Gesamtkosten sind daher $d \cdot \log_2 b + c \cdot \log_2 r$ Zeit, was eine wesentliche Verbesserung gegenüber Haufendateien darstellt. Gibt es mehrere Datensätze, die die Bedingung erfüllen (d.h. das Sortierfeld ist kein Schlüsselfeld), so liegen diese physisch benachbart zueinander. Die Gesamtkosten ergeben sich aus der Suche nach dem ersten solchen Datensatz ($d \cdot \log_2 b + c \cdot \log_2 r$ Zeit) plus den Kosten für die nachfolgenden, die Bedingung erfüllenden Datensätze. Gibt es keine die Bedingung erfüllenden Datensätze, dann ergeben sich die Kosten aus der Suche nach der Seite, die den Datensatz bei Vorhandensein enthalten hätte.

Eine ähnliche binäre Suchstrategie ist anwendbar, wenn entweder die obige gepackte durch die ungepackte Organisationsform (siehe Abschnitt 2.4.1) ersetzt wird oder aber bei unfixierten Datensätzen variabler Länge (siehe Abschnitt 2.4.2) deren Ordnung durch eine Sortierung der Verzeichniseinträge erreicht wird. Einzelheiten hierzu seien dem Leser überlassen. Ansonsten bringt die Sortierung gegenüber Haufendateien keine Vorteile.

Suche mit Bereichsbedingung: Es gilt ähnliches wie bei der Suche mit Gleichheitsbedingung. Ist die Suche mit Bereichsbedingung über einem Sortierschlüssel definiert, so wird der erste Datensatz, der die Bedingung erfüllt, lokalisiert. Anschließend werden die Datenseiten sequentiell solange durchlaufen, bis ein Datensatz gefunden wird, der die Bedingung nicht erfüllt. Die Gesamtkosten ergeben sich also aus den Kosten für die Suche nach dem ersten zutreffenden Datensatz plus den Kosten für die nachfolgenden Datensätze, die die Bedingung erfüllen. Befinden sich alle zutreffenden Datensätze auf einer Seite, so sind die Kosten unwesentlich höher als bei der Suche mit Gleichheitsbedingung.

Einfügen eines Datensatzes: Betrachten wir wiederum zunächst den Fall, dass alle Datensätze von fixer Länge sind, auf jeder Seite in gepackter Form organisiert sind und in der Datei in aufeinanderfolgenden Blöcken abgelegt sind. Um einen Datensatz unter Aufrechterhaltung der Sortierreihenfolge einzufügen, müssen wir die richtige Einfügeposition in der Datei finden, den Datensatz auf der gefundenen Seite plazieren und dann alle nachfolgenden Seiten laden und zurückschreiben, um die alten Datensätze um einen Slot zu verschieben. Im Durchschnitt können wir annehmen, dass der neue Datensatz in die Mitte der Datei eingefügt werden muss. Folglich müssen wir die zweite Hälfte der Datei lesen und sie dann nach Einfügen des neuen Datensatzes zurückschreiben. Letzterer Schritt kostet $2 \cdot (0{,}5 \cdot b(d + rc))$ Zeit. Die Gesamtkosten setzen sich also aus den Kosten für die Suche nach der Einfügeposition plus $b(d + rc))$ zusammen. Prinzipiell ist diese Strategie auf alle Seitenformate anwendbar, solange es sich nicht um fixierte Datensätze handelt. In diesem Fall kann die Sortierreihenfolge nicht aufrechterhalten werden.

Löschen eines Datensatzes: Es seien die gleichen Annahmen wie beim Einfügen gegeben. Setzen wir ferner voraus, dass der zu löschende Datensatz über einem Sortierschlüssel definiert ist. Dann müssen wir die richtige Seite finden, den Datensatz von dieser Seite löschen, die geänderte Seite zurückschreiben und alle nachfolgenden Seiten lesen und zurückschreiben, um alle darauffolgenden Datensätze heranzuschieben. Die Kosten belaufen sich auf die Suchkosten plus $b(d + rc))$ Zeit. Falls mehrere Datensätze die Löschbedingung erfüllen, wissen wir, dass diese physisch benachbart liegen, und die Kosten unterscheiden sich unwesentlich vom Löschen eines einzelnen Datensatzes. Kennzeichnen wir Löschungen durch Löschmarkierungen, ergeben sich die Gesamtkosten aus den Suchkosten plus $c + d$. Da freier Speicherplatz nicht zusammengefasst wird, müssen die nachfolgenden Seiten nicht gelesen und nicht zurückgeschrieben werden.

2.7.4 Hash-Dateien

Hash-Strukturen sind ein Beispiel für das im Datenbankbereich sehr wichtige Konzept des *Indizierens* (*indexing*). Ziel des Indizierens ist es, einen effizienten Zugriff auf Datensätze mit gegebenen Werten eines (eindeutigen) *Suchschlüssels* (*search key*), der aus mehreren Suchfeldern bestehen kann, zu gewährleisten, auch wenn die Datensätze nicht nach ihnen sortiert sind. Eine ganze Reihe von speziellen *Indexstrukturen* (*index structures*) sind entwickelt worden, einschließlich ausgeklügelter Varianten der in diesem Abschnitt besprochenen Hash-Dateiorganisation. Wir werden uns dem Thema der Indexstrukturen im nächsten Kapitel ausführlich widmen. In diesem Abschnitt führen wir das Indizieren als eine allgemeine Technik ein und betrachten als Beispiel eine einfache Hash-Dateiorganisation.

Die grundlegende Idee von *Hash-Dateien* (*hash files*) ist die Verteilung der Datensätze einer Datei in sogenannte *Behälter* (*buckets*). Die Verteilung geschieht in Abhängigkeit vom Wert des Suchschlüssels. Die direkte Zuordnung eines Datensatzes zu einem Behälter erfolgt mittels einer *Hash-Funktion* (*hash function*) h, die als Argument einen Wert für den Suchschlüssel erhält und diesen Wert auf eine natürliche Zahl aus dem Bereich 0 bis $B-1$ abbildet, wobei B die Anzahl der dieser Datei zugeordneten Behälter ist. Die Zahl $h(v)$ wird *Behälternummer* (*bucket number*) für den Schlüsselwert v genannt. Auf diese Weise werden alle Datensätze einer Datei über den gesamten, der Datei zugeordneten Speicherbereich verstreut. Man spricht daher auch von *Streuspeicherung*. Beispielsweise kann die Anfrage „Finde den Datensatz für Rainer Meyer" effizient ausgeführt werden, wenn der Datensatz Bestandteil einer Hash-Datei ist, deren Hash-Funktion über dem Namensfeld definiert ist.

Jeder Behälter enthält eine oder wenige Seiten von Datensätzen, wobei die Seiten eines jeden Behälters als Haufen organisiert sind. Zur Verwaltung der Behälter dient ein *Behälterverzeichnis* (*bucket directory*), das aus einem Array von Zeigern, indiziert von 0 bis $B-1$, besteht. Der Eintrag für Index i im Behälterverzeichnis zeigt auf die erste Seite für Behälter i. Alle Seiten für Behälter i sind in einer einfach verketteten Liste verbunden, wobei ein Nullzeiger auf der letzten Seite die Liste abschließt. B sollte hinreichend klein gewählt werden, so dass das Behälterverzeichnis in den Hauptspeicher passt. Beim Einfügen wird ein neuer Datensatz gemäß der Hash-Funktion im entsprechenden Behälter abgespeichert. Gewöhnlich ist nur auf der letzten Seite Platz, so dass alle Seiten bis dorthin durchlaufen werden müssen. Dies kann man sich sparen, wenn das Behälterverzeichnis für jeden Behälter auch einen Zeiger auf die letzte Seite enthält. Falls auf der letzten Seite kein Platz mehr ist, werden gegebenenfalls Überlaufseiten bereitgestellt. In diesem Fall spricht man von einer *statischen Hash-Datei*. Nachteilig ist, dass lange Ketten von Überlaufseiten entstehen können, die alle durchsucht werden müssen. *Dynamische Hash-Dateien* behandeln dieses Problem durch eine variable Anzahl von Behältern.

Für eine Hash-Funktion h gibt es eine Reihe von Möglichkeiten. Es ist wesentlich, dass der Wertebereich von h 0 bis $B-1$ ist und dass h diese Werte mit möglichst gleicher Wahrscheinlichkeit annimmt. Ein einfaches Beispiel einer geeigneten Hash-Funktion ist $h(v) = v \bmod B$, $v \in \mathbb{N}$. Wir vertiefen dieses Thema an dieser Stelle nicht weiter, da bereits im Bereich von Algorithmen und Datenstrukturen vieles zu Hash-Funktionen gesagt worden ist (siehe Literaturhinweise).

Betrachten wir nun die Operationen. In unserer Analyse nehmen wir an, dass es keine Überlaufseiten gibt.

Durchlauf: In einer Hash-Datei werden Seiten nur zu ungefähr 80% gefüllt, um die Anzahl der Überlaufseiten bei Dateiexpandierung möglichst minimal zu halten. Die Anzahl der Seiten und somit die Kosten für einen Durchlauf aller Datenseiten sind 1,25 mal so hoch wie die entsprechenden Kosten bei einer Haufendatei, d.h. 1,25 · $b(d + rc)$ Zeit.

Suche mit Gleichheitsbedingung: Die Stärke von Hash-Dateien liegt gerade in dieser Operation. Angenommen, die Bedingung ist auf dem Suchschlüssel der Hash-Datei definiert. Enthält der Suchschlüssel mehr als ein Feld, muss eine Gleichheit auf jedem dieser Suchfelder definiert sein. Die Kosten, um den Behälter, der den Datensatz enthält, herauszufinden, betragen h Zeit. Umfasst dieser Behälter genau eine Seite (d.h. es gibt keine Überlaufseiten), kostet die Ermittlung des Datensatzes d Zeit. Nehmen wir weiterhin an, dass durchschnittlich die Hälfte der Datensätze dieser Seite durchsucht werden muss, um den Datensatz zu finden, ergeben sich Gesamtkosten von $h + d + 0{,}5 \cdot rc$ Zeit. Dies ist sogar besser als im Falle der sequentiellen Dateien. Falls es mehrere oder keine, die Bedingung erfüllende Datensätze gibt (d.h. das oder die Suchfelder, über denen die Hash-Datei definiert ist, bilden keinen eindeutigen Suchschlüssel), müssen sich diese alle im gleichen Behälter befinden. Unter der Annahme. dass der Behälter aus einer Seite besteht, ergeben sich Gesamtkosten von $h + d + rc$ Zeit. In diesem Fall müssen also alle Datensätze der geladenen Seite durchsucht werden.

Suche mit Bereichsbedingung: Diese Operation wird nicht unterstützt, auch nicht, wenn sich die Bereichsbedingung auf die Suchfelder, über denen die Hash-Datei definiert ist, bezieht. Die gesamte Datei muss durchlaufen werden, so dass die Kosten $1{,}25 \cdot b(d + rc)$ Zeit betragen.

Einfügen eines Datensatzes: Der entsprechende Behälter muss mittels der Hash-Funktion ermittelt werden. Danach wird die zugehörige Seite geladen (keine Überlaufseiten), durch Einfügen des neuen Datensatzes geändert und zuletzt zurückgeschrieben. Alle Datensätze der Seite müssen gelesen werden, um festzustellen, ob sich der einzufügende Datensatz nicht schon auf der Seite befindet. Die Gesamtkosten betragen $h + 2 \cdot d + rc$ Zeit.

Löschen eines Datensatzes: Diese Operation ist analog zum Einfügen. Im Durchschnitt muss aber die Seite nur zur Hälfte durchsucht werden, um den Datensatz zu finden. Die Gesamtkosten sind also $h + 2 \cdot d + 0{,}5 \cdot rc$ Zeit. Erfüllen mehrere Datensätze die Löschbedingung, so muss die gesamte Seite durchsucht werden.

2.7.5 Vergleich der Organisationsformen

Die Beschreibung verschiedener Dateiorganisationen sowie der Kosten der auf ihnen durchführbaren Operationen hat gezeigt, wie wichtig die Wahl einer geeigneten Organisationsform ist. Eine Zusammenfassung der Analyse der drei Dateiorganisationen zeigt Bild 2.6; CPU-Kosten werden der Einfachheit halber vernachlässigt. Eine Haufendatei besitzt eine gute Speichereffizienz und erlaubt schnelles Einfügen und Löschen von Datensätzen. Schwächen zeigt diese Struktur bei Suchoperationen; bei kompletten Durchläufen ist sie allerdings effizient.

Auch eine sequentielle Datei bietet eine gute Speichereffizienz, ist aber langsam beim Einfügen und Löschen von Datensätzen. Sie ist sehr schnell bei Suchoperationen und ist insbesondere die beste Struktur für Suchoperationen mit einer Bereichs-

Datei-organisa-tion	Durch-lauf	Suche mit Gleichheits-bedingung	Suche mit Bereichs-bedingung	Einfügen	Löschen
Haufen	bd	$0{,}5 \cdot bd$	bd	$2 \cdot d$	Suche + d
Sortiert	bd	$d\log_2 b$	$d\log_2 b$ + # Treffer	Suche + bd	Suche + bd
Gestreut	$1{,}25 \cdot bd$	d	$1{,}25 \cdot bd$	$2 \cdot d$	$2 \cdot d$

Bild 2.6. Vergleich der Seitenzugriffskosten für verschiedene Dateiorganisationen

bedingung. Es ist wichtig zu betonen, dass in wirklichen DBMS eine Datei in der Regel niemals sortiert gehalten wird. Der Grund liegt in der Existenz von B-, B$^+$- und B*-Bäumen (siehe Abschnitt 3.2.2), die ebenfalls alle Vorteile einer sortierten Datei beinhalten und außerdem Einfügen und Löschen von Datensätzen effizient unterstützen.

Eine Hash-Datei ist aufgrund der nur 80%igen Seitenbelegung zwar weniger speichereffizient als eine Haufendatei oder eine sequentielle Datei, aber Einfügen und Löschen sind schnell und Suchen mit Gleichheitsbedingung sogar sehr schnell. Die Struktur bietet allerdings keine Unterstützung für Suchen mit Bereichsbedingung, und komplette Durchläufe sind ein wenig langsamer, weil eine Hash-Datei aufgrund der unvollständigen Seitenbelegung mehr Seiten enthält. Weil B$^+$-Bäume Suchen mit Bereichsbedingung effizient unterstützen und bei Suchen mit Gleichheitsbedingung den Hash-Dateien nur wenig nachstehen, unterstützen viele DBMS keine Hash-Dateien. Diese finden aber dann Verwendung, wenn sehr häufig Suchen mit Gleichheitsbedingung durchgeführt werden.

Die wohl wichtigste Erkenntnis ist, dass keine Dateiorganisationsform in allen Situationen überlegen ist. Eine Haufendatei ist die beste Struktur bei kompletten Dateidurchläufen. Eine Hash-Datei ist die beste Struktur bei häufig auftretenden Suchen mit Gleichheitsbedingung. Eine sequentielle Datei ist die beste Struktur bei Suchen mit Bereichsbedingung. Die Wahl einer geeigneten Dateiorganisation hängt also wesentlich von ihrem vorwiegenden Gebrauch ab.

2.8 Systemkatalog

Eine grundlegende Eigenschaft eines Datenbanksystems ist, dass es nicht nur die Datenbank mit den darin befindlichen Daten, sondern auch eine vollständige Definition der Struktur der Datenbank enthält. Diese Definition ist im *Systemkatalog* (*system catalog, data dictionary*) abgespeichert, der vom *Systemkatalog-Manager* (*system catalog manager*) (Bild 1.3) verwaltet und von fast allen Komponenten der DBMS Software sowie Datenbankanwendern genutzt wird. Die im Katalog gespeicherte Information bezeichnet man als *Meta-Daten* („Daten über Daten", *meta data*). Da die DBMS Software universell einsetzbar und nicht für spezielle Datenbankanwendungen geschrieben worden ist, muss sie sich auf die Kataloginformation beziehen, um Angaben über die Struktur der Datenbank und der in ihr befindlichen Objekte zu erhalten.

Den Inhalt und die Realisierung von Systemkatalogen beschreiben wir anhand relationaler Datenbanksysteme. Systemkataloge enthalten zum einen systemweite Informationen wie die Größe des Systempuffers und die Seitengröße und zum anderen Beschreibungen der verschiedenen Schemata (extern, konzeptuell, intern) und Transformationsregeln. Zu den Schemainformationen gehören zum einen alle Angaben über Definition und Struktur der Daten wie Namen und zulässige Wertebereiche, logische Beziehungen, Integritäts- und Zugriffsregeln usw. und zum anderen alle Angaben über Speicherung, Codierung und Auffinden der Daten wie Adress- und Längenangaben, Feldtypen, Zugriffspfade und physische Plazierung in der Datenbank.

Für jede Relation wird der Relationenname, der Dateiname oder Dateiidentifikator, die gewählte Dateiorganisation (z.B. Haufendatei), Attributname und Typ jedes seiner Attribute, der Indexname eines jeden auf ihm definierten Index und Integritätsbedingungen (z.B. Schlüsselbedingungen) festgehalten. Für jeden Index wird der Indexname oder ein Identifikator, die Struktur des Index (z.B. B^+-Baum) sowie die Suchschlüsselattribute abgespeichert. Für jede Sicht wird der Sichtenname und die durch eine Anfrage gegebene Definition abgelegt.

Zusätzlich gibt es gewöhnlich statistische und beschreibende Informationen über Relationen wie die Anzahl der Tupel einer Relation und die Art der Speicherung (clusternd oder nicht-clusternd) sowie die Anzahl der verschiedenen Suchschlüsselwerte für einen Index. Diese Art der Information wird insbesondere vom Anfrage-Optimierer (Abschnitt 7.2) benötigt. Ferner gibt es in den Katalogen auch Informationen über die Namen autorisierter Benutzer, deren Passwörter und deren Zugriffsrechte.

Da in relationalen Datenbanken Relationen die wesentlichen Objekte sind, liegt es nahe, alle Meta-Daten in speziellen Relationen, den sogenannten *Systemrelationen* oder *Katalogrelationen*, abzuspeichern. In diesem Sinne kann man den Systemkatalog als eine Art „Miniatur-Datenbank" (Bild 1.2) verstehen. Wichtig ist, dass Katalogrelationen alle Relationen in einer Datenbank beschreiben, einschließlich der Katalogrelationen selbst. Diese Tatsache erlaubt es, mit den Möglichkeiten eines DBMS auf sie zuzugreifen. Mit Hilfe der Anfragesprache eines DBMS können dann, wie auf jeder anderen Relation auch, Anfragen gestellt werden. Hierbei ist besonders Wert auf eine entsprechende Zugriffskontrolle zu legen, da nicht jedem Datenbanknutzer auf jede Kataloginformation Zugriff gewährt werden sollte.

2.9 Systempufferverwaltung

Wie wir gesehen haben, besteht ein wesentliches Ziel der Externspeicherverwaltung darin, die Daten einer Datenbank auf einem externen Speichermedium persistent zu speichern und dabei die Anzahl der benötigten Seitenzugriffe zu minimieren. Um die Daten einer Datenbank verarbeiten zu können, müssen sie vom Externspeicher in den Hauptspeicher geladen und (bei Änderungen) später wieder vom Hauptspeicher auf den Externspeicher zurückgeschrieben werden. Um die hierbei auftretenden Probleme kümmert sich die *Systempufferverwaltung* (*buffer management*).

2.9.1 Aufgaben der Systempufferverwaltung

Auch die Systempufferverwaltung verfolgt das Ziel, die Anzahl der benötigten Seitenzugriffe zu reduzieren, indem sie so viele Seiten wie möglich in den Hauptspeicher lädt und versucht, die Möglichkeit, dass sich eine Seite bereits im Hauptspeicher befindet, falls auf sie zugegriffen wird, zu maximieren. Weil es nicht möglich ist, alle Seiten einer Datenbank gleichzeitig im Hauptspeicher zu halten, muss das DBMS bei Anforderung eine Seite vom Externspeicher in den Hauptspeicher laden und entscheiden, welche existierende Seite im Hauptspeicher ersetzt wird, um Platz für die neue Seite zu machen. Es gibt stets von jeder im Hauptspeicher befindlichen Seite ein Original auf dem Externspeicher, wobei die Originalversion allerdings meist älter ist als die Version im Hauptspeicher, da letztere zwischenzeitlich geändert worden sein kann.

Im Rahmen der DBMS-Softwarearchitektur (Bild 1.3) bildet der *Systempuffer-Manager* (*buffer manager*) die Schicht, die für den Seitentransfer zwischen Externspeicher und Hauptspeicher verantwortlich ist. Er verwaltet einen ihm zugewiesenen, begrenzten Hauptspeicherbereich, den er logisch in eine Folge von *Rahmen* (*frames*) zur Aufnahme jeweils einer Seite unterteilt. Die Rahmen werden in ihrer Gesamtheit *Systempuffer* (*buffer*, *buffer pool*) genannt. In der Regel wird eine Seite des Systempuffers auf einen Block einer Datei abgebildet, so dass Lesen und Schreiben einer Seite nur einen Plattenzugriff erfordern. Nach oben hin werden neben Seiten auch sogenannte *Segmente* (*segments*) mit sichtbaren Seitengrenzen als lineare Adreßräume im Systempuffer zur Verfügung gestellt, die vom Dateibegriff abstrahieren. Insgesamt wird also eine konzeptionelle Trennung von Segment und Datei sowie Seite und Block erreicht.

Aus der Sicht der in der Benutzt-Hierarchie höher stehenden Systemkomponenten stellt der Systempuffer-Manager zur Verarbeitung der Objekte der Datenbank konzeptionell einen potentiell unendlichen, linearen Adreßraum zur Verfügung. Die Komponenten müssen sich dabei nicht darum kümmern, ob sich eine benötigte Seite im Hauptspeicher befindet oder nicht. Sie fragen einfach den Systempuffer-Manager nach der Seite, der dann gegebenenfalls das Laden der Seite in einen Rahmen des Systempuffers bewirkt. Zurückgeliefert wird die Hauptspeicheradresse der Seite. Neben der Verwaltung des Systempuffers obliegen dem Systempuffer-Manager auch Protokollierungsaufgaben, um die verwendete *Seitenersetzungsstrategie* aufrechtzuerhalten.

2.9.2 Segment-Konzept mit sichtbaren Seitengrenzen

Die Einführung des Segment-Konzeptes bietet folgende Vorteile:

❑ Verschiedene *Segmenttypen* mit zusätzlichen Attributen können definiert werden, die unterschiedliche Anforderungen an die Verarbeitung effizient unterstützen.

❑ Eine geeignete Abbildung von Segmenten auf/in Dateien erlaubt die Erhaltung der Vorzüge des Datei-Konzepts.

❑ Bei Verzicht auf die Systempufferschnittstelle und sofortiger Verwendung der Dateischnittstelle ist nur ein direktes Einbringen von geänderten Datenobjekten (*update in place*) möglich. Durch die zusätzliche Einführung der Systempufferschnittstelle können nun indirekte Einbringstrategien zur Unterstützung von Recovery-Maßnahmen realisiert werden.

❑ Segmente können als Einheiten des Sperrens, der Wiederherstellung bei Systemfehlern und der Zugriffskontrolle dienen. In diesen Fällen ermöglichen sie besonders einfache und effiziente Implementierungen.

Für die der Systempufferverwaltung übergeordneten Schicht der Speicherungsstrukturen mit dem Record-Manager und dem Zugriffspfad-Manager als zentralen Komponenten ist es sehr wichtig, dass ihr ein differenziertes Angebot an Segmenttypen zur Verfügung gestellt wird. Jeder Segmenttyp sollte durch seine Ausstattung mit entsprechenden Operationen und einem möglichst geringen Overhead auf bestimmte Verarbeitungsanforderungen spezialisiert sein, die er besonders effizient und kostengünstig unterstützt. Beispiele für Segmenttypen sind:

❑ *öffentliche Segmente* für die Speicherung von Datensätzen und Zugriffspfaden, die konkurrierenden Lese- und Schreibzugriff erlauben und eine automatische Recovery in beliebigen Fehlerfällen sicherstellen,

❑ *private Segmente* des Systems zur Speicherung von Log-Information oder zur Sammlung von statistischen Daten oder Leistungsdaten,

❑ *temporäre Segmente*, die kurzzeitig für spezielle Anwendungen (wie z.B. Sortieren) Speicherplatz bereitstellen.

Durch Kombinationen von Attributen wie öffentlich/privat, permanent/temporär, exklusiv/gemeinsam benutzbar, Recovery durch System/Benutzer, Öffnen/Schließen durch System/Benutzer sind eine Vielzahl von verschiedenen Segmenttypen vorstellbar. Aus Gründen der Überschaubarkeit sollte eine kleine, aber möglichst vielseitig verwendbare Anzahl von Segmenttypen entworfen werden.

Wie können nun die in den Segmenten gespeicherten Datenobjekte (Datensätze, Einträge) von den Speicherungsstrukturen referenziert werden? Eine erste Möglichkeit ist der Zugriff auf einen Datensatz mittels seiner relativen Byteadresse innerhalb eines Segments ohne Rücksicht auf die aktuellen Transporteinheiten. Der Systempuffer-Manager veranlaßt seine Bereitstellung durch Übertragung der entsprechenden Blöcke sowie ihre physisch benachbarte Anordnung im Systempuffer. Zurückgeliefert wird dann die entsprechende Pufferadresse und die Länge des Datensatzes. Der Datensatz verweilt so lange im Puffer, bis er freigegeben wird. Diese *direkte Satzadressierung* erfordert die Möglichkeit des Überschreitens von Blockgrenzen durch Datensätze (*spanned records*) mit all seinen Nachteilen (siehe Abschnitt 2.3.3 und Abschnitt 2.4.3). Infolge der erzwungenen benachbarten Anordnung der Blöcke im Systempuffer ergeben sich ferner erhebliche Ersetzungsprobleme und Beeinträchtigungen von Seitenersetzungsalgorithmen. Negative Auswirkungen hat diese Strategie auch auf die Sperr- und Log-Komponente, da sie zu komplexeren Sperrprotokollen und aufwendigeren Rückschreibverfahren führen. Nicht zuletzt drohen hohe Leistungsverluste.

Eine zweite, bessere Möglichkeit ist daher, dass sich die Systempufferschnittstelle an den Transporteinheiten des Speichersystems orientiert. Unter diesem Blickwinkel besteht eine Datenbank aus einer Menge von Segmenten S_k ($1 \leq k \leq n$) definierter Größe. Jedes Segment S_k läßt sich nach oben hin als ein zusammenhängender Teilbereich aus einem virtuellen linearen Adreßraum mit sichtbaren Seitengrenzen auffassen und besteht aus einer geordneten Folge von Seiten P_{ki} ($1 \leq i \leq s_k$) fester Länge L_k. Datensätze können somit unter Beachtung von Seitengrenzen organisiert werden. Seitenüberspannende Datensätze werden nicht unterstützt. Zurückgeliefert wird die Pufferadresse der angeforderten Seite. Operationen des Systempuffer-Managers beinhalten das Definieren/Freigeben und Öffnen/Schließen von Segmenten sowie das Bereitstellen für Lesen/Schreiben und Freigeben von Seiten.

Um auch Datensätze sehr großer Länge (Abschnitt 2.3.3 und Abschnitt 2.4.3) geeignet behandeln zu können, ist beispielsweise vorstellbar, dass nur die wichtigsten Informationen im Datensatz selbst abgespeichert und die genauen Repräsentationen der sehr großen Feldwerte jeweils auf eine Folge von speziellen Datenseiten ausgelagert werden. Der Datensatz enthält dann in den Feldwertdarstellungen jeweils zusätzlich eine Seitenreferenz auf die erste Seite der Objektdarstellung oder sogar die gesamte Seitenreferenzfolge; er überschreitet keine Seitengrenze. Wird dann ein Feldwert sehr großer Länge benötigt, so wird er zusammenhängend in einen *Zusatzpuffer* geladen, wo er manipuliert werden kann. Nachteilig ist, dass Zusatzpuffer zusätzlichen Verwaltungsaufwand mit sich bringen und von Transaktions- und Recovery-Komponenten mit behandelt werden müssen.

2.9.3 Abbildung von Segmenten in Dateien

Bei der Zuordnung von Segmenten zu Dateien erweist sich die Verteilung eines Segments über mehrere Dateien ähnlich wie die Aufteilung eines Datensatzes über mehrere Seiten als äußerst ungünstig, da sie negative Auswirkungen auf andere Systemkomponenten hat und die Komplexität der DBS-Implementierung beträchtlich steigert. Daher wird ein Segment S_k genau einer Datei D_j zugeordnet, und m

Segmente können in einer Datei gespeichert sein. Da Seiten- und Blockgröße übereinstimmen, gibt es bei der Abbildung von Seiten auf Blöcke keine Fragmentierungsprobleme. Jeder Seite $P_{ki} \in S_k$ wird genau ein Block $B_{jl} \in D_j$ zugeordnet. Im
Folgenden sollen zwei Realisierungsmöglichkeiten für diese Abbildung vorgestellt
werden.

Direkte Seitenadressierung

Die *direkte Seitenadressierung* (Bild 2.7) geht von einer implizit gegebenen Zuordnung zwischen Seiten eines Segments S_k und Blöcken einer Datei D_j aus. Die Seite
P_{ki} ($1 \le i \le s_k$) wird dabei im Block B_{jl} ($1 \le l \le d_j$) gespeichert, so dass $l = K_j - 1 +$
i und $d_j \ge K_j - 1 + s_k$ gilt. K_j bezeichnet hierbei die Nummer des ersten für S_k reser-
vierten Blocks. Häufig erfolgt eine Beschränkung auf eine 1:1-Zuordnung, d.h. es
gilt $K_j = 1$ und $s_k = d_j$. Nur in diesem Fall ist eine dynamische Erweiterbarkeit von
Segmenten möglich. Nachteilig ist, dass zum Zeitpunkt der Segmenterzeugung der
zugeordnete Dateibereich reserviert werden muss, so dass auch für jede leere Seite
ein Block belegt wird. Bei Segmenten, deren Datenbestände langsam wachsen, führt
die feste Blockzuordnung daher zu einer geringen Speicherplatzausnutzung.

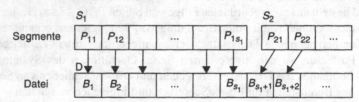

Bild 2.7. Direkte Seitenadressierung

Indirekte Seitenadressierung

Eine wesentlich größere Flexibilität bei der Zuordnung von Seiten zu Blöcken und
zudem dynamische Änderungsmöglichkeiten bietet die *indirekte Seitenadressierung* (Bild 2.8). Sie benötigt zwei Hilfsstrukturen:

❑   Jedem Segment S_k wird eine *Seitentabelle* T_k zugeordnet, die für jede Seite
     des Segments einen Eintrag enthält, der den der Seite aktuell zugeordneten
     Block angibt. Der Eintrag $T_k(i)$ weist also der Seite P_{ki} explizit einen Block
     zu. Leere Seiten erhalten einen speziellen Nulleintrag in der Seitentabelle.

❑   Jeder Datei D_j wird eine *Bittabelle* M_j zugeordnet, die der Freispeicherver-
     waltung dient und die für jeden Block angibt, ob momentan eine Seite auf ihn
     abgebildet wird oder nicht. $M_j(l) = 1$ besagt, dass Block B_{jl} belegt ist; $M_j(l) =$
     0 besagt, dass Block B_{jl} frei ist. Die Bittabelle sorgt somit für eine dynami-
     sche Seiten-Block-Zuordnung.

Während einerseits eine bessere Speicherplatzausnutzung erreichbar ist, birgt dieses
Seitenzuordnungskonzept auch Probleme. Beispielsweise müssen bei großen Seg-

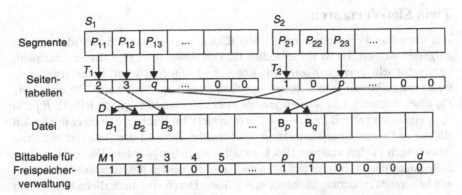

Bild 2.8. Indirekte Seitenadressierung

menten und Dateien die Seitentabellen und die Bittabellen wegen ihrer Größe in
Blöcke zerlegt, in den Hauptspeicher übertragen und in einem speziellen Puffer verwaltet werden. Das Bereitstellen einer Seite P_{ki}, die sich nicht im Systempuffer
befindet, kann zwei physische Blockzugriffe (und zwei erzwungene Auslagerun-
gen) mit sich bringen, da gegebenenfalls erst die Seitentabelle T_k geladen werden
muss, um die aktuelle Blockadresse $j = T_k(i)$ aufzufinden. Diese erhöhten Zugriffskosten lassen sich aber nicht mit dem Vorteil besserer Speicherplatzausnutzung
rechtfertigen.

2.9.4 Indirekte Einbringstrategien für Änderungen

Die im letzten Abschnitt behandelten Verfahren zur Abbildung von Segmenten in
Dateien und von Seiten auf Blöcke gehen davon aus, dass eine geänderte Seite in
den ihr einmal zugeordneten Block zurückgeschrieben wird (*update in place*). Tritt
innerhalb einer Transaktion ein Fehler auf, so muss der Recovery-Manager, bedingt
durch das direkte Einbringen von Änderungen, zur Wiederherstellung des alten
Zustands der Seite genügend Log-Informationen (*Undo*-Information) bereitstellen,
die vor dem Zurückschreiben einer Seite in einem sicheren Speicherplatzbereich
stehen müssen. Da das Schreiben großer Mengen von Log-Daten aber mit beträcht-
lichem Aufwand verbunden ist, ist es häufig vorteilhaft, das Einbringen von Änderungen in einer Seite so durchzuführen, dass ihr alter Zustand bis zum Ende der
Transaktion verfügbar bleibt. In diesem Fall ist die Verwaltung von Undo-Informa-
tionen in der Regel nicht erforderlich. Im Folgenden werden Konzepte vorgestellt,
die die im letzten Abschnitt behandelten Verfahren derart modifizieren, dass durch
das indirekte Einbringen von Änderungen eine erhebliche Unterstützung der Recovery-Verfahren erreicht wird. Dabei wird der durch diese Indirektion erforderliche
Mehraufwand durch den geringeren Aufwand für Recovery-Aufgaben und durch
Effizienzgewinn bei weitem aufgewogen.

Twin Slot-Verfahren

Das *Twin Slot-Verfahren* kann als Modifikation der direkten Seitenadressierung aufgefaßt werden. Es ist insbesondere für den Einsatz auf Festplatten konzipiert, verursacht sehr geringe Kosten für Recovery-Maßnahmen und kompensiert teilweise diesen Vorteil jedoch durch doppelten Speicherplatzaufwand. Für eine Seite P_{ki} eines Segmentes S_k werden jeweils zwei aufeinanderfolgende Blöcke B_{jl} und $B_{j,l-1}$ einer Datei D_j mit $l = K_j - 1 + 2 \cdot i$ reserviert. Im Wechsel hält einer der beiden Blöcke zu Beginn einer Transaktion den aktuellen Zustand der Seite fest, während Änderungen in den anderen Block zurückgeschrieben werden. Die beiden einer Seite zugeordneten Blöcke enthalten also stets die beiden jüngsten, auf Transaktionen bezogenen Änderungszustände dieser Seite. Durch eine zusätzliche Kennung in der Seite (Transaktionskennung) ist es der Systempufferverwaltung möglich, diese beiden Zustände zu unterscheiden. Bei einer Seitenanforderung werden beide Blöcke gelesen, und der Block mit dem jüngeren Zustand wird im Systempuffer als aktuelle Seite zur Verfügung gestellt. Der Block mit dem älteren Zustand nimmt dann die geänderte Seite wieder auf. Um den Aufwand beim Lesen einer Seite gering zu halten, werden die zu einer Seite zugehörigen beiden Blöcke physisch benachbart abgespeichert (hierauf weist auch der Name des Verfahrens hin), so dass sie mit einem Zugriff gelesen werden können. Mittels Seitensperren kann mit dem Twin Slot-Verfahren ohne explizite Verwaltung von Log-Daten ein transaktionsorientiertes Recovery-Konzept realisiert werden.

Schattenspeicher-Konzept

Das sogenannte *Schattenspeicher-Konzept* (Bild 2.9) stellt die Erweiterung der indirekten Seitenadressierung dar und unterstützt wie das Twin Slot-Verfahren ein indirektes Einbringen von Änderungen. Die Grundidee dieses Konzepts besteht darin, vor Beginn eines neuen, durch zwei *Sicherungspunkte* gegebenen Sicherungsintervalls den Inhalt aller gerade aktuellen Seiten eines Segments als sogenannte *Schattenseiten* zu duplizieren und somit unverändert und konsistent zu erhalten. Genauer bedeutet dies, dass bei Erzeugung eines neuen Sicherungspunktes alle Datenstrukturen, die zur Darstellung eines Segments S_k gehören (d.h. alle belegten Seiten, die Seitentabelle T_k, die Bittabelle M), als konsistente Momentaufnahme des Segments auf einem Externspeicher gesichert werden. Alle Änderungen während des Sicherungsintervalls werden auf Kopien T_k' und M' von T_k und M vollzogen. Geänderte Seiten werden nicht in ihre ursprünglichen, sondern in freie Blöcke zurückgeschrieben. Bei der Erzeugung des nächsten Sicherungspunktes, die als atomare Operation realisiert sein muss, werden die Tabellen T_k' und M' und alle zu diesem Zustand gehörenden und geänderten Seiten zurückgeschrieben. Ferner werden diejenigen Blöcke freigegeben, deren Seiten während des letzten Sicherungsintervalls einer Änderung unterworfen waren; dies betrifft also gerade diejenigen Schattenseiten, für die eine jüngere Version existiert. Zu Beginn des nächsten Sicherungsintervalls muss der aktuelle Inhalt von T_k' und M' wieder nach T_k und M kopiert werden. Bei Auftreten eines Fehlers innerhalb eines Sicherungsintervalls kann sofort auf den

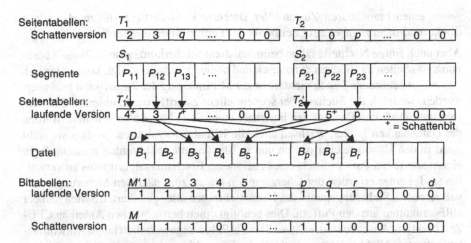

Bild 2.9. Schattenspeicher-Konzept (Segmente S_1 und S_2 in Bearbeitung)

vorherigen, durch T_k und M repräsentierten, konsistenten Zustand zugegriffen werden.

Bild 2.9 zeigt beispielhaft mehrere Seitenänderungen in den Segmenten S_1 und S_2, die durch sogenannte *Schattenbits* in den Seitentabellen markiert sind. Schattenbits werden bei der Erzeugung neuer Sicherungspunkte zur Freigabe der Schattenseiten verwendet. Besteht ein Segment aus s Seiten, so muss die zugehörige Datei weitere s Blöcke als Reserve vorsehen, da jede geänderte Seite während eines Sicherungsintervalls zwei Blöcke belegt. Außerdem läßt sich für Segmente keine physische Clusterung erreichen, da eine geänderte Seite auf einen neuen, möglicherweise physisch weiter entfernten Block abgebildet wird.

Die beim Schattenspeicherkonzept erzeugten Sicherungspunkte orientieren sich an Segmenten und richten sich nicht nach Transaktionsgrenzen aus. Daher wird im Fehlerfall eine *segmentorientierte Recovery* durchgeführt. Für eine *transaktionsorientierte Recovery* sind zusätzliche Log-Daten zu sammeln. Die Einzelheiten und genauen Zusammenhänge hierzu werden wir später bei der Besprechung der Recovery-Komponente erörtern.

Wie wir gesehen haben, haben indirekte Einbringstrategien gegenüber direkten Strategien den Vorteil, dass sie Recovery-Maßnahmen unmittelbar unterstützen. Wegen des doppelten Speicherplatzbedarfs läßt sich das Twin Slot-Verfahren aber nur in Sonderfällen verwenden, während sich das Schattenspeicherkonzept für ein breites Anwendungsspektrum eignet. Das Rücksetzen des Datenbanksystems auf einen konsistenten Zustand im letzten Sicherungspunkt ist sehr effizient, da es in das Verfahren integriert ist. Da nach einem Systemausfall beim Wiederanlauf mindestens eine speicherkonsistente Datenbank vorliegt, kann ein platzsparendes Übergangslogging benutzt werden, das nur die durchgeführten Aktionen seit dem letzten Sicherungspunkt beschreibt. Bei einem katastrophalen Fehler, bei dem die Log-Daten zerstört worden sind, ist es wahrscheinlicher, mit Hilfe der Schattenspeicherseiten einen brauchbaren Zustand der Datenbank wiederherzustellen als mittels direkt modifizierter, aber zum Zeitpunkt des Fehlers undefinierter Seiten.

Aber auch einige Nachteile fallen beim Schattenspeicherkonzept auf. Da die Zuordnung von Seiten zu Blöcken dynamisch und beliebig verteilt erfolgt, können logisch zusammengehörende Seiten nicht mehr zur Minimierung der Zugriffszeit geclustert werden, wodurch die Suchzeit bei sequentiellem Zugriff etwas zunimmt. Die Clustereigenschaft von Datensätzen innerhalb einer Seite bleibt aber erhalten. Werden die Datenbanken größer, wachsen auch die Hilfsdatenstrukturen, so dass sie nicht mehr in den Hauptspeicher passen und in Blöcke unterteilt werden müssen, die in einem speziellen Puffer mittels eines geeigneten Ersetzungsalgorithmus zu verwalten sind. Ferner erfordert der Übergang von einem zum nächsten Sicherungsintervall an einem Sicherungspunkt das Herausschreiben aller geänderten Seiten und der Hilfsstrukturen aus den Puffern. Dies benötigt einen beträchtlichen Anteil an CPU-Zeit und Ein-/Ausgabe-Aktivität, so dass als Folge ungewöhnlich lange Antwortzeiten auftreten. Nicht zuletzt muss durch die Doppelbelegung von geänderten Seiten zwischen zwei Sicherungspunkten zusätzlicher Speicherplatz aufgewendet werden. Bei Untersuchungen mit eingesetzten Datenbanksystemen wurde ermittelt, dass bei großen Datenbanken (≥ 100 MB) ein Speichersystem, das auf dem Schattenspeicherkonzept beruht, weniger leistungsfähig ist als eines, das auf einer direkten Einbringstrategie und dem Erzeugen von Log-Informationen beruht. Die Stärken des Schattenspeicherkonzepts liegen bei kleineren Datenbanken (≤ 10 MB).

2.9.5 Verwaltung des Systempuffers

Der *Systempuffer* dient in einem Datenbanksystem zur Ausführung von Lese- und Schreibvorgängen aller parallelen Transaktionen. Er ist aus *n* zusammenhängenden Rahmen im Hauptspeicher aufgebaut, so dass also zu jedem Zeitpunkt bis zu *n* Datenbankseiten zeitweilig zwischengespeichert werden können. Da wesentlich mehr Datenbankseiten als Systempufferseiten existieren, entsteht um die Systempufferseiten eine Konkurrenzsituation; im Systempuffer befindliche Seiten müssen ersetzt und freigewordene Pufferrahmen neuen Seiten zugewiesen werden. Für die Performance eines Datenbanksystems sind also die Verfügbarkeit eines hinreichend großen Systempuffers (die Größe liegt bei existierenden Systemen etwa zwischen 20 KB und 20 MB) sowie seine Verwaltung durch geeignete Such- und Ersetzungsalgorithmen von ausschlaggebender Bedeutung. Vordringliches Ziel der Systempufferverwaltung ist eine möglichst große Reduzierung der physischen Ein-/Ausgabe-Vorgänge, d.h. häufig benutzte Datenbankseiten müssen im Systempuffer gehalten werden.

Allgemeine Arbeitsweise

Die Systempufferverwaltung stellt Komponenten höherer Systemschichten seitenstrukturierte Segmente als Adreßräume zur Verfügung. Diese Komponenten sind sich also der Seitengrenzen bewußt und ermitteln zum Zugriff auf die gewünschten Objekte beispielsweise durch Nachschauen im Katalog oder durch Verwendung von Daten über Zugriffpfade die entsprechenden Seitennummern und fordern die zugehörigen Seiten an. Zunächst wird geprüft, ob die angeforderte Seite sich nicht schon im Systempuffer befindet. Ist dies nicht der Fall, wird ein Rahmen gemäß der Ersetzungsstrategie des Systempuffer-Managers ausgewählt, dessen Seite ersetzt wird. Wurde die im ausgewählten Rahmen enthaltene Seite geändert, so wird sie zunächst auf den Externspeicher zurückgeschrieben, bevor die angeforderte Seite in den ausgewählten Rahmen eingelesen wird. Ansonsten kann sie einfach von der neuen Seite überschrieben werden. Es sind also gegebenenfalls zwei physische Seitenzugriffe erforderlich. Soll die einzulagernde Seite nicht nur gelesen, sondern auch geändert werden, erhält sie einen Änderungsvermerk. Zuguterletzt wird die Seite implizit fixiert, und ihre Adresse wird an die aufrufende Komponente übergeben. Die Fixierung der Seite stellt sicher, dass die Seite nicht vom Systempuffer-Manager aus dem Systempuffer ausgelagert wird und dass die Seite für die Dauer ihrer Bearbeitung im zugewiesenen Rahmen bleibt, so dass Hauptspeicheroperationen mittels direkter Adressierung auf ihr ausgeführt werden können. Nach Beendigung der Bearbeitung liegt es in der Verantwortung der anfordernden Komponente, die Seite explizit durch den Systempuffer-Manager freigeben zu lassen, so dass sie nun wieder zur Ersetzung ausgewählt werden kann.

Wenn die gleiche Seite von mehreren Transaktionen angefordert wird, stellt das Sperrprotokoll des Transaktions-Managers sicher, dass jede Transaktion eine teilweise oder exklusive Sperre erhält, bevor eine Seite zum Lesen oder Ändern bereitgestellt wird. Wenn eine neue Seite angefordert wird und kein unbesetzter Rahmen zur Verfügung steht, sind die unfixierten Seiten erste Wahl für eine Ersetzung. Es ist dann die Aufgabe der Ersetzungsstrategie des Systempuffer-Managers, einen geeigneten Rahmen zur Ersetzung auszuwählen. Verschiedene, mögliche Ersetzungsstrategien, wie wir sie auch von Betriebssystemen her kennen, werden weiter unten besprochen. Wird ein Rahmen zur Ersetzung ausgewählt und ist die darin befindliche Seite geändert worden, so muss die ältere Seitenversion auf dem Externspeicher durch sie überschrieben werden. Die angeforderte Seite wird dann in den Pufferrahmen gelesen. Gibt es keine unfixierte Seite im Systempuffer und befindet sich die angeforderte Seite nicht im Systempuffer, so ist der Systempuffer-Manager gezwungen zu warten, bis irgendeine Seite unfixiert ist. Erst dann kann die Seitenanforderung erfüllt werden. Transaktionen sollten also so schnell wie möglich die Fixierung von Seiten aufheben.

Auffinden einer Seite

Bei Anforderung einer Seite hat der Systempuffer-Manager zunächst festzustellen, ob sich die angeforderte Seite bereits im Systempuffer befindet. Da diese Situation sehr häufig eintritt, ist eine effiziente Suchstrategie von Nutzen. Unterschieden werden hierzu direkte Suchen in Pufferrahmen und indirekte Suchen unter Verwendung von Hilfsstrukturen wie Zuordnungstabellen, unsortierte Tabellen, sortierte Tabellen, verkettete Tabellen und Hash-Tabellen. Die direkte Suche erfolgt sequentiell über alle Rahmen des Puffers. Im Erfolgsfall sind durchschnittlich die Hälfte, bei Mißerfolg alle Pufferrahmen zu durchsuchen. Dieser Aufwand ist insbesondere bei großen Puffern nicht zu unterschätzen.

Hilfsstrukturen können verwendet werden, wenn die Verwaltungsinformationen nicht innerhalb sondern getrennt von den Seiten abgespeichert sind. Eine Zuordnungstabelle, die für jede Seite der Datenbank anzeigt, ob und in welchem Rahmen sich die Seite im Puffer befindet, ist nur für kleine Datenbanken praktikabel, da d Einträge (d = DB-Größe in Seiten) zu verwalten sind. Die anderen Tabellenarten benötigen nur n Einträge für einen Puffer der Größe n. Die unsortierte Tabelle erfordert im Durchschnitt $n/2$ Zugriffe bei erfolgreicher Suche; die sortierte Tabelle benötigt mittels binärer Suche $\log_2 n$ Zugriffe. Sortierte Tabellen erfordern aber einen hohen Wartungsaufwand, da beim Einfügen Einträge verschoben werden müssen. Tabellen mit verketteten Einträgen können zur Darstellung von bestimmten Seitenreihenfolgen, auch *Seitenreferenzfolgen* genannt, verwendet werden, die für Ersetzungsstrategien (z.B. LRU) von Bedeutung sein können. Änderungen sind weniger aufwendig als bei sortierten Tabellen, da keine Einträge verschoben werden müssen. Mit Hash-Verfahren lassen sich effiziente Suchen realisieren. Eine Hash-Funktion ordnet jeder vorhandenen Seitennummer einen Eintrag in der Hash-Tabelle zu, der Seitennummer und Pufferrahmenadresse enthält. Dem Laden/Auslagern einer Seite entspricht das Einfügen/Löschen eines entsprechenden Eintrages in der zugehörigen Hash-Kategorie. Alle Seitennummern, die der gleichen Hash-Kategorie angehören, werden in einer Überlaufkette miteinander verknüpft. Nach erfolglosem Suchen in der Überlaufkette stellt sich dann heraus, dass sich die gesuchte Seite nicht im Systempuffer befindet.

Speicherzuteilung im Systempuffer

Der *Systempuffer* wird als globale Datenstruktur von allen Transaktionen des Datenbanksystems benutzt. Parallele Transaktionen konkurrieren daher in ihrem Bestreben, möglichst viele ihrer Seiten in die Rahmen des Systempuffers einlagern zu lassen. Die *Speicherzuteilungsstrategie* hat die Aufgabe, jeder Transaktion eine Menge von Rahmen zur Aufnahme eines Teils ihrer Seiten zuzuordnen. Das Speicherzuteilungsproblem ist ähnlich dem in Betriebssystemen. In beiden Fällen handelt es sich um die Verwaltung einer beschränkten Anzahl von Rahmen für den Seitenzugriff mehrerer Transaktionen, wobei die Anzahl der Ein-/Ausgabevorgänge minimiert werden soll, ohne dass die Kosten für eine Transaktion eine vorgegebene Schranke überschreiten. Neben grundsätzlichen Konzepten aus dem Betriebssystembereich zur Optimierung der Speicherzuteilung sind jedoch bei Datenbanksystemen eine Reihe von wesentlichen Unterschieden zu beachten.

1. Infolge der gemeinsamen Benutzung von Datenbankseiten kann ein Zugriff auf dieselbe Seite im Puffer durch mehrere Transaktionen erfolgen.

2. Die Zugriffe einzelner Transaktionen sind überwiegend sequentiell. Die Lokalität von Datenbankzugriffen entsteht daher nicht durch das Zugriffsverhalten einzelner Transaktionen, sondern vielmehr durch die gemeinsame Benutzung von Seiten durch verschiedene parallele Transaktionen.

3. Da die Zugriffe auf die Datenseiten von den eingesetzten Zugriffspfaden und Speicherungsstrukturen abhängen, läßt sich eine Vorhersage der Zugriffswahrscheinlichkeit machen. So weisen Seiten mit Verwaltungs- und Zugriffspfadinformationen eine wesentlich höhere Wiederbenutzungswahrscheinlichkeit als normale Datenseiten auf.

Speicherzuteilungsstrategien lassen sich in lokale, globale und seitentypbezogene Strategien unterscheiden. *Lokale Speicherzuteilungsstrategien* ordnen jeder Transaktion ohne Einbeziehung des Verhaltens paralleler Transaktionen eine Menge reservierter Rahmen im Systempuffer zu. Von mehreren Transaktionen gemeinsam benutzte Seiten müssen gesondert verwaltet werden (Eigenschaft 1). Lokale Strategien lassen sich weiter unterteilen in *dynamische Strategien*, d.h. in solche, die abhängig vom aktuellen Bedarf einer Transaktion dynamisch Speicherplatz zuteilen, und in *statische Strategien*, d.h. in solche, bei denen der einmal zugeteilte Speicherplatz für die Dauer der Transaktion unverändert bleibt. *Globale Speicherzuteilungsstrategien* teilen die verfügbaren Systempufferrahmen auf alle parallelen Transaktionen unter Einbeziehung ihres gesamten Seitenreferenzverhaltens auf. Zuteilungs- und Ersetzungsentscheidungen werden global getroffen. Dadurch werden insbesondere die Eigenschaften 1 und 2 unterstützt. *Seitentypbezogene Speicherzuteilungsstrategien*, die insbesondere die Eigenschaften 2 und 3 unterstützen, partitionieren den Systempuffer nach bestimmten Seitentypen wie Datenseiten, Zugriffspfadseiten, Systemseiten usw. Auch hier lassen sich statische Strategien mit unveränderlicher Partitionierung und dynamische Strategien unterscheiden. Bei letzteren variieren die Partitionsgrößen abhängig vom aktuellen Bedarf an Seiten des jeweiligen Typs. Zuteilungs- und Ersetzungsentscheidungen sind insofern global, als dass sie sich auf eine bestimmte Partition beziehen.

Besonders bei den statischen Strategien ist die Aktivierung von Transaktionen einfach. Sobald die erforderliche Rahmenmenge im Systempuffer verfügbar ist, kann eine neue Transaktion gestartet werden. Die Zuteilung feststehender Partitionen erweist sich aber bei stark variierendem Bedarf an Seitenrahmen als sehr ineffizient und unflexibel, da keine transaktionsübergreifende Anpassung möglich ist. Diese Strategien sind daher als wenig geeignet anzusehen. Die neben den globalen verbleibenden dynamischen, lokalen und seitentypbezogenen Strategien hingegen ermöglichen eine optimale Speicherausnutzung und sind insbesondere auch in ihrem Zusammenspiel mit Seitenersetzungsstrategien von Interesse. Als einziges Problem bei der Speicherplatzzuteilung erweist sich die Bestimmung der dynamischen Partitionen. Ziel muss es sein, die Partition jeder Transaktion bzw. jedes Seitentyps entsprechend dem tatsächlichen Rahmenbedarf dynamisch wachsen und schrumpfen zu lassen. Bei einer lokalen Strategie wird dabei allerdings nur das aktuelle Referenzverhalten der gerade betrachteten Transaktion berücksichtigt. Um eine dynamische Partitionierung zu realisieren, gibt eine Transaktion, sobald sie in einem bestimmten Zeitabschnitt mit weniger Rahmen auskommt, den „Überschuß" an Rahmen ab. Andererseits werden ihr bei zusätzlichem Bedarf weitere Rahmen zugewiesen. Bei globalen Strategien steht der gesamte Systempuffer allen aktiven Transaktionen zur Verfügung. Eine Schätzung des Rahmenbedarfs einer Transaktion erfolgt nicht allein in Abhängigkeit von ihrem eigenen Referenzverhalten, sondern hängt insbesondere vom Referenzverhalten der parallel ablaufenden Transaktionen ab. Ähnliches gilt für seitentypbezogene Strategien. Die Rahmenzuteilung für aktivierte Transaktionen wird bei globalen Strategien der Verantwortlichkeit der gewählten Ersetzungsstrategie überlassen.

Ein bekanntes dynamisches Speicherzuteilungsverfahren ist die *Working-Set-Strategie*, die auf dem sogenannten *Working-Set-Modell* basiert. Anhand dieses Modells läßt sich Lokalität im Referenzverhalten von Transaktionen beschreiben. Der *Working-Set* $WS_{T_i}(t, \tau)$ einer Transaktion T_i ist die Menge derjenigen Seiten, die zum Zeitpunkt t von der betrachteten Transaktion innerhalb ihrer letzten τ Seitenzugriffe angesprochen worden sind. τ wird als *Fenstergröße* bezeichnet; $ws_{T_i}(t, \tau) = |\ WS_{T_i}(t, \tau)\ |$ heißt *Working-Set-Größe*. Diese Größe kann als Maß für die Lokalität des Referenzverhaltens einer Transaktion T_i dienen. Je kleiner $ws_{T_i}(t, \tau)$ bei festem τ ist, desto häufiger benötigte T_i erst kürzlich adressierte Seiten erneut. Um so höher war also die Lokalität ihres Referenzverhaltens. Beispiele für Working-Sets zeigt Bild 2.10.

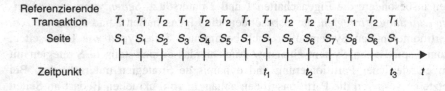

Referenzierende
Transaktion $\quad T_1\ \ T_1\ \ T_2\ \ T_1\ \ T_2\ \ T_2\ \ T_1\ \ T_1\ \ T_2\ \ T_2\ \ T_1\ \ T_1\ \ T_2\ \ T_1$
Seite $\qquad\ \ S_1\ \ S_1\ \ S_2\ \ S_3\ \ S_4\ \ S_5\ \ S_1\ \ S_1\ \ S_5\ \ S_6\ \ S_7\ \ S_8\ \ S_6\ \ S_1$

Zeitpunkt $\qquad\qquad\qquad\qquad\qquad\quad t_1 \qquad\quad t_2 \qquad\qquad\quad t_3 \quad t$

$WS_{T_i}(t, \tau)$ mit $\tau = 5$

$WS_{T_1}(t_1, 5) = \{S_1, S_3\},$ $\qquad\qquad ws_{T_1}(t_1, 5) = 2$
$WS_{T_2}(t_1, 5) = \{S_2, S_4, S_5\},$ $\qquad\quad ws_{T_2}(t_1, 5) = 3$
$WS_{T_1}(t_2, 5) = \{S_1, S_3\},$ $\qquad\qquad ws_{T_1}(t_2, 5) = 2$
$WS_{T_2}(t_2, 5) = \{S_2, S_4, S_5, S_6\},$ $\qquad ws_{T_2}(t_2, 5) = 4$
$WS_{T_1}(t_3, 5) = \{S_1, S_7, S_8\},$ $\qquad\ \ ws_{T_1}(t_3, 5) = 3$
$WS_{T_2}(t_3, 5) = \{S_4, S_5, S_6\},$ $\qquad\ \ ws_{T_2}(t_3, 5) = 3$

Bild 2.10. Beispiele für Working-Sets

Ziel der Working-Set-Strategie ist es, einer Transaktion T_i ihren Working-Set verfügbar zu halten. Hierbei wird davon ausgegangen, dass der Working-Set durch geschickte Wahl von τ gerade so groß ist, dass T_i ihre Seiten effizient bearbeiten kann und dass mit hoher Wahrscheinlichkeit gerade die Seiten zum Working-Set von T_i zum Zeitpunkt t gehören, die auch zum Zeitpunkt $t+\Delta t$ benötigt werden. Phasen hoher Lokalität bei konstanter Fenstergröße τ zeichnen sich durch eine Verkleinerung des Working-Sets einer Transaktion aus. Rahmen für Seiten, die den Working-Set verlassen, werden wieder für eine erneute Zuteilung freigegeben. Hierdurch wird versucht, für alle miteinander konkurrierenden Transaktionen eine optimale Speicherzuteilung zu erreichen. Die Working-Set-Strategie entscheidet also, welche Seite zu einem gegebenen Zeitpunkt ersetzbar und welche nicht ersetzbar ist. Sie beinhaltet aber keine Konzepte zur optimalen Ersetzung von Seiten, da sie nur die Lokalität der Transaktionen innerhalb ihrer Fenstergrößen τ betrachtet. Daher muss mittels einer Seitenersetzungsstrategie (siehe unten) eine Seite aus der Menge der ersetzbaren Seiten bestimmt werden.

Bei jeder vom Systempuffer nicht erfüllbaren Seitenanforderung muss die Working-Set-Strategie die aktuellen Working-Sets der Transaktionen ermitteln, d.h. für jede Transaktion muss die Menge der innerhalb der letzten τ Referenzen angesprochenen Seiten festgestellt werden. Realisiert werden kann dies durch die Einführung von transaktionsbezogenen Referenzzählern $trz(T_i)$ und seitenbezogenen Referenzzählern $srz(T_i, S)$. Wird Seite S von Transaktion T_i referenziert, wird $trz(T_i)$ zunächst inkrementiert, bevor dessen Wert nach $srz(T_i, S)$ kopiert wird. Zu einem bestimmten Zeitpunkt sind alle diejenigen einer Transaktion zugeordneten Seiten ersetzbar, für die $trz(T_i) - srz(T_i, S) \geq \tau$ gilt. Für in mehreren Working-Sets gleichzeitig vorkommende und gemeinsam benutzte Seiten sind zusätzliche, hier nicht beschriebene Maßnahmen erforderlich. Bezüglich der in Bild 2.10 dargestellten Seitenreferenzfolge erhält man mittels dieser Methode folgende Werte für die Referenzzähler:

Zustand zum Zeitpunkt t_3: $trz(T_1) = 8$ $trz(T_2) = 6$

$srz(T_1, S_1) = 8$ $srz(T_2, S_2) = 1$ Für $\tau = 5$ sind die

$srz(T_1, S_3) = 3$ $srz(T_2, S_4) = 2$ Seiten S_3 und S_2

$srz(T_1, S_7) = 6$ $srz(T_2, S_5) = 4$ ersetzbar.

$srz(T_1, S_8) = 7$ $srz(T_2, S_6) = 6$

Ersetzungsstrategien für Seiten

Ein wichtiger Aspekt der Systempufferverwaltung ist die *Seitenersetzungsstrategie* (*replacement strategy*), die benutzt wird, um eine unfixierte Seite zur Ersetzung auszuwählen, falls eine Seitenanforderung im Systempuffer nicht befriedigt werden kann. Das Ziel einer Ersetzungsstrategie ist die Minimierung der Anzahl der Seitenzugriffe. Es gibt viele verschiedene Strategien, und jede ist für bestimmte Situationen besonders geeignet. Näherungsweise kann das Problem mit demjenigen in Betriebssystemen verglichen werden. Es gibt jedoch auch einige Unterschiede zu berücksichtigen. Im virtuellen Speicher eines Betriebssystems ist prinzipiell jede Seite zu jedem Zeitpunkt ersetzbar. Allerdings ist es nicht allgemein möglich, die zukünftige Seitenreferenz präzise vorherzusehen. Daher verwenden Betriebssysteme vergangene Seitenreferenzen als Bezugspunkte für zukünftige Seitenanforderungen. Im Gegensatz dazu sind im Systempuffer fixierte Seiten zu berücksichtigen, die von der Ersetzung ausgenommen sind. Ferner ist ein Datenbanksystem häufig in der Lage, aufgrund zusätzlicher Informationen zukünftige Seitenreferenzen genauer als ein Betriebssystem vorauszusehen.

Der Wirkungskreis einer Ersetzungsstrategie hängt von der gewählten Speicherzuteilungsstrategie ab und wird zusätzlich durch fixierte Seiten reduziert. Eine Ersetzung kann erfolgen bei globaler Speicherzuteilung im gesamten Systempuffer, bei seitentypbezogener und lokaler Speicherzuteilung mit statischen Bereichen in der betreffenden Partition, der die auslösende Seitenreferenz zuzuordnen ist, und bei dynamischer Speicherzuteilung in der Menge der ersetzbaren Seiten, die augenblicklich zu keinem Working-Set einer Transaktion oder eines Seitentyps gehören.

Im Folgenden stellen wir einige Beispiele für Ersetzungsstrategien vor. Diese sind angesiedelt zwischen einer nicht realisierbaren Strategie *Optimal*, die jeweils diejenige Seite im Systempuffer ersetzt, deren zeitlicher Abstand bis zur nächsten Seitenanforderung maximal ist, und einer realisierbaren Strategie *Random*, die keine Kenntnisse des Referenzverhaltens ausnutzt und davon ausgeht, dass alle Seiten im Systempuffer denselben Erwartungswert für ihre erneute Benutzung haben. Realisierbare Strategien mit einem besseren Verhalten als *Random* ersetzen diejenige Seite im Systempuffer, deren Erwartungswert für ihre erneute Benutzung minimal ist. Zur Vorhersage des zukünftigen Referenzverhaltens nutzen sie dazu Kenntnisse des bisherigen Verhaltens aus. Wegen der in Seitenreferenzfolgen beobachteten Lokalität gilt das jüngste Referenzverhalten als ein guter Indikator für die nähere Zukunft. Als Kriterien für das zukünftige Referenzverhalten eignen sich vor allem das Alter und die Referenzen einer Seite im Systempuffer. Dabei ist zu differenzieren, ob das Alter seit der Einlagerung, seit dem letzten Referenzzeitpunkt oder überhaupt nicht, und ob alle Referenzen, die letzte Referenz oder keine bei der Festlegungsentscheidung einer Strategie zum Tragen kommen.

Die Strategie *FIFO* (*First-In*, *First-Out*) ersetzt diejenige Seite, die sich am längsten im Systempuffer befindet. Es entscheidet also allein das Alter einer Seite seit ihrer Einlagerung. Daher ist die FIFO-Strategie nur bei strikt sequentiellem Zugriffsverhalten anwendbar. Stellen wir uns die Seiten kreisförmig nach Alter angeordnet vor, und nehmen wir an, dass ein Zeiger jeweils auf die älteste Seite im Systempuffer verweist. Beim Laden einer neuen Seite wird diese Seite ersetzt und der Zeiger auf die nächste Seite fortgeschaltet. Eine andere Strategie, *LFU* (*Least Frequently Used*) genannt, setzt ausschließlich auf die Referenzhäufigkeit, und zwar ersetzt sie diejenige Seite im Systempuffer mit der geringsten Referenzhäufigkeit. Realisiert werden kann diese Strategie durch Einführung eines Referenzzählers für jede Seite im Systempuffer, der bei Seiteneinlagerung mit 1 initialisiert und bei jeder weiteren Referenz um 1 erhöht wird. Muss eine Seite ersetzt werden, wird diejenige mit dem kleinsten Wert im Referenzzähler ausgewählt. Gibt es mehrere Seiten mit kleinstem Wert im Referenzzähler, so muss ein geeigneter Algorithmus eine dieser Seiten auswählen. Diese Strategie hat zur Folge, dass Seiten, die in einem kurzen Zeitraum außerordentlich häufig referenziert wurden, für lange Zeit nicht mehr zu verdrängen sind, selbst dann nicht, wenn sie später nie mehr angefordert werden. Aus diesem Grund erweist sich die Realisierung der LFU-Strategie als sehr ungünstig.

Alle im Folgenden beschriebenen Strategien berücksichtigen sowohl Alter als auch Referenzhäufigkeit. Die wohl bekannteste und verbreitetste Ersetzungsstrategie ist *LRU* (*Least Recently Used*), die diejenige Seite im Systempuffer ersetzt, die am längsten nicht mehr angesprochen wurde. Alle im Systempuffer befindlichen, unfixierten Seiten werden in einer Schlange (Queue) verwaltet. Eine Seite kommt bei jeder Referenz an den Anfang der Schlange. Die Annahme ist, dass eine Seite, die erst kürzlich referenziert worden ist, wahrscheinlich bald wieder referenziert werden wird. Bei einer erforderlichen Seitenersetzung wird die Seite am Ende der Schlange ausgelagert. Eine Seite gelangt an das Ende der Schlange, wenn sie von einem fixierten in einen unfixierten Zustand übergeht und somit ein Kandidat für eine Ersetzung wird. Die LRU-Strategie ist allerdings nicht immer die beste Ersetzungsstrategie für ein Datenbanksystem. Insbesondere können sequentielle Durchläufe durch Dateien ständige Ersetzungen notwendig machen. Betrachten wir beispielsweise einen Systempuffer mit n Rahmen und eine sequentiell zu durchlaufende Datei mit k Seiten. Sei zunächst $k \le n$, und nehmen wir der Einfachheit halber an, dass es keine konkurrierenden Anforderungen nach Seiten gibt. Nur der erste Durchlauf durch die Datei erfordert externe Seitenzugriffe; Seitenanforderungen in weiteren Durchläufen können auf die gewünschten Seiten im Systempuffer zugreifen. Nehmen wir nun an, dass die zu durchlaufende Datei $k = n + 1$ Seiten besitzt, so wird jeder Durchlauf der Datei ein Lesen jeder Seite der Datei zur Folge haben. In dieser Situation ist die LRU-Strategie die schlechteste Ersetzungsstrategie.

Eine Variante, *Clock*-Strategie genannt, zeigt ein ähnliches Verhalten wie die LRU-Strategie, ist aber einfacher zu realisieren. Jeder Seite wird ein Benutzt-Bit zugeordnet, dass bei jeder Seitenreferenz auf 1 gesetzt wird. Bei Einlagerung einer neuen Seite wird mittels einer zyklischen Suche eine geeignete, ersetzbare Systempufferseite zur Ersetzung bestimmt. Dabei werden nicht ersetzbare, also fixierte, Seiten übersprungen. Bezüglich jeder ersetzbaren Seite wird das Benutzt-Bit überprüft. Steht es auf 1, wird es auf 0 gesetzt, und die Suche schreitet mit der nächsten Seite voran. Die erste ersetzbare Seite, deren Benutzt-Bit auf 0 steht, wird zur Ersetzung ausgewählt. Jede Seite überlebt also mindestens zwei zyklische Umläufe durch die Systempufferseiten. Letztendlich überlebt eine Seite also nur dann, wenn sie während eines Umlauf erneut referenziert wird. Sollen Seiten, die nur einmal referenziert werden, schneller verdrängt werden, so wird das Benutzt-Bit bei der ersten Referenz mit 0 initialisiert und nur bei jeder weiteren Referenz auf 1 gesetzt.

Zuguterletzt erwähnen wir noch die *MRU* (*Most Recently Used*)-Strategie. Sie beruht auf den genau entgegengesetzten Annahmen wie LRU. Hier wird diejenige Seite im Systempuffer ersetzt, die zuletzt referenziert worden ist. Weitere, teilweise sehr ausgefeilte Strategien sind der (Betriebssystem-)Literatur zu entnehmen.

Probleme bei der Verwaltung des Systempuffers

Ein Datenbankmanagementsystem wird von einem Betriebssystem gewöhnlich wie ein normales Anwendungsprogramm behandelt. Je nach Art der Einbettung des DBMS in eine Betriebssystemumgebung können sich hieraus entscheidende Auswirkungen für die Systempufferverwaltung ergeben. Wenn das DBMS in einer virtuellen Betriebssystemumgebung abläuft, sind sowohl der Programm-Code als auch der Systempuffer dem Seitenersetzungsmechanismus des Betriebssystems unterworfen, ausgenommen, sie können durch spezielle Maßnahmen dauerhaft im Hauptspeicher aufbewahrt werden. D.h. den Rahmen des Systempuffers, die Seiten der Datenbank aufnehmen, werden durch den Seitenersetzungsalgorithmus des Betriebssystems eine gewisse Anzahl von Hauptspeicherrahmen zugeordnet. Wird eine Seite benötigt, die sich nicht im Hauptspeicher befindet, sind im Wesentlichen folgende drei Fälle zu unterscheiden:

❑   *Page Fault.* Die angeforderte Seite befindet sich zwar im Systempuffer, sie ist aber durch den Seitenersetzungsalgorithmus des Betriebssystems ausgelagert worden. Hier muss das Betriebssystem die referenzierte Seite wieder einlagern.

❑   *Database Fault.* Die angeforderte Seite befindet sich nicht im Systempuffer. Die zu ersetzende Seite ist jedoch im Hauptspeicher und kann nach eventuellem Zurückschreiben freigegeben werden. Danach wird die referenzierte Seite aus der Datenbank ausgelesen.

❑   *Double Page Fault.* Die angeforderte Seite befindet sich nicht im Systempuffer; die zur Ersetzung ausgewählte Seite befindet sich nicht im Hauptspeicher. In diesem Fall muss zunächst die zu ersetzende Seite durch das Betriebssystem wieder eingelesen werden, bevor nach eventuellem Zurückgeschreiben ihre Freigabe und das Einlagern der angeforderten Seite geschehen kann.

Ein anderes Problem bezieht sich auf eine mögliche Überlast der Systempufferverwaltung, insbesondere bei kleinem Systempuffer. Da jede Transaktion zu einem Zeitpunkt mehrere Systempufferseiten in einem fixierten Zustand halten kann, kann es bei einer weiteren Seitenanforderung zu einer Deadlocksituation (dies bedeutet hier, zu einer Verknappung an Pufferrahmen), kommen, wenn momentan alle Seiten des Systempuffers fixiert sind und daher nicht ersetzt werden können. Die Anzahl der Rahmen, die einer Transaktion zugeordnet werden können, sinkt bei vorgegebener Puffergröße mit zunehmender Anzahl paralleler Transaktionen. Dadurch steigt die relative Häufigkeit von Seitenanforderungen, die zu externen Seitenzugriffen führen. Obwohl die Kosten für jeden externen Seitenzugriff konstant bleiben, erhöht sich insgesamt der Verwaltungsaufwand infolge der zunehmenden relativen Häufigkeit der Seitenersetzung. In extremen Fällen kann ein *Seitenflattern* (*thrashing*) eintreten, bei dem durch drastische Reduzierung der einer Transaktion zur Verfügung stehenden Seiten die Häufigkeit der notwendigen Seitenersetzung enorm ansteigt, so dass das System fast ausschließlich mit Verwaltungsaufgaben beschäftigt ist, aber ansonsten fast keine sinnvolle Arbeit verrichtet. Maßnahmen, die zu einer Veringerung der Thrashing-Problematik vorgeschlagen worden sind, beinhalten eine Optimierung der Ersetzungsstrategie, die Veringerung der Kosten für eine Seitenersetzung sowie eine Optimierung des Referenzverhaltens von Programmen. Diese Maßnahmen bewirken eine Veringerung des Verwaltungsaufwands und haben eine

Erhöhung der maximalen Anzahl paralleler Transaktionen zur Folge. Aber auch dann ist insbesondere bei weiterer Zunahme der Parallelität die Gefahr des Seitenflatterns nicht gebannt. Letztendlich kann Seitenflattern nur durch eine Einschränkung der Parallelität von Transaktionen verhindert werden. Durch Zusammenwirken der Systempuffer- und der Transaktionsverwaltung muss erreicht werden, dass bei einem Seitenmangel im Systempuffer keine weiteren Seitenanforderungen von Transaktionen zugelassen werden.

2.9.6　Unterschiede der Systempufferverwaltung in Datenbanksystemen und in Betriebssystemen

An mehreren Stellen wurden bereits die Ähnlichkeiten zwischen dem virtuellen Speicher in Betriebssystemen und der Systempufferverwaltung in Datenbanksystemen angedeutet. In beiden Fällen besteht das Ziel darin, auf mehr Daten Zugriff zu gewähren als in den Hauptspeicher hineinpassen. Die grundlegende Idee besteht darin, Seiten auf Anforderung vom Externspeicher in den Hauptspeicher zu bringen. Hierzu werden aktuell im Hauptspeicher nicht mehr benötigte Seiten ersetzt. Es stellt sich die Frage, warum ein DBMS nicht mit Hilfe des virtuellen Speichers des Betriebssystems konstruiert wird. Wie bereits erwähnt, kann ein DBMS Seitenreferenzfolgen wesentlich präziser vorhersagen als dies von einem Betriebssystem möglich ist, und diese Eigenschaft sollte möglichst ausgenutzt werden. Die Möglichkeit der Vorhersage von Seitenreferenzfolgen beruht darauf, dass Seitenreferenzen meist von Operationen übergeordneter Komponenten erzeugt werden und diese Operationen (z.B. relationale Algebraoperationen) bekannte Referenzmuster haben. Dies macht den Einsatz spezieller Ersetzungsstrategien in einer DBMS-Umgebung lohnenswerter. Des Weiteren benötigt ein DBMS mehr als ein Betriebssystem Kontrolle darüber, wann eine Seite auf Externspeicher zurückgeschrieben werden kann (Fixierung von Seiten).

Fast noch wichtiger ist, dass eine Vorhersage von Seitenreferenzen, z.B. in einem sequentiellen Durchlauf, eine sehr einfache und effiziente Strategie ermöglicht, nämlich das vorausschauende Holen von Seiten (pre-fetching of pages). Der Systempuffer kann die nächsten Seitenanforderungen vorwegnehmen, indem er die entsprechenden Seiten in den Systempuffer lädt, bevor die Seiten angefordert werden. Dies hat zwei Vorteile. Zum einen sind die Seiten verfügbar, wenn sie angefordert werden. Zum anderen ist das Lesen einer zusammenhängenden Folge von Seiten viel schneller als das Lesen der gleichen Seiten zu verschiedenen Zeiten aufgrund verschiedener Anfragen. Für den Fall, dass die im Voraus zu holenden Seiten nicht zusammenhängend sind, kann das Wissen, dass mehrere Seiten geladen werden müssen, dennoch zu einem schnelleren Ein-/Ausgabe-Verhalten führen, weil die Seiten in einer bestimmten Reihenfolge geladen werden können, die Suchzeiten und Rotationsverzögerungen minimiert.

Ferner muss ein DBMS in der Lage sein, ein explizites Hinausschreiben einer Seite auf einen Externspeicher zu bewirken. Ein DBMS muss sicherstellen können, dass gewisse Systempufferseiten auf einem Externspeicher gesichert werden, *bevor* andere Seiten weggeschrieben werden. Man kann sich bei virtuellen Speicherimplementierungen in Betriebssystemen nicht darauf verlassen, dass solch eine Kontrolle beim Wegschreiben von Seiten ausgeübt wird. Benötigt wird diese Eigenschaft zur Implementierung von Recovery-Algorithmen.

2.10 Aufgaben

Aufgabe 2.1: Gegeben sei das folgende Datensatzformat fixer Länge für Studenten:

> *Student(Name*: *String*[24]; *Matrikelnr*: *String*[9], *Geschlecht*: *Boolean*;
> *Semesteranzahl*: *Integer*; *Straße*: *String*[14]; *Nr*: *Integer*;
> *Plz*: *Integer*; *Ort*: *String*[18])

Geben Sie die Datensatzgröße in Bytes unter Beachtung der Ausrichtung von Feldwerten an. Gibt es eine speicherplatzeffizientere, d.h. kompaktere, Alternative, wenn die Reihenfolge der Feldwerte vertauscht werden darf?

Aufgabe 2.2: Geben Sie einen Algorithmus an, der für sequentielle Dateien mit Datensätzen fixer Länge die Suche mit Gleichheitsbedingung mittels binärer Suche realisiert.

Aufgabe 2.3: Beim Einfügen und Löschen von Datensätzen in sequentiellen Dateien ist es aufgrund der Vielzahl von notwendigen Datensatzverschiebungen sehr schwierig und sehr zeitaufwendig, die physisch geordnete Struktur aufrechtzuerhalten. Ein Ausweg ist das Erzeugen einer temporären, *ungeordneten* Datei, die *Überlaufdatei* genannt wird. Die sequentielle Datei wird dann *Hauptdatei* genannt. Neue Datensätze werden am Ende der Überlaufdatei anstelle der richtigen Einfügeposition in der Hauptdatei eingefügt. Beschreiben Sie die Vor- und Nachteile dieser Alternative sowie die Auswirkungen auf die betrachteten Operationen.

Aufgabe 2.4: Geben Sie bezüglich Relationen, Attributen, Indexen, Sichten und Benutzern einen beispielhaften Schemaentwurf für Katalogrelationen an.

Aufgabe 2.5: Beantworten Sie folgende Fragen hinsichtlich Dateiorganisationen:

(a)   Angenommen, eine Haufendatei habe $n = 2000000$ Datensätze und jeder Datensatz habe eine Länge von 200 Bytes. Ferner sei ein Block $2^{12} = 4096$ Bytes lang. Berechnen Sie den Blockungsfaktor, sowie die Anzahl der Blockzugriffe einer erfolgreichen und einer nicht erfolgreichen Suche nach einem Datensatz. Wie lange dauern diese Operationen unter der optimistischen Annahme von 10 ms (Millisekunden) pro externem Blockzugriff und von 30 ns (Nanosekunden, 1 ns = 10^{-9} Sekunden) als Durchschnittszeit für die Verarbeitung eines Datensatzes?

(b) Die Blockadressen der Haufendatei in (a) seien 4 Bytes lang. Welches Problem kann bei der Verwaltung des Verzeichnisses für die der Haufendatei zugeordneten Seiten entstehen?

(c) Gegeben sei wieder die Datei aus (a), dieses Mal allerdings in sortierter Form. Wie groß ist die Anzahl der Blockzugriffe einer erfolgreichen und einer nicht erfolgreichen Suche? Wie lange dauern diese Operationen mit den unter (a) angegebenen Werten?

(d) Gegeben sei wieder die Datei aus (a), allerdings dieses Mal als Hash-Datei organisiert. Die Anzahl der dieser Datei zugeordneten Behälter sei $B = 1000$. Wieviele Datensätze hat ein Behälter im Durchschnitt? Über wieviele Blöcke werden alle Datensätze verteilt? Wie groß ist die Anzahl der Blockzugriffe einer erfolgreichen und einer nicht erfolgreichen Suche? Wie lange dauern diese Operationen mit den unter (a) angegebenen Werten und wenn $h = 30$ ns ist?

(e) Wie groß ist das Behälterverzeichnis unter der Annahme von vier Bytes pro Blockadresse?

Aufgabe 2.6: Beantworten Sie folgende Fragen hinsichtlich Hash-Dateien:

(a) Bei Hash-Dateien erfolgt die direkte Zuordnung eines Datensatzes zu einem Behälter mittels einer Hash-Funktion, die als Argument einen Schlüsselwert erhält und diesen Wert auf eine natürliche Zahl aus dem Bereich 0 bis $B-1$ abbildet, wobei B die Anzahl der dieser Datei zugeordneten Behälter ist. Welche Eigenschaften sollte eine solche Hash-Funktion haben?

(b) Nehmen wir an, dass eine „ideale" Hash-Funktion vorliegt, die n Schlüsselwerte gleichmäßig auf B Behälter verteilt, und dass $n < B$ ist. P_X bezeichne die Wahrscheinlichkeit, dass Ereignis X auftritt. Es gilt dann offensichtlich: $P_{Kollision} = 1 - P_{keine\ Kollision}$. Berechnen Sie $P_{keine\ Kollision}$, also die Wahrscheinlichkeit, dass alle Schlüssel auf freie Behälter abgebildet werden, wenn $P(i)$ die Wahrscheinlichkeit bezeichnet, dass der i-te Schlüssel auf einen freien Behälter abgebildet wird, falls alle vorherigen Schlüssel ebenfalls auf freie Behälter abgebildet wurden.

(c) Betrachten Sie als Beispiel $B = 365$ und $n = 22$, 23 und 50, und berechnen Sie $P_{Kollision}$ aus (b). Wie lassen sich die Ergebnisse interpretieren?

(d) Ist ein Behälter belegt, muss eine Kollisionsstrategie angewendet werden, um einen Datensatz in einem anderen Behälter unterzubringen. Gegeben sei eine lineare Kollisionsstrategie $h_i(x) = (h(x) + c \cdot i) \bmod B$ mit $c, B \in \mathbb{N}$. Geben Sie alle c an, die sich bei $B = 12$ als unbrauchbar erweisen, und begründen Sie dies.

(e) Wie viele verschiedene Behälter werden bei gegebenem B und c bei Verwendung der linearen Kollisionsstrategie (siehe (d)) maximal durchsucht, wenn ein Datensatz in eine Hash-Datei eingetragen werden soll, aber kein freier Platz gefunden wird und Überlaufseiten nicht erlaubt sind? Beweisen Sie Ihre Aussage.

Aufgabe 2.7: Gegeben seien zwei Dateien (Relationen) A und B. Nehmen wir an, ein Join von A und B wird mittels des folgenden Pseudoprogramms berechnet:

> **foreach** *tuple a* **in** A **do**
>   **foreach** *tuple b* **in** B **do**
>   **if** $a.attr = b.attr$ **then**
>   ...
>   **fi**
>   **od**
> **od**

Beschreiben Sie, wie Tupel und Blöcke beider Dateien am besten verarbeitet werden sollten und schließen Sie daraus auf die zu bevorzugende Seitenersetzungsstrategie. Zur Wahl stehen die beiden Strategien LRU und MRU.

Aufgabe 2.8: Komprimierungstechniken sind ein Weg, den Bedarf an Speicherplatz für eine gegebene Menge von Daten zu reduzieren. Neben der Reduktion des benötigten Speicherplatzes ist von noch größerer Bedeutung, dass auch die Anzahl der externen Seitenzugriffe für Lese- und Schreiboperationen (teilweise drastisch) sinkt. Denn wenn die Daten weniger Speicherplatz belegen, sind auch weniger Ein-/Ausgabeoperationen nötig, um auf sie zuzugreifen. Andererseits fallen natürlich Kosten für die Dekodierung der Daten an, die aber verglichen mit der Zeitersparnis durch Komprimierung kaum von Bedeutung sind, zumal die Dekodierung im Hauptspeicher stattfindet.

Die sogenannte "Huffman-Kodierung" ist eine Technik zur Komprimierung von Zeichenketten. Sie beruht auf der Tatsache, dass Zeichen mit unterschiedlicher Häufigkeit vorkommen. So kommt etwa ein "x" bei weitem weniger in Worten und Texten vor als ein "e". Die Idee ist nun, Buchstaben Bitstringkodierungen in einer Art und Weise zuzuweisen, dass verschiedene Buchstaben durch Bitstrings unterschiedlicher Länge dargestellt werden und die am häufigsten auftretenden Buchstaben durch kürzere Bitstrings dargestellt werden als seltener auftretende Buchstaben.

(a) Was bedeutet dies für einen Buchstaben und die ersten Bits seiner Bitstringkodierung?

(b) Betrachten wir als Beispiel, dass die darzustellenden Daten nur aus den Buchstaben A, B, C, D und E bestehen, und nehmen wir folgende relative Häufigkeit des Auftretens dieser fünf Buchstaben an: E : 35%, A: 30%, D : 20%, C : 10% und B : 5%. Geben Sie eine Huffman-Kodierung an, wo in jeder Buchstabenkodierung höchstens eine Eins auftritt, und erläutern Sie Ihre Wahl.

(c) Welche Wörter repräsentieren die Zeichenfolgen 00110001010011 und 010001000110011 gemäß Ihrer Bitstringkodierung?

(d) Wie hoch ist die erwartete Durchschnittslänge eines kodierten Buchstaben aus (b) in Bits und wie ist diese Länge im Vergleich zu einer konventionellen Kodierung, wo alle Zeichen mit der gleichen Anzahl an Bits kodiert werden, zu beurteilen?

Aufgabe 2.9: Als Methode zur indirekten Datensatzadressierung haben wir das Datensatzidentifikator-Konzept kennengelernt. Eine weitere Methode beruht auf der expliziten Bereitstellung einer *Zuordnungstabelle*. Für jeden Datensatztyp wird eine solche Tabelle, die auf benachbarten Seiten zusammenhängend anzuordnen ist, verwaltet, in der jeder einzufügende Datensatz bei seiner Speicherung automatisch eine laufende Nummer und damit einen Eintrag zugewiesen bekommt. Die Nummer des Eintrags ist die *logische* Satzadresse des Datensatzes. Die *physische* Satzadresse, die im Eintrag gespeichert ist, ist unabhängig von ihrer logischen Satzadresse und kann beliebig verändert werden. Nur die logische Satzadresse ist nach außen hin sichtbar. Die physische Satzadresse kann durch einen Zeiger auf die Seite (PP = page pointer) und ein Verzeichnis in der Seite implementiert werden.

(a)   Beschreiben Sie die Vorteile dieses Konzepts.

(b)   Beschreiben Sie die Nachteile dieses Konzepts.

(c)   Um das Konzept zu verbessern, wird eine spezielle Zeigerimplementierung in den Zugriffspfaden durch das sogenannte PPP-Konzept (PPP = probable page pointer) bereitgestellt. Die Zeigerimplementierung speichert neben dem Datenbankschlüssel die wahrscheinliche physische Satzadresse (PPP). Beim Einfügen eines Datensatzes gilt PP = PPP. Durch Auslagerung von Datensätzen kann jedoch die Gleichheit verloren gehen (PP ≠ PPP), da eine Aktualisierung aller PPP's in den Zugriffsstrukturen zu unzumutbarem Aufwand führen würde. Überlegen und beschreiben Sie die Vorgehensweise sowie die Vor- und Nachteile dieses Konzepts.

2.11 Literaturhinweise

Wiederholt (1989) gibt eine sehr umfassende und ausführliche Darstellung und Analyse verschiedenster Dateiorganisationen (und externer Speichermedien). Ferner finden sich Diskussionen in den meisten der in den Literaturhinweisen zu Kapitel 1 genannten Textbücher. Smith und Barnes (1990) stellen ebenfalls Dateiorganisationen und Zugriffsmethoden vor. Die Hashing-Methode und insbesondere auch verschiedene Arten von Hash-Funktionen werden, da es auch eine interne Variante im Hauptspeicher gibt, in vielen Büchern über Algorithmen und Datenstrukturen, z.B. von Ottmann und Widmayer (1993), besprochen.

Die Aufgaben und mögliche Implementierungen von Systemkatalogen werden im Datenbank-Handbuch (Lockemann & Schmidt (1987)) und im Buch von Härder & Rahm (1999) beschrieben.

Aspekte der Systempufferverwaltung (wie z.B. auch das Schattenspeicher-Konzept) werden ziemlich ausführlich im Datenbank-Handbuch (Lockemann & Schmidt (1987)) und im Buch von Härder & Rahm (1999) dargestellt. Ein Überblick über Systempuffer und Ersetzungsalgorithmen in DBMS wird in einem Artikel von Effelsberg & Härder (1984) gegeben. Stonebraker (1981) diskutiert die Beziehung zwischen Datenbanksystempuffer-Managern und Betriebssystempuffer-Managern. Speichermanagement und Ersetzungsalgorithmen allgemein werden in der Betriebssystemliteratur behandelt, z.B. von Tanenbaum (1995).

Kapitel 3

Indexstrukturen

Im vorherigen Kapitel haben wir grundlegende Methoden zur Organisation und Plazierung von Datensätzen in einer Datei auf einem Externspeicher beschrieben. Die damit einhergehende Organisationsform einer Datei bezeichnet man auch als ihre *Primärorganisation*. Zusammen mit der Festlegung der internen Speicherungsstruktur für Datensätze ist aber auch das möglichst schnelle Wiederauffinden der gespeicherten Information insbesondere im Rahmen der *Anfrageverarbeitung* (*query processing*) von großer Bedeutung. Dies ist vergleichbar mit dem Stichwortregister eines Buches, welches zu jedem im Buch auftretenden Stichwort (in alpha betischer Reihenfolge) die Seite bzw. Seiten angibt, auf denen es vorkommt. Für Dateien werden zusätzliche externe Hilfsstrukturen eingesetzt, die anhand eines *Suchschlüssels*, der einer vorgegebenen Menge von Feldern (bzw. Attributen) einer Datei (bzw. Relation, Objektklasse, ...) entspricht, einen oder mehrere Datensätze effizient auffinden und die die sequentielle Suche in allen Seiten eines Segmentes vermeiden. Diese Zugriffsmechanismen werden *Zugriffspfade* (*access paths*), *Indexe* (*indexes*) oder *Indexstrukturen* (*index structures*) genannt und stellen in Dateien abgelegte *externe Datenstrukturen* (z.B. B$^+$-Baum, Hash-Datei) dar. Indexstrukturen haben in der Regel keinen unmittelbaren Einfluss auf den Ort der Abspeicherung eines Datensatzes, sondern dienen lediglich dazu, mittels der Adresse eines Datensatzes diesen Ort möglichst schnell aufzufinden. Die damit einhergehenden Organisationsformen einer Datei bezeichnet man auch als ihre *Sekundärorganisation*. Die für die Bereitstellung von Indexstrukturen zuständige Komponente ist der *Zugriffspfad-Manager* (*access path manager*) (Bild 1.3).

Abschnitt 3.1 gibt eine Einführung in den Bereich der Indexstrukturen. Zunächst wird der Begriff der Indexstruktur erläutert und die Aufgaben einer Indexstruktur beschrieben. Danach werden verschiedene Klassifikationen für Indexstrukturen vorgestellt, die größtenteils miteinander kombinierbar sind. Die nächsten beiden Abschnitte stellen konkrete Indexstrukturen vor, greifen aus der Fülle der vorhandenen Indexstrukturen die jeweils wichtigsten heraus und demonstrieren deren Datenstrukturcharakter. Abschnitt 3.2 befasst sich mit Indexstrukturen für alphanumerische Daten und behandelt die index-sequentielle Zugriffsmethode, die B-Baum-Familie (B-, B$^+$-, B*-Bäume) als wichtiges Beispiel baumbasierter Indexstrukturen und hash-basierte Indexstrukturen mit statischem, dynamischem, erweiterbarem

und linearem Hashing als wichtigsten Vertretern. Abschnitt 3.3 geht auf geometrische Indexstrukturen ein. Nach einer kurzen Charakterisierung geometrischer DBS,
Objekte, Operationen und Anfragetypen sowie den Aufgaben und Eigenschaften
geometrischer Indexstrukturen werden als wichtige Vertreter eindimensionale Einbettungen (z.B. z-Ordnung), externe Strukturen für Punktmengen (z.B. Grid-File)
und externe Strukturen für Rechteckmengen (z.B. R-Baum-Familie) vorgestellt.

3.1 Einführung

3.1.1 Der Begriff der Indexstruktur

Bei der Suche nach einem Buch in einer Bibliothek wird man sich in der Regel der
nach Autorennamen oder Buchtiteln sortierten Karteikarten („Indexkarten") bedie-
nen, um die entsprechende Signatur des gesuchten Buches zu finden. Da Bücher in
der Reihenfolge der Signaturen aufgestellt werden, ist es nun möglich, direkt zu
dem Regal zu gehen, das das gewünschte Buch enthält. Anzumerken ist zum einen,
dass mehrere Indexe bezüglich des gleichen Datenbestandes existieren können
(Autorenindex und Buchtitelindex für Bücher), und zum anderen, dass ein Autorenindex nicht dazu benutzt werden kann, um ein Buch anhand seines Titels zu finden,
und umgekehrt. Jeder Index beschleunigt gewisse Arten von Suchen, aber eben
nicht alle. Ohne das Vorhandensein eines Index wäre man gezwungen, alle Bücher
der Bibliothek nacheinander zu betrachten, bis man auf das gewünschte Buch stößt.
Dies entspricht der sequentiellen Suche auf einer Datei. Natürlich bietet eine Bibliothek weitere Möglichkeiten zur Lokalisierung eines Buches, ohne sie in ihrer
Gesamtheit durchsuchen zu müssen, wie z.B. die Einteilung nach Disziplinen, aber
ein Index ist das einzige Mittel, um ein Buch auf direktem Wege zu finden. Der Aufwand, den man sich dadurch erkauft, liegt in der Bereitstellung, Pflege und Aktualisierung der Indexe (Karteikarten).

Ähnliche Konzepte gelten auch für das effiziente Wiederauffinden (*retrieval*) der
Daten einer Datei. Ganz allgemein enthält ein *Index* oder eine *Indexstruktur* eine
Sammlung von Dateneinträgen, die jeweils aus einem Suchschlüsselwert und der
Adresse des zugehörigen Datensatzes bestehen. Zur Lokalisierung aller Datensätze
mit einem gegebenen Suchschlüsselwert(ebereich) bedient man sich dabei effizienter Methoden. Ein Index kann zu jeder Dateiorganisationsform (z.B. Haufendatei,
sequentielle Datei) konstruiert werden. Bei umfangreichen Datensätzen ist der
Dateneintrag wesentlich kleiner als der Datensatz selbst. Der gesamte Index ist entsprechend kleiner als die Datei, so dass ein wesentlich kleinerer Speicherplatzbereich abgesucht werden muss. Der Index wird immer in sortierter Reihenfolge nach
seinem Suchschlüssel geführt, damit er schnell durchsucht werden kann. Der
Begriff des Index betont mehr den Dateiaspekt im Sinne von „Indexdatei", während
der Begriff der Indexstruktur mehr den Datenstrukturaspekt hervorhebt. Neben dem

wesentlichen Vorteil des schnellen Zugriffs auf Daten hat ein Index aber auch einen erwähnenswerten Nachteil: er verlangsamt Updates. Bei jedem Einfügen eines neuen Datensatzes in die indizierte Datei, muss auch ein neuer Eintrag in den Index eingefügt werden, was mit einem gewissen Aufwand verbunden ist.

Jeder Dateneintrag eines Index, *Indexeintrag k** genannt, enthält genug Information, um einen oder mehrere Datensätze mit dem Suchschlüsselwert k schnell aufzufinden. Es gibt im Wesentlichen drei Alternativen für die Struktur von $k* = (k, v)$:

1. Ein Indexeintrag $k*$ ist ein Paar $(k, <$ Datensatz $>)$ mit dem Suchschlüsselwert k.

2. Ein Indexeintrag $k*$ ist ein Paar (k, DID), wobei *DID* der Datensatzidentifikator eines Datensatzes mit dem Suchschlüsselwert k ist.

3. Ein Indexeintrag $k*$ ist ein Paar $(k, DID\text{-}Liste)$, wobei *DID-Liste* eine Liste von Datensatzidentifikatoren von Datensätzen mit dem Suchschlüsselwert k ist.

Alternative 1 bettet die Zugriffspfadstrukturen in die Speicherungsstrukturen der Datensätze ein, z.B. durch physische Nachbarschaft oder durch Zeigerverkettung. Hier ist es nicht notwendig, die Datensätze zusätzlich zum Inhalt des Index getrennt abzuspeichern. Vielmehr handelt es sich bei solch einem Index um eine spezielle Primärorganisation, die anstelle einer sortierten Datei oder einer Haufendatei benutzt werden kann. Die beiden anderen Alternativen, die Einträge enthalten, die auf die eigentlichen Datensätze „zeigen", sind unabhängig von der Struktur der Datei, die die Datensätze enthält, und speichern die Indexeinträge in einer separaten Datei ab. Es handelt sich hier also um Sekundärorganisationen. Bei einer separaten Speicherung der Zugriffspfadstrukturen kann die Verteilung der Datensätze beliebig sein, während bei ihrer Einbettung die physische Position der Datensätze durch die Merkmale des jeweiligen Indexes bestimmt und nicht mehr frei wählbar ist. In diesem Fall gibt es eine enge Kopplung zwischen dem Record-Manager und dem Zugriffspfad-Manager. Durch die Trennung der physischen Strukturen des Index und der indizierten Datei können Zugriffspfade unabhängig von den Datensätzen aufgebaut, umorganisiert, im Speicher verschoben und gelöscht werden. Werden zudem seitenbezogene oder logische Zeiger verwendet, können auch die Datensätze auf dem Externspeicher bewegt werden, ohne dass hiervon die Indexe betroffen sind. Hauptnachteile sind der zusätzlich erforderliche Speicherplatzbedarf sowie der zusätzliche Verwaltungsaufwand (Einfügen, Ändern, Löschen) für die Indexe.

Alternative 3 ist speicherplatzeffizienter als Alternative 2, aber Indexeinträge sind von variabler Länge, in Abhängigkeit von der Anzahl der Datensätze mit gleichem Suchschlüsselwert. Es sind eine ganze Anzahl von Indexstrukturen (siehe Abschnitt 3.2) bekannt, die ein effizientes Auffinden von Datensätzen mit Suchschlüsselwert k erlauben, und diese Strukturen können in Kombination mit jeder der drei oben genannten Alternativen eingesetzt werden. Eine für alle Datenbankanwendungen optimale Indexstruktur gibt es allerdings nicht. Indexstrukturen müssen als Datenstrukturen nach ihrer Zugriffszeit beurteilt werden, d.h. nach der benötigten Zeit, um einen bestimmten Datensatz zu finden, nach der Zeit für das Einfügen eines neuen Datensatzes in eine Datei einschließlich der Aktualisierung der Indexstruktur, nach der Zeit für das Löschen eines Datensatzes aus einer Datei einschließlich der Aktualisierung der Indexstruktur und nach dem zusätzlichen Speicherplatzverbrauch der Indexstruktur.

Folgende Anmerkung muss noch zur Terminologie gemacht werden. Der Begriff *Suchschlüssel* (*search key*) wird im Zusammenhang mit Indexstrukturen in einem etwas anderen Sinne als der übliche Schlüsselbegriff verwendet. Ein *Schlüssel* (*key*) im eigentlichen Sinne bezeichnet eine minimale Menge von Attributen (Feldern) einer Datei (bzw. Relation, Objektklasse, ...), so dass ein Datensatz (Tupel, Objekt, ...) hierdurch eindeutig identifiziert wird. Da es im Allgemeinen mehrere Schlüssel für einen Datensatz geben kann, wird einer dieser Schlüssel als sogenannter *Primärschlüssel* (*primary key*) ausgezeichnet; er identifiziert den Datensatz während seiner gesamten Lebenszeit im System und ist in seinem Wert unveränderlich. Eine Attributkombination ungleich dem Primärschlüssel wird *Sekundärschlüssel* (*secondary key*) genannt, (leider) auch dann, wenn sie keine Schlüsseleigenschaft hat. Ein *Suchschlüssel* unterscheidet sich vom Konzept eines Schlüssels und beschreibt irgendeine Kombination von Attributen, für die wir Werte spezifizieren und passende Datensätze erhalten wollen.

3.1.2 Aufgaben von Indexstrukturen

Die Aufgabe einer Indexstruktur liegt darin, einen möglichst schnellen Zugriff auf einzelne oder auch mehrere Datensätze anhand eines Suchschlüssels zu gewährleisten und einen sonst erforderlichen sequentiellen Durchlauf durch eine Datei zu vermeiden. Ferner stellen Indexstrukturen spezielle Operationen zur Verfügung, die bestimmte Anfragetypen unterstützen und die daher insbesondere für die Anfrageverarbeitung (Kapitel 7) eine wichtige Rolle spielen. Im Wesentlichen werden für folgende *Zugriffsarten* Operationen bereitgestellt:

❑   *Sequentieller Zugriff.* Indexstrukturen erlauben bezüglich eines gegebenen Suchschlüssels einen sequentiellen (sortierten) Zugriff auf eine indizierte Datei. Betrachten wir zum Beispiel eine Angestellten-Datei, in der alle Angestellten über eine Nummer indiziert sind. Mittels dieser Nummer kann auf alle Angestellten sequentiell zugegriffen werden.

❑   *Direkter Zugriff.* Auf einzelne (*Punktanfrage*; *exact match query*, *point query*) oder mehrere Datensätze kann für einen gegebenen Suchschlüssel „direkt" zugegriffen werden. Eine Beispielanfrage ist: „Finde den Angestellten mit der Nummer 12345".

❑   *Bereichszugriff.* Eine Indexstruktur kann auch bei *Bereichsanfragen* (*range queries*) eingesetzt werden. Beispielanfragen sind: „Finde alle Angestellten mit Nummern zwischen 10000 und 19999", „Finde alle Angestellten mit Nummern vor/nach 15056" und „Finde den Angestellten mit der ersten/letzten Angestelltennummer".

❑   *Existenztest.* Die Frage nach der Existenz eines Datensatzes kann ohne
     Zugriff auf die indizierte Datei von der Indexstruktur selbst beantwortet wer-
     den. Eine Beispielanfrage ist: „Gibt es einen Angestellten mit der Nummer
     19384?". Die Anfrage wird genau dann bejaht, wenn der Index einen Eintrag
     mit dieser Angestelltennummer enthält.

3.1.3 Klassifikationen für Indexstrukturen

Im Folgenden betrachten wir verschiedene, anwendungsneutrale Klassen von
Indexstrukturen, die größtenteils kombinierbar sind. Sie lassen sich unterteilen in:

❑   dichte und dünne Indexe

❑   Primär- und Sekundärindexe

❑   geclusterte und nicht geclusterte Indexe

❑   Indexe mit einfachen und zusammengesetzten Suchschlüsseln

❑   ein- und mehrstufige Indexe

Dichte und dünne Indexe

Ein Index wird als *dichter Index* (*dense index*) bezeichnet, wenn er (wenigstens)
einen Indexeintrag für jeden Suchschlüsselwert, der in einem Datensatz der indizierten Datei auftritt, enthält. Bild 3.1(b) zeigt ein Beispiel für einen dichten Index. Ein
dünner Index (*non-dense index, sparse index*) enthält einen Eintrag für jede Seite
von Datensätzen der indizierten Datei. Üblicherweise referenziert ein Eintrag den
ersten Datensatz einer Seite. Um einen Datensatz in einem dünnen Index aufzufinden, muss zunächst der Indexeintrag mit dem größten Suchschlüsselwert, der kleiner oder gleich dem gesuchten Suchschlüsselwert ist, ermittelt werden. Wir beginnen dann bei dem Datensatz, auf den dieser Indexeintrag zeigt, und suchen sequentiell auf der entsprechenden Seite, bis der gewünschte Datensatz gefunden ist. Ein
Beispiel eines dünnen Index zeigt Bild 3.1(a).

Alternative 1 für Indexeinträge führt immer zu einem dichten Index. Die Alternativen 2 und 3 können zum Aufbau von dichten oder dünnen Indexen verwendet werden, aber es gibt eigentlich keinen Grund, warum man Alternative 3 für einen dünnen Index benutzen sollte.

Dünne Indexe setzen notwendigerweise eine Sortierung der Datensätze der indizierten Datei voraus. Daher kann es höchstens einen dünnen Index geben. Ein dünner
Index ist offensichtlich wesentlich kleiner als ein entsprechender dichter Index, da
er weniger Einträge enthält. Andererseits gibt es aber einige sehr nützliche Optimie-
rungstechniken, die auf einem dichten Index beruhen. Außerdem nehmen Existenz-
tests bei dünnen Indexen mehr Zeit in Anspruch.

Primär- und Sekundärindexe

Ein Index, der über einem Primärschlüssel definiert und geordnet ist, wird *Primärindex* (*primary index*) genannt. Bild 3.1(a) zeigt einen dünnen Primärindex auf einer (hier sequentiellen) Angestellten-Datei mit der Angestelltennummer als Primärschlüssel. Die Angestellten-Datei selbst ist hier als sequentielle Datei ausgelegt. Ein Index, der für einen Sekundärschlüssel angelegt wird, wird als *Sekundärindex* (*secondary index*) bezeichnet.[3] Bild 3.1(b) stellt einen dichten Sekundärindex auf der Angestellten-Datei da. Der Sekundärschlüssel, der hier keine eigentliche Schlüsseleigenschaft hat, da es Duplikate gibt, ist der Angestelltenname.

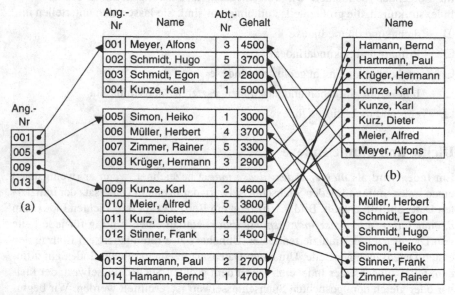

Bild 3.1. Beispiele für einen dünnen Primärindex (**a**) und einen dichten Sekundärindex (**b**)

Da es zu einer Datei (Relation, Objektklasse, ...) nur einen Primärschlüssel gibt, kann es zu ihr auch nur einen Primärindex geben. Ein Primärindex enthält keine Duplikate, d.h. nicht mehrere Suchschlüssel mit den gleichen Werten. Ähnlich wie bei sequentiellen Dateien besteht auch beim Primärindex ein Hauptproblem im Einfügen und Löschen von Datensätzen (siehe auch Abschnitt 2.7.3). Neben dem Einfügen des Datensatzes in die indizierte Datei muss auch ein Eintrag in den Index erfolgen. Handelt es sich um einen dünnen Index, so ist eventuell eine Änderung der nachfolgenden Indexeinträge erforderlich, da die jeweils ersten Datensätze einer Seite nach hinten bewegt werden.

---

[3] Die Begriffe des Primärindex und des Sekundärindex werden manchmal in einer anderen Bedeutung benutzt. Ein Index, der Alternative 1 aus Abschnitt 3.1.1 verwendet, wird dann Primärindex genannt und entspricht unserem Begriff einer (speziellen) Primärorganisation, und ein Index, der Alternative 2 oder 3 benutzt, wird dann Sekundärindex genannt und entspricht unserem Begriff der Sekundärorganisation.

Ein Sekundärindex kann Duplikate enthalten. Da es in der Regel mehrere, unterschiedliche Attributkombinationen für eine Datei gibt, gibt es für sie auch mehrere Sekundärindexe. Sekundärindexe werden häufig eingesetzt, wenn man bezüglich einer anderen Attributkombination als dem Primärschlüssel direkten und sequentiellen Zugriff auf die Daten haben möchte. Bildet der Sekundärschlüssel tatsächlich einen Schlüssel, so gibt es für jeden Datensatz einen Indexeintrag, der den Schlüsselwert für sowie einen Zeiger auf den jeweiligen Datensatz enthält. Ansonsten kann es mehrere Indexeinträge mit gleichem Schlüsselwert geben. Da die Indexeinträge sortiert sind, kann binäre Suche zum Auffinden von Datensätzen angewendet werden. Weil die Datensätze der indizierten Datei *nicht* physisch nach dem Sekundärschlüssel sortiert sind, kann ein Sekundärindex nur als dichter Index auftreten. Ein Sekundärindex benötigt mehr Speicherplatz als ein Primärindex aufgrund der durch Duplikate bedingten größeren Anzahl von Einträgen. Allerdings überwiegt die drastische Verbesserung der Suchzeit für einen beliebigen Datensatz durch den Sekundärindex, weil bei Nichtvorhandensein eines Sekundärindex ansonsten eine lineare Suche auf der Datei erfolgen muss.

Eine Datei, die einen dichten Sekundärindex bezüglich eines Attributs besitzt, wird auch *invertierte Datei* (*inverted file*) bezüglich dieses Attributs genannt. Eine Datei, die einen dichten Sekundärindex bezüglich jeden Attributs besitzt, das nicht gleich dem Primärschlüssel ist, wird *vollständig invertierte Datei* (*fully inverted file*) genannt. Der Begriff „invertiert" rührt daher, dass diese Art von Indexstruktur es erlaubt, anhand eines Nichtschlüsselattributs die Werte in den Primärschlüsselattributen zu erfragen. Dies ist invers zu dem üblicheren Fall, Primärschlüsselwerte zur Lokalisierung eines Datensatzes zu verwenden.

Geclusterte und nicht geclusterte Indexe

Clusterung wurde bereits in Kapitel 2 angesprochen. Hierunter versteht man das Bestreben, logisch zusammengehörende Datensätze physisch benachbart auf Seiten abzuspeichern. Wenn eine Datei so organisiert ist, dass die Ordnung der Datensätze gleich oder beinahe gleich der Ordnung der Einträge in einem Index ist, so spricht man von einem *geclusterten Index* (*clustered index*). Ein Index, der gemäß Alternative 1 (Abschnitt 3.1.1) aufgebaut ist, ist per Definition geclustert. Wenn ein Index, der Alternative 2 oder 3 verwendet, geclustert sein soll, ist dies nur sinnvoll, wenn die Datensätze nach dem Suchschlüssel sortiert sind. Bild 3.1(a) ist daher auch ein Beispiel für einen geclusterten Index. Anderenfalls ist die Reihenfolge der Datensätze zufällig und nur durch ihre physische Anordnung definiert, und es gibt keine Möglichkeit, die Einträge im Index analog zu organisieren. In der Praxis werden die Datensätze aber selten in sortierter Reihenfolge gehalten (wenn die Datensätze nicht gerade gemäß Alternative 1 gespeichert werden), da zur Aufrechterhaltung der Sortierreihenfolge ein extrem hoher Aufwand für das Verschieben der Datensätze beim Einfügen und Löschen entsteht. Daher werden die Datensätze anfangs sortiert, und jeder Seite wird ein gewisser freier Speicherplatzbereich für zukünftige Einfügungen zugesprochen. Ist dieser freie Platz durch weitere Einfügungen aufgebraucht, werden weitere Einfügungen auf Überlaufseiten ausgelagert. Nach einiger Zeit wird die Datei dann *reorganisiert* (d.h. neu sortiert). Daher ist die Erhaltung geclusterter Indexe insbesondere bei Aktualisierungen relativ teuer.

Eine Datei kann höchstens bezüglich eines Suchschlüssels geclustert sein. Es kann mehrere nicht geclusterte Indexe zu einer Datei geben. Die Kosten einer Indexbenutzung für eine Bereichsanfrage kann entscheidend davon abhängen, ob der Index geclustert ist. Falls der Index geclustert ist, zeigen die Indexeinträge auf eine zusammenhängende Folge von Datensätzen, und es müssen nur einige wenige Seiten gelesen werden. Ist der Index nicht geclustert, kann jeder zutreffende Indexeintrag auf eine andere Seite zeigen, was zu so vielen Seitenzugriffen führen kann, wie es zutreffende Indexeinträge gibt. Bild 3.2 zeigt eine bezüglich des Nichtschlüsselfeldes „Abteilungsnummer" sortierte Angestellten-Datei zusammen mit einem geclusterten Index, der gleichzeitig einen dünnen Sekundärindex darstellt. Der Index enthält für jeden unterschiedlichen Suchschlüsselwert einen Eintrag.

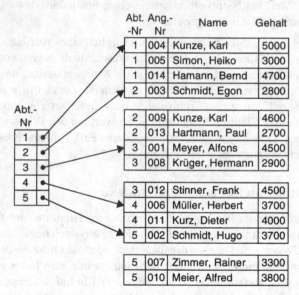

Bild 3.2. Beispiel für einen geclusterten Index

Indexe mit einfachen und zusammengesetzten Suchschlüsseln

Wie bereits erwähnt, kann der Suchschlüssel für einen Index mehrere Felder enthalten. Häufig suchen wir bezüglich einer Kombination von Feldern, z.B. einer Kombination aus Name und Verdienst eines Angestellten. Solche Feldkombinationen werden als *zusammengesetzte Suchschlüssel* (*composite search keys*) bezeichnet, im Gegensatz zu *einfachen Suchschlüsseln*, die aus einem Feld bestehen. Die entsprechenden Indexe werden *einfacher Index* (*non-composite index*) bzw. *zusammengesetzter Index* (*composite index*) genannt. Als Beispiel betrachten wir wieder die nach Angestelltennummern geordnete (und hier eingeschränkte) Menge von Ange-

(Name, Gehalt)		Ang.-Nr	Name	Abt.-Nr	Gehalt		(Gehalt, Name)
Kunze, Karl	4600	001	Meyer, Egon	3	4500	4500	Meyer, Egon
Kunze, Karl	5000	004	Kunze, Karl	1	5000	4500	Stinner, Udo
Meyer, Egon	4500	009	Kunze, Karl	2	4600	4600	Kunze, Karl
Stinner, Udo	4500	012	Stinner, Udo	3	4500	5000	Kunze, Karl

Bild 3.3. Beispiel für einen zusammengesetzten Index

stellten-Datensätzen. Bild 3.3 zeigt die Unterschiede zwischen einem zusammengesetzten Index mit dem Suchschlüssel (Name, Gehalt) und einem zusammengesetzten Index mit dem Suchschlüssel (Gehalt, Name). Bei beiden zusammengesetzten
Indexen wird in erster Priorität nach dem ersten Feld und in zweiter Priorität nach
dem zweiten Feld sortiert.

Eine *Gleichheitsanfrage (equality query)* beschreibt einen Anfragetyp, wo *jedes*
Feld eines zusammengesetzten Suchschlüssels mit einem Gleichheitsprädikat verknüpft ist. So können wir beispielsweise nach allen Einträgen mit Name = „Kunze,
Karl" und Gehalt = 5000 fragen. Solch eine Anfrage wird auch als *Punktanfrage
(point query)* bezeichnet. Eine *Bereichsanfrage (range query)* auf einem zusammengesetzten Index bindet nicht jedes Feld des Suchschlüssels an ein Gleichheitsprädikat. So bedeutet die Anfrage nach Einträgen mit Name = „Kunze, Karl", dass
für das Gehalt-Feld jeder vorhandene Wert akzeptabel ist. Ebenso sind andere Prädikate auf den Feldern des Suchschlüssels erlaubt. Wir können zum Beispiel nach
allen Indexeinträgen mit Name < „Meyer, Alfons" *und* Gehalt > 4700 fragen. Bei
der Unterstützung von Bereichsanfragen werden im Wesentlichen zwei Arten von
Indexstrukturen unterschieden:

☐ *Eindimensionale Indexstrukturen (one-dimensional index structures)*. Auf
   der Menge der Suchschlüsselwerte wird eine lineare Ordnung definiert,
   bezüglich der die Indexeinträge sortiert sind.

☐ *Mehrdimensionale Indexstrukturen (multi-dimensional index structures)*.
   Eine lineare Ordnung kann diesem Indextyp nicht auferlegt werden. Die
   Organisation der Indexeinträge erfolgt häufig anhand *räumlicher Beziehungen (spatial relationships)*. Jeder Wert eines zusammengesetzten Suchschlüssels mit k Feldern wird dabei als ein Punkt im k-dimensionalen Raum aufgefasst, d.h. jeder der k Feldtypen spannt eine Dimension auf.

Beispiele für eindimensionale Indexstrukturen sind Indexstrukturen für Standardda-
ten (siehe Abschnitt 3.2). Typischerweise gibt die Position eines Feldes im
Suchschlüssel seine Priorität beim Sortieren an, d.h. ein Feld an i-ter Position wird
in i-ter Priorität sortiert. Beispielsweise werden die (Name, Gehalt)-Paare in folgen-
der Sortierreihenfolge angeordnet: („Kunze, Karl", 4600), („Kunze, Karl", 5000),
(„Meyer, Alfons", 4500), („Stinner, Frank", 4500). Bereichsanfragen auf dem ersten
Feld (z.B. Name < „Meyer, Alfons") können aufgrund der Nähe zutreffender
Indexeinträge sehr effizient beantwortet werden, während eine Bereichsanfrage auf

dem zweiten Feld (Gehalt > 4550) eine lineare Suche auf dem gesamten Index erfordert.

Beispiele für mehrdimensionale Indexstrukturen sind *geometrische Indexstrukturen* (*spatial index structures*) (siehe Abschnitt 3.3). Eine mehrdimensionale Indexstruktur ist in der Regel wesentlich komplexer als eine eindimensionale Indexstruktur. Einträge werden gemäß ihrer Nähe im zugrundeliegenden k-dimensionalen Raum abgespeichert. Ebenso wie die Einträge („Kunze, Karl", 5000) und („Meyer, Alfons", 4500) können aufgrund ihrer Nähe auch die Einträge („Kunze, Karl", 4600) und („Stinner, Frank", 4500) zusammen abgespeichert werden. Alle Felder im Suchschlüssel werden also mit gleicher Priorität behandelt. Bereichsanfragen wie Name < „Meyer, Alfons" und Gehalt > 4700 können dann sehr effizient ausgewertet werden. Ein Nachteil ist, dass Suchen auf ausschließlich einem Feld bei einer mehrdimensionalen Indexstruktur in den meisten Fällen langsamer sind als bei einer eindimensionalen Indexstruktur, wo dieses Feld das erste im Suchschlüssel ist.

Ein- und mehrstufige Indexe

Die bisher beschriebenen Indexschemata gehen davon aus, dass ein Index aus einer einzigen, geordneten Datei besteht. Man spricht auch von einem *einstufigen Index*. In der Regel wird binäre Suche auf dem Index angewendet, um anhand eines gegebenen Schlüsselwertes einen Datensatz oder Datensätze in der indizierten Datei zu finden. Binäre Suche erfordert für einen Index mit b Seiten $1 + \log_2 b$ Seitenzugriffe, da in jedem Schritt des Algorithmus der Teil des noch zu durchsuchenden Index und somit die Anzahl der nachfolgend noch zu durchsuchenden Seiten um den Faktor 2 reduziert wird. Werden Überlaufseiten verwendet, ist binäre Suche gar nicht erst möglich und eine sequentielle Suche mit b Seitenzugriffen erforderlich. Insgesamt bedeutet dies, dass die Suche im Index kostenintensiv sein kann.

Die Idee eines *mehrstufigen Index* (*multilevel index*) liegt darin, den Teil des noch zu durchsuchenden Index um den Blockungsfaktor r des Index zu reduzieren, wobei Faktor r im Allgemeinen größer als 2 ist. Die Folge ist eine schnellere Reduzierung des Suchraums. Die Suche in einem mehrstufigen Index erfordert $1 + \log_r b$ Seitenzugriffe, was schneller als binäre Suche ist, falls $r > 2$. Ein mehrstufiger Index betrachtet die Indexdatei, deren Einträge auf die indizierte Datei verweisen, als eine sequentielle Datei mit eindeutigen Suchschlüsseln. Sie wird *erste Stufe* oder *Basisstufe* des mehrstufigen Index genannt. Daher können wir für die erste Stufe einen dünnen Primärindex aufbauen. Dieser Index zur ersten Stufe wird als *zweite Stufe* des mehrstufigen Index bezeichnet und enthält für jede Seite der ersten Stufe einen Eintrag. Der Blockungsfaktor der zweiten Stufe ebenso wie aller nachfolgenden Stufen entspricht demjenigen der ersten Stufe, also r, weil alle Indexeinträge die gleiche Struktur und Größe aufweisen. Hat die erste Stufe n_1 Einträge, dann benötigt die erste Stufe $n_2 = \lceil n_1/r \rceil$ Seiten, was gerade die Anzahl der Einträge der zweiten Stufe ausmacht. Diese Vorgehensweise kann natürlich für die zweite Stufe wiederholt werden. Die *dritte Stufe*, die einen Primärindex für die zweite Stufe bildet, hat einen Eintrag für jede Seite der zweiten Stufe und umfasst $n_3 = \lceil n_2/r \rceil$ Seiten. Grund-

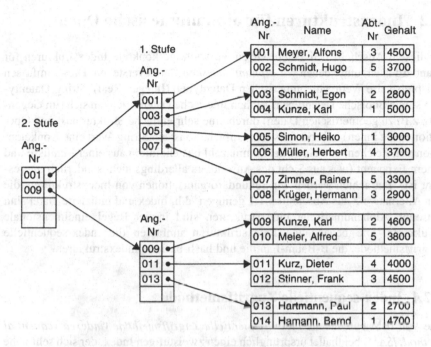

Bild 3.4. Beispiel für einen zweistufigen, dünnen Primärindex

sätzlich ist eine nächst höhere Stufe nur dann notwendig, wenn die aktuelle Stufe mehr als eine Seite beansprucht. Die gerade beschriebene Vorgehensweise kann solange wiederholt werden, bis alle Einträge einer Stufe k in eine Seite passen, d.h. $n_k \leq r$. Jede Stufe reduziert die Anzahl der Einträge der vorhergehenden, d.h. tieferen, Stufe um den Faktor r, so dass wir die Formel $1 \leq n_1/r^k$ benutzen können, um k zu berechnen. Ein mehrstufiger Index mit n_1 Einträgen in der ersten Stufe besitzt ungefähr k Stufen, wobei $k = \lceil \log_r n_1 \rceil$. Dieses mehrstufige Indexschema kann für jeden Indextyp verwendet werden, sei es ein Primär-, Sekundär- oder geclusterten Index. Die einzige Bedingung ist, dass die Suchschlüssel der ersten Stufe voneinander verschieden sind und die Einträge fixe Länge haben. Bild 3.4 zeigt ein Beispiel eines mehrstufigen Index.

Zwar reduziert ein mehrstufiger Index die benötigte Anzahl an Seitenzugriffen bei der Suche nach einem Datensatz anhand eines Suchschlüssels, aber die Probleme des Einfügens und Löschens sind nach wie vor nicht gelöst, da alle Stufen des Index physisch sequentielle Dateien sind. Um die Vorteile des mehrstufigen Index zu erhalten und gleichzeitig auch Einfüge- und Löschprobleme angemessen zu behandeln, kann ein mehrstufiger Index benutzt werden, der die Seiten nicht vollständig mit Einträgen füllt, sondern auf jeder Seite etwas Platz für neue Einträge lässt. Dies führt uns dann zu dynamischen, mehrstufigen Indexen, zu deren bekanntesten Vertretern der B-Baum und der B^+-Baum zählen (siehe Abschnitt 3.2.2).

3.2 Indexstrukturen für alphanumerische Daten

In diesem Abschnitt betrachten wir einige wichtige konkrete Indexstrukturen für
Standarddaten, unter denen wir *alphanumerische* Daten verstehen. Diese umfassen
beispielsweise Werte von numerischen Datentypen (Integer, Real), String-Datentypen sowie Boolsche Datentypen. Alphanumerische Daten zeichnen sich (im Gegensatz z.B. zu geometrischen Daten) durch eine sehr einfache Struktur aus, und Operationen auf ihnen sind ebenfalls sehr einfach. So ist ein String-Wert eine Konkatenation von Zeichen, und eine Fließkommazahl besteht intern aus einer Mantisse und
einem Exponent (was aus Sicht des Anwenders allerdings nicht sonderlich interessant ist). Betrachten werden wir Sekundärorganisationen von Indexstrukturen, die
der Alternative 2 aus Abschnitt 3.1.1 genügen, d.h. Index und indizierte Datei sind
getrennt. Alphanumerische Indexstrukturen sind in der Regel eindimensionale
Strukturen. Die behandelten Indexstrukturen umfassen die index-sequentielle
Zugriffsmethode, die B-Baum-Familie und hash-basierte Indexstrukturen.

3.2.1 Index-sequentielle Zugriffsmethode

Die von IBM entwickelte *index-sequentielle Zugriffsmethode* (*indexed sequential
method, ISAM*) beinhaltet ursprünglich einen zweistufigen Index, der sich sehr nahe
an der Organisation eines Festplattenstapels orientiert. Die zweite Stufe (es wird von
links nach rechts absteigend gezählt) ist ein Zylinderindex, der einen Suchschlüsselwert für jeden ersten Datensatz eines jeden Zylinders des Festplattenstapels enthält
sowie einen Zeiger auf den Spurenindex für jeden Zylinder. Der Spurenindex (erste
Stufe) enthält einen Suchschlüsselwert für jeden ersten Datensatz einer jeden Spur
im Zylinder sowie einen Zeiger auf diese Spur. Die Spur kann dann sequentiell
durchsucht werden, bis der gewünschte Datensatz oder Block gefunden ist.

Abstrahiert man von dieser hardwarenahen Sicht, so handelt es sich bei der index-
sequentiellen Zugriffsmethode um einen mehrstufigen, dünnen Primärindex, wie er
bereits in Bild 3.1(a) und in Bild 3.4 gezeigt wurde. Die Datensätze werden dabei
als sequentielle Datei organisiert, worüber dann ein mehrstufiger, dünner Primärindex aufgebaut wird. Dies eröffnet die Möglichkeit für zwei Zugriffsmethoden. Zum
einen kann der Zugriff auf Daten unter Ausnutzung der sortierten Speicherung, d.h.
der sequentiellen Organisation, erfolgen und zum anderen unter Verwendung des
Index mittels binärer Suche geschehen. Diese Vorgehensweise und die Vorteile wurden bereits in Abschnitt 3.1.3 erläutert. Zu beachten ist, dass diese Struktur (mit
Ausnahme von Überlaufseiten) *statisch* ist, d.h. sie wird zu Beginn einmal angelegt
und (ausgenommen bei Reorganisationen) danach nie wieder geändert.

Aus Datenstruktursicht kann eine index-sequentielle Zugriffsstruktur als eine (im
Idealfall vollständig ausgeglichene) statische Baumstruktur aufgefasst werden
(Bild 3.5). Ein Knoten des Baumes entspricht einer Seite der Indexstruktur; eine
Kante des Baumes von einem Vaterknoten zu einem Sohnknoten entspricht einem
Zeiger des Index von einer Seite der Stufe i zu einer Seite der Stufe $i+1$.[4] Die Schlüs-

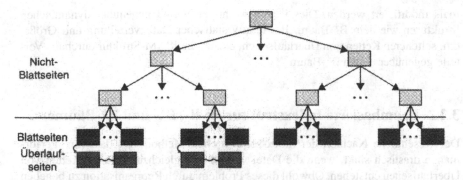

Bild 3.5. Schema einer index-sequentiellen Zugriffsstruktur

selwerte eines Knotens, die den Primärschlüsselwerten einer Indexseite entsprechen, sind aufsteigend sortiert. Die Blattseiten enthalten entweder die Datensätze (Alternative 1 (siehe Abschnitt 3.1.1)) oder aber Indexeinträge auf die Datensätze (Alternative 2), die in einer separaten Datei abgelegt sind. Die Nichtblattseiten beinhalten nur Suchschlüssel, die als *Separatoren* zum schnellen Auffinden der richtigen Blattseite dienen.

Einfüge- und Löschoperationen werden nur in den Blattseiten durchgeführt. Nichtblattseiten bleiben unverändert. Beide Operation setzen das Auffinden der richtigen Blattseite mit Hilfe der Suchoperation voraus. Soll ein Eintrag in eine bereits volle Blattseite eingefügt werden, wird, da wir es mit einer statischen Struktur zu tun haben, eine zusätzliche Seite, *Überlaufseite* genannt, allokiert, die den Eintrag aufnimmt. Bei einer zunehmenden Anzahl von Einfügungen in die gleiche Blattseite können als Folge dieser Strategie lange Ketten von Überlaufseiten entstehen, die die Suchzeit nach einem Datensatz entscheidend verschlechtern können, da auch die Überlaufseiten durchsucht werden müssen. Um dieses Problem zu mindern, wird bei der Erzeugung der statischen Baumstruktur die Seitenauslastung auf ungefähr 80% reduziert. Aber sobald der Baum gefüllt ist, können Überlaufseiten nur durch eine vollständige Reorganisation der Datei vermieden werden.

dass nur Blattseiten modifiziert werden, hat einen wichtigen Vorteil bei nebenläufigem Zugriff zur Folge. Greift eine Transaktion auf eine Seite zu, um diese zu verändern, wird typischerweise eine „exklusive" Sperre auf diese Seite gesetzt um sicherzustellen, dass die Seite nicht gleichzeitig von anderen Transaktionen verändert wird. Das Setzen einer solchen Sperre ist nur dann erlaubt, wenn keine andere Transaktion gerade eine Sperre auf diese Seite gesetzt hat. Sperren kann also zu einer Folge von Transaktionen führen, die allesamt darauf warten, auf eine Seite zugreifen zu dürfen. Dies kann insbesondere bei häufig adressierten Seiten in der Nähe der Wurzel einer Indexstruktur zu bedeutsamen Leistungsengpässen führen. In der ISAM-Struktur kann der Sperrschritt für Indexseiten wegfallen, da diese nie-

---

[4] Wir ändern hier unsere Strategie bezüglich der in Abschnitt 3.1.3 eingeführten Numerierung für die Stufen oder Ebenen eines Index. In einem Baum werden die Ebenen von oben nach unten aufsteigend numeriert.

mals modifiziert werden. Dies ist ein wichtiger Vorteil gegenüber dynamischen Strukturen wie dem B^+-Baum. Bei relativ statischer Datenverteilung und Größe, d.h. selteneren Ketten von Überlaufseiten, besitzt die ISAM-Struktur durchaus Vorteile gegenüber einem B^+-Baum.

3.2.2 Baumbasierte Indexstrukturen: B-, B^+- und B*-Bäume

Der wesentliche Nachteil der index-sequentiellen Methode ist, dass ihre Performance drastisch sinkt, wenn die Datei wächst und gleichzeitig lange Ketten von Überlaufseiten entstehen. Obwohl dieses Problem durch Reorganisation zu beheben ist, sind häufige Reorganisationen nicht wünschenswert. *B-*, *B^+-und B*-Bäume* gehören zu den meist verbreitetsten Indexstrukturen in Datenbanken und stellen dynamische, mehrstufige Indexstrukturen dar, die auch das Einfügen und Löschen von Datensätzen effizient ermöglichen. Diese Baumstrukturen sind *allgemeine Suchbäume* oder *Vielweg-Suchbäume*, d.h. Verallgemeinerungen der binären Suchbäume, deren Knoten mehrere, gemäß einem Sortierkriterium geordnete Suchschlüssel enthalten und einen Ausgangsgrad größer als zwei haben können. Ferner sind sie balanciert, d.h. jeder Pfad von der Wurzel bis zu einem Blatt hat die gleiche Länge. Ein Knoten entspricht einer Seite und eine Kante einem Zeiger auf eine Seite. Weil sie dynamisch wachsen und schrumpfen, ist es nicht möglich, wie bei ISAM-Strukturen die Blattseiten statisch zu allokieren.

Zunächst werden wir nach einer Einführung der Vielweg-Suchbäume den B-Baum sowie Such-, Einfüge- und Löschoperationen auf ihm betrachten. Die Knoten von B-Bäumen haben einen Füllungsgrad von 50% bis 100%. Einträge in einem Index, die wir gemäß der Terminologie in Abschnitt 3.1.1 mit $k* = (k, v)$ bezeichnen, wobei k der eigentliche Suchschlüsselwert und v der zugehörige Wert (Datensatz, DID oder DID-Liste) ist, befinden sich sowohl in den inneren Nichtblattknoten als auch in den Blattknoten einer B-Baum-Struktur. Danach werden wir auf den B^+- und den B*-Baum eingehen. Die Unterschiede beziehen sich weder auf den prinzipiellen Aufbau der Strukturen noch auf die prinzipielle Funktionsweise ihrer Operationen. Vielmehr enthalten in einem B^+-Baum nur die Blattknoten Indexeinträge $k*$. Ein B*-Baum ist ein B^+-Baum, dessen Füllungsgrad pro Knoten mit einem Wert größer 50% festgelegt ist.

Vielweg-Suchbäume

Ein *allgemeiner Suchbaum*, auch *Vielweg-Suchbaum* genannt, ist eine Verallgemeinerung des binären Suchbaums und wie folgt definiert[5]:

❑ Der leere Baum ist ein Vielweg-Suchbaum mit der Suchschlüsselmenge ∅.

---

[5] Wir gehen im Folgenden davon aus, dass die Suchschlüssel wirklich Schlüsseleigenschaft haben, d.h. eindeutig sind. Ansonsten müssen die folgenden Definitionen leicht modifiziert werden.

❑   Seien T_0, ..., T_n Vielweg-Suchbäume mit Suchschlüsselmengen $\overline{T}_0$, ..., $\overline{T}_n$,
    und sei l_1, ..., l_n eine Folge von Suchschlüsseln, für die gilt: $l_1 < l_2 < ... < l_n$.
    Dann ist die Folge

$$T_0\ l_1\ T_1\ l_2\ T_2\ l_3\ ...\ l_n\ T_n$$

ein Vielweg-Suchbaum genau dann, wenn gilt:

(i) $\forall\, x \in \overline{T}_0$: $x < l_1$

(ii) $\forall\, x \in \overline{T}_i$: $l_i < x < l_{i+1}$ für alle $i \in \{1, ..., n{-}1\}$

(iii) $\forall\, x \in \overline{T}_n$: $l_n < x$

Die zugehörige Suchschlüsselmenge ist $\{l_1, ..., l_n\} \cup \bigcup_{0 \le i \le n} \overline{T}_i$.

B-Bäume

Ein *B-Baum (B-tree) der Ordnung m* ist eine spezielle Variante eines Vielweg-Suchbaums mit folgenden, zusätzlichen Eigenschaften:

❑   Jeder Knoten hat die Form

$$T_0\ k_1{}^*\ T_1\ k_2{}^*\ T_2\ k_3{}^*\ ...\ k_n{}^*\ T_n$$

(d.h. in jedem Knoten werden die l_i durch $k_i^* = (k_i, v_i)$ ersetzt).

❑   Für jeden Knoten gilt: $k_1 < k_2 < ... < k_n$.

❑   Jeder Knoten mit Ausnahme der Wurzel besitzt zwischen m und $2m$
    Suchschlüssel (d.h. $m \le n \le 2m$). Die Wurzel kann zwischen 1 und $2m$
    Suchschlüssel enthalten.

❑   Alle Pfade von der Wurzel zu einem Blatt sind gleich lang (d.h. ein B-Baum
    ist balanciert).

❑   Jeder innere Knoten mit n Suchschlüsseln hat genau $n{+}1$ Söhne (d.h. es gibt
    keine leeren Teilbäume).

Bild 3.6 zeigt ein Beispiel eines B-Baums der Ordnung 2.

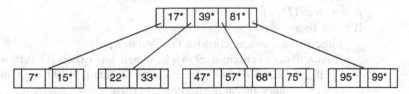

Bild 3.6.   Beispiel eines B-Baums

Wir betrachten nun das Suchen, Einfügen und Löschen von Elementen in einem
B-Baum. Alle diese Operationen halten den balancierten Zustand aufrecht. Das
Suchen nach einem Suchschlüssel x kann als Verallgemeinerung des von binären
Suchbäumen bekannten Verfahrens aufgefasst werden. Es wird durch folgenden

Algorithmus beschrieben und mit *search*(*root*, *x*), wobei *root* die Wurzel des B-Baums ist, aufgerufen. Für die Suche nach *x* in einem Knoten kann binäre Suche verwendet werden.

> **algorithm** *search*($T^* = \langle T_0^*, (k_1, v_1), T_1^*, (k_2, v_2), T_2^*, (k_3, v_3), ..., (k_n, v_n),$
> $T_n^* \rangle, x) : v\_type$
> { Suche nach dem Suchschlüssel *x* und liefere bei Vorhandensein den zugehörigen Wert *v* (unter der Annahme, dass er vom Typ *v_type* ist) zurück. Ansonsten liefere $\perp$ zurück. }
>   **if** $T^* = nil$ **then return** $\perp$
>   **elsif** $\exists\, i \in \{1, ..., n\}: x = k_i$ **then return** v_i
>   **elsif** $\exists\, i \in \{1, ..., n\}: i = min\{j \in \{1, ..., n\} \mid x < k_j\}$ **then** *search*(T_{i-1}^*, x)
>   **else** { $x > k_n$ } *search*(T_n^*, x)
>   **fi**
> **end** *search*.

Die Algorithmen für das Einfügen (Aufruf *insert*(*root*, *x*)) und Löschen (Aufruf *delete*(*root*, *x*)) eines Elementes *x* in einem B-Baum mit Wurzel *root* können zeitweilig die Struktureigenschaften des B-Baumes verletzen. Einerseits können beim Einfügen Knoten mit $2m+1$ Suchschlüsseln (*Überlauf* (*overflow*), der Knoten ist überfüllt) oder mit $m-1$ Suchschlüsseln (*Unterlauf* (*underflow*), der Knoten ist unterfüllt) entstehen. Geeignete Überlauf- und Unterlaufbehandlungen stellen dann die Struktureigenschaften des B-Baums wieder her. Im Folgenden bezeichnen wir die beiden links und rechts direkt benachbarten Brüder eines Knotens *p* als *Nachbarn*.

> **algorithm** *insert*(T^*, x)
> { Füge Suchschlüssel *x* in den B-Baum ein. }
>   **if** T^* ist leer **then**
>   Erzeuge Wurzelknoten;
>   Füge *x* in den Wurzelknoten ein
>   **else**
>   { Suche nach *x* in T^*. Hierzu wird eine leicht modifizierte Variante des obigen Algorithmus benutzt, die $\perp$ liefert, falls *x* gefunden wird, und ansonsten das Blatt angibt, in dem die Suche endet. }
> $p := search'(T^*, x)$;
>   **if** $p \neq \perp$ **then**
>   Füge *x* an der entsprechenden Position in *p* ein;
>   **if** Anzahl der Suchschlüssel in *p* ist gleich $2m+1$ **then** {Overflow}
>   **if** *p* hat einen (linken oder ansonsten rechten) Nachbarn *p'* mit
>   weniger als $2m$ Suchschlüsseln **then** *redistribute*(*p*, *p'*)
>   **else** *split*(*p*)
>   **fi**
>   **fi**
>   **fi**
>   **fi**
> **end** *insert*.

algorithm *delete*(T^*, x)
{ Lösche Suchschlüssel x aus dem B-Baum. }
if T^* ist leer **then return**
else
    { Suche nach x in T^*. Hierzu wird eine weitere leicht modifizierte
    Variante des obigen Algorithmus benutzt, die den Knoten angibt, in
    dem die Suche endet, falls x gefunden wird, und ansonsten $\perp$ liefert. }
    $p := search''(T^*, x)$;
    if $p \neq \perp$ **then**
        if p ist kein Blattknoten **then**
            $(x', q) := inorder\text{-}succ(x)$; { Suche Nachfolger x' von x und das
            Blatt q von x'. }
            vertausche x mit x'; { x befindet sich nun in q und x' in p. }
            $p := q$; { p zeigt nun auch auf den Blattknoten q. }
        fi;
        Lösche x aus p;
        if p ist nicht Wurzelknoten **then**
            if Anzahl der Suchschlüssel in p ist gleich $m-1$ **then** *under-flow*(p) **fi**
        fi
    fi
  fi
end *delete*.

Zu erläutern sind nun noch die drei Operationen *redistribute* und *split* zur Behebung eines *Überlaufs* sowie *underflow* zur Behebung eines *Unterlaufs* in einem Knoten des B-Baumes. Deren Algorithmen werden wir teilweise durch graphische Illustrationen beschreiben, um durchgeführte Baumtransformationen besser darstellen zu können.

Die Operation *redistribute* vermeidet die Teilung eines Knotens p durch Ausgleich mit einem Nachbarn p', der weniger als $2m$ Suchschlüssel hat. Hierzu ersetzt je nach Situation das größte bzw. kleinste Element von p ein Element im Vaterknoten, welches selbst nach p' bewegt wird.

algorithm *redistribute*(p, p')
  { Abgabe eines Suchschlüssels von Knoten p an einen ausgewählten Nachbarknoten p'. }

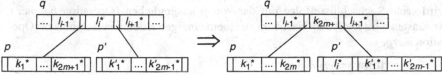

Bild 3.7. Umverteilen der Schlüssel zweier benachbarter Knoten in einem B-Baum

end *redistribute*.

Die Operation *split(p)* teilt einen Knoten *p* mit $2m+1$ Suchschlüsseln am mittleren
Schlüssel $k_{m+1}*$, so dass zwei Knoten mit den Suchschlüsselfolgen $k_1* \ldots k_m*$ und
$k_{m+2}* \ldots k_{2m+1}*$ entstehen, die jeweils *m* Suchschlüssel enthalten. Schlüssel $k_{m+1}*$
wandert nach oben entweder in den Vaterknoten oder in einen neu zu erzeugenden
Wurzelknoten. Dadurch kann der Vaterknoten überlaufen, und die Operation wird
rekursiv weitergeführt. Die Behandlung eines Überlaufs kann sich also von einem
Blatt bis zur Wurzel fortpflanzen und die Höhe des Baumes um eins erhöhen.

> **algorithm** *split(p)*
> { Beseitige Überlaufsituation in Knoten *p* durch Teilen von *p*. }
>   **Fall 1:** *p* hat einen Vater *q*

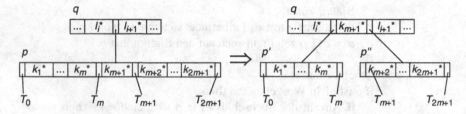

Bild 3.8. Beseitigen einer Überlaufsituation in einem Nichtwurzelknoten eines B-Baums

> **if** *q* hat $2m+1$ Suchschlüssel **then** *split(q)* **fi**

> **Fall 2:** *p* ist die Wurzel

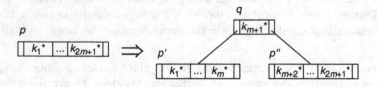

Bild 3.9. Beseitigen einer Überlaufsituation in einem Wurzelknoten eines B-Baums

> **end** *split*.

Zur Behandlung eines Unterlaufs in einem Knoten *p* werden die Nachbarn von *p*
betrachtet. Wenn einer der Nachbarn genügend (d.h. mehr als *m*) Suchschlüssel hat,
wird seine Suchschlüsselfolge mit der von *p* ausgeglichen (Operation *balance*).
Ansonsten wird *p* mit dem Nachbarn zu einem einzigen Knoten verschmolzen (Operation *merge*).

> **algorithm** *underflow(p)*
> { Beseitige Unterlaufsituation im Knoten *p*. }
>   **if** *p* hat einen (linken oder ansonsten rechten) Nachbarn *p'* mit $n > m$
>   Schlüsseln **then**

> *balance*(*p, p'*)
>
> **else**
>
> { Da *p* nicht die Wurzel sein kann, müssen alle Nachbarn von *p* genau *m* Suchschlüssel haben. Die Operation *neighbor* gibt den linken Nachbarn von *p* zurück, falls dieser existiert, ansonsten den rechten Nachbarn. }
>
> *p'* = *neighbor*(*p*);
>
> *merge*(*p, p'*)
>
> **fi**

end *underflow.*

Die Operationen *balance* und *merge* lassen sich wie folgt graphisch darstellen:

algorithm *balance*(*p, p'*)
{ Balanciere Knoten *p* mit dem ausgewählten Nachbarknoten *p'*. }

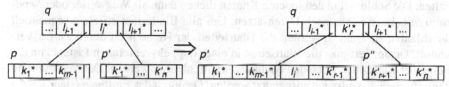

Bild 3.10. Ausbalancieren zweier benachbarter Knoten in einem B-Baum

wobei $k'_r{}^*$ der mittlere Schlüssel der gesamten Schlüsselfolge beider benachbarten Knoten ist, d.h. $r = \lceil (m+n)/2 \rceil - m.$

end *balance.*

algorithm *merge*(*p, p'*)
{ Verschmelze Knoten *p* mit dem ausgewählten Nachbarknoten *p'*. }

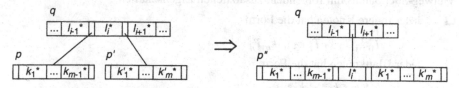

Bild 3.11. Verschmelzen zweier benachbarter Knoten in einem B-Baum

if *q* ist nicht der Wurzelknoten und hat *m* − 1 Schlüssel **then** *underflow*(*q*)
elsif *q* ist der Wurzelknoten und hat keinen Schlüssel mehr **then**
> Lösche den Wurzelknoten;
>
> Mache *p''* zum neuen Wurzelknoten *root* des Baumes
fi
end *merge.*

Bei wiederholt erforderlichen *merge*-Operationen kann sich also auch eine Löschoperation bis zur Wurzel fortpflanzen und die Höhe des Baums um eins vermindern.

Die Kosten für eine Such-, Einfüge- oder Löschoperation sind proportional zur Höhe des B-Baumes und benötigen $O(\log_{(m+1)} n)$ Zeit und $O(n)$ Speicherplatz. Aus der Definition ergibt sich eine minimale Speicherplatzausnutzung (mit Ausnahme der Wurzel) von garantiert besser als 50%. Analysen und Simulationen haben gezeigt, dass nach Durchführung von zahlreichen zufälligen Einfügungen und Löschungen in einem B-Baum (und ebenso in einem B^+-Baum) die Knoten zu ungefähr 69% gefüllt sind, wenn sich die Anzahl der Werte im Baum stabilisiert.

B^+-Bäume

B^+-Bäume (B^+-trees) stellen insofern eine „hohle" Modifikation von B-Bäumen dar, dass die Indexeinträge $k*$ (d.h. Suchschlüssel plus Datensatz oder DID) ausschließlich in den Blattknoten enthalten sind und dass die Nichtblattknoten, also die inneren Knoten, nur Suchschlüssel k und Verweise auf die Wurzeln von Teilbäumen enthalten. Die Schlüssel in den inneren Knoten dienen dann als Wegweiser oder *Separatoren* bei der Suche nach Datensätzen. Um alle Blattseiten effizient sequentiell durchlaufen zu können, werden die Blattseiten der Reihe nach durch Zeiger verknüpft. Organisiert man die Blattseiten in einer doppelt-verketteten Liste, kann die Folge der Blattseiten in beiden Richtungen durchlaufen werden. Die Verknüpfung kann für Bereichsanfragen ausgenutzt werden. Da durch das Einfügen (siehe unten) im B^+-Baum Duplikate vorkommen können, muss für eine Definition dieser Baumstruktur zunächst die Definition des Vielweg-Suchbaums in zweierlei Hinsicht angepasst werden:

(ii)' $\forall\, x \in \overline{T}_i$: $l_i \leq x < l_{i+1}$ für alle $i \in \{1, ..., n-1\}$

(iii)' $\forall\, x \in \overline{T}_n$: $l_n \leq x$

Ein B^+-Baum (B^+-tree) *der Ordnung m* ist eine spezielle Variante des modifizierten Vielweg-Suchbaums mit folgenden, zusätzlichen Eigenschaften:

❑   Jeder innere Knoten hat die Form

$$T_0\, k_1\, T_1\, k_2\, T_2\, k_3 ... k_n\, T_n$$

❑   Jeder Blattknoten hat die Form

$$k_1*\, k_2*\, k_3* ... k_n*$$

❑   Für jeden Knoten gilt: $k_1 < k_2 < ... < k_n$.

❑   Jeder Knoten mit Ausnahme der Wurzel besitzt zwischen m und $2m$ Suchschlüssel (d.h. $m \leq n \leq 2m$). Die Wurzel kann zwischen 1 und $2m$ Suchschlüssel enthalten.

❑   Alle Pfade von der Wurzel zu einem Blatt sind gleich lang.

❑   Jeder innere Knoten mit n Suchschlüsseln hat genau $n+1$ Söhne.

❑   Benachbarte Blattknoten sind doppelt miteinander verkettet.

Bild 3.12 zeigt ein Beispiel eines B^+-Baums der Ordnung 2.

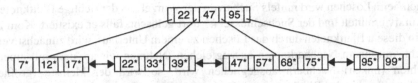

Bild 3.12. Beispiel eines B$^+$-Baums

Die Algorithmen für das Suchen, das Einfügen und das Löschen in einem B$^+$-Baum sind ähnlich denjenigen in einem B-Baum. Wir werden die Unterschiede kurz umgangssprachlich beschreiben. Bei jeder dieser drei Operationen wird der Baum von der Wurzel bis zu einem Blatt durchlaufen. Bei Gleichheit des Suchschlüssels mit einem Separatorschlüssel in einem inneren Knoten des Baumes ist im Unterschied zum B-Baum der Weg zu einem Blatt weiterzuverfolgen. Bei der Suche wird der Suchschlüssel in einem Blattknoten gefunden, falls er existiert. Beim Einfügen wird mittels Suche von der Wurzel aus der richtige Blattknoten rekursiv ermittelt und der Suchschlüssel $k*$ dort eingefügt, falls dort weniger als $2m$ Schlüssel vorhanden sind. Ist der Knoten aber bereits vollständig gefüllt und auch kein Ausgleich mit benachbarten Knoten möglich, so sind zwei Situationen beim Teilen des Knotens zu unterscheiden. Die erste Situation betrifft die Teilung eines Blattknotens. Da das Mittelelement $k_{m+1}*$ (Bild 3.13) nicht zum Vaterknoten verschoben werden kann – alle Indexeinträge $k*$ müssen sich in einem Blattknoten befinden –, wird nur k_{m+1} in den Vaterknoten *kopiert*.

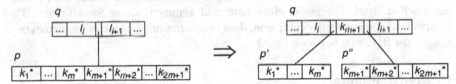

Bild 3.13. Beseitigen einer Überlaufsituation in einem Blattknoten eines B$^+$-Baums

Die zweite Situation bezieht sich auf die Teilung eines übergelaufenen inneren Knotens. In diesem Falle wird das Mittelelement k_{m+1} (Bild 3.14) in den Vaterknoten *verschoben*.

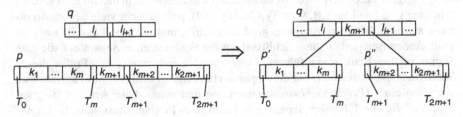

Bild 3.14. Beseitigen einer Überlaufsituation in einem Nichtwurzelknoten eines B$^+$-Baums

Auch beim Löschen wird mittels Suche von der Wurzel aus der richtige Blattknoten rekursiv ermittelt und der Suchschlüssel $k*$ dort gelöscht, falls er existiert. Kommt es in diesem Blattknoten durch das Löschen zu einem Unterlauf, wird zunächst versucht, mit einem Nachbarknoten auszugleichen. Nehmen wir an, dass mit einem rechten (linken) Nachbarn ausgeglichen wird, so wird der kleinste (größte) Suchschlüssel in den Blattknoten mit Unterlauf bewegt. Der gemeinsame Vaterknoten erhält als Separator eine Kopie des kleinsten (größten) Suchschlüssels des rechten (linken) Nachbarn. Das Verschmelzen von Blattknoten sowie das Ausbalancieren und Verschmelzen von Nichtblattknoten erfolgt ähnlich wie beim B-Baum. In allen Fällen wird ein in den inneren Knoten auftretendes Duplikat des zu löschenden Suchschlüssels bei der Rückkehr aus der Rekursion ebenfalls entfernt.

Weil Einträge in den inneren Knoten eines B^+-Baums Suchschlüsselwerte und Zeiger auf Teilbäume aber keine Zeiger auf die eigentlichen Daten enthalten, können mehr Einträge in einen inneren Knoten eines B^+-Baums als in einen entsprechenden B-Baum gepackt werden. Für die gleiche Seitengröße wird die Ordnung m daher für einen B^+-Baum größer sein als diejenige für einen B-Baum. Dies kann zu einer geringeren Höhe des B^+-Baums führen, was die Suchzeit verbessert. Andererseits erscheinen Suchschlüsselwerte im B-Baum nur einmal; im B^+-Baum kann ein Suchschlüsselwert zweimal auftreten. Im B^+-Baum führen Such-, Einfüge- und Löschoperationen zuerst immer zu einem Blattknoten; in einem B-Baum kann häufig schon ein Nichtblattknoten Ort der Handlung sein. Allgemein gesehen ist natürlich die Suchzeit bei beiden Strukturen proportional zum Logarithmus der Anzahl der Suchschlüssel. Die etwas einfachere und symmetrischere Struktur des B^+-Baums mag verantwortlich dafür sein, dass in den meisten Datenbankimplementierungen der B^+-Baum bevorzugt wird.

Präfix-B^+-Bäume

Die Höhe eines B^+-Baums hängt ab von der Anzahl der Indexeinträge in den Blattknoten und der Größe der Separatoreinträge in den inneren Knoten. Die Größe der Separatoreinträge bestimmt deren Anzahl auf einer Seite (in einem Knoten) und somit den Ausgangsgrad des Baumes. Um die Höhe des Baumes zu minimieren, ist es wichtig, dass möglichst viele Separatoren auf eine Seite passen und somit der Ausgangsgrad maximiert wird. Wenn die Suchschlüsselwerte in den inneren Knoten sehr lang sind (weil sie z.B. vom Typ String sind), passen nicht viele Separatoreinträge auf eine Seite; der Ausgangsgrad ist niedrig, und die Höhe des Baumes ist groß. Andererseits haben diese Schlüssel nur die Funktion eines Separators, die eine Suche zu den Blattknoten führen. Daher wird meist bereits ein Präfix dieses Suchschlüssels ausreichen, um die Separatorfunktion zu erfüllen. Man spricht hier auch von einer (*Präfix-*)*Schlüsselkompression* und nennt diese Art von Bäumen *Präfix-B^+-Bäume*. Für jeden Separator in Form eines Präfixes muss dann die Eigenschaft gelten, dass er größer als der größte Separator bzw. Suchschlüsselwert in seinem linken Teilbaum und kleiner oder gleich dem kleinsten Separator bzw. Suchschlüsselwert in seinem rechten Teilbaum ist. Die Auswirkungen der Schlüsselkompression auf Such-, Einfüge- und Löschoperationen werden wir hier nicht diskutieren.

B*-Bäume

Wie wir gesehen haben, unterliegen B- und B^+-Bäume der Bedingung, dass der Füllungsgrad eines jeden Knotens zwischen 50% und 100% liegt. Diese Forderung kann z.B. dahingehend geändert werden, dass dem Benutzer ermöglicht wird, selbst einen minimalen Füllungsgrad (z.B. 70%) anzugeben, der dann für jeden Knoten gelten muss. In diesem Falle spricht man von *B*-Bäumen* (*B*-trees*). Zusätzlich kann dem Benutzer für einen B^+-Baum erlaubt werden, zwei Füllungsgrade anzugeben, wobei sich einer auf die Blattknoten und der andere auf die inneren Knoten des Baumes bezieht.

3.2.3 Hash-basierte Indexstrukturen

In diesem Abschnitt betrachten wir Indexstrukturen, die sehr gut für Suchen mit Gleichheitsbedingung geeignet sind[6]. Als einen gewissen Nachteil der in Abschnitt 3.2.2 beschriebenen baumbasierten Indexstrukturen kann man ansehen, dass man bei jedem Zugriff einen bestimmten Pfad durchlaufen muss. Durch das im Folgenden vorgestellte *Schlüsseltransformations-* oder *Hash-Verfahren* wird dies vermieden. Die grundlegende Idee besteht in der Verwendung einer *Hash-Funktion*, die den Wert eines *Suchschlüssels* in einen Bereich von *Behälternummern* abbildet, um diejenige Seite aufzufinden, die den zugehörigen Indexeintrag (d.h. Datensatz oder DID) enthält. In Abschnitt 2.7.4 sind wir im Zusammenhang mit Hash-Dateien bereits kurz darauf eingegangen. Wir führen zunächst ein einfaches Schema ein, das *statisches Hashing* genannt wird. Ein Problem dieses Schemas sind lange Ketten von Überlaufseiten, die die Performance negativ beeinflussen können. Drei Lösungen werden für dieses Problem vorgestellt. Das Schema des *dynamischen Hashings* erlaubt eine flexible Anpassung der Anzahl der Überlaufseiten an den jeweiligen Speicherplatzbedarf. Das Schema des *erweiterbaren Hashings* benutzt eine *Verzeichnisstruktur*, um Einfügen und Löschen effizient ohne irgendwelche Überlaufseiten zu unterstützen. Das Schema des *linearen Hashings* verwendet eine intelligente Strategie, um neue *Behälter* zu erzeugen. Einfügen und Löschen werden effizient ohne Einsatz einer Verzeichnisstruktur unterstützt. Trotz des Gebrauchs von Überlaufseiten ist die Anzahl der benötigten Seitenzugriffe selten größer als 2.

Hash-basierte Indexstrukturen haben unglücklicherweise den Nachteil, dass sie Bereichssuchen nicht unterstützen. Da baumbasierte Indexstrukturen (wie z.B. der B-Baum) auch bei Suchen mit Gleichheitsbedingung fast so gut sind wie hash-

---

[6] Wir beschreiben im Folgenden ausschließlich *externes* Hashing. *Internes* Hashing ist eine populäre Methode, um im Hauptspeicher einen Datentyp zu realisieren, der als *Dictionary* bekannt ist und der das effiziente Einfügen und Löschen von Elementen zusammen mit einem Test auf Enthaltensein anbietet.

basiertes Indizieren, unterstützen kommerzielle Datenbanksysteme meist nur baumbasierte Indexe. Dennoch erweisen sich hash-basierte Techniken bei der Implementierung relationaler Operationen (wie z.B. Joins) als sehr nützlich, wie wir später
sehen werden.

Statisches Hashing

Bild 3.15 zeigt das grundlegende Schema des *statischen Hashings* (*static hashing*).
Grundlegende Idee des Hashings ist es, Datensätze einer Datei gemäß dem Wert
eines *Suchschlüssels* (*search key*) in eine Anzahl von *Behältern* (*buckets*) zu verteilen. Für jede auf diese Weise organisierte Datei gibt es eine zugehörige *Hash-Funk-
tion* (*hash function*) $h: K \rightarrow [0, N-1]$ mit $N \in \mathbb{N}$, die einen Schlüsselwert k einer
Menge K von Suchschlüsseln auf einen *Hash-Wert* $h(k)$ aus dem Wertebereich 0 bis
$N-1$ abbildet, der beim statischen Hashing eine *Behälternummer* (*bucket number*)
repräsentiert. Normalerweise ist h nicht injektiv, d.h. aus $h(a) = h(b)$ folgt nicht notwendigerweise $a = b$, so dass mehrere verschiedene Suchschlüssel auf die gleiche
Behälternummer abgebildet werden können (*Kollision*).

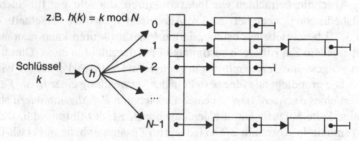

Bild 3.15. Struktur des statischen Hashings

Jedem Behälter sind eine oder wenige Seiten zugeordnet, die als Haufen organisiert
sind. Diese Seiten enthalten Indexeinträge gemäß der in Abschnitt 3.1.1 diskutierten
drei Alternativen. Zur Verwaltung der Behälter dient ein *Behälterverzeichnis* (*buk-
ket directory*), das aus einem mit 0 bis N-1 indizierten Array von Zeigern besteht.
Der Eintrag für Index i im Behälterverzeichnis zeigt auf die erste Seite für Behälter
i. Alle Seiten für Behälter i sind in einer einfach verketteten Liste verbunden, wobei
ein Nullzeiger auf der letzten Seite die Liste abschließt. N sollte hinreichend klein
gewählt werden, so dass das Behälterverzeichnis in den Hauptspeicher passt.

Um einen Datensatz zu suchen, wird die Hash-Funktion h angewendet, die den
zugehörigen Behälter identifiziert. Danach wird im gefundenen Behälter gesucht.
Beim Einfügen wird ein neuer Indexeintrag gemäß der Hash-Funktion im entsprechenden Behälter abgespeichert. Gewöhnlich ist nur auf der letzten Seite Platz, so
dass alle Seiten bis dorthin durchlaufen werden müssen. Ein Seitendurchlauf ist insbesondere auch dann erforderlich, wenn Duplikate ausgeschlossen sind. Sind Duplikate erlaubt, kann man sich dies sparen, wenn das Behälterverzeichnis für jeden
Behälter auch einen Zeiger auf die letzte Seite enthält oder falls stets vorne in der

ersten Seite des Behälters eingefügt wird. Falls auf der letzten (oder ersten) Seite kein Platz mehr ist, wird dem Behälter eine *Überlaufseite* hinzugefügt, und der neue Indexeintrag wird dort plaziert. Um einen Indexeintrag zu löschen, benutzen wir wieder die Hash-Funktion zur Identifizierung des richtigen Behälters, lokalisieren den Indexeintrag, indem wir den Behälter durchsuchen, und entfernen ihn. Ist der Indexeintrag fixiert, setzen wir eine Löschmarkierung. Ansonsten haben wir die Wahlfreiheit, die Blöcke des Behälters zu kompaktifizieren. Ist der Indexeintrag der letzte auf einer Seite, wird die Seite gelöscht.

Zur Beurteilung der Effizienz des statischen Hashings ist wichtig, dass eine gehashte Datei mit N Behältern sich annähernd so verhält wie eine Haufendatei, die $1/N$-tel mal so lang ist. Alle Operationen können also um fast jeden Faktor N beschleunigt werden. Einschränkungen folgen aus der Forderung, dass jedem Behälter mindestens eine Seite zugeordnet sein soll, was mindestens einen Zugriff pro Suche bedeutet, und dass bei zu großer Wahl von N das Behälterverzeichnis in Blöcken des Externspeichers gehalten werden muss, was einen zusätzlichen Zugriff mit sich bringt. Sei n die Anzahl der Indexeinträge der Datei, und sei r die Anzahl der Indexeinträge pro Seite. Setzen wir eine Hash-Datei mit N Behältern ein, deren Verzeichnis sich vollständig im Hauptspeicher befindet, so erhalten wir im Durchschnitt:

- $\lceil n/2rN \rceil$ Zugriffe für eine erfolgreiche Suche.

- $\lceil n/rN \rceil + 1$ Zugriffe (oder einen Zugriff je nach Realisierung) für ein erfolgreiches Einfügen mit Zurückschreiben der Seite.

- $\lceil n/2rN \rceil + 1$ Zugriffe für das Löschen eines existierenden Indexeintrags oder das Ändern eines existierenden Indexeintrags sowie das Zurückschreiben der Seite.

- $\lceil n/rN \rceil$ Zugriffe für eine erfolglose Suche oder das Überprüfen, das ein Indexeintrag nicht in der Datei vorhanden ist. (Dies kann während des Löschens eines nichtexistierenden Indexeintrags oder bei der Überprüfung seiner Existenz vor einem Einfügen passieren.)

Ein weiterer Zugriff ist notwendig, wenn sich das Behälterverzeichnis nicht im Hauptspeicher befindet. Hauptnachteil des statischen Hashings ist, dass die Anzahl der Behälter und die Hash-Funktion fest vorgegeben und schwerlich veränderbar sind. Schrumpft eine solche Datei, wird sehr viel Speicherplatz verschwendet. Wächst eine solche Datei, entstehen lange Ketten von Überlaufseiten, die häufig alle durchsucht werden müssen. Zudem erzwingen die sich stetig verschlechternden Zugriffszeiten auf Dauer eine Reorganisation in dem Sinne, dass ein größerer Wert für N und eine neue Hash-Funktion gewählt werden müssen, somit ein größerer Hash-Bereich vorgesehen wird und alle Indexeinträge durch vollständiges *Rehashing* auf die neuen Behälter zu verteilen sind. Dies ist natürlich mit einem enormen Zeitbedarf verbunden und in DBMS nicht praktikabel. Außerdem ist während der Reorganisationsphase kein Zugriff auf die Datei erlaubt.

Benötigt wird daher ein *dynamisches* Hash-Verfahren, das

❑   ein Wachsen und Schrumpfen des Hash-Bereichs erlaubt,

❑   Überlaufbereiche und damit verbunden Reorganisationen mit vollständigem
     Rehashing vermeidet,

❑   eine hohe Speicherplatzauslastung unabhängig von der Größe der Schlüssel-
     menge sicherstellt,

❑   für das Auffinden eines Indexeintrages mit gegebenem Suchschlüssel nicht
     mehr als zwei Seitenzugriffe erfordert (*Zwei-Seiten-Zugriffs-Prinzip*; *two-
     disc-access principle*).

Verschiedene dynamische Hashing-Schemata sind hierzu vorgeschlagen worden.
Die ersten beiden Schemata des dynamischen und erweiterbaren Hashings speichern zusätzlich zur eigentlichen Datei eine Verzeichnisstruktur ab und ähneln
somit dem Indizieren. Der wesentliche Unterschied ist aber, dass die Verzeichnisstruktur hier auf Werten beruht, die sich aus der Anwendung der Hash-Funktion auf
den Suchschlüsselwert ergeben, während die Verzeichnisstruktur beim Indizieren
auf dem Wert des Suchschlüssels selbst beruht. Das dritte Hashing-Schema, das
lineare Hashing, erfordert keine zusätzlichen Zugriffspfade.

Alle drei Hashing-Schemata basieren darauf, dass das Ergebnis der Anwendung der
Hash-Funktion auf einen Suchschlüsselwert eine Zahl zwischen 0 und $N-1$ ist, die
als eine b Bit große binäre Zahl dargestellt werden kann. Ein typischer Wert für b ist
zum Beispiel 32. Die Verzeichnisstruktur baut auf dieser Binärrepresentation eines
Hash-Wertes auf. Die Verteilung der Indexeinträge auf die Behälter erfolgt anhand
der führenden Bits (Hash-Präfix) oder abschließenden Bits (Hash-Suffix) der Binärrepräsentation.

Dynamisches Hashing

Beim *dynamischen Hashing* (*dynamic hashing*) ist die Anzahl der Behälter nicht
fest vorgegeben, sondern kann nach Bedarf wachsen oder schrumpfen. Die Datei
enthält zunächst nur einen Behälter. Sobald dieser gefüllt und ein neuer Indexeintrag
einzufügen ist, kommt es zu einem Überlauf des Behälters, und der Behälter wird in
zwei Behälter gespalten. Die Indexeinträge werden zwischen beiden Behältern
gemäß dem Wert des ersten Bits ihrer Hash-Werte verteilt, d.h. alle Indexeinträge,
deren Hash-Werte mit 0 beginnen, kommen in den einen Behälter, und diejenigen,
deren Werte mit 1 beginnen, kommen in den anderen Behälter. Eine binäre Baumstruktur, die *Digitalbaum* genannt wird, übernimmt die Funktion des Verzeichnisses. Sie enthält zwei Arten von Knoten. Zum einen sind dies interne Knoten, die eine
Art Separatorfunktion innehaben und die Suche leiten. Hierbei entspricht jeder linke
bzw. rechte Sohn einem 0- bzw. 1-Bit. Zum anderen enthält der Baum Blattknoten,
die jeweils einen Zeiger auf einen Behälter, d.h. seine Adresse, beinhalten. Bild 3.16
illustriert das Schema des dynamischen Hashings.

Die Suche gestaltet sich einfach. Zunächst wird zu einem gesuchten Datensatz der
Hash-Wert ermittelt. Die Suche beginnt bei der Wurzel des Verzeichnisses. Solange

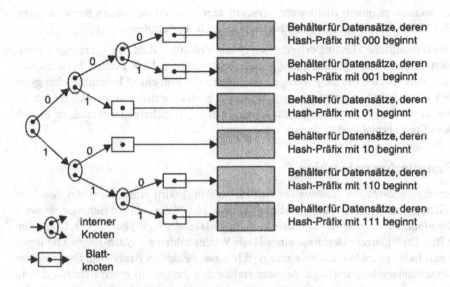

Behälter für Datensätze, deren Hash-Präfix mit 000 beginnt

Behälter für Datensätze, deren Hash-Präfix mit 001 beginnt

Behälter für Datensätze, deren Hash-Präfix mit 01 beginnt

Behälter für Datensätze, deren Hash-Präfix mit 10 beginnt

Behälter für Datensätze, deren Hash-Präfix mit 110 beginnt

Behälter für Datensätze, deren Hash-Präfix mit 111 beginnt

interner Knoten

Blatt-knoten

Bild 3.16. Struktur des dynamischen Hashings

ein innerer Knoten betrachtet wird, führt der Suchpfad im Baum zu einem linken Sohn, falls das nächste Bit der Binärrepräsentation des Hash-Werts eine 0 ist, und ansonsten nach rechts. Die Suche endet in einem Blattknoten, wo die Adresse des richtigen Behälters gefunden werden kann. Je nach Größe des Verzeichnisses wird dieses im Hauptspeicher oder auf Externspeicher gehalten. Die Verzeichniseinträge sind sehr kompakt. Alle Knoten enthalten ein Flag, das die Art des Knotens angibt. Jeder interne Knoten enthält zudem die Adressen der linken und rechten Söhne und häufig auch diejenige des Vaterknotens. Blattknoten enthalten eine Behälteradresse.

Läuft ein Behälter über, wird dieser in zwei unterteilt, und die Indexeinträge werden gemäß des nächsten relevanten Bits in der Binärrepräsentation des Hash-Werts neu verteilt. Falls beispielsweise ein neuer Datensatz in den Behälter für Datensätze einzufügen ist, deren Hash-Werte mit 10 beginnen (in Bild 3.16 ist dies der vierte Behälter), und hierdurch ein Überlauf ausgelöst wird, wird dieser Behälter in zwei Behälter geteilt, und alle Datensätze mit anfänglichem Hashwert 100 werden dem ersten Behälter und alle Datensätze mit anfänglichem Hashwert 101 werden dem zweiten Behälter zugeordnet. Im Verzeichnisbaum zeigt sich die Teilung dadurch, dass ein neuer interner Knoten entstanden ist, von dem aus zwei Blattknoten ausgehen, die auf die beiden Behälter zeigen. Der Verzeichnisbaum kann also dynamisch wachsen. Falls die Hash-Funktion die Indexeinträge gleichmäßig verteilt, wird der Verzeichnisbaum balanciert sein. Die Baumstruktur selbst, d.h. der Digitalbaum, kann hierfür allerdings nicht sorgen. Behälter können zusammengefasst werden, falls ein Behälter durch Löschoperationen geleert wird oder falls die Summe der Datensatzrepräsentationen zweier benachbarter Behälter in einen einzigen Behälter passt. Dann verliert das Verzeichnis einen internen Knoten, und die beiden Blattknoten werden zu einem Blattknoten verschmolzen, der auf den neuen Behälter zeigt. Der Verzeichnisbaum kann also auch dynamisch schrumpfen.

Das dynamische Hashing erfordert unter der Prämisse, dass das Verzeichnis komplett in den Hauptspeicher passt, einen Seitenzugriff, da es keine Überlaufseiten gibt. Ansonsten muss die jeweilige Verzeichnisseite von einem Externspeicher geladen werden, und es sind dann insgesamt zwei Seitenzugriffe erforderlich. Ferner ist das Verfahren im Vergleich zu statischem Hashing speicherplatzsparend, da es sich dem Speicherplatzbedarf dynamisch anpasst.

Erweiterbares Hashing

Beim *erweiterbaren Hashing* (*extendible hashing*) wird eine andere Art von Verzeichnisstruktur verwendet, nämlich ein Array mit 2^d Zeigern auf Behälter, wobei d die *globale Tiefe* des Verzeichnisses angibt und $0 \leq d \leq b$ gilt (Bild 3.17). Die ersten d Bits der Binärrepräsentation eines Hash-Wertes bilden ein *Hash-Präfix* und legen einen Index eines Verzeichniseintrags, d.h. eines Feldes im Array, fest. Die in einem Verzeichniseintrag abgelegte Adresse stellt einen Zeiger auf einen Behälter dar, in dem die entsprechenden Datensätze gespeichert sind. Jedoch wird nicht für jedes der 2^d Verzeichnisfelder ein eigener Behälter erzeugt. (Für $d = b = 32$ wären dies über vier Millionen.) Vielmehr werden Behälter auf Anforderung erzeugt, was durch die Anzahl der Datensätze pro Behälter bzw. durch das Auftreten von Überlaufsituationen gesteuert wird. Mehrere Verzeichnisfelder mit den gleichen ersten d' $< d$ Bits können die gleiche Behälteradresse enthalten, falls alle Datensätze, die auf

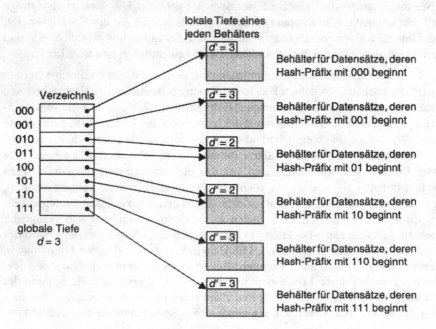

Bild 3.17. Struktur des erweiterbaren Hashings

diese Felder abbilden, in einen Behälter passen. Daher wird mit jedem Behälter eine *lokale Tiefe* $d' \leq d$ gespeichert, die die Anzahl der Bits, d.h. die Länge des Hash-Präfixes, beschreibt, auf denen der Inhalt des Behälters beruht. Anfangs sind alle lokalen Tiefen gleich der globalen Tiefe. Der Wert von d kann sich zu einem Zeitpunkt um eins erhöhen oder verringern und verdoppelt oder halbiert somit die Anzahl der Verzeichniseinträge. Eine Verdoppelung der Verzeichniseinträge ist dann erforderlich, falls ein Behälter, der die gesamten d Bits zu seiner Identifikation verwendet, überläuft. Die Anzahl der Behälter wird allerdings nicht verdoppelt, sondern die Teilung erstreckt sich nur auf den übergelaufenen Behälter, so dass sich der Reorganisationsaufwand in Grenzen hält. Eine Halbierung findet statt, falls keiner der Behälter die gesamten d Bits zu seiner Identifikation benötigt. Wann immer ein Behälter geteilt wird (siehe unten) und unabhängig davon, ob dies zu einer Verdopplung der Verzeichniseinträge führt oder nicht, wird die lokale Tiefe des ursprünglichen Behälters um eins erhöht und diese den beiden neu erzeugten „Bruderbehältern" zugewiesen. Insgesamt $2^{d-d'}$ Verzeichniseinträge zeigen auf einen Behälter mit lokaler Tiefe d'.

Betrachten wir nun Such-, Einfüge- und Löschoperationen. Um den Behälter zu finden, der einen Suchschlüsselwert k enthält, verwenden wir die ersten d Bits von $h(k)$ als Index für einen Verzeichniseintrag und folgen dem im Verzeichniseintrag enthaltenen Zeiger auf den gewünschten Behälter.

Beim Einfügen eines Indexeintrags mit Suchschlüsselwert k wird zunächst das gleiche Verfahren wie beim Suchen durchgeführt. Ist bei erfolgloser Suche in dem als Suchergebnis erhaltenen Behälter noch Platz für den Indexeintrag, so wird er eingefügt. Ansonsten, falls der Behälter voll ist, muss der Behälter dupliziert werden, und die aktuellen Indexeinträge sowie der hinzuzufügende neue Indexeintrag werden abermals bezüglich eines um ein Bit verlängerten Hash-Präfixes über die beiden Behälter verteilt. Hierbei sind zwei Fälle zu unterscheiden.

Falls $d = d'$ gilt (man betrachte als Beispiel den zweiten Behälter in Bild 3.17 mit $d = d' = 3$), so gibt es nur einen Verzeichniseintrag, dessen Zeiger auf den übergelaufenen Behälter zeigt. Dies ist im Beispiel der Verzeichniseintrag mit dem Hash-Präfix 001. Wir müssen daher d um eins erhöhen, also ein weiteres Bit betrachten und somit die Anzahl der Verzeichniseinträge verdoppeln, um Zeiger auf die beiden Behälter, die sich aus der Teilung des übergelaufenen Behälters ergeben, in die Verzeichnisstruktur einfügen zu können. Jeder Verzeichniseintrag wird also durch zwei Einträge ersetzt, die beide den gleichen Zeiger wie der ursprüngliche Eintrag erhalten. In unserem Beispiel gilt also $d = 4$, und das Hash-Präfix 001 wird durch 0010 und 0011 ersetzt. Nun zeigen also genau zwei Verzeichniseinträge auf den übergelaufenen Behälter. Ein neuer Behälter wird allokiert, und der Zeiger eines der beiden Verzeichniseinträge wird auf den neuen Behälter gesetzt. Ferner wird bei beiden Behältern die lokale Tiefe d' mit dem Wert von d aktualisiert. Als nächstes wird jeder Indexeintrag im übergelaufenen Behälter einem Rehashing unterzogen, und in Abhängigkeit von den ersten d Bits (d wurde um eins erhöht!) verbleibt ein Indexeintrag im Behälter oder wird in den neu erzeugten Behälter bewegt. Danach wird wiederum das Einfügen des neuen Indexeintrags versucht. In der Regel wird dies nun gelingen. Aber für den seltenen Fall, dass alle Indexeinträge im übergelaufenen Behälter sowie der neue Indexeintrag auch nun das gleiche Hash-Präfix haben, ist wiederum eine Teilung des Behälters erforderlich. Es hängt insbesondere von der Qualität der Hash-Funktion ab, dass beim Einfügen eines Indexeintrags ein mehrmaliges Teilen von Behältern nicht auftritt.

Falls $d > d'$ gilt – betrachte als Beispiel den dritten Behälter in Bild 3.17 mit $d' = 2$ –, dann zeigt mehr als ein Verzeichniseintrag auf den übergelaufenen Behälter, und die Hash-Präfixe aller dieser Einträge haben alle die gleiche lokale Tiefe d' und den gleichen Wert. Im Beispiel hat das Hash-Präfix den Wert 01. Wir können daher diesen Behälter teilen, ohne die Größe der Verzeichnisstruktur erhöhen zu müssen. Dazu erzeugen wir einen neuen Behälter und erhöhen die lokalen Tiefen d' beider Behälter um eins. Nun müssen wir alle Verzeichniseinträge, die vorher auf den übergelaufenen Behälter zeigten, anpassen, weil durch die Erhöhung von d' nicht mehr alle diese Einträge in ihrem Hash-Präfix übereinstimmen. In unserem Beispiel erhalten wir aus 01 die beiden Hash-Präfixe 010 und 011, für die es jeweils einen Verzeichniseintrag gibt. Hierzu belassen wir die erste Hälfte der Verzeichniseinträge wie gehabt (diese zeigen also nach wie vor auf den ursprünglich übergelaufenen Behälter) und lassen alle übrigen Einträge auf den neu erzeugten Behälter zeigen. Wie im vorherigen Fall werden die Indexeinträge im übergelaufenen Behälter sowie der neue Indexeintrag abermals einem Rehashing unterzogen und über beide Behälter neu verteilt. Im ungünstigen Falle, dass sich die Überlaufsituation fortsetzt, muss die Teilung eines Behälters nochmals durchgeführt werden.

Beim Löschen eines Indexeintrags mit Suchschlüsselwert k wird ebenfalls zunächst das gleiche Verfahren wie beim Suchen durchgeführt. Wird in dem als Suchergebnis erhaltenen Behälter der Indexeintrag gefunden, so wird er entfernt. Falls danach die Indexeinträge zweier „Bruderbehälter" in einen Behälter passen, werden beide Behälter zu einem verschmolzen, und die lokale Tiefe dieses Behälters wird um eins dekrementiert. Haben zu einem Zeitpunkt alle Behälter eine lokale Tiefe $d' \leq d - 1$, so kann die Verzeichnisstruktur halbiert und die globale Tiefe um eins reduziert werden. Beide letztgenannten Aktionen sind für eine Aufrechterhaltung der Korrektheit nicht zwingend erforderlich und werden in der Praxis häufig nicht durchgeführt. Allgemein verläuft das Löschen genau umgekehrt zum Einfügen. Beginnt man mit der Struktur, die sich nach dem Einfügen eines Indexeintrags ergibt, und löscht man danach das eingefügte Element, so muss sich wieder die Ausgangsstruktur ergeben.

Das erweiterbare Hashing erfordert (wie auch das dynamische Hashing) unter der Prämisse, dass das Verzeichnis komplett in den Hauptspeicher passt, einen Seitenzugriff, da es keine Überlaufseiten gibt. Ansonsten muss die jeweilige Verzeichnisseite von einem Externspeicher geladen werden, und es sind dann insgesamt zwei Seitenzugriffe erforderlich. Bezogen auf die Anzahl der Verzeichniseinträge ist das dynamische Hashing etwas effizienter, da beim erweiterbaren Hashing mehrere, verschiedene Einträge auf den gleichen Behälter zeigen können. Dafür kann aber die Verzeichnisstruktur beim erweiterbaren Hashing effizienter gespeichert werden (Array gegenüber Baumstruktur). Auch das erweiterbare Hashing ist im Vergleich zum statischen Hashing speicherplatzsparend, da es sich dem Speicherplatzbedarf dynamisch anpasst.

Lineares Hashing

Die Idee des *linearen Hashings* (*linear hashing*) besteht darin, es einer Hash-Datei zu erlauben, ohne Verwendung einer Verzeichnisstruktur dynamisch zu wachsen und zu schrumpfen. Dieses Schema benutzt eine Familie von Hash-Funktionen h_0, $h_1, h_2, \ldots$ mit der Eigenschaft, dass der Wertebereich einer Funktion h_{i+1} doppelt so groß ist wie der Wertebereich der Vorgängerfunktion h_i. D.h. falls h_i einen Indexeintrag auf einen von N Behältern abbildet, so bildet h_{i+1} einen Indexeintrag auf einen von $2N$ Behältern ab. Die Funktion h_0 wird häufig auch als *initiale* Hash-Funktion bezeichnet. Für ein gegebenes $N \in \mathbb{IN}$ wählen wir als Beispiel die Familie von Hash-Funktionen $h_i(k) = h(k) \bmod (2^i N)$, wobei k ein Schlüsselwert einer Menge K von Suchschlüsseln ist. Wählen wir ferner N als eine Zweierpotenz und wenden wir h_i an, so betrachten wir die letzten d_i Bits. Ist d_0 die Anzahl der Bits zur Repräsentation von N, so gilt $d_i = d_0 + i$. Sei beispielsweise die Anzahl N an Behältern anfänglich gleich 16. Dann ist $d_0 = 4$, und $h_0(k) = h(k) \bmod 16$, also eine Zahl zwischen 0 und 15. Ferner gilt $d_1 = d_0 + 1 = 5$, und $h_1(k) = h(k) \bmod (2 \cdot 16)$, also eine Zahl zwischen 0 und 31. h_2 liefert dann eine Zahl zwischen 0 und 63 usw.

Überläufe von Behältern werden wie beim statischen Hashing durch Ketten von Überlaufseiten behandelt. Die Idee des linearen Hashings versteht man vielleicht am besten, wenn man einen Rundenzähler l in Hinsicht auf Behälterteilungen einführt. In Runde l werden nur die Hash-Funktionen h_l und h_{l+1} verwendet. Die Funktion h_l wird beim Einfügen eines Indexeintrags in Runde l stets angewendet. Ermittelt man mit ihr einen Behälter, der in Runde l bereits geteilt wurde, so ist zusätzlich die Funktion h_{l+1} anzuwenden, um zu entscheiden, ob der neue Indexeintrag wirklich in diesen Behälter oder in seinen in dieser Runde neu erzeugten „Bruderbehälter" einzutragen ist. Die Behälter in der Datei zu Beginn der Runde sind bereits geteilt worden, und zwar in aufeinanderfolgender, d.h. linearer, Reihenfolge vom ersten bis zum letzten Behälter. Gleichzeitig wird insgesamt die Anzahl der Behälter durch schrittweises Anhängen des jeweils zuletzt durch Teilung erhaltenen Bruderbehälters an das Ende der Datei verdoppelt. Nach einer Teilung werden die Indexeinträge des geteilten Behälters (inklusive Überlaufseiten) sowie der neue Indexeintrag auf die beiden Behälter gemäß der Hash-Funktion h_{l+1} neu verteilt. Es gibt also zu jedem Zeitpunkt innerhalb einer Runde Behälter, die bereits geteilt worden sind, Behälter, die noch geteilt werden können, sowie Behälter, die bereits durch Teilung in dieser Runde entstanden sind (Bild 3.18).

Im Gegensatz zum erweiterbaren Hashing ist derjenige Behälter, in dem durch Einfügen eines Indexeintrags ein Überlauf auftritt, nicht notwendigerweise auch derjenige Behälter, der geteilt wird. Vielmehr erhält der übergelaufene Behälter eine Überlaufseite, in dem der neue Indexeintrag eingefügt wird. Der Behälter, der geteilt wird, ist der Nachfolger desjenigen Behälters, der als letztes geteilt wurde. Der als nächstes zu teilende Behälter ist in Bild 3.18 durch die Variable z gekennzeichnet.

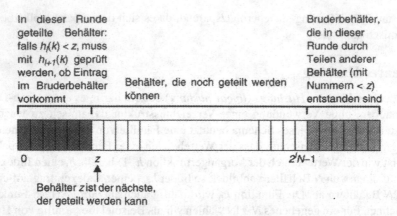

In dieser Runde geteilte Behälter: falls $h_l(k) < z$, muss mit $h_{l+1}(k)$ geprüft werden, ob Eintrag im Bruderbehälter vorkommt

Behälter, die noch geteilt werden können

Bruderbehälter, die in dieser Runde durch Teilen anderer Behälter (mit Nummern $< z$) entstanden sind

0   z $2^l N-1$

Behälter z ist der nächste, der geteilt werden kann

Bild 3.18. Struktur des linearen Hashings

Sind alle Behälter geteilt worden, hat sich also die Anzahl der ursprünglichen Behälter verdoppelt, so wird l um eins inkrementiert und z auf 0 gesetzt.

Die Suche nach einem Indexeintrag mit Schlüsselwert k gestaltet sich nun wie folgt: Führt die Anwendung der Hash-Funktion $h_l(k)$ zu einem der noch nicht geteilten Behälter ($z \leq h_l(k) < 2^l N$), so wird dort nachgeschaut. Ansonsten führt sie zu einem der bereits geteilten Behälter ($0 \leq h_l(k) < z$), und wir müssen mit der Hash-Funktion $h_{l+1}(k)$ entscheiden, ob der Indexeintrag wirklich dort zu finden ist oder ob er nicht bereits zu einem früheren Zeitpunkt in dieser Runde nach dem Teilen des Behälters mit der Nummer $h_l(k)$ in den Bruderbehälter ($h_{l+1}(k) \geq 2^l N$) bewegt wurde und daher nun dort nach ihm zu suchen ist. Nach dem gleichen Schema wie beim Suchen wird beim Einfügen und Löschen mit den beiden Hash-Funktionen h_l und h_{l+1} entschieden, in welchen Behälter ein Indexeintrag einzufügen bzw. aus welchem Behälter ein solcher Eintrag zu entfernen ist. Führt der Einfügeversuch zu einer Überlaufsituation in einem Behälter, erfolgt die Teilung eines Behälters wie oben beschrieben. Das Löschen, das wir hier nicht im Detail beschreiben werden, ist im Wesentlichen das Inverse des Einfügens. Falls der letzte Behälter in der Datei durch das Löschen eines Indexeintrags leer wird, kann er entfernt werden, und der Zähler z wird dekrementiert. Falls z gleich 0 ist und der letzte Behälter geleert wird, wird z auf $M/2$ gesetzt, wobei M die gerade aktuelle Anzahl von Behältern ist, Rundenzähler l wird um 1 erniedrigt und der leere Behälter wird entfernt. Ist der letzte Behälter noch nicht leer und passen seine Indexeinträge in seinen Bruderbehälter, so können auch beide Behälter verschmolzen werden. Diese Maßnahme verbessert die Speicherplatzausnutzung.

Mittels Bild 3.19 demonstrieren wir das Einfügen in eine Datei mit Hilfe des linearen Hashings. Seien zu Anfang $l = 0$ und $z = 0$. Die Anzahl der Behälter zu Beginn einer Runde l bezeichnen wir mit N_l. Es gilt dann offensichtlich $N_l = N \cdot 2^l$ und $N_0 = N$. Wir nehmen an, dass jeder Behälter vier Indexeinträge speichern kann und dass die Datei anfangs vier Behälter enthält ($N = 4$) (Bild 3.19 (a)). Als Teilungsstrategie geben wir vor, dass Behälter z geteilt wird, falls das Hinzufügen eines neuen

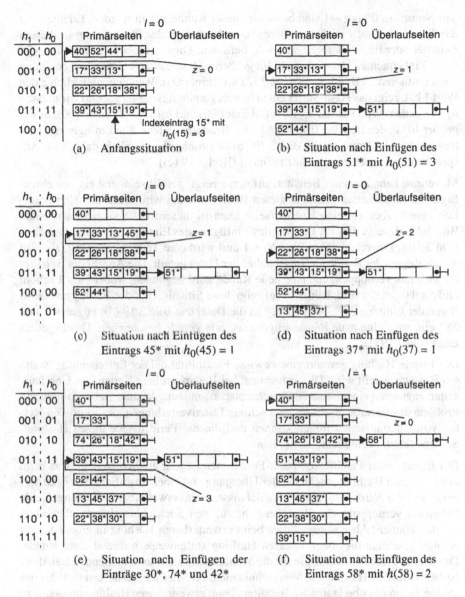

(a)   Anfangssituation

(b)   Situation nach Einfügen des
Eintrags 51* mit $h_0(51) = 3$

(c)   Situation nach Einfügen des
Eintrags 45* mit $h_0(45) = 1$

(d)   Situation nach Einfügen des
Eintrags 37* mit $h_0(37) = 1$

(e)   Situation nach Einfügen der
Einträge 30*, 74* und 42*

(f)   Situation nach Einfügen des
Eintrags 58* mit $h(58) = 2$

Bild 3.19. Beispiel für eine linear gehashte Datei

Indexeintrags eine neue Überlaufseite zur Folge hat. Die Hash-Funktion h_{l+1} wird
dann dazu benutzt, um die Indexeinträge zwischen dem übergelaufenen Behälter j
($= z$) und seinem Bruderbehälter $j + N_l$ neu zu verteilen. Anschließend wird der Wert
von z um 1 erhöht. Bild 3.19 (b) zeigt diese Situation nach Einfügen des Indexeintrags 51*. Im Verlaufe der Runde l sind alle Behälter mit den Nummern z bis $N_l - 1$
noch nicht geteilt worden. Z.B. ist $h_0(26) = 2$ (binär 10) und liegt zwischen z ($= 1$)
und $N_l - 1$ ($= 3$). Der Indexeintrag 26* gehört also zu Behälter 2. Alle Behälter mit

den Nummern 0 bis $z - 1$ sind bereits in dieser Runde geteilt worden. Erhalten wir durch h_l eine Zahl j in diesem Bereich, so kann sich der Indexeintrag in diesem Behälter oder im Bruderbehälter $j + N_l$ befinden. Dies ermitteln wir mit Hilfe von h_{l+1}. Wir betrachten also ein um ein Bit größeres *Hash-Suffix*, um eine Entscheidung herbeizuführen. Z.B. gilt $h_0(40) = h_0(52) = 0$ (binär 00). Weil augenblicklich z den Wert 1 hat, zeigt das Hash-Suffix einen bereits geteilten Behälter an, und wir müssen h_1 anwenden. Wir erhalten $h_1(40) = 0$ (binär 000) und $h_1(52) = 4$ (binär 100). Somit gehört 40* in den Behälter 0 und 52* in den Bruderbehälter 4. Ein Einfügen des Eintrags 45* in die Datei gemäß Bild 3.19 (b) ist problemlos möglich, da sich im entsprechenden Behälter noch Platz befindet (Bild 3.19 (c)).

Manchmal kann auch der Behälter, auf den z zeigt, gefüllt sein, und ein neu einzufügender Indexeintrag gehört in diesen Behälter. Dann wird dieser Behälter natürlich geteilt, aber auf eine Überlaufseite kann in diesem Falle verzichtet werden. Bild 3.19 (d) zeigt dies am Beispiel des Einfügens des Eintrags 37* in die Datei aus Bild 3.19 (c). Erreicht z den Wert $N_l - 1$ und wird eine Teilung ausgelöst, so wird der zu Beginn der Runde l letzte Behälter der Datei geteilt. Die Anzahl der Behälter hat sich nun verdoppelt, und eine neue Runde wird begonnen, wobei l um 1 erhöht und z auf 0 gesetzt wird. Bild 3.19 (e) zeigt diese Situation vor der Teilung nach Einfügen der Einträge 30*, 74* und 42* in die Datei aus Bild 3.19 (d). Fügen wir nun 58* ein, wird eine neue Runde eingeläutet, wie gerade beschrieben. Das Ergebnis zeigt Bild 3.19 (f).

Das lineare Hashing gewährt eine gewisse Flexibilität bei der Entscheidung, wann ein Behälter geteilt wird. Dies erlaubt es, bei Bedarf größere Ketten von Überlaufseiten zugunsten einer besseren Speicherplatzausnutzung leichter zu beseitigen. Ein Problem des linearen Hashings sind schiefe Datenverteilungen, die zu großen Ketten von Überlaufseiten führen können und die die Performance dieses Hashing-Schemas stark beeinträchtigen können.

Der Einsatz einer Familie von Hash-Funktionen ist sehr ähnlich zu dem, was beim erweiterbaren Hashing geschieht. Der Übergang von einer Hash-Funktion h_i zu h_{i+1} entspricht der Verdopplung des Verzeichnisses beim erweiterbaren Hashing. Beide Schemata verdoppeln den Wertebereich, auf den Suchschlüsselwerte abgebildet werden können. Aber während dies beim erweiterbaren Hashing in einem Schritt erfolgt, geschieht dies beim linearen Hashing stufenweise während einer Runde. Durch eine geschickte Strategie für die Wahl des als nächstes zu teilenden Behälters ist beim linearen Hashing ein Verzeichnis nicht erforderlich. Andererseits führt das stetige Teilen des überlaufenden Behälters beim erweiterbaren Hashing ingesamt zu weniger Teilungen und zu einer höheren Speicherplatzausnutzung der vorhandenen Behälter.

Hash-Funktionen

Eine *Hash-Funktion* erfordert einen sorgfältigen Entwurf. Eine schlechte Hash-Funktion kann Suchzeiten proportional zur Anzahl der Suchschlüssel in der Datei zur Folge haben. Eine gut-entworfene Funktion hat eine Durchschnittssuchzeit, die konstant und unabhängig von der Anzahl der Suchschlüssel in der Datei ist. Wesentlich ist, dass der Wertebereich einer Hash-Funktion h 0 bis N-1 ist (d.h. dass h surjektiv ist), dass h diese Werte mit möglichst gleicher Wahrscheinlichkeit annimmt (einheitliche Verteilung) und dass jeder Behälter im Durchschnitt die gleiche Anzahl von zugewiesenen Einträgen enthält (zufällige Verteilung). Die schlimmst mögliche Hash-Funktion bildet alle Suchschlüsselwerte auf den gleichen Behälter ab. Dies ist ungünstig, weil der gesamte Index im gleichen Behälter gespeichert ist und eine Suche einen Durchlauf durch den gesamten Index erfordert. Ein einfaches Beispiel einer geeigneten Hash-Funktion, die bereits oben verwendet wurde, ist $h(k)$ = k mod N ($k \in K$, N möglichst Primzahl) (*Divisionsrestverfahren*). Wir vertiefen das Thema bezüglich der Wahl einer geeigneten Hash-Funktion an dieser Stelle nicht weiter und verweisen auf den Bereich von Algorithmen und Datenstrukturen, wo vieles zu Hash-Funktionen gesagt worden ist (siehe Literaturhinweise).

3.3 Geometrische Indexstrukturen

3.3.1 Einführung

Geo-Datenbanksysteme

Immer komplexere und spezialisiertere Datenverwaltungsprobleme erhöhen den Bedarf an für den jeweiligen Anwendungszweck speziell konzipierten Datenbanksystemen, sogenannten *Nicht-Standard-Datenbanksystemen*. Konventionelle – etwa relationale – Datenbanksysteme haben sich für solche Nicht-Standard-Anwendungsbereiche als untauglich erwiesen, weil ihre Datenmodellierungsfähigkeiten, ihre Möglichkeiten zum Stellen von Datenbankanfragen, ihre Architekturkonzepte und ihre Fähigkeiten, spezialisierte Datentypen und Indexstrukturen zu integrieren und effizient zu repräsentieren, für diese neuen Problemstellungen unzureichend sind und weil die mangelnde Effizienz dieser Systeme z.B. bei der Antwortzeit für Anfragen diese ohnehin unbrauchbar macht. Hierzu bedarf es allgemein des Konzeptes *erweiterbarer Datenbanksysteme* (*extensible database systems*). Zu den Nicht-Standard-Anwendungsbereichen gehört die Verwaltung von im Raum angeordneten Objekten, wie sie beispielsweise im CAD, im VLSI-Entwurf und insbesondere in der Geographie oder der Kartographie auftreten. Datenbanksysteme, die speziell auf diese Art von Objekten abgestimmt sind, aber auch die Funktionalität konventioneller DBMS umfassen, werden *Geo-* oder *geometrische* oder *räumliche Datenbanksysteme* (*spatial database systems*) genannt.

Geometrische Objekte

In diesem Abschnitt betrachten wir die Grundkonzepte einiger wichtiger Indexstrukturen zur Verwaltung *geometrischer* oder *raumbezogener* Daten in der Ebenen,
d.h. im zweidimensionalen Raum. Diese Daten – wir wollen sie *raumbezogene
Objekte* nennen – enthalten neben thematischen, nicht-geometrischen Komponenten insbesondere Beschreibungen der Gestalt und der Lage von im Raum angeordneten und voneinander verschiedenen Entitäten (wie z.B. Städten, Ländern, Flüssen,
Wäldern usw.). Für ein Land z.B. kann die geometrische Beschreibung die durch die
Landesgrenze eingeschlossene Fläche und ein thematisches Attribut die Bevölke-
rungszahl sein. Spezielle Datentypen sind notwendig, um die Geometrie solcher
Entitäten zu modellieren und geometrische Daten geeignet in Datenbanken zu
repräsentieren. Diese Datentypen werden *geometrische Datentypen* (*spatial data
types*) genannt. Sie bilden eine grundlegende Abstraktion zur Modellierung von
raumbezogenen Objekten sowie ihren Beziehungen, Eigenschaften und Operationen. Instanzen dieser Datentypen werden *geometrische Objekte* genannt. Beispiele
sind Datentypen für Punkte, Linien und Regionen (Bild 3.20). Ein *Punkt* repräsen-

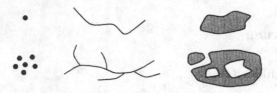

Bild 3.20. Beispiele für geometrische Datentypen

tiert den geometrischen Aspekt eines raumbezogenen Objekts, für das nur seine
Lage im Raum, aber nicht seine Ausdehnung, von Interesse ist. Z.B. werden Städte
auf einer Karte mit kleinem Maßstab in der Regel als Punkte modelliert. Eine *Linie*
stellt eine Kurve im Raum dar und wird häufig durch eine *Polylinie*, d.h. durch eine
Sequenz von Liniensegmenten (Strekken), dargestellt. Sie bildet eine Abstraktion
für Verbindungen im Raum wie z.B. Straßen, Flüsse, Eisenbahnlinien, Autobahnen,
Stromkabel usw. Eine *Region* ist eine Abstraktion für ein Objekt, das eine flächen-
mäßige Ausdehnung im zweidimensionalen Raum aufweist. Sie kann Löcher beinhalten und aus mehreren disjunkten Komponenten bestehen. Repräsentiert wird eine
Region häufig durch eine äußere und eventuell eine oder mehrere innere, disjunkte
geschlossene Polylinien (*Polygone*), die das Innere der Region vom Äußeren trennen. Beispiele für Regionen sind Länder, Seen, Anbaugebiete, Grundstücke usw.

Die Komplexität geometrischer Objekte bedingt, dass zum einen Repräsentationen
solcher Objekte in der Regel kompliziert und zudem von variabler und sehr großer
Länge sind. Wir haben diese Problematik und eine Lösung hierfür bereits in
Abschnitt 2.3.3 und in Abschnitt 2.4.3 diskutiert. Zum anderen werden geometrische Algorithmen auf diesen Objekten kompliziert und langsam. Wir werden uns
daher im Folgenden auf einfache geometrische Objekte mit kurzer Beschreibung
und einfachen, schnellen geometrischen Algorithmen beschränken. Diese einfachen

Objekte können dann als *Behälter* (d.h. als *Approximationen*) für komplexere geometrische Objekte dienen. In der Tat sind die meisten existierenden, räumlichen Datenstrukturen entworfen worden, um entweder Punktmengen für Punktobjekte oder Rechteckmengen für Linien- und Regionobjekte zu verwalten.

Geometrische Operationen und Anfragetypen

Auf der Menge der in einer geometrischen Indexstruktur enthaltenen geometrischen Objekte gibt es eine Reihe von interessanten Indexoperationen. Sei n die Dimension des betrachteten Raumes, und sei U_i das Universum in Dimension i, $1 \leq i \leq n$. Sei $U = U_1 \times U_2 \times ... \times U_n$ das n-dimensionale Universum aller raumbezogenen Objekte, und sei $G \subseteq U$. Jedes raumbezogene Objekt $g \in G$ ist gegeben durch das n-dimensionale, *minimale*, das geometrische Objekt umgebende, *a*chsenparallele *R*echteck (*MAR*, *bounding box*) b und durch seine exakte geometrische Struktur (sowie durch andere hier nicht interessierende thematische Attribute). Für jede Dimension i, $1 \leq i \leq n$, besteht b aus einem Intervall mit linker Grenze l_i und rechter Grenze r_i mit l_i, $r_i \in U_i, l_i < r_i$. Insgesamt erhalten wir ein $2n$-Tupel $(l_1, r_1, l_2, r_2, ..., l_n, r_n)$, das das n-dimensionale Intervall $[l_1, r_1] \times [l_2, r_2] \times ... \times [l_n, r_n]$ repräsentiert. Wir benutzen Punktnotation zur Bezeichnung von Komponenten. In Abschnitt 3.1.2 haben wir bereits verschiedene Anfragetypen für Indexstrukturen allgemein diskutiert. Speziell für eine geometrische Indexstruktur *IS* ist von Interesse, dass folgende Operationen auf G effizient unterstützt werden:

❑   *Bereichsanfrage* (*f*, *IS*(*G*)) (*range query*). Für ein Anfragefenster *f* und die Menge der in *IS* gespeicherten Objekte *G* sind alle Objekte $g \in G$ zurückzuliefern, deren MAR *g.b* Fenster *f* schneidet. Um Bereichsanfragen effizient unterstützen zu können, ist es wichtig, dass geometrische Indexstrukturen die räumliche Nähe der geometrischen Objekte berücksichtigen und die Objekte gemäß ihrer Lage im Raum physisch benachbart auf dem Externspeicher ablegen. Es ist also meist nicht ausreichend, einen geeigneten, zusätzlichen Index auf den Daten zu generieren; vielmehr sollte die Indexstruktur eine Primärorganisation sein und als solche die physische Clusterung von geometrischen Objekten in Blöcken beinhalten. Ein Anwendungsbeispiel ist die Frage nach allen Gemeinden im Umkreis von 50 km um Dortmund oder nach allen besonders umweltverschmutzungsgefährdeten Gebieten in einem gegebenen rechteckigen Suchgebiet.

❑   *Enthaltenseinsanfrage* (*f*, *IS*(*G*)) (*containment query*). Für ein Anfragefenster *f* und die Menge der in *IS* gespeicherten Objekte *G* sind alle Objekte $g \in G$ zurückzuliefern, deren MAR *g.b* in Fenster *f* enthalten ist. Ein Anwendungsbeispiel ist die Frage nach allen Telefonzellen, die in einem Stadtteil zur Verfügung stehen.

❑   *Nächster Nachbar* (*p*, *IS*(*G*)) (*nearest neighbor*). Für einen Punkt $p \in U$ und die Menge der in *IS* gespeicherten Objekte *G* ist das raumbezogene Objekt $g \in G$ zurückzuliefern, das am nächsten zu *p* liegt. Ein Anwendungsbeispiel ist die Frage nach dem Objekt, das am nächsten zu einem Mausclick auf dem

Bildschirm liegt, oder nach dem zu einer Stadt nächstgelegenen Erholungs-
gebiet.

❑   *Punktsuche* $(b, IS(G))$ (*exact match query, point query*). Für ein MAR b und
    die Menge der in IS gespeicherten Objekte G ist das raumbezogene Objekt g
    $\in G$ zurückzuliefern, für das $g.b = b$ gilt. Ein Anwendungsbeispiel ist die
    Frage nach der Lage der Stadt Dortmund.

❑   *Einfügen* $(g, IS(G))$ (*insert*). Für das raumbezogene Objekt g und die Menge
    der in IS gespeicherten Objekte G füge g zu G hinzu; das Ergebnis ist
    $IS(G \cup \{g\})$.

❑   *Löschen* $(b, IS(G))$ (*delete*). Für das MAR b und die Menge der in IS gespei-
    cherten Objekte G lösche ein Objekt $g \in G$ mit $g.b = b$; das Ergebnis ist
    $IS(G \setminus \{g\})$.

Interessanterweise sind die Operationen *Punktsuche*, *Einfügen* und *Löschen* trotz
Vorhandenseins eines räumlichen Schlüssels in Form eines MAR nicht von der Lage
von Objekten im Raum abhängig. Vielmehr können sie auch durch traditionelle, eindimensionale Indexstrukturen wie dem B-Baum (Abschnitt 3.2.2) oder dem dynamischen Hashing (Abschnitt 3.2.3) effizient unterstützt werden, indem man die $2n$
Schlüsselkomponenten des n-dimensionalen MAR lexikographisch in einem einzigen Schlüssel konkateniert.

Aufgaben und Eigenschaften geometrischer Indexstrukturen

Die wesentliche Aufgabe des räumlichen Indizierens ist, wie wir oben gesehen
haben, die Unterstützung der *räumlichen Selektion* (*spatial selection*), d.h. aus einer
großen Menge von raumbezogenen Objekten sind diejenigen Objekte herauszufiltern, die zu einem räumlichen Referenzobjekt in einer besonderen, aktuell interessierenden Beziehung stehen. Weitere Aufgaben liegen z.B. in der Unterstützung von
Operationen wie dem *räumlichen Verbund* (*spatial join*) und dem Auffinden des zu
einem Referenzobjekt nahegelegensten Objektes.

Eine geometrische Indexstruktur ist eine externe, mehrdimensionale Datenstruktur,
die auf das speicherplatzeffiziente Abspeichern großer Mengen raumbezogener
Objekte und auf das laufzeiteffiziente Wiederauffinden raumbezogener Objekte in
großen Datenmengen spezialisiert ist. Die Beantwortung geometrischer Anfragen
erfolgt in einem zweistufigen Verfahren. In der ersten Stufe, dem *Filterungsschritt*,
identifiziert die Datenstruktur eine Obermenge der Menge der gewünschten
Objekte, d.h. sie realisiert einen schnellen, aber ungenauen *Filter*. In der zweiten
Stufe, dem *Verfeinerungsschritt*, wird im Hauptspeicher jedes von der Indexstruktur
zurückgelieferte raumbezogene Objekt (im Falle des räumlichen Verbunds ist dies
ein Paar von raumbezogenen Objekten) anhand seiner Geometrie einer exakten
Überprüfung unterzogen. Beispielsweise wird geprüft, ob das Objekt wirklich den
Anfragebereich schneidet und daher zur Antwort gehört. Ein Grund für dieses Verfahren liegt in der komplexen Geometrie geometrischer Objekte, die eine *Approxi-
mation* dieser Objekte durch einfachere Objekte (Behälter) eines Typs fester Länge

sinnvoll und notwendig macht. Als *räumlicher Suchschlüssel* (*spatial search key*) wird meist das MAR verwendet. Geometrische Indexstrukturen verwenden dann dieses Rechteck zur Suche und zum Abspeichern eines raumbezogenen Objektes. Ein weiterer Grund ist, dass Blöcke auf Externspeichern nur als Ganzes geladen werden können und es im Allgemeinen unvermeidbar ist, Objekte zu laden, die nicht zum Ergebnis der Anfrage gehören. Daher bleibt es dem Verfeinerungsschritt vorbehalten, diese Objekte auszusondern; die Indexstruktur unterstützt lediglich den Filterungsschritt.

Die Strategie einer geometrischen Indexstruktur liegt darin, den Raum und die in ihm enthaltenen Objekte so zu organisieren, dass bei einer Suche nur relevante Teile des Raums und somit nur eine Teilmenge der Objekte betrachtet werden müssen. Wesentlich ist, dass räumlich benachbarte Objekte im gleichen Block oder zumindest in benachbarten Blöcken abgespeichert werden, wobei letztere Bedingung relativ schwer zu realisieren ist. Bedenkt man, dass bei einem externen Blockzugriff insbesondere die Such- und Latenzzeit (siehe Abschnitt 2.1) ins Gewicht fallen und dass sie die Übertragungszeit bei weitem übertreffen, so wird der Vorteil ersichtlich, wenn mit einem Zugriff mehrere aufeinanderfolgende Blöcke statt mehrfach einzelne Blöcke gelesen bzw. geschrieben werden.

Die Organisation einer geometrischen Indexstruktur erfolgt mittels einer Menge von *Behältern* (*buckets*), die üblicherweise den Blöcken des Externspeichers entsprechen. Jedem Behälter wird eine *Behälterregion* (*bucket region*) zugeordnet, die einen Teil des Raums repräsentiert und genau alle im Behälter gespeicherten Objekte enthält. Behälterregionen sind üblicherweise Rechtecke. Für Punktdatenstrukturen sind diese Regionen meist disjunkt. Der Raum wird dabei so aufgeteilt, dass jeder Punkt zu genau einem Behälter gehört. Insbesondere die Grenze zweier benachbarter Behälterregionen muss eindeutig einer der beiden Regionen zugeordnet werden. Für einige Rechteckdatenstrukturen ist ein Überlappen der Behälterregionen erlaubt.

Da geometrische Indexstrukturen dynamisch wachsen und schrumpfen, muss die Anzahl der Behälterregionen und somit der Blöcke vergrößert oder verkleinert werden können. Bei Wachstum kann diese Situation z.B. durch das Erreichen einer vorgegebenen Speicherplatzausnutzung oder durch den Überlauf eines Blocks eintreten. Die zugehörige Region muss dann gemäß einer *Splitstrategie* in zwei Teile geteilt werden, denen jeweils ein Block zugeordnet wird. Die betroffenen Objekte sowie das neu einzufügende Objekt werden anschließend auf die beiden neuen Regionen und somit Blöcke gemäß einer entsprechenden Vorschrift neu verteilt. Das Schrumpfen verläuft im Prinzip symmetrisch zum Wachsen, ist aber im Detail komplizierter. Wird ein Schrumpfen durch das Löschen eines Objekts initiiert und können gemäß einer Verschmelzungsstrategie zwei geeignete Blöcke ausgewählt werden, so werden diese und somit die zugehörigen Regionen miteinander verschmolzen.

Insbesondere müssen beim Entwurf einer geometrischen Indexstruktur die folgenden Entscheidungen gefällt werden:

❑   Wie sollen Behälterregionen aussehen? Mit welcher Splitstrategie und mit welcher Verschmelzungsstrategie lässt sich dies dynamisch erreichen?

❑   Wie sollen geometrische Objekte Behälterregionen zugeordnet werden?

❑   Wie lauten beim Wachstum und beim Schrumpfen die Bedingungen dafür, dass dynamisch Split- bzw. Verschmelzungsstrategien angestoßen werden? Wie werden zu teilende bzw. zu verschmelzende Behälterregionen und Blöcke bestimmt?

❑   Wie müssen die definierten Behälterregionen organisiert sein, um eine effiziente Unterstützung der obengenannten Indexoperationen zu gewährleisten?

Im Folgenden werden wir aus der Fülle der geometrischen Indexstrukturen und ihren zahlreichen Varianten einige wichtige Beispiele herausgreifen und beschreiben. Dabei beschränken wir uns auf den zweidimensionalen Fall; alle vorgestellten Indexstrukturen sind aber ohne weiteres auf den n-dimensionalen Fall mit $n > 2$ verallgemeinerbar. Ferner werden wir Spezialfälle wie Mehrdeutigkeiten bei Punktsuchen, beim Einfügen und beim Löschen ausklammern. Falls bei einer Bereichsanfrage oder bei einer Punktsuche wenigstens eine Dimension gleich U ist, so spricht man von einer *partiellen Bereichsanfrage* (*partial range query*) bzw. von einer *partiellen Suche* (*partial match query*).

3.3.2 Eindimensionale Einbettungen

Indexstrukturen für eindimensionale Punkte, also für reelle Zahlen, sind uns bereits mit den verschiedenen B-Baum- (Abschnitt 3.2.2) und Hashing-Varianten (Abschnitt 3.2.3) bekannt. Bei den Hashverfahren muss man allerdings ordnungserhaltende Hash-Funktionen wählen, um Bereichsanfragen unterstützen zu können. Mehrdimensionale Punkte weisen das Problem auf, dass es auf ihnen keine natürliche und totale Ordnung gibt. Es liegt daher nahe, mehrdimensionale Punkte auf eindimensionale abzubilden und diese mit eindimensionalen Standardindexstrukturen (z.B. B^+-Baum) zu verwalten. Hierzu wird der Raum U durch ein *reguläres Gitter* in *Zellen* unterteilt, und ein geometrisches Objekt wird durch die Menge der Zellen, die es schneidet, repräsentiert (*Gitterapproximation*) (Bild 3.21(a)). Die Aufgabe ist nun, eine lineare Ordnung für die Zellen des Gitters zu finden, so dass im Raum nahe beieinander befindliche Zellen auch in der linearen Ordnung möglichst nahe beieinander sind. Ferner sollte diese Ordnung eine hierarchische Partionierung des

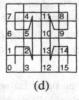

(a)   (b)   (c)   (d)   (e)

Bild 3.21. Beispiele für eindimensionale Einbettungen mehrdimensionaler Punkte

Raumes berücksichtigen und rekursiv für ein Gitter definiert sein. Beispiele solcher Ordnungen sind die *z-Ordnung* (*z-order*, *bit interleaving*) (Bild 3.21(a) und (b)), die *Gray-Codierung* (*Gray code*) (Bild 3.21(c) und (d)) und *Hilbert's Kurve* (*Hilbert's curve*) (Bild 3.21(c) und (e)), wobei Bild 3.21(a) und (c) zwei mögliche Ordnungen auf den vier Quadranten der obersten Ebene einer regulären hierarchischen Partition und die übrigen Abbildungen rekursive Fortsetzungen auf der nächst tieferen Ebene zeigen.

Als Beispiel betrachten wir die *z*-Ordnung näher. Jeder Quadrant in Bild 3.21(a), dem eine Zelle entspricht, wird auf der nächst tieferen Ebene in vier Zellen unterteilt (Bild 3.21(b)), die in *z*-Ordnung miteinander verknüpft sind. Ferner sind die Zellgruppen der vier Quadranten ebenfalls in *z*-Ordnung miteinander verknüpft. Jede Zelle auf jeder Ebene der Hierarchie ist mit einem Bitstring verknüpft, dessen Länge der Ebene, zu dem die Zelle gehört, entspricht. In Bild 3.21(a) bis (e) sind diese Bitstrings aus Platzgründen durch Dezimalzahlen dargestellt. Die rechte obere Zelle in Bild 3.21(a) hat z.B. den Bitstring 11 (= dezimal 3). Die mit der Zahl 13 markierte Zelle in Bild 3.21(b) hat den Bitstring 1101, was dezimal gerade der 13 entspricht. Dieser Bitstring wird dadurch erhalten, indem man auf der obersten Ebene den Quadranten ermittelt, in dem die betrachtete Zelle mit Nummer 13 liegt – dies ist hier der Bitstring 11 – und dann in diesem Quadranten die Position der betrachteten Zelle ermittelt, was den Bitstring 01 ergibt. Eine andere Sichtweise ist, dass der Bitstring 1101 aus einer 10 *x*-Koordinate für das erste und dritte Bit und einer 11 *y*-Koordinate für das zweite und vierte Bit zusammengesetzt ist. Diese Sicht hat zum englischen Begriff *bit interleaving* („Bitverschachtelung") geführt. Die Ordnung, die auf diese Weise allen Zellen einer hierarchischen Partition auferlegt ist, ist durch die lexikographische Ordnung der Bitstrings definiert.

Eine Menge von Zellen über einem Gitter mit größtmöglicher Auflösung (d.h. der tiefsten Ebene in der Hierarchie) (Bild 3.22(a)) kann nun in eine minimale Anzahl von Zellen verschiedener Ebenen zerlegt werden, wobei stets die höchst mögliche Ebene Verwendung findet. Sie kann daher durch eine Menge von Bitstrings, *z-Elemente* genannt, dargestellt werden (Bild 3.22(b)). Einem geometrischen Objekt wiederum kann seine zugehörige Menge von *z*-Elementen zugeordnet werden, die dann als eine Menge von geometrischen Schlüsseln fungieren. Zum Aufbau eines Indexes

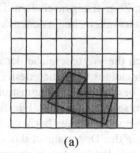
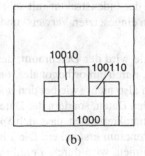

(a)   (b)

Bild 3.22. Beispiel für eine Menge von *z*-Elementen, die ein geometrisches Objekt approximieren

für eine Menge geometrischer Objekte kann man die Vereinigung all dieser geometrischen Schlüssel bilden und sie in lexikographischer Ordnung z.B. in einem B^+-Baum ablegen. Verschiedene Anfragetypen kann man nun relativ effizient auf dem B^+-Baum beantworten, weil die Einbettung Nachbarschaftsbeziehungen von Zellen aufrechterhält. Stellt man beispielsweise eine Bereichsanfrage mit einem Rechteck, so wird dieses Rechteck zunächst in seine z-Elemente zerlegt. Für jedes z-Element wird derjenige Teil der Blattfolge des B^+-Baums durchlaufen, der Einträge mit dem z-Element als Präfix enthält. Im Verfeinerungsschritt wird dann die erhaltene Kandidatenmenge einer exakten Überprüfung unterzogen.

3.3.3 Geometrische Indexstrukturen für Punktmengen

In diesem Abschnitt betrachten wir das *Grid-File* und den *k-d-B-Baum* stellvertretend für eine ganze Klasse von geometrischen Indexstrukturen zur Darstellung von n-dimensionalen Punktmengen. Datenstrukturen dieser Klasse haben eine wesentlich längere Tradition als geometrische Datenbanksysteme, weil ein aus n Attributen bestehendes Tupel $t = (x_1, x_2, ..., x_n)$ als ein n-dimensionaler Punkt aufgefasst werden kann und solche Indexstrukturen daher zur Mehrattributsuche eingesetzt werden können. Andererseits können sie auch zur Speicherung geometrisch interpretierter Punkte verwendet werden.

Das Grid File

Das *Grid-File* (*Gitter-Datei*; *grid file*) ist aufgrund der Gleichbehandlung aller Attribute direkt für eine *Mehrattributsuche* geeignet und realisiert ein mehrdimensionales Hash-Verfahren. Bei mehrdimensionalen Hash-Verfahren versucht man, den eindimensionalen Fall zu verallgemeinern und den mehrdimensionalen Raum in mehrdimensionale Rechtecke zu unterteilen, die gerade das Produkt eindimensionaler Intervalle sind. Hierdurch erreicht man, dass alle in einem Block gespeicherten Punkte räumlich dicht beieinander liegen. Für jede einzelne Dimension wendet man dann ein übliches eindimensionales Hash-Verfahren (Abschnitt 3.2.3) an. Auch für hochgradig dynamische Datenbewegungen verspricht das Grid-File eine ständige Balancierung der Indexstruktur mit sehr guten Zugriffseigenschaften. Die bei diesem Verfahren eingesetzten Verweis- und Splittechniken ähneln denen des erweiterbaren Hashings.

Beim Grid-File wird der Datenraum, der durch die Wertebereiche der n Attribute gebildet wird, durch ein orthogonales, unregelmäßiges Gitter unterteilt (Bild 3.23). Somit werden also nicht (wie bei den noch zu besprechenden Baumstrukturen) die zu speichernden Daten, sondern der Datenraum selbst organisiert. Für die gebildete Partition ist charakteristisch, dass sich *Splitlinien* vertikal oder horizontal durch den *gesamten* Datenraum erstrecken. Die Einteilung des Datenraums, d.h. die Positionen der Splitlinien, wird durch n eindimensionale Felder, den sogenannten *Scales* (*scales*), festgehalten, wobei jeder Dimension ein Scale entspricht. Die Scales werden in der Regel im Hauptspeicher verwaltet. Ferner wird ein aufgrund seiner Größe auf einem Externspeicher abgelegtes *Verzeichnis* (*directory*) verwendet, das als *n*-dimensionale Matrix ausgelegt ist und logische Zeiger auf Behälter enthält. Der kleinste Teilraum des Datenraums wird *Gitterzelle* (*cell*) genannt und steht in einer 1:1-Beziehung zu den Elementen der *n*-dimensionalen Matrix. Alle Punkte, die innerhalb einer Gitterzelle liegen, werden im Behälter gespeichert, auf die der jeweilige Verzeichniseintrag zeigt. Zur Vermeidung einer zu geringen Speicheraus-nutzung können mehrere Gitterzellen ihre Daten im gleichen Behälter ablegen, so dass eine Behälterregion im Allgemeinen aus den Daten einer Menge von Gitterzel-len besteht. In Bild 3.23 sind die Aufteilungen gemäß Gitterzellen (sich durch den Schnitt von Splitlinien ergebende Rechtecke) sowie gemäß Behälterregionen (innere gezeichnete Rechtecke) übereinander gezeichnet.

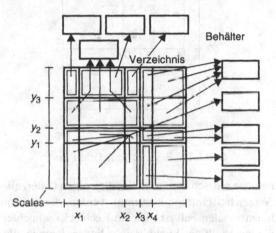

Bild 3.23. Struktur eines Grid-Files

Die entstehende Datenstruktur ist symmetrisch, d.h. sie behandelt jedes Attribut (jede Koordinate) in gleicher Weise. Ferner reagiert sie automatisch auf die zu spei-chernden Werteverteilungen, so dass sich eine gleichmäßige Speicherplatzbelegung und Zugriffszeit für alle Datensätze ergibt. Dies ist auch im Falle hochgradig schie-fer Verteilungen der Attributwerte garantiert. Wie beim erweiterbaren Hashing wird auch hier das *Zwei-Seiten-Zugriffs-Prinzip* erreicht.

Bei einer Punktsuche wird zunächst mittels der Scales (*x*-Scales und *y*-Scales im zweidimensionalen Fall) der Eintrag im Verzeichnis ermittelt, in dessen zugeordne-ter Gitterzelle der gesuchte Punkt mit den Koordinaten (x, y) fällt. Anschließend wird die Externspeicheradresse a_1 des so ermittelten Verzeichniseintrags berechnet und der Verzeichnisblock mit Adresse a_1 in den Hauptspeicher geladen. Mit Hilfe des Verzeichnisblocks wird die Externspeicheradresse a_2 des Behälters zu derjeni-gen Gitterzelle, in die (x, y) fällt, bestimmt und der Behälter in den Hauptspeicher eingelesen. Der Behälter wird dann durchsucht und das Ergebnis der Suche zurück-geliefert. Die exakte Suche benötigt also genau zwei externe Seitenzugriffe, wenn die Scales im Hauptspeicher gehalten werden.

Betrachten wir als Beispiel das in Bild 3.24 dargestellte Grid-File. Die explizite Darstellung der Behälter und Behälterregionen wurde weggelassen. Die Aufteilung des Datenraums in Gitterzellen sowie in Behälterregionen sind auch hier übereinander gezeichnet. Gestrichelte Linien trennen dabei Gitterzellen, die zur gleichen Behälterregion gehören. Außerdem sind die Scales in jeder Dimension, die Adressen der Verzeichniseinträge (in jeder Gitterzelle oben links) und die Behälteradressen (in jeder Gitterzelle oben rechts) eingetragen. Die Suche nach Punkt $p = (20, 32)$ ergibt die zweite Zeile von oben und die erste Spalte von links der Verzeichnismatrix und führt damit zum Verzeichniseintrag mit Adresse 4. Der Eintrag enthält einen Zeiger auf Behälter (Block) C, in dem die Suche nach Punkt p erfolgreich endet.

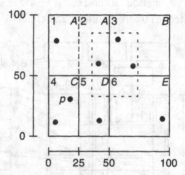

Bild 3.24. Beispiel eines Grid-Files

Bei einer Bereichssuche müssen zunächst alle diejenigen Gitterzellen und damit die entsprechenden Verzeichniseinträge bestimmt werden, die sich mit dem Suchbereich (im zwei-dimensionalen Fall ist dies ein Rechteck) schneiden. Für Gitterzellen, die vollständig innerhalb des Suchbereichs liegen, können alle Datensätze aus dem zugehörigen Behälter ins Ergebnis übernommen werden. Für diejenigen Gitterzellen, die den Suchbereich nur schneiden, müssen die entsprechenden Datensätze einem exakten Test unterzogen werden. Hierbei kann es passieren, dass auch Punkte aus anderen Gitterzellen, die sich außerhalb des Suchbereichs befinden, überprüft werden, weil diese Gitterzellen auf den gleichen Behälter abgebildet werden wie eine Gitterzelle, die sich innerhalb des Suchbereichs befindet. Eine Bereichssuche mit dem Anfragebereich $[35..70] \times [35..85]$ führt in Bild 3.24 zu den Verzeichnisblockadressen 2, 3, 5 und 6 und von diesen zu den Behälteradressen A, B, D und E. Auch die in Gitterzelle 1 enthaltenen Punkte werden, obwohl sie außerhalb des Suchraums sind, untersucht, da sie in Behälter A liegen.

Das Wachstum eines Grid-Files wird durch das Überlaufen eines Behälters (Blocks) ausgelöst. Beim Einfügen eines Datensatzes wird zunächst mittels einer Punktsuche der Behälter ermittelt, in den der Datensatz einzufügen ist. Befindet sich dort noch genügend Platz zu seiner Aufnahme, wird er eingefügt und der Behälter auf den Externspeicher zurückgeschrieben. Ansonsten wird ein neuer Behälter erzeugt. Die Region des übergelaufenen Behälters wird entlang einer Koordinatenachse (der *Splitdimension*) zerschnitten (gesplittet), und dem alten und dem neuen Behälter wird jeweils eine der beiden entstandenen Teilregionen zugeordnet. Die Datensätze werden entsprechend auf die beiden Behälter verteilt. Die neue Situation muss natürlich in den Scales und im Verzeichnis registriert werden. Weil die Organisation des Verzeichnisses als Matrix erhalten bleiben muss, zerschneidet die Splitlinie den gesamten Datenraum in allen von der Splitdimension verschiedenen Dimensionen. Analog zum erweiterbaren Hashing kann der Fall auftreten, dass das Teilen eines Behälters nicht zum wirklichen Verteilen von Datensätzen führt, weil entweder der alte oder der neue Behälter leer bleibt. In diesem Fall wird das Teilen auf dem immer noch zu vollen Behälter rekursiv fortgesetzt.

Entscheidend bei der Teilung eines Behälters ist die *Splitstrategie*, d.h. die Bestimmung der *Splitposition*. Betrachten wir als Beispiel wiederum Bild 3.24, und nehmen wir an, dass ein Verzeichnisblock sechs Behälteradressen aufnehmen kann. Bild 3.24 zeigt gerade einen solchen Verzeichnisblock mit den Behälteradressen A, B, C, D und E. Die Splitstrategie wird nun durch drei nacheinander zu überprüfende Regeln bestimmt, von denen die erste Regel angewendet wird, die zu einer eindeutigen Splitentscheidung führt. Die erste Regel besagt, dass die längste Seite einer Behälterregion zu teilen ist. Hierdurch versucht man, Behälterregionen möglichst einer quadratischen Form anzunähern, um Bereichsanfragen mit relativ kleinen Anfragebereichen zu unterstützen. Soll in Bild 3.24 die Behälterregion C mit den Ausmaßen $[0..25] \times [0..50]$ geteilt werden, so wird ein waagerechter Split in die Regionen $[0..25] \times [0..25]$ und $[0..25] \times [25..50]$ durchgeführt. Aufgrund der Matrixeigenschaft des Verzeichnisses müssen dann auch die Behälterregionen D und E waagerecht geteilt werden, so dass zwei Verweise auf Behälter D und zwei Verweise auf Behälter E notwendig werden. Eine Teilung kann also die Anzahl der Verweise mehr als unbedingt erforderlich erhöhen. Die zweite Regel besagt, dass eine Behälterregion gemäß einer vorhandenen Einteilung in Gitterzellen zu teilen ist. Ziel ist es, das Verzeichnis nicht unnötig größer werden zu lassen. In Bild 3.24 bedeutet dies für eine Teilung der Behälterregion A, dass diese vertikal erfolgen muss, da die erste Regel keine eindeutige Entscheidung liefert und nach der zweiten Regel die bereits vorhandene vertikale Splitlinie benutzt werden muss. Im Verzeichnis müssen nur einige Verweise geändert werden. Die dritte Regel besagt, dass eine Behälterregion in derjenigen Dimension geteilt wird, in der die geringste Anzahl von Teilungen erfolgt ist. Auch dies führt zu einer quadratischen Annäherung vieler Behälterregionen. In Bild 3.24 ist, weil die erste und zweite Regel nicht greifen, eine waagerechte Teilung der Behälterregion B auszuführen. Führt keine der drei Regeln zu einer eindeutigen Entscheidung, so wird die Behälterregion entlang einer beliebigen Dimension geteilt.

Das Teilen eines Behälters zieht im Allgemeinen auch eine Erhöhung der Anzahl der Verweise im entsprechenden Verzeichnisblock nach sich. Ein Überlauf führt auch hier zu einer Teilung, so dass im Wesentlichen die gleichen Regeln angewendet werden können wie beim Teilen einer Behälterregion. Zusätzlich muss aber beim Teilen einer Verzeichnisblockregion die Einteilung der beiden sich ergebenden Blöcke in Gitterzellen überprüft werden, weil sich diese jetzt als Folge der Teilung als günstiger erweisen kann. Nehmen wir in Bild 3.24 eine Verzeichnisblockkapazität von 5 und eine Behälterregionkapazität von 2 an, und setzen wir ferner voraus, dass der Verzeichnisblock soeben durch das Einfügen des Punktes p und damit durch Hinzunahme der Splitlinie $x = 25$ von vier auf sechs Gitterzellen angewachsen und übergelaufen ist. Eine waagerechte Teilung der Verzeichnisblockregion bei $y = 50$ zeigt, dass für Behälterregion A keine zwei Gitterzellen erforderlich sind. Stattdessen reichen fünf Verweise auf fünf Behälter aus, die allerdings nicht im gleichen Verzeichnisblock abgelegt werden können (Bild 3.25).

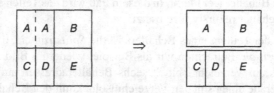

Bild 3.25. Reduzierung von Splitlinien beim Teilen von Verzeichnisblöcken

Auch beim Löschen eines Datensatzes wird zunächst mittels Punktsuche der zu löschende Datensatz lokalisiert und im entsprechenden Behälter entfernt, der dann zurückgeschrieben wird. Obwohl nicht zwingend notwendig, werden danach im Sinne einer guten Speicherplatzausnutzung gegebenenfalls zwei Behälter verschmolzen, um eine minimale Speicherplatzauslastung zu garantieren. Um bei dynamischen Anwendungen ständig abwechselnde Teilungs- und Verschmelzungsoperationen zu vermeiden, wird gefordert, dass die Speicherplatzausnutzung des Behälters, aus dem gerade ein Datensatz gelöscht wurde, einen vorgegebenen Füllungsgrad unterschreitet. Liegt diese Schranke bei etwa 30 Prozent, ist ziemlich wahrscheinlich, dass die Verschmelzungsoperation nicht allzu häufig vorgenommen werden muss. Andererseits stehen dann die Chancen nicht schlecht, dass auch ein Bruderbehälter für eine Verschmelzung genügend schwach gefüllt ist. Unterschreitet der Füllungsgrad eines Behälters die vorgegebene Schranke, so wird unter Berücksichtigung der Gitterzelleneinteilung und der Verschmelzungsstrategie der Bruderbehälter mit der schwächsten Füllung ausgewählt. Eine Verschmelzung beider Behälter erfolgt aber nur dann, wenn danach ein bestimmter Füllungsgrad des neuen Behälters – diese obere Schranke liegt bei etwa 70 Prozent – nicht überschritten wird.

Die *Verschmelzungsstrategie* bestimmt, welche Behälterregionen überhaupt als Verschmelzungspartner in Frage kommen. Es ist stets zu berücksichtigen, dass die durch eine Verschmelzung entstehende Behälterregion rechteckig sein muss. In Bild 3.24 ist somit ein Verschmelzen der Behälterregionen A und D nicht erlaubt. Die *Nachbarstrategie* erlaubt nun alle Verschmelzungen, die zu rechteckigen Behälterregionen führen. In Bild 3.24 können gemäß dieser Strategie z.B. die Behälterregionen D und E verschmolzen werden. Leider gibt es Situationen, in denen selbst bei einer Entfernung fast aller Datensätze keine weitere Verschmelzung mehr möglich ist. Bild 3.26 zeigt diese Situation einer *Verklemmung* (*Deadlock*) nach der zulässigen Verschmelzung der Behälter A mit E, B mit C und D, F mit G, H mit L

sowie I mit J und K. Die Speicherplatzausnutzung kann hier beliebig absinken. Eine nicht ganz einfache Aufgabe ist es dann, solche Verklemmungen durch entsprechende Tests beim Verschmelzen zu verhindern.

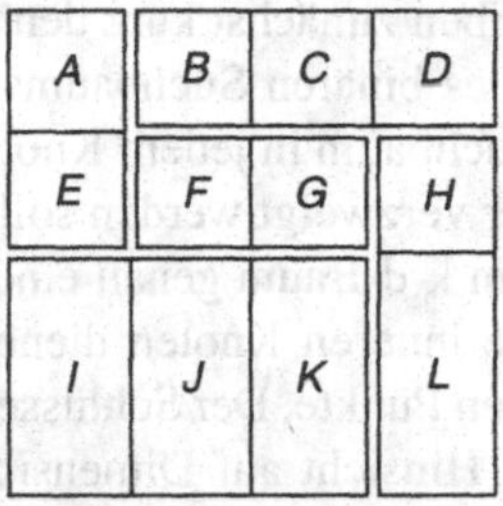

Bild 3.26. Beispiel einer Verklemmung bei der Nachbarstrategie

Die *Bruderstrategie* erlaubt nur das Verschmelzen solcher Behälter, die durch Teilung aus einem gemeinsamen Behälter hervorgegangen sein können. Hier nimmt eine Verschmelzung also gerade eine Teilung zurück. Während eine Behälterregion höchstens einen Bruder in jeder Dimension besitzt, hat sie bis zu zwei Nachbarn in jeder Dimension. Im zweidimensionalen Fall ergeben sich bei der Bruderstrategie also bis zu zwei und bei der Nachbarstrategie bis zu vier mögliche Verschmelzungspartner. In Bild 3.26 hat die Behälterregion F die beiden Brüder E und B sowie zusätzlich die beiden Nachbarn G und J. G ist kein Bruder von F, weil G und F nicht durch eine Teilung aus einer Behälterregion entstanden sein können. Die Splitlinie, die G von F trennt, muss sich zeitlich vor einer anderen F begrenzenden Linie ergeben haben. Hingegen ist F durch Abspalten von B oder von E entstanden, die somit geeignete Verschmelzungspartner darstellen. Im zweidimensionalen Fall garantiert die Bruderstrategie, dass keine Verklemmungen auftreten können.

Im Gegensatz zum Teilen von Verzeichnisblöcken, wo Splitlinien verschwinden können, kann das Verschmelzen eine Verfeinerung der Gitterzelleinteilung verursachen. Hierzu betrachten wir Bild 3.25 von rechts nach links. Nehmen wir an, dass Behälterregion B nach dem Löschen eines Datensatzes durch Verschmelzen zweier Behälterregionen entstanden ist und dass die Verschmelzungskriterien vorschreiben, die beiden rechten Verzeichnisblöcke in Bild 3.25 zu verschmelzen. Als Ergebnis der Verschmelzung erhalten wir dann den links in Bild 3.25 dargestellten Verzeichnisblock, der nun nicht fünf, sondern sechs Regionen verwalten muss, was gegebenenfalls zu einem Überlauf führen kann.

Da eine Bereichsanfrage im Grid-File zu einer Bereichsanfrage im Verzeichnis führt und somit eine Verzeichnisstruktur dieselben Operationen unterstützen muss wie die Datenstruktur für die eigentlichen Punktobjekte, ist es sinnvoll, das Verzeichnis ebenfalls als Grid-File zu organisieren und nicht als extern zu speichernde Matrix. Dies führt zum *hierarchischen* oder *Mehr-Ebenen-Grid-File* (*hierarchical grid file*, *multi-level grid file*), das für die meisten Anwendungen mit zwei Ebenen auskommt, wenn ein großes Wurzelverzeichnis im Hauptspeicher gehalten werden kann.

Der k-d-B-Baum

Beim *k-d-B-Baum* (*k-d-B-tree*) handelt es sich um eine Kombination des *k-d-Baums*
(*k-d-tree*, *multi-dimensional binary search tree*) mit dem B-Baum
(Abschnitt 3.2.2). Wir beschreiben zunächst kurz den k-d-Baum. Der k-d-Baum ist
im Prinzip eine Erweiterung des binären Suchbaums auf den mehrdimensionalen
Fall. Während beim binären Suchbaum in jedem Knoten die Enrscheidung, ob zum
linken oder rechten Nachfolger verzweigt werden soll, aufgrund ein und desselben
Schlüssels erfolgt, ist dies beim k-d-Baum genau einer von k Schlüsseln, die die k
Dimensionen beschreiben. Die inneren Knoten dienen dabei als Separatoren; die
Blätter enthalten die eigentlichen Punkte. Der Schlüssel im Wurzelknoten auf Ebene
0 unterteilt den Datenraum in Hinsicht auf Dimension 0, die Schlüssel all seiner
Sohnknoten auf Ebene 1 unterteilen die beiden Teilräume hinsichtlich Dimension 1
usw., bis zur Dimension $k-1$, nach der der Teilungsprozess zyklisch von vorne
beginnt. Allgemein wird in allen Knoten einer Ebene i hinsichtlich Dimension i mod
k geteilt. Für alle Knoten im linken (rechten) Teilbaum eines Knotens gilt, dass der
Schlüsselwert des durch den Separator im Vaterknoten bestimmten Attributs kleiner
oder gleich (größer) dem Schlüsselwert im Vaterknoten selbst ist. Bild 3.27 zeigt
eine Partitionierung des Datenraums mittels eines 2-d-Baums (d.h. $k = 2$) und die
zugehörige Baumstruktur. Die rekursive Unterteilung des Datenraums bricht ab,
wenn jeder Teilraum nur einen einzigen Punkt enthält.

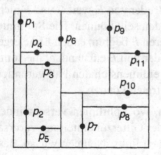 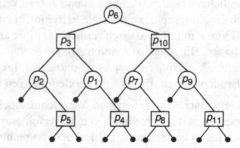

Bild 3.27. Partitionierung eines zwei-dimensionalen Datenraums mittels eines k-d-Baums
mit zugehöriger Baumstruktur. Kreisförmige Knoten bezeichnen senkrechte Unterteilungen,
quadratische Knoten waagerechte Unterteilungen. Ausgefüllte Knoten sind Blätter.

Der Nachteil des k-d-Baumes liegt jedoch in der Schwierigkeit, diese Baumstruktur
auf die in einem DBS vorgegebene Seitenstruktur abzubilden. Der k-d-Baum ist
daher typischerweise eine interne Datenstruktur. Eine Möglichkeit, Teilbäumen des
k-d-Baums Externspeicherblöcke zuzuordnen, bildet der k-d-B-Baum. Ähnlich wie
der B⁺-Baum besteht ein k-d-B-Baum aus einer Menge von Knoten, wobei jeder
Knoten einer Seite entspricht. Jeder innere Knoten hat ausschließlich Separatorfunktion und enthält eine Anzahl von Einträgen der Form (I, Z). Dabei steht Z für
einen Zeiger auf einen Nachfolgerknoten und I für ein k-dimensionales Intervall
(Region) $(I_0, I_1, ..., I_{k-1})$, das alle k-dimensionalen Intervalle des Knotens, auf den Z

zeigt, enthält. Die Gesamtheit aller inneren Knoten bezeichnen wir als *Verzeichnis*. Jeder Blattknoten hingegen enthält Indexeinträge $k*$ (Abschnitt 3.1.2), wobei sich jeder Eintrag auf einen Punkt bezieht. Der k-d-B-Baum hat folgende Eigenschaften („Seite" steht synonym für „Knoten"):

❑ Der k-d-B-Baum ist ein Vielweg-Suchbaum, wobei keine innere Seite einen Nullzeiger enthält bzw. leer ist.

❑ Für alle Blätter ist die Länge des Pfades von der Wurzel zu einem Blatt gleich.

❑ In jeder inneren Seite sind die k-dimensionalen Intervalle disjunkt, und ihre Vereinigung ist wiederum ein k-dimensionales Intervall.

❑ Ist die Wurzel eine innere Seite, so ist die Vereinigung ihrer k-dimensionalen Intervalle das Kreuzprodukt der Wertebereiche der k Attribute, für die der Baum aufgebaut wurde.

❑ Ist (I, Z) ein Eintrag in einer inneren Seite, und zeigt Z ebenfalls auf eine innere Seite, so ist I gleich der Vereinigung aller k-dimensionalen Intervalle dieser Seite.

❑ Ist (I, Z) ein Eintrag in einer inneren Seite, und zeigt Z auf eine Blattseite, so enthält I alle Punkte dieser Seite.

Bild 3.28 zeigt die Behälterregionen eines k-d-B-Baums mit zwei Ebenen bei einer Kapazität von drei Behälterregionen pro Seite bzw. Block. Läuft beim Einfügen die Behälterregion einer Blattseite über, wird diese an einer geeigneten Stelle geteilt, so dass eine gute Verteilung der Punktobjekte gewährleistet ist. Ein Überlauf in einer Blattseite kann sich nach oben hin fortpflanzen, wenn die entsprechende Verzeichnisseite bereits voll ist und daher kein zusätzliches Intervall aufnehmen kann. Die Verzeichnisseite wird dann geteilt und auch hier wird auf eine gute Verteilung der zu speichernden Regionen auf die beiden neu entstehenden Regionen geachtet. Dies kann auch dazu führen, dass eine Splitposition gewählt wird, die in der Seite verwaltete Regionen durchschneidet, was zu einer sich nach unten fortpflanzenden Teilung führt (sogenannter *forced split*). Da die Splitposition die Verhältnisse im Teilbaum nicht berücksichtigt, kann dies zu einer teuren Operation werden. Ein minimaler Füllungsgrad von 50% pro Seite kann beim k-d-B-Baum nicht garantiert werden. Eine Bereichssuche auf einem k-d-B-Baum gestaltet sich sehr einfach. Mit Hilfe eines k-dimensionalen Suchintervalls S wird rekursiv nach Einträgen (I, Z) gesucht, für die $I \cap S \neq \varnothing$ ist. Ist dies für ein I der Fall und zeigt Z auf einen inneren

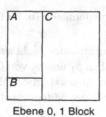

Ebene 0, 1 Block

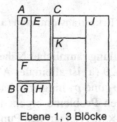

Ebene 1, 3 Blöcke

Bild 3.28. Partitionierung eines zwei-dimensionalen Datenraums mittels eines k-d-B-Baums

Knoten, so wird dort weitergesucht. Zeigt Z hingegen auf einen Blattknoten, so gehören alle Punkte, die in S liegen, zur gesuchten Lösung.

3.3.4 Strategien zur Verwaltung von Rechtecken in externen Datenstrukturen

Für Anwendungen im Bereich geometrischer Datenbanksysteme ist insbesondere die Verwaltung von Rechtecken in externen Datenstrukturen von Interesse, da diese als Container für beliebig strukturierte, n-dimensionale Objekte dienen können. Die Speicherung von Rechtekken ist schwieriger als diejenige von Punkten, weil Rechtecke in der Regel nicht in einen einzigen Teilraum einer Partition fallen, sondern Partitionsgrenzen schneiden können. Im Wesentlichen gibt es zur Lösung dieses Problems drei Strategien, die wir im Folgenden vorstellen.

Die erste Strategie, der *Transformationsansatz*, schlägt vor, anstelle k-dimensionaler Rechtecke $2k$-dimensionale Punkte in einer externen Datenstruktur für Punkte zu speichern. Hierbei sind insbesondere zwei Transformationen von Interesse, die *Eckentransformation (corner transformation)* und die *Mittentransformation (center transformation)*, die wir am Beispiel eindimensionaler Rechtecke, also Intervallen, betrachten. Die Eckentransformation bildet das m-dimensionale Rechteck $b = [l_1, r_1] \times \ldots \times [l_m, r_m]$ in den $2m$-dimensionalen Punkt $p(b) = (l_1, r_1, \ldots, l_m, r_m)$ ab. Für ein Intervall $b = [l, r]$ erhalten wir daher den Punkt $p(b) = (l, r)$. Da $r \geq l$ ist, liegen alle Bildpunkte oberhalb der Diagonalen (Bild 3.29 (a), $p_j = p(b_j)$). Dies führt zu ziemlich schiefen Verteilungen und verursacht bei den meisten externen Datenstrukturen für Punkte schwere Effizienzprobleme. Ein weiteres Problem ist, dass die

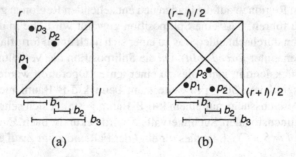

(a)   (b)

Bild 3.29. Eckentransformation (**a**) und Mittentransformation (**b**) für Intervalle

intuitive Vorstellung räumlicher Nähe bei der Transformation nicht aufrechterhalten wird. In Bild 3.29 (a) ist allein der Abstand zwischen b_1 und b_2 von 0 verschieden. Die Bilder p_1, p_2 und p_3 hingegen haben alle einen Abstand größer als 0 voneinander. Die gleichen Probleme ergeben sich auch bei der Mittentransformation, die $b = [l_1, r_1] \times \ldots \times [l_m, r_m]$ auf den Punkt $p(b) = ((r_1 + l_1) / 2, (r_1 - l_1) / 2, \ldots, (r_m + l_m) / 2, (r_m - l_m) / 2)$ abbildet (Bild 3.29 (b)). Hier liegen die Punkte alle in einem Kegel.

Die zweite Strategie erlaubt das *Überlappen von Behälterregionen* und beharrt somit nicht auf der Partionierung des zugrundeliegenden Datenraums. Ein Beispiel für eine externe Datenstruktur, die überlappende Behälterregionen erlaubt, ist der *R-Baum*, den wir im nächsten Unterabschnitt behandeln werden.

Die dritte Strategie, das sogenannte *Clipping*, hält an der Partionierung des Datenraums fest. Schneidet ein Rechteck eine Grenzlinie der Partition, wird es in mehrere Teile zerlegt und innerhalb eines jeden Teilraums, den es schneidet, repräsentiert. Ein Beispiel hierfür ist der R^+-*Baum*, der eine Variante des R-Baums ist und ebenfalls im nächsten Unterabschnitt beschrieben wird.

3.3.5 Geometrische Indexstrukturen für Rechteckmengen

In diesem Unterabschnitt betrachten wir externe Datenstrukturen, die Rechtecke im Datenraum mit Hilfe überlappender oder disjunkter Behälterregionen verwalten.

Der R-Baum

Die wichtigste Indexstruktur für Rechtecke, die überlappende Behälterregionen erlaubt, ist der *R-Baum* (*R-tree*), der wie der B$^+$-Baum ein Vielweg-Suchbaum ist und diesem bezüglich seiner Baumstruktur und deren dynamischer Veränderung durch nach oben fortgesetzte Verzeichnisblockteilungen gleicht. Anders als beim B$^+$-Baum sind allerdings die Teilräume einer Ebene nicht notwendigerweise disjunkt. Behälterregionen dürfen sich überlappen und zwar so, dass jedes gespeicherte Rechteck wenigstens und sogar in genau einer Behälterregion komplett enthalten ist. Zwei Arten von Knoten können unterschieden werden. Jeder innere Knoten hat ausschließlich Separatorfunktion und enthält eine Anzahl von Einträgen der Form (I, Z). Dabei ist Z ein Zeiger auf einen Nachfolgerknoten p der nächsttieferen Ebene im Baum. I repräsentiert die Behälterregion von p, die sich als k-dimensionales MAR aller in p abgespeicherten Rechtecke ergibt. Die Gesamtheit aller inneren Knoten bezeichnen wir als *Verzeichnis*. Die Blattknoten enthalten Indexeinträge $k*$, wobei sich jeder Eintrag auf ein eigentlich abzuspeicherndes Rechteck bzw. geometrisches Objekt bezieht. Grundsätzlich wird eine Disjunktheit von Rechtecken nicht gefordert. Nehmen wir an, dass der Platzbedarf für beide Knotenarten gleich ist. Der R-Baum hat dann zusammenfassend die folgenden wichtigsten Eigenschaften:

❑   Jeder innere Knoten und jeder Blattknoten enthält zwischen m und $2m$ Einträgen für ein $m \in$ IN, außer es handelt sich um die Wurzel.

❑   Für jeden Eintrag (I, Z) in einem inneren Knoten ist I das MAR, das alle Rechtecke des durch Z referenzierten Knotens enthält.

❑   Für jeden Eintrag (I, Z) in einem Blattknoten ist I das MAR des durch Z referenzierten geometrischen Objekts.

❑   Für alle Blätter ist die Länge des Pfades von der Wurzel zu einem Blatt gleich.

Bild 3.30 zeigt ein Beispiel eines R-Baums. Der Wurzelknoten enthält beispielsweise ein Rechteck B, das das MAR der Rechtecke H, I und J ist, die im Nachfolgerknoten von B abgespeichert sind. Ferner sieht man, dass Rechtecke sich überlappen dürfen. Ein Rechteck kann mehrere Behälterregionen schneiden und ist aber nur
in einer von ihnen enthalten. Vorteilhaft ist also, dass ein geometrisches Objekt in
nur einem Behälter abgelegt werden muss.

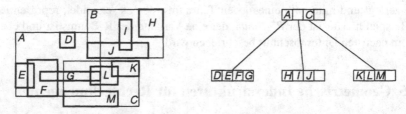

Bild 3.30. Beispiel eines R-Baums

Die Behälterregionen beim R-Baum ergeben sich aufgrund der Reihenfolge und der
Zuordnung beim Einfügen. Das Einfügen eines Rechtecks b bestimmt einen Einfü-
gepfad im R-Baum von der Wurzel bis zur Behälterregion eines Blattes. Der Einfü-
gepfad für b verläuft von der Behälterregion eines inneren Verzeichnisknotens zu
derjenigen im Verzeichnisblock verwalteten Behälterregion der nächst tieferen
Ebene, deren Fläche am wenigsten vergrößert werden muss, um b aufzunehmen.
Der günstigste Fall liegt vor, wenn b vollständig in einer oder mehreren Behälterregionen der nächst tieferen Ebene liegt. Dann wird eine beliebige dieser Regionen
ausgewählt. Ansonsten werden die erweiterten Grenzen der vergrößerten Behälterregion im Verzeichnisblock registriert. Läuft der so bestimmte Blattknoten durch die
Aufnahme von b nicht über, ist das Einfügen beendet, da die Separatorinformation
im Verzeichnis schon angepasst ist. Bei einem Überlauf eines Blattknotens wird dieser geteilt, so dass zwei möglichst gleichmäßig gefüllte und nicht zu große Behälterregionen entstehen. Teilungen pflanzen sich dann wie beim B$^+$-Baum von unten
nach oben fort.

Bei der exakten Suche (Punktsuche) ergibt sich das Problem, dass die Suche im Allgemeinen verzweigen und mehreren Pfaden im R-Baum ein Stück folgen muss,
wann immer man an einer Region interessiert ist, die in mehreren Behälterregionen
liegt. Der Suchpfad ist hier also aufgrund der möglichen Überlappung von Rechtekken der gleichen Ebene nicht immer eindeutig. Es ist daher wichtig, die Überlappung von Behälterregionen möglichst gering zu halten. Hieran ist man auch bei der
Bereichssuche interessiert. Mit Hilfe eines k-dimensionalen Suchintervalls S wird
rekursiv nach Einträgen (I, Z) gesucht, für die $I \cap S \neq \emptyset$ ist. Ist dies für ein I der Fall
und zeigt Z auf einen inneren Knoten, so wird dort weitergesucht. Zeigt Z hingegen
auf einen Blattknoten, so gehören alle geometrischen Objekte, die in S liegen, zur
Lösung. Strategien zur Minimierung der Überlappung von Behälterregionen sehen
z.B. eine möglichst kleine Summe der Flächen der beiden entstehenden Behälterregionen bei der Teilung einer Behälterregion vor oder eine näherungsweise Optimierung einer Kombination aus der Summe des Umfangs, der Summe der Flächen und

der Fläche des geometrischen Durchschnitts der beiden bei einem Split entstehenden Behälterregionen. Letztere Strategie hat zu einer sehr effizienten R-Baum-Variante, dem *R*-Baum* (*R*-tree*), geführt.

Der R⁺-Baum

Eine weitere Variante des R-Baums, *R⁺-Baum* (*R⁺-tree*) genannt, vermeidet vollständig das Überlappen von Behälterregionen der gleichen Ebene, indem ein Rechteck gegebenenfalls an Partitionsgrenzen in mehrere Teile zerlegt und innerhalb eines jeden Teilraums, den es schneidet, repräsentiert wird. Datenrechtecke können also mehrfach abgespeichert werden (*Clipping*). Bild 3.31 zeigt einen R⁺-Baum für die gleichen Datenrechtecke wie in Bild 3.30. Die Rechtecke *A*, *B* und *C* in der Wurzel sind nun anders zu organisieren, um sie und damit die drei Behälterregionen der Nachfolgerknoten disjunkt zu halten. Es ist nun z.B. erforderlich, die Rechtecke *G* und *M* an der gemeinsamen Grenzlinie der Rechtecke *A* und *C* zu teilen und *G* und *M* jeweils in zwei Behältern abzuspeichern. Ein Problem der R⁺-Bäume ist, dass sie, ähnlich wie die k-d-B-Bäume, nach unten zu propagierende Teilungen (forced splits) durchführen müssen und algorithmisch schwieriger zu behandeln sind als R-Bäume.

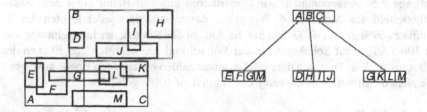

Bild 3.31. Beispiel eines R⁺-Baums

3.4 Aufgaben

Aufgabe 3.1: Gegeben sei eine sequentielle Datei mit *n* = 100000 Datensätzen, die auf einer Festplatte mit Blockgröße *s* = 1024 Bytes gespeichert sind. Wir nehmen an, dass alle Datensätze fester Länge *l* = 100 Bytes sind und Seitengrenzen nicht überschreiten. Wieviele Blockzugriffe benötigt eine binäre Suche auf dieser Datei?

Nehmen wir nun an, dass das Suchschlüsselfeld (Sortierfeld) die Länge *k* = 9 Bytes besitzt und dass ein Zeiger vom Index auf einen Block der Datei *z* = 6 Bytes benötigt. Wieviele Blockzugriffe werden zum Auffinden eines Datensatzes benötigt, wenn für die Datei ein dichter bzw. dünner Primärindex erzeugt wird?

Aufgabe 3.2: Gegeben sei wieder die Ausgangsdatei aus Aufgabe 3.1. Wieviele Blockzugriffe werden bei einer linearen Suche auf dieser Datei im Durchschnitt gebraucht?

Nehmen wir an, dass ein Sekundärschlüssel die Länge $k = 9$ Bytes besitzt und dass ein Zeiger vom Index auf einen Block der Datei $z = 6$ Bytes benötigt. Wieviele Blockzugriffe werden zum Auffinden eines Datensatzes benötigt, wenn für die Datei ein Sekundärindex erzeugt wird?

Aufgabe 3.3: Nehmen wir an, dass der dichte Sekundärindex aus Aufgabe 3.2 in einen mehrstufigen Index umgewandelt wird. Ermitteln Sie die Anzahl der erforderlichen Stufen und die Anzahl der benötigten Blockzugriffe für den mehrstufigen Index.

Aufgabe 3.4: Sei ein Knoten eines B-Baums in einem Block abgespeichert und sei die Blockgröße $s = 512$ Bytes. Nehmen wir ferner an, dass ein Suchschlüsselfeld die Länge $k = 9$ Bytes und ein Blockzeiger die Länge $z = 6$ Bytes habe und dass jeder Indexeintrag $k*$ ein Paar (k, DID) sei. Von welcher Ordnung m kann dann ein B-Baum höchstens sein?

Aufgabe 3.5: Angenommen, wir konstruieren einen B-Baum auf einem Suchschlüsselfeld aus Aufgabe 3.4. Wir gehen davon aus, dass jeder Knoten des B-Baums zu 69% gefüllt ist. Geben Sie die Anzahl der Knoten, der Indexeinträge und der Blockzeiger auf Sohnknoten in der Wurzel und den nächsten drei Ebenen des B-Baums an. Was lässt sich über die Gesamtanzahlen bis zur i-ten Ebene aussagen? Wie sieht die Situation aus, wenn jeder Knoten zu 100% gefüllt ist?

Aufgabe 3.6: Berechnen Sie die größtmögliche Ordnung m eines B^+-Baums unter der Annahme, dass (wie in Aufgabe 3.4) ein Knoten eines B^+-Baums in einem Block abgespeichert wird, die Blockgröße $s = 512$ Bytes ist, ein Suchschlüsselfeld die Länge $k = 9$ Bytes und ein Blockzeiger die Länge $z = 6$ Bytes hat.

Aufgabe 3.7: Angenommen, wir konstruieren einen B^+-Baum auf einem Suchschlüsselfeld aus Aufgabe 3.6. Wir gehen davon aus, dass jeder Knoten des B^+-Baums zu 69% gefüllt ist. Geben Sie die Anzahl der Knoten, der Indexeinträge und der Blockzeiger auf Sohnknoten in der Wurzel und den nächsten drei Ebenen des B^+-Baums an. Wie sieht die Situation aus, wenn jeder Knoten zu 100% gefüllt ist?

Aufgabe 3.8: Gegeben sei eine Haufendatei mit 1000000 Datensätzen, wobei jeder Datensatz 200 Bytes lang ist. Die Blockgröße sei $2^{12} = 4096$ Bytes und die durchschnittliche Zugriffszeit pro Block 0,01 Sekunden. Wie lange benötigt eine erfolgreiche Suche im Durchschnitt sowie eine erfolglose Suche? Was gilt, wenn statisches Hashing angewendet wird und 1000 Behälter zur Verfügung gestellt werden?

Aufgabe 3.9: Gegeben sei ein dünner, n-stufiger Primärindex über einer Datei, von der wir annehmen, dass sie keine Überlaufseiten besitzt. Skizzieren Sie einen effizienten Algorithmus, der anhand eines Primärsuchschlüssels einen Datensatz in dieser Datei findet.

Aufgabe 3.10: Gegeben sei ein B-Baum der Ordnung m mit insgesamt n Suchschlüsseln und der Höhe h. Beweisen Sie folgende Ausagen:

(a) Welche maximale Höhe hat ein B-Baum?

(b) Wieviele Schlüssel besitzt ein B-Baum mindestens in den Blättern?

(c) Wieviele Schlüssel besitzt ein B-Baum höchstens in den Blättern?

(d) Wieviele Schlüssel besitzt ein maximal besetzter B-Baum?

Aufgabe 3.11: Um einen effizienten Zugriff auf eine externe Datei der Größe 32 MB zu erhalten, soll ein B-Baum verwendet werden. Beantworten Sie folgende Fragen, wenn die Seitengröße 512 Bytes beträgt, jeder Schlüsseleintrag 16 Bytes und jeder Verweis 15 Bytes groß ist.

(a) Wie groß ist die Ordnung m des B-Baums?

(b) Wieviele Seitenzugriffe sind in dem Beispiel beim Suchen nach einer bestimmten Seite der Datei erforderlich, wenn alle Verweise auf Seiten der Datei in den Blättern des B-Baums stehen (der B-Baum also als B$^+$-Baum organisiert ist)?

Hinweis: Verwenden Sie die Lösung aus Aufgabe 2 (c).

(c) Im Gegensatz zu dem Beispiel in dieser Aufgabe kann m durchaus auch größere Werte annehmen. Ist es sinnvoll, bei großem m eine Hilfsdatenstruktur (z.B. einen binären Suchbaum) zu verwenden, um in einer Seite effizient zu suchen? Begründen Sie Ihre Antwort.

Aufgabe 3.12:

(a) Ein k-d-B-Baum kann als Variante eines binären Suchbaums aufgefasst werden. Beschreiben Sie kurz die wesentlichen strukturellen Unterschiede beider Baumarten. Wie stellt sich die Suchbaumeigenschaft bei beiden Baumstrukturen dar?

(b) Gegeben seien die Punkte $p_1 = (3, 6)$, $p_2 = (6, 7)$, $p_3 = (1, 1)$, $p_4 = (5, 6)$, $p_5 = (4, 3)$, $p_6 = (5, 0)$, $p_7 = (6, 1)$, $p_8 = (0, 4)$ und $p_9 = (7, 2)$. Fügen Sie die Punkte nacheinander in einen anfangs leeren k-d-Baum ein und stellen Sie das Ergebnis graphisch als Baumstruktur dar. Markieren Sie hierbei die Kanten des Baums mit den Bedingungen, die für die Knoten des linken und rechten Teilbaums eines jeden Knotens gelten.

(c) Stellen Sie das Einfügen der Punkte in den k-d-Baum nun geometrisch als Partitionierung eines zwei-dimensionalen Datenraums dar. Der Datenraum habe eine Breite und eine Höhe von jeweils 7,5 cm und die Länge pro Einheit sei 1 cm. Zeichnen Sie den Datenraum nach jedem Einfügen eines weiteren Elements.

(d) Beschreiben Sie umgangssprachlich die möglichen Fälle, die bei der Suche in einem k-d-Baum nach einem Schlüssel $(v_0, ..., v_{n-1})$ an jedem Knoten des Baumes auftreten können.

(e) Beschreiben Sie umgangssprachlich eine Bereichssuche mit $2 \leq x \leq 4$ und $2 \leq y \leq 4$ auf dem k-d-Baum aus (b).

Aufgabe 3.13:

(a) Gegeben seien die Suchschlüssel 2, 3, 5, 7, 11, 19, 23, 29, 31, die der Reihe nach mittels erweiterbarem Hashing in eine Datei eingefügt werden sollen. Wie sieht nach jedem Einfügen eines weiteren Datensatzes die erweiterbare Hash-Struktur aus, wenn die verwendete Hash-Funktion $h(x) = x \bmod 8$ lautet und ein Behälter 3 Datensätze speichern kann?

Um eine aufwendige graphische Darstellung zu vermeiden, notieren wir die Binärdarstellung z eines Indexes für einen Verzeichniseintrag als (z) und die in einem Behälter mit lokaler Tiefe d' enthaltenen Datensätze anhand ihrer Schlüssel $k_1, ..., k_n$ mit $[k_1, ..., k_n]_{d'}$. Die Zuordnung von (z) zu $[k_1, ..., k_n]_{d'}$ notieren wir mit $(z) \rightarrow [k_1, ..., k_n]_{d'}$.

(b) Wie sieht die erweiterbare Hash-Struktur aus (a) aus, wenn Suchschlüssel 11 gelöscht wird?

3.5 Literaturhinweise

Die index-sequentielle Zugriffsmethode ist von Ghosh & Senko (1969) eingeführt worden; eine Analyse findet sich in (Larson 1981). B-Bäume stammen von Bayer & McCreight (1972). Die durchschnittliche Speicherplatzausnutzung von 69% eines B-Baum-Knotens ist von Nakamura & Mizzoguschi (1978) ermittelt worden. Präfix-B-Bäume werden von Bayer & Unterauer (1977) beschrieben. Die Performance von B-Bäumen wird von Rosenberg & Snyder (1981) diskutiert. Ein früher Überblicksartikel zu B-Bäumen und ihren Varianten findet sich in (Comer 1979). Bis heute sind zahlreiche, hier nicht erwähnte Publikationen über B-Baum-Varianten veröffentlicht worden, die die Bedeutung des B-Baums für Standarddatenbanksysteme aufzeigen.

Eine sehr ausführliche Beschreibung sowie mathematische Analyse von Hashverfahren findet man bei Knuth (1973). Hier wird auch die Wahl von geeigneten Hash-Funktionen diskutiert. Überblicke über Hashing-Verfahren geben Morris (1968), Maurer & Lewis (1975) und Ottmann & Widmayer (1993). Dynamisches Hashing ist von Larson (1978), erweiterbares Hashing von Fagin *et al.* (1979) und lineares Hashing von Litwin (1980) eingeführt worden.

Textbücher, die geometrische Indexstrukturen als Thema haben, gibt es bisher nicht. Einen sehr guten Überblick über geometrische Indexstrukturen geben die Artikel von Widmayer (1991) und von Gaede & Günther (1998). Als eindimensionale Einbettungen sind die z-Ordnung von Morton (1966), Orenstein (1986) und Manola & Orenstein (1986), die Gray-Codierung von Faloutsos (1985, 1988) und Hilbert's Kurve von Faloutsos & Roseman (1989) und Jagadish (1990) eingeführt bzw. verwendet worden. Bezüglich der Indexstrukturen für Punktmengen wird das Grid-File in Nievergelt *et al.* (1984) und in Hinrichs (1985), das hierarchische Grid-File in Hinrichs (1985) und Krishnamurthy & Whang (1985) und der k-d-B-Baum in Robinson (1981) zuerst beschrieben. Weitere hierzu gehörende Strukturen sind z.B. der *LSD-Baum* (Henrich *et al.* (1989)), *EXCELL* (Tamminen (1982)), der Buddy-Hashbaum (Seeger & Kriegel (1990)), das *Bang-File* (Freeston (1987)) oder der *hB-Baum* (Lomet & Salzberg (1989)). Der Transformationsansatz als indirekte Strategie zur Verwaltung von Rechteckmengen wird in Hinrichs (1985) und in Seeger & Kriegel (1988) beschrieben. Der R-Baum wird in Guttman (1984) und der R^+-Baum in Sellis *et al.* (1987) und in Faloutsos *et al.* (1987) dargestellt.

Kapitel 4

Externes Sortieren

Das *externe Sortieren* (*external sorting*) großer externer Datenbestände auf Sekundärspeicher anhand eines (Sortier-)Schlüssels· ist eine weitere wichtige Funktion eines Datenbanksystems. Der Schlüssel kann dabei aus einem einzelnen Attribut oder einer geordneten Liste von Attributen bestehen. Wichtig ist das Sortieren z.B. zur Beantwortung von Benutzeranfragen in irgendeiner gewünschten Sortierreihenfolge, also zur Realisierung eines *Sortieroperators* der Datenbankanfragesprache, oder zur Eliminierung von *Duplikaten* in einer Kollektion von Datensätzen, oder zur Unterstützung der Realisierung relationaler Algebraoperationen wie dem *Join* (*Verbund*), dessen Implementierung als sogenannter *Sort-Merge-Join* einen Sortierschritt erfordert, oder zur Erzeugung von Partitionen durch Zerlegung einer Datensatzmenge in disjunkte Gruppen. Die Größen von Hauptspeichern wachsen ständig, allerdings auch und noch viel mehr die Größen der zu verwaltenden Datenmengen. Wenn die zu sortierenden Daten nicht in den verfügbaren Hauptspeicher passen, benötigen wir ein *externes Sortierverfahren*. Solch ein Verfahren versucht, die Anzahl der externen Seitenzugriffe zu minimieren. Externes Sortieren unterscheidet sich grundlegend vom internen Sortieren im Hauptspeicher, wo der Zugriff auf einen beliebigen Datensatz aufgrund der Annahme des direkten Zugriffs mittels einer Array-Datenstruktur konstante Zeit beansprucht und daher auf die Reihenfolge der Bearbeitung von Datensätzen nicht geachtet werden muss. Beim externen Sortieren müssen wir von einem Externspeicher (z.B. Magnetplatte, Magnetbänder) ausgehen, die im wesentlichen Datensätze sequentiell auf ein Band schreiben oder von dort sequentiell lesen können. Die in diesem Kapitel vorgestellten Algorithmen können auch für Magnettrommeln und Festplatten verwendet werden, obwohl sie die dort verfügbaren Operationen (wie z.B. seitenweiser Direktzugriff) nicht voll ausschöpfen. Das wesentliche Merkmal des sequentiellen Zugriffs ist, dass man alle vorhergehenden Datensätze gelesen haben muss, um auf einen gewünschten Datensatz zugreifen zu können. Hieraus ergibt sich das Interesse an externen Sortieralgorithmen, die Datensätze in derjenigen Reihenfolge verarbeiten, in der sie schon auf dem Externspeicher (z.B. Magnetband) stehen. Unter den höheren Sortierverfahren hat insbesondere *Mergesort* (*Mischsortieren*; *mergesort*) diese Eigenschaft. Grundsätzlich eignen sich auch andere Verfahren wie z.B. Quicksort oder Radixsort. Wir werden uns aber auf die Mergesort-Varianten und somit auf Varianten des Sortierens durch Verschmelzen konzentrieren.

Die ersten drei Abschnitte behandeln verschiedene Mergesort-Varianten. Abschnitt 4.1 befasst sich mit direktem und ausgeglichenem 2-Wege-Mergesort, Abschnitt 4.2 mit natürlichem 2-Wege-Mergesort und Abschnitt 4.3 mit ausgeglichenem Mehr-Wege-Mergesort. Abschnitt 4.4 erörtert spezielle Datenbankaspekte beim externen Sortieren.

4.1   Direktes und ausgeglichenes 2-Wege-Mergesort

Sei n die Anzahl der Datensätze der zu sortierenden Datei (auf einem Magnetband, ...). Sortieren durch Mischen erfolgt in mehreren Schritten, sogenannten *Mischphasen* oder *Verschmelzungsphasen*. In jeder Phase wird die komplette Menge von Datensätzen von zwei Eingabedateien gelesen, geeignet verarbeitet und auf zwei Ausgabedateien geschrieben. Hieraus resultiert der Name *2-Wege-Mergesort* (*2-way-mergesort*). Für die nächste Phase werden dann Eingabe- und Ausgabedateien vertauscht. Es werden also insgesamt vier Dateien benötigt, die wir mit f_1, f_2, g_1 und g_2 bezeichnen. Wir nehmen an, dass zu Beginn alle n Datensätze in g_1 stehen und die anderen Dateien leer sind. Dem Algorithmus geht eine Initialisierungsphase voran, in dem g_1 gelesen und aufsteigend geordnete Teilfolgen von Datensätzen, die *Läufe* (*runs*) genannt werden, abwechselnd nach f_1 und f_2 geschrieben werden. Im einfachsten Fall werden zunächst jeweils Läufe der Länge 1 erzeugt, d.h. jeder Datensatz bildet seinen eigenen Lauf. Bild 4.1 zeigt ein Beispiel für eine anfängliche Datei g_1 mit den Elementen 8, 7, 3, 7, 6, 3, 5, 2.

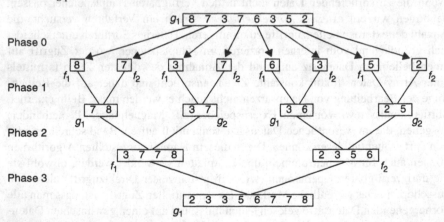

Bild 4.1. Beispiel eines 2-Wege-Mergesort

Zu Beginn steht auf f_1 die Folge 8, 3, 6, 5 und auf f_2 die Folge 7, 7, 3, 2. In einer Mischphase werden jeweils von den beiden Eingabedateien zwei Läufe „parallel" gelesen und zu einem gemeinsamen Lauf verschmolzen. Die auf diese Weise entstehenden Ergebnisläufe werden alternierend in den beiden Ausgabedateien sequentiell gespeichert. Das Verschmelzen zweier Läufe kann man sich als einen parallelen

Durchlauf durch zwei geordnete Listen vorstellen. Nehmen wir an, dass n eine Zweierpotenz ist, also $n = 2^k$ für ein $k \in$ IN gilt, erhalten wir für obiges Schema die Aussage, dass Phase i genau 2^{k-i} Läufe der Länge 2^i erzeugt, wobei $i \in \{0, ..., k\}$. Hieraus ergibt sich der Name *direktes 2-Wege-Mergesort* (*straight 2-way-mergesort*). In jeder Phase werden sämtliche Datensätze jeweils einmal sequentiell gelesen, verarbeitet und geschrieben. Dies ergibt in jeder Phase zwei Seitenzugriffe pro Datensatz. Die Anzahl der Phasen ist $\lceil \log n \rceil + 1$, und insgesamt erhalten wir $2n(\lceil \log n \rceil + 1)$, also $O(n \log n)$, Seitenzugriffe. Für das Beispiel aus Bild 4.1 ergeben sich $\lceil \log 8 \rceil + 1 = 4$ Phasen und $2 \cdot 8 \cdot (\lceil \log 8 \rceil + 1) = 64$ Seitenzugriffe. Auch der interne Zeitbedarf beträgt $O(n \log n)$. Im Hauptspeicher benötigen wir nur einen Pufferbereich von vier Seiten für die vier Dateien und drei Variable zur Aufnahme der aktuellen Datensätze der beiden Eingabedateien und der gerade gewählten Ausgabedatei.

Prinzipiell kann das 2-Wege-Mergesort auch nur mit drei Dateien f_1, f_2 und g_1 ablaufen. Dann wechseln sich eine *Aufteilungs-* und eine *Verschmelzungsphase* ständig ab. Von g_1 werden die Datensätze auf die Dateien f_1 und f_2 verteilt, dann verschmolzen und während des Verschmelzens auf die Datei g_1 zurückgeschrieben, wieder verteilt, verschmolzen usw.

Beim direkten 2-Wege-Mergesort fällt auf, dass der Hauptspeicher weitgehend ungenutzt bleibt. Die Methode kann dahingehend verbessert werden, dass in der Initialisierungsphase jeweils soviele Datensätze, wie in den Hauptspeicher passen, sagen wir m Datensätze, geladen, mit einem internen Sortierverfahren wie z.B. Heapsort oder Quicksort sortiert und dann auf Externspeicher geschrieben werden. Auf diese Weise werden Anfangsläufe der *festen Länge m* erzeugt und die Anzahl der Läufe zu Anfang von n auf $k = \lceil n / m \rceil$ reduziert. Die Anzahl der benötigten Phasen, die im allgemeinen $\lceil \log k \rceil$ beträgt, kann dadurch drastisch sinken. Sind beispielsweise 10^6 Datensätze zu sortieren, wobei 10^4 intern sortiert werden können, so entstehen bei der verbesserten Version 100 Läufe, die in 7 anstelle von 20 Phasen sortiert werden. Bezeichnet r die Anzahl der Datensätze pro Seite, also den Blockungsfaktor, der zu sortierenden Datei, so sinkt die Anzahl der Seitenzugriffe von $O(n \log n)$ auf $O((n / r) \log (n / m))$. Diese Mergesort-Variante wird *ausgeglichenes 2-Wege-Mergesort* (*balanced 2-way-mergesort*) genannt.

Der gesamte Ablauf lässt sich sowohl für das direkte als auch für das ausgeglichene 2-Wege-Mergesort durch folgenden Algorithmus beschreiben. Zu Anfang liest eine Funktion *InitialRuns* die Datei g_1 und schreibt abwechselnd Läufe nach f_1 und f_2. Entweder werden dann Anfangsläufe der Länge 1 erzeugt (direktes Verfahren) oder aber sortierte Anfangsläufe der Länge m (ausgeglichenes Verfahren). Zurückgeliefert wird die Anzahl erzeugter Läufe (im einfachsten Fall n) in einer Variablen l. Danach wird der Algorithmus *ExternalMergesort* aufgerufen, der seinerseits seine Mischphase mit einer Funktion *ExternalMerge* verwirklicht.

> *InitialRuns*(g_1, f_1, f_2, l);
> *ExternalMergesort*(f_1, f_2, g_1, g_2, l);

algorithm *ExternalMergesort(f_1, f_2, g_1, g_2, l)*
{   Sortiere durch externes Mischen mit Hilfe der Dateien f_1, f_2, g_1 und g_2. Zu
    Anfang stehen l Läufe zu gleichen Teilen in f_1 und f_2. }
    #Läufe := l;
    loop
        ExternalMerge(f_1, f_2, g_1, g_2); *#Läufe :=* $\lceil$ *#Läufe / 2* $\rceil$;
        if *#Läufe = 1* **then exit fi**;
        ExternalMerge(g_1, g_2, f_1, f_2); *#Läufe :=* $\lceil$ *#Läufe / 2* $\rceil$;
        if *#Läufe = 1* **then exit fi**;
    end
end *ExternalMergesort*.

Der Algorithmus *ExternalMerge* nimmt an, dass die Lauf-Anzahlen beider Eingabedateien sich um höchstens 1 unterscheiden und stellt dies wiederum für die beiden
Ausgabedateien sicher.

algorithm *ExternalMerge(f_1, f_2, g_1, g_2)*
{   Verschmelze Läufe der Dateien f_1 und f_2 abwechselnd in die Dateien g_1
    und g_2. }
    g := g_1;
    while f_1 oder f_2 enthalten noch mindestens einen unbearbeiteten Lauf **do**
        if f_1 und f_2 enthalten noch mindestens einen unbearbeiteten Lauf **then**
            Verschmelze den gerade aktuellen ersten Lauf von f_1 mit dem
            gerade aktuellen ersten Lauf von f_2 und schreibe den Ergebnislauf
            nach g
        else
            Schreibe den noch übrigen Lauf von f_1 oder f_2 nach g
        fi;
        if $g = g_1$ **then** $g := g_2$ **else** $g := g_1$ **fi**
    od
end *ExternalMerge*.

4.2   Natürliches 2-Wege-Mergesort

Kennzeichen der beiden Mergesort-Varianten in Abschnitt 4.1 ist das Erzeugen von
Läufen *fester* Länge. Alternativ kann man aber auch Läufe *variabler* Länge erzeugen. Dies ist aus zweierlei Gründen interessant. Zum einen stehen häufig in der Praxis bereits vorsortierte Teile von Dateien zur Verfügung, was von den Verfahren aus
Abschnitt 4.1 nicht ausgenutzt wird. Zum anderen können mit Hilfe einer Methode,
die *Ersetzungsauswahl* (*replacement selection*) oder auch „Filtern durch einen
Heap" genannt wird, beim internen Sortieren in der Anfangsphase (Funktion *InitialRuns*) Läufe erzeugt werden, deren (variable) Länge die Größe des Hauptspeichers bei weitem übersteigt. Aufgrund des Ausnutzens von Vorsortierungen und des

Erzeugens variabel langer Läufe wird diese Variante als *natürliches 2-Wege-Merge-sort* (*natural 2-way-mergesort*) bezeichnet.

Die Idee der Ersetzungsauswahl besteht im Aufbau eines Anfangslaufs, der von den im Hauptspeicher befindlichen m Datensätzen jeweils denjenigen mit minimalem Schlüssel auswählt — dies kann beispielsweise mittels Heapsort erreicht werden — und diesen in die Ausgabedatei schreibt. Der ausgewählte Datensatz wird nun im Hauptspeicher durch den nächsten Datensatz der Eingabedatei ersetzt. Falls der Schlüssel des neuen Datensatzes größer ist als der des gerade herausgeschriebenen, so kann dieser neue Datensatz noch in den aktuellen entstehenden Lauf aufgenommen werden. Bei der Verwendung von Heapsort sinkt der neue Datensatz an die entsprechende Position im Heap. Ist der Schlüssel des neuen Datensatzes kleiner, muss der neue Datensatz den nächsten Lauf abwarten.

Nehmen wir als Beispiel einen Hauptspeicher an, der $m = 3$ Datensätze aufnehmen kann. Datensätze, die den nächsten Lauf abwarten müssen, werden überstrichen. Datensätze im Hauptspeicher mit kleinstem Schlüssel werden unterstrichen. Wir betrachten folgende Schlüsselfolge:

63 99 47 32 18 89 55 15 96 72 83 25 30

1	2	3	1. Lauf		1	2	3	2. Lauf
63	99	<u>47</u>	47		<u>18</u>	89	32	18
<u>63</u>	99	$\overline{32}$	63		55	89	<u>32</u>	32
$\overline{18}$	<u>99</u>	$\overline{32}$	99		<u>55</u>	89	$\overline{15}$	55
$\overline{18}$	$\overline{89}$	$\overline{32}$			96	<u>89</u>	$\overline{15}$	89
					96	$\overline{72}$	$\overline{15}$	96
					$\overline{83}$	$\overline{72}$	$\overline{15}$	

1	2	3	3. Lauf
83	72	<u>15</u>	15
83	72	<u>25</u>	25
83	72	<u>30</u>	30
83	<u>72</u>		72
<u>83</u>			83

Das Beispiel zeigt, dass Läufe entstehen können, die länger als m sind. Eine bereits aufsteigend sortierte Teilfolge in der Eingabedatei wird vollständig in den aktuellen Lauf übernommen, falls ihr erster Datensatz übernommen wird. Ansonsten geschieht dies im nächsten Lauf. Man kann zeigen, dass bei diesem Verfahren die erwartete durchschnittliche Länge von Läufen $2m$ ist. Vorhandene Vorsortierungen erhöhen die tatsächliche Länge der Läufe erheblich. Die Realisierung der Ersetzungsauswahl erfolgt z.B. mittels eines Arrays, das vorne an den Indexpositionen 1 bis i einen Heap-Bereich h zur Konstruktion des aktuellen Laufs und hinten an den Indexpositionen $i+1$ bis m eine Liste von Datensätzen, die auf den nächsten Lauf warten, zur Verfügung stellt. Jeder Einzelschritt bei der Konstruktion des aktuellen Laufs sieht wie folgt aus:

> Schreibe $h[1]$ ($\cong$ Datensatz mit minimalem Schlüssel k_{min}) in die Ausgabedatei;
> Lies von der Eingabedatei den nächsten Datensatz s mit Schlüssel k;
> **if** $k_{min} \leq k$ **then**
> > $h[1] := s$; Lass s in den Heap einsinken
> **else**
> > $h[1] := h[i]$; $h[i] := s$;
> > Reduziere den Heap-Bereich auf 1 bis i-1;
> > Lass $h[1]$ in den Heap einsinken
> **fi**

Der gesamte Algorithmus zur Konstruktion von Anfangsläufen ergibt sich dann wie folgt:

> Lade die ersten m Datensätze in das Array;
> **repeat**
> > Konstruiere einen Heap im Bereich 1 bis m;
> > Beginne einen neuen Lauf;
> > **repeat**
> > > Füge dem aktuell erstellten Lauf (wie oben beschrieben) einen Datensatz hinzu
> > **until** der Heap-Bereich ist leer **or** die Eingabedatei ist leer
> **until** die Eingabedatei ist leer;
> Baue Heap ab und hänge Datensätze an den zuletzt aktuell erstellten Lauf an

4.3 Ausgeglichenes Mehr-Wege-Mergesort

Das im Abschnitt 4.1 beschriebene ausgeglichene 2-Wege-Mergesort lässt sich leicht auf ein Mehr-Wege-Mergesort verallgemeinern. Anstelle von je zwei Eingabe- und Ausgabedateien verwendet man k Eingabe- und k Ausgabedateien. In der Initialisierungsphase werden wiederholt m Datensätze von einem ausgezeichneten Eingabeband gelesen, intern sortiert und abwechselnd in eine der k Ausgabedateien geschrieben, bis die Eingabedatei erschöpft ist. Dann stehen etwa $n / (m \cdot k)$ Läufe der Länge m in den Ausgabedateien. Nun werden die Ausgabedateien zu Eingabedateien und umgekehrt und die jeweils ersten Läufe der Eingabedateien zu einem Lauf der Länge $m \cdot k$ verschmolzen, der in die erste Ausgabedatei geschrieben wird. Dann werden die nächsten k Läufe der Eingabedateien verschmolzen und in die zweite

Ausgabedatei geschrieben. Dies setzt sich fort, bis die Eingabedateien erschöpft sind. Eingabedateien und Ausgabedateien tauschen dann wieder ihre Rollen. Das k-Wege-Verschmelzen und k-Wege-Aufteilen wird solange fortgesetzt, bis alle Datensätze als ein Lauf in einer Ausgabedatei stehen. Beim k-Wege-Verschmelzen in k Ausgabedateien wird zunächst der erste Datensatz jedes Laufs in den Hauptspeicher gelesen. Von diesen wird der Datensatz mit kleinstem Schlüssel ausgewählt und in die Ausgabedatei geschrieben. Bei großem k kann die Bestimmung des Minimums wiederum mit Hilfe eines Heaps geschehen. Der ausgewählte Datensatz wird im Hauptspeicher durch den nächsten Datensatz des entsprechenden Eingabelaufs ersetzt. Dies wird solange durchgeführt, bis alle k Eingabeläufe abgearbeitet sind.

In jeder Phase wird die Anzahl der Läufe durch k geteilt. Bei l anfänglichen Läufen ergeben sich $\lceil \log_k l \rceil$ Phasen im Gegensatz zu $\lceil \log_2 l \rceil$ Phasen beim binären Mischen, was zu einer weiteren erheblichen Reduzierung externer Seitenzugriffe führt. Das Entfernen des Minimums und das Hizufügen eines neuen Datensatzes im Heap kostet $O(\log_2 k)$ Zeit, so dass der gesamte interne Zeitbedarf pro Phase $O(n \log_2 k)$ beträgt. Für alle Phasen mit Ausnahme der Initialisierungsphase, in der die Anfangsläufe erzeugt werden, ergibt sich insgesamt ein Zeitbedarf von $O(n \cdot \log_2 k \cdot \log_k l) = O(n \cdot \log_2 l)$, was keine Veränderung gegenüber dem binären Mischen bedeutet.

4.4 Spezielle Datenbankaspekte beim externen Sortieren

Beim ausgeglichenen und natürlichen Mergesort stellt sich die Frage, wo sich die in der Initialisierungsphase zur Erzeugung von Anfangsläufen zu sortierenden Datensätze im Hauptspeicher befinden. Eine Möglichkeit ist, für die Sortierkomponente einen eigenen Puffer mit einer speziellen Ein-/Ausgabe-Schnittstelle einzurichten. Eine andere Möglichkeit besteht darin, den vorhandenen Systempuffer mit seiner Schnittstelle zu benutzen, was den Vorteil hat, dass die Komplexität des DBS nicht wesentlich erhöht wird und dass die Verwendung von vorhandenen Objekten wie Segmenten und Seiten möglich ist. Nachteilig wirkt sich in Hinsicht auf Effizienz aus, dass keine Kontrolle bezüglich der physischen Clusterung auf den Externspeichern möglich ist, dass eine für Sortieroperationen unnötig flexible Seitenzuordnung wie z.B. das Schattenspeicherkonzept hohe Ein-/Ausgabekosten verursacht und dass Ersetzungsstrategien wie z.B. LRU sowie die gemeinsame Benutzung des Systempuffers durch parallele Transaktionen die Effizienz und die Optimierungsmöglichkeiten von Sortier- und Mischvorgängen einschränken.

Ausgangspunkt in den vorherigen Abschnitten ist die Anzahl n der vorhandenen Datensätze in einer Eingabedatei und die Anzahl m der im Hauptspeicher aufnehmbaren Datensätze. Betrachten wir hingegen Seiten und gehen wir unter der Annahme von Datensätzen gleicher Länge von einem Blockungsfaktor r aus, so ergeben sich die Parameter $N = \lceil n / r \rceil$ und $M = \lceil m / r \rceil$, die nun Seitenanzahlen beschreiben. Das bisher Gesagte gilt dann analog auf Seiten bezogen. Nicht berücksichtigt wurde bisher die Eigenschaft des *geblockten Zugriffs* (*blocked access*), die besagt, dass das Lesen bzw. Schreiben einer Seite genauso teuer ist wie das Lesen und Schreiben einer gewissen Menge von Seiten (siehe Abschnitt 2.7.1). Mit einem Externzugriff können dann b Blöcke, *Pufferblöcke* (*buffer blocks*) genannt, auf einmal gelesen und geschrieben werden, so dass die Anzahl der Externzugriffe um den Faktor b reduziert werden kann.

4.5 Aufgaben

Aufgabe 4.1: Gegeben sei die Eingabefolge 28, 31, 3, 5, 93, 96, 10, 40, 54, 85, 65, 9, 30, 39, 90, 13, 10, 8, 69, 77, 8, 10, 22, 76. Sortieren Sie die Folge durch direktes und ausgeglichenes 2-Wege-Mergesort sowie durch 4-Wege-Mergesort, wobei der Hauptspeicher in allen drei Fällen 4 Datensätze speichern kann.

Aufgabe 4.2: Ein weiteres, in Kapitel 4 nicht besprochenes, externes Sortierverfahren ist das *Mehrphasensortieren* (*polyphase mergesort*). Stehen n Bänder zur Verfügung, so werden die Anfangsläufe auf n-1 Bänder verteilt. Dabei wird nicht verlangt, dass anschließend auf jedem dieser Bänder die gleiche Anzahl von Anfangsläufen steht. Seien k_1, ..., k_n die Anzahlen der Anfangsläufe auf den mit 1, ..., n indizierten Bändern, wobei $k_n = 0$ ist, und sei $k_i = \min(k_1, ... , k_{n-1})$ mit $1 \le i \le n$-1. Nun werden in einer ersten Phase k_i-mal n-1 Läufe (von jedem Band einer) sortiert und der Ergebnislauf auf das n-te Band geschrieben. Danach befinden sich $k_1 - k_i$, ... , $k_{i-1} - k_i$, 0 , $k_{i+1} - k_i$, ..., $k_{n-1} - k_i$, k_i Läufe auf den Bändern 1, ..., n. Nun wird wieder die kleinste Anzahl von Läufen bestimmt und entsprechend sortiert, wobei die Ergebnisse auf das i-te Band geschrieben werden. Dieses Verfahren wird fortgesetzt, bis nur noch ein einziger Lauf vorhanden ist.

(a) Gegeben seien fünf Bänder, auf denen 273 Anfangsläufe der Länge 1, wie in der folgenden Tabelle beschrieben, gespeichert sind. Die Notation n/k für Band i bedeutet, dass n Läufe der Länge k auf Band i gespeichert sind. Geben Sie die Anzahl der Läufe auf den Bändern nach jeder Mischphase an.

Band	1	2	3	4	5
Läufe	76/1	83/1	40/1	54/1	0

(b) Die Verteilung der Läufe auf die Bänder ist nicht beliebig, da das Verfahren nicht für jede Verteilung korrekt endet. Dies macht man sich leicht klar, wenn man z.B. Mehrphasensortieren mit 497 Anfangsläufen und sechs Bändern auf folgende Anfangsverteilung anwendet:

Band	1	2	3	4	5	6
Läufe	80/1	110/1	120/1	125/1	62/1	0

Führen Sie das Verfahren mit dieser Anfangsverteilung durch und beschreiben Sie eine geeignete Modifikation des Verfahrens. Geben Sie eine Anfangsverteilung der 497 Läufe an, bei der das Verfahren korrekt endet. Die Anzahl der Mischphasen soll dabei möglichst klein sein!

Aufgabe 4.3: Ein weiteres, in Kapitel 4 nicht besprochenes, externes Sortierverfahren ist das *oszillierende Mergesort* (*oscillating mergesort*). Bei den bisher vorgestellten externen Sortierverfahren entsteht zusätzlicher Aufwand durch das notwendige, aber unproduktive Zurückspulen von Bändern, da diese immer in der gleichen Richtung beschrieben und auch gelesen werden. Eine Verbesserung ist hier zu erzielen, wenn Bänder auch rückwärts gelesen werden können. Zu beachten ist dabei, dass Bandinhalte beim Vorwärtslesen in aufsteigender, beim Rückwärtslesen aber in absteigender Reihenfolge gelesen werden. Es ist also nicht möglich, den Inhalt eines von vorn gelesenen Bandes mit demjenigen eines von hinten gelesenen Bandes zu verschmelzen. Betrachten wir als Beispiel acht Läufe der Länge 1, die verschmolzen werden sollen. Wir führen folgende Notationen ein: Pfeile beschreiben zunächst einmal die Position des Lese-/Schreibkopfs auf einem Band. Ein „→"-Pfeil bezeichnet zudem die Lese- bzw. Schreibrichtung eines Bandes von links nach rechts; ein „←" Pfeil entsprechend von rechts nach links. Mit A_i bezeichnen wir einen Lauf der Länge i, der beim nächsten Lesen in aufsteigender Reihenfolge ausgegeben wird, während das Lesen von D_i den Inhalt in absteigender Reihenfolge liefert.

Band Phase	1	2	3	4
1	$\rightarrow A_1A_1A_1A_1$	$\rightarrow A_1A_1A_1A_1$	$\rightarrow$	$\rightarrow$
2	$\leftarrow$	$\leftarrow$	$D_2D_2 \leftarrow$	$D_2D_2 \leftarrow$
3	$\rightarrow A_4$	$\rightarrow A_4$	$\rightarrow$	$\rightarrow$
4	$\leftarrow$	$\leftarrow$	$D_8 \leftarrow$	$\rightarrow$

In diesem Beispiel kann also ohne Modifkationen am verwendeten Verfahren ein Zurückspulen von Bändern vermieden werden.

Kann man auch beim Mehrphasensortieren das Zurückspulen von Bändern völlig vermeiden, ohne Modifikationen vorzunehmen? Wenn ja, dann belegen Sie Ihre Aussage. Wenn nein, so begründen Sie dies, und geben Sie die notwendigen Modifikationen an.

Aufgabe 4.4: In einigen Anwendungen müssen Datensätze sortiert werden, bei denen viele Datensätze den gleichen S(ekundärs)chlüssel haben. In solchen Fällen können die Einträge mit gemeinsamen Schlüsseln zu einem einzigen Block zusammengefasst werden. Ein externer Sortieralgorithmus kann sich dies zunutze machen, weil das Kopieren einer Folge von Einträgen aus einer Datei in eine andere wesentlich schneller geht als diese einzeln einzulesen und herauszuschreiben.

Geben Sie einen Algorithmus $Merge(f_1, f_2, g)$ an, der unter dieser Voraussetzung die Verschmelzung zweier Läufe f_1 und f_2 in einen einzigen Lauf g beschreibt. Folgende Funktionen stehen Ihnen dabei zur Verfügung: (1) eine Operation $read(f)$, die einen Eintrag aus der Datei f liest und zurückliefert, (2) eine Operation $write(f, x)$, die einen Eintrag x in die Datei f schreibt, und eine Operation $fast\text{-}copy(f, n, g)$, die aus der Datei f n Einträge liest und sie in die Datei g schreibt.

4.6 Literaturhinweise

Externes Sortieren wird insbesondere im Buch von Knuth (1973) behandelt. Dort wird eine Anzahl weiterer Varianten und Strategien vorgestellt und analysiert. Beispiele sind das *Mehrphasen-Mergesort* (*polyphase mergesort*), das mit $k+1$ anstelle von $2k$ Dateien auskommt, das *kaskadierende Mergesort* (*cascading mergesort*), das die (bislang unberücksichtigte) Rückspulzeit eines Ausgabebandes beim Phasenende des Mehrphasen-Mergesort zum Sortieren zu nutzen versucht, sowie das *oszillierende Mergesort* (*oscillating mergesort*), welches annimmt, dass ein Magnetband auch rückwärts gelesen und dass zwischen Lesen und Schreiben vorwärts und rückwärts umgeschaltet werden kann. Beiträge zum externen Sortieren mit Hilfe von Mergesort sind auch in den Büchern von Ottmann und Widmayer (1993) und Ramakrishnan (1997) zu finden. Ramakrishnan (1997) behandelt auch die Verwendung von B^+-Bäumen zum externen Sortieren. Neuere Untersuchungen nutzen die Möglichkeiten moderner Rechner, z.B. sehr große interne Speicher (Salzberg (1989)) oder Parallelität (Salzberg *et al.* (1990)).

Kapitel 5

Transaktionen und Concurrency Control

Im Allgemeinen stellt eine Datenbank eine Informationsbasis dar, auf die von vielen verschiedenen Anwendungsprogrammen und interaktiven Benutzern unabhängig, ohne Wissen voneinander und oft zur selben Zeit, d.h. *nebenläufig* (*concurrent access*), zugegriffen wird. Andererseits soll das DBMS jedem Benutzer den Eindruck vermitteln, als sei das DBMS ein Einbenutzersystem und ausschließlich für ihn reserviert. Eine sequentielle Ausführung von Benutzerprozessen ist daher aus Effizienzgründen ausgeschlossen. Es ist die Aufgabe des *Concurrency Control* (*Nebenläufigkeitskontrolle*; *concurrency control*), den nebenläufigen Zugriff auf *geteilte Daten* (*shared data*) zu steuern und die beteiligten Prozesse zu *synchronisieren*, um unerwünschte, zu inkonsistenten Datenbankzuständen führende, gegenseitige Beeinflussungen zu verhindern. Synchronisation im Datenbankbereich bedeutet *Serialisierung* (*serialization*) konkurrierender Zugriffe auf gemeinsam benutzte Objekte. Das grundlegende Konzept für Concurrency Control und *Recovery* (siehe Kapitel 6) ist die *Transaktion* (*transaction*). Eine Transaktion bezeichnet eine Folge von zusammengehörenden Operationen, die eine logische Arbeitseinheit bilden und entweder vollständig oder gar nicht ausgeführt werden. Ein Beispiel ist ein Flugreservierungssystem, wo zu einem Zeitpunkt mehrere Flugtickets verkauft und daher die Anzahlen der verfügbaren Plätze in Flugzeugen verändert werden. Hier besteht das Problem, dass ein Ticket für denselben Sitzplatz zweimal verkauft wird, wenn beim gleichzeitigen Zugriff zweier oder mehrerer Prozesse nicht aufgepasst wird. Zwei Prozesse, die dasselbe Objekt lesen und verändern, dürfen diesbezüglich also nicht parallel ablaufen. Die Transaktionen eines DBMS werden durch den *Transaktions-Manager* (*transaction manager*) verwaltet, der besonders dafür Sorge zu tragen hat, dass die verzahnte Ausführung zweier nebenläufiger Transaktionen so stattfindet, als würden beide seriell, d.h. nacheinander, ohne Verzahnung ausgeführt.

Abschnitt 5.1 definiert den Begriff der Transaktion und beschreibt Zustände und Eigenschaften von Transaktionen. Des Weiteren werden die Protokollierung von Transaktionen sowie die Aufgaben eines Transaktions-Managers behandelt. Abschnitt 5.2 befasst sich mit Synchronisationsproblemen nebenläufiger Transaktionen. Abschnitt 5.3 behandelt das Konzept der *Serialisierbarkeit* (*serializability*), mit dessen Hilfe diejenigen Ausführungen von verschiedenen Transaktionen identifiziert werden können, die Konsistenz der Datenbank garantieren. Abschnitt 5.4 gibt einen kurzen Überblick über verschiedene Klassen von Synchronisationsverfahren. Abschnitt 5.5 erläutert die Bedeutung von *Sperrverfahren (locking)* als wichtigstes Synchronisationsmittel in DBMS. Abschnitt 5.6 beschreibt spezielle Sperrverfahren wie hierarchisches Sperren und Sperrverfahren für Baumindexe. Abschnitt 5.7 schließlich behandelt Concurrency Control-Verfahren, die ohne das Sperren von Datenbankobjekten auskommen.

5.1 Transaktionen

Typischerweise ist eine Datenbank eine in hohem Maße geteilte Ressource, auf die von vielen verschiedenen Anwendungsprogrammen sowie Anfragen durch interaktive Anwender „gleichzeitig" zugegriffen wird. Dies erfordert eine Kontrollkomponente, die den Zugriff auf die geteilten Daten steuert, um unerwünschte Störungen und Inkonsistenzen zwischen nebenläufig ausgeführten Prozessen zu vermeiden. Das grundlegende Konzept für diese Kontrollkomponente (und auch für Recovery-Maßnahmen, siehe Kapitel 6) ist die *Transaktion (transaction)*.

5.1.1 Definition einer Transaktion

Definitionen für den Begriff einer Transaktion gibt es mehrere. Wir betrachten die folgenden:

1. Eine *Transaktion* ist eine einzelne Ausführung eines Programms, das auf den Inhalt einer Datenbank zugreift und/oder den Inhalt der Datenbank verändert.

2. Eine *Transaktion* ist eine Folge von Lese- (*reads*) und Schreiboperationen (*writes*), *Aktionen (actions)* genannt, auf Datenbankobjekten.

3. Eine *Transaktion* ist eine *logische Arbeitseinheit (logical unit of work)*.

Die erste Definition betont den „Prozesscharakter" einer Transaktion. Hier kann ein Programm eine einfache Anfrage sein, die in einer bestimmten Anfragesprache formuliert ist, oder aber ein Gastspracheprogramm, in dem Befehle einer Datenbankanfragesprache eingebettet sind. Mehrere unabhängige Ausführungen des gleichen Programms dürfen sich gleichzeitig in Bearbeitung befinden. Jede solche Ausführung stellt eine unterschiedliche Transaktion dar.

Die Sichtweise der zweiten Definition ist, dass ein Anwender mittels einer Anfragesprache oder einer Datenmanipulationssprache Datenbankobjekte aus der Datenbank liest bzw. sie in die Datenbank hinausschreibt. *Datenbankobjekte (items)* sind die Einheiten, in denen Programme Information lesen und schreiben. Abhängig vom DBMS, aber unabhängig von den Prinzipien des Concurrency Control und der Recovery können die Einheiten Seiten, Datensätze usw. sein. Beim Lesen wird ein

Datenbankobjekt zunächst vom Externspeicher in den Systempuffer gebracht und dann dessen Wert in eine Programmvariable kopiert. Alle Berechnungen werden auf dieser Kopie durchgeführt. Beim Schreiben einer Transaktion wird zuerst eine Hauptspeicherkopie des Objekts modifiziert, die dann auf einen Externspeicher geschrieben wird. Insbesondere gilt also, dass Berechnungen, die von einer Transaktion durchgeführt werden, solange keine Auswirkungen auf die Datenbank haben, bis die neu berechneten Werte in der Datenbank abgespeichert werden. Aus Datenbanksicht erscheint daher die zweite Definition gerechtfertigt.

Die dritte Definition hebt den *atomaren* Charakter einer Transaktion hervor. Atomar bedeutet zum einen *unteilbar* in dem Sinne, dass alle zu einer Transaktion gehörenden Einzelaktionen zusammengehören, also eine Einheit bilden, und zum anderen *ununterbrechbar* in dem Sinne, dass aus Anwendersicht die Transaktion entweder vollständig oder gar nicht ausgeführt wird. Die Eigenschaft der Atomarität wird in Abschnitt 5.1.4 näher erläutert.

5.1.2 Transaktionszustände

Der für das Transaktionsmanagement des DBMS zuständige *Transaktions-Manager* (*transaction manager*) kommuniziert mit dem Anwendungsprogramm ausschließlich mit Hilfe von fünf Kommandos. Das *begin_transaction*-Kommando markiert den Beginn einer Transaktion. Das *read*- und das *write*-Kommando bezeichnen Lese- und Schreiboperationen auf Datenbankobjekten und werden als Teil der Transaktion ausgeführt. Das *commit*- oder *end_transaction*-Kommando beendet eine Transaktion, falls diese erfolgreich terminiert. Alle ihre Änderungen werden persistent in der Datenbank gespeichert und allen anderen Transaktionen bzw. Benutzern sichtbar gemacht. Mittels des *abort_transaction*- oder *rollback*-Kommandos können Transaktionen, die aufgrund eines expliziten Abbruchs durch das Anwendungsprogramm oder aufgrund eines Programmier- oder Systemfehlers erfolglos enden, abgebrochen und zurückgesetzt werden. Der Zustand der Datenbank ist dann identisch mit dem Zustand vor Beginn der Transaktion. Alle Maßnahmen zur Synchronisation von Transaktionen bleiben dem Anwendungsprogramm verborgen und sind Aufgabe des DBMS. Insbesondere gibt es in der Regel keine für den Anwendungsprogrammierer verfügbaren Kommandos für den Erwerb von Sperren auf Datenbankobjekte oder andere synchronisationsbezogene Operationen.

Der Begriff der *Synchronisation*, der insbesondere im Bereich der Betriebssysteme und Programmiersprachen verwendet wird, beinhaltet zwei Teilaspekte. Der erste Aspekt betrifft die Koordination von Prozessen, die kooperativ für eine gemeinsame Aufgabe aktiv sind (*cooperative sequential processes*). Der zweite Aspekt behandelt die Serialisierung konkurrierender Zugriffe verschiedener Prozesse auf gemeinsame Objekte (*wechselseitiger Ausschluss*; *mutual exclusion*). Bei der Synchronisation gleichzeitig arbeitender Benutzer eines DBS haben wir es ausschließlich mit dem zweiten Teilaspekt zu tun, da die einzelnen Benutzer unabhängig und ohne Wissen voneinander arbeiten.

Um genauer zu beschreiben, wie eine Transaktion durch ihre Ausführungszustände voranschreitet und was unter der erfolgreichen Beendigung einer Transaktion zu verstehen ist, zeigt Bild 5.1 ein Diagramm, das Ausführungszustände und Zustands-

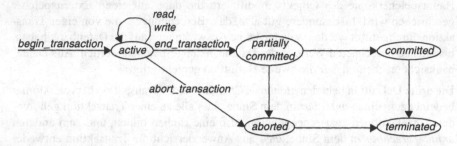

Bild 5.1. Zustandsübergangsdiagramm für eine Transaktionsausführung

übergänge darstellt. Sofort nach Beginn der Transaktion geht die Transaktion in einen *active*-Zustand über, ab dem dann Lese- und Schreiboperationen (*read*, *write*) aufgerufen werden können. Wird die Transaktion beendet, erfolgt ein Übergang in den *partially committed*-Zustand. Die Transaktion ist von Seiten des Anwendungsprogramms nun beendet, aber nun muss mit Hilfe von Concurrency Control-Maßnahmen überprüft werden, ob die durch die Transaktion bewirkten Veränderungen (Updates) persistent in der Datenbank abgespeichert werden dürfen oder ob die Transaktion aufgrund irgendeines Fehlers abgebrochen und zurückgesetzt werden muss. Überprüft wird unter anderem, ob die Transaktion keine Inkonsistenzen mit anderen gleichzeitig ablaufenden Transaktionen erzeugt hat (siehe Abschnitt 5.2) und ob semantische Integritätsbedingungen verletzt worden sind. Außerdem muss bei manchen Recovery-Strategien sichergestellt sein, dass alle Änderungen der Transaktion persistent in einem *Log-Buch* (siehe Abschnitt 5.1.4) festgehalten sind, um diese bei einer notwendigen Recovery zurücksetzen (d.h. zurücknehmen) zu können. Ergeben alle diese Prüfungen keinen Fehler, erreicht die Transaktion den sogenannten *commit*-Zeitpunkt (siehe Abschnitt 5.1.4) und geht in den *committed*-Zustand über. Updates werden nun in der Datenbank persistent gemacht. Wird eine Transaktion während ihres aktiven Zustands abgebrochen oder liefert eine Prüfung einen Fehler, geht die Transaktion in den *aborted*-Zustand über, und die Recovery-Komponente übernimmt das Zurücksetzen der in der Transaktion durchgeführten Schreiboperationen. Im *terminated*-Zustand verlässt die Transaktion das System. Eine abgebrochene Transaktion kann wieder als neue Transaktion gestartet werden.

5.1.3 Eigenschaften von Transaktionen

Neben der grundsätzlichen Gruppierungseigenschaft hat eine Transaktion noch einige weitere Eigenschaften zu erfüllen. Die erste Eigenschaft erläutern wir am Beispiel einer Banküberweisung eines bestimmten Betrages von einem Konto A auf ein Konto B. Die Vorgehensweise ist, dass zunächst eine Abbuchung des Betrags von Konto *A* und danach eine Gutschrift auf Konto *B* erfolgt. Wird nur die Abbuchung, nicht aber die nachfolgende Gutschrift durchgeführt, so führt dies zu einer Inkonsistenz, weil sich die Gesamtsumme aller Kontenbestände geändert hat, d.h. es geht Geld verloren. Um dies zu vermeiden, muss gefordert werden, dass eine Transaktion nach dem „Alles-oder-nichts"-Prinzip durchgeführt wird. Dies bedeutet, dass entweder alle oder aber keine der Operationen der Transaktion ausgeführt werden. Diese Eigenschaft wird *Unteilbarkeit* (*atomicity*) genannt.

Eine zweite zu fordernde Eigenschaft ist, dass die Konsistenz und Integrität der Datenbank, d.h. ihre Korrektheit, erhalten bleiben muss. Wenn beispielsweise eine Flugreservierung ausgeführt wird, obwohl das Flugzeug ausgebucht ist, führt dies zu einer Konsistenz- bzw. Integritätsverletzung (siehe Abschnitt 1.2). Eine Transaktion muss daher von einem konsistenten Zustand zu einem anderen (nicht notwendigerweise verschiedenen) konsistenten Zustand führen. Diese Eigenschaft bezeichnet man als *Konsistenzerhaltung* (*consistency preservation*). Das DBMS kann diese Anforderung durch *semantische Integritätsbedingungen* (*integrity constraints*) unterstützen, falls ihm diese bei der Definition einer Datenbank mitgeteilt werden.

Es gibt eine interessante Klassifikation der Konsistenz, die Datenbanken in vier Kategorien gruppiert. Im Folgenden bezeichnet der Ausdruck *schlechte Daten* (*dirty data*) Datenwerte, die von einer Transaktion vor dem Ende der Transaktion, d.h. vor dem *end_transaction*-Kommando geschrieben worden sind. Auf der Basis des Konzepts schlechter Daten werden die vier Kategorien wie folgt definiert:

1. Eine Transaktion *T* garantiert *Konsistenz vom Grad 0*, falls *T* nicht schlechte Daten von anderen Transaktionen überschreibt.

2. Eine Transaktion *T* garantiert *Konsistenz vom Grad 1*, falls *T* Konsistenz vom Grad 0 garantiert und falls *T* nicht irgendwelche Updates „veröffentlicht", bevor *T* alle Schreiboperationen durchgeführt hat (d.h. bis das Ende der Transaktion erreicht ist).

3. Eine Transaktion *T* garantiert *Konsistenz vom Grad 2*, falls *T* Konsistenz vom Grad 1 garantiert und falls *T* nicht schlechte Daten von anderen Transaktionen liest.

4. Eine Transaktion *T* garantiert *Konsistenz vom Grad 3*, falls *T* Konsistenz vom Grad 2 garantiert und falls andere Transaktionen keine Daten verändern, die von *T* gelesen werden, bevor *T* terminiert.

Da Datenbanksysteme mehrbenutzerfähig sind, laufen in der Regel mehrere, verschiedene Transaktionen *nebenläufig*, d.h. miteinander verzahnt, ab. Hieraus ergeben sich Synchronisationsprobleme, die zu Inkonsistenzen führen können und vermieden werden müssen. Die Vermeidung dieser Probleme zwischen verschiedenen Transaktionen wird *Isolation* genannt, d.h. jede Transaktion muss isoliert von allen anderen ausgeführt werden. Oder anders ausgedrückt: Das Ergebnis mehrerer nebenläufig ausgeführter Transaktionen muss das gleiche sein wie das von ihnen in irgendeiner seriellen Reihenfolge erzeugte Ergebnis. Wir werden Beispiele dieser Probleme in Abschnitt 5.2 behandeln.

Eine letzte Anforderung, die typisch für DBMS ist, bezieht sich auf die persistente Abspeicherung des Ergebnisses einer erfolgreichen Transaktion auf einem Externspeicher. Diese Eigenschaft wird *Dauerhaftigkeit* genannt. Alle von einer Transaktion bewirkten Änderungen sind nach deren Speicherung für andere Transaktionen bzw. Anwender sichtbar.

Zusammenfassend kann eine Transaktion also durch die sogenannten *UKID-Eigenschaften* (*ACID properties*) charakterisiert werden:

❑   *Unteilbarkeit* (*Atomarität, Ununterbrechbarkeit*; *atomicity*). Eine Transaktion ist eine unteilbare Verarbeitungseinheit; sie wird entweder vollständig oder gar nicht ausgeführt.

❑   *Konsistenz* (*consistency*). Eine korrekte Ausführung einer Transaktion überführt die Datenbank von einem konsistenten Zustand in einen anderen konsistenten Zustand. Diese Bedingung erlaubt es der Datenbank, während der Ausführung der Transaktion einen inkonsistenten Zustand anzunehmen, solange am Ende der Transaktion die Konsistenz der Datenbank sichergestellt ist.

❑   *Isolation* (*isolation*). Nebenläufige Transaktionen müssen isoliert voneinander ausgeführt werden. D.h. eine Transaktion muss so ablaufen, als sei sie die einzige im System. Zwischenzustände, die inkonsistent sein dürfen, dürfen für andere Transaktionen nicht sichtbar sein.

❑   *Dauerhaftigkeit* (*durability*). Ergebnisse und Auswirkungen einer erfolgreich beendeten Transaktion sind und bleiben persistent, d.h. sie überleben jeden nachfolgenden Fehler.

Concurrency Control- und Recovery-Komponenten eines DBMS beschäftigen sich in erster Linie damit, die Transaktionseigenschaften der Unteilbarkeit, der Isolation und der Dauerhaftigkeit zu gewährleisten. Die Behandlung der Konsistenzeigenschaft erfordert zusätzliche Mechanismen, mit denen die Einhaltung von Integritätsbedingungen überprüft werden kann. Wir werden uns in diesem Kapitel auf die drei erstgenannten Eigenschaften konzentrieren.

5.1.4 Protokollierung von Transaktionen: Das Log-Buch

Betrachten wir als Beispiel die Überweisung eines Geldbetrages X von einem Konto A auf ein Konto B im Rahmen einer Transaktion T, wobei A und B gleichzeitig auch die Kontostände der beiden Konten repräsentieren. Stellen wir uns ferner vor, dass nach der Abbuchung von X von Konto A und vor der Gutbuchung von X auf das Konto B ein Systemabsturz geschieht. Da die Hauptspeicherinhalte verloren gegangen sind, haben wir Probleme, die Historie der Transaktion zu rekonstruieren. Zwei Maßnahmen sind prinzipiell denkbar, führen aber beide zu inkonsistenten Datenbankzuständen. Zum einen können wir T nochmals ausführen. Dies bedeutet aber, dass sich auf Konto A ein Betrag von $A-2X$ befindet, was falsch ist. Zum anderen kann man T nicht nochmals ausführen. Auf Konto A finden wir dann einen Betrag von $A-X$ und auf Konto B fälschlicherweise einen Betrag von B, was ebenfalls falsch ist.

Um daher bei Transaktionsfehlern konsistenzerhaltende Recovery-Maßnahmen einzuleiten zu können, wird häufig vom System ein *Log-Buch* oder eine *Log-Datei* (*log*, *journal*) geführt. Das Log-Buch protokolliert (zumindest) alle Operationen einer Transaktion, die Werte von Datenbankobjekten verändern. Diese Information ist notwendig, um Transaktionsfehler zu beheben. Das Log-Buch wird persistent auf einem Externspeicher gehalten, so dass keine Fehlerart mit Ausnahme eines Hardwarefehlers (z.B. Plattencrash) oder eines anderen katastrophalen Fehlers auf diese Information Einfluss nehmen kann. Zur Erhöhung der Sicherheit wird das Log-Buch häufig auch periodisch auf einem Magnetband archiviert. In das Log-Buch werden verschiedene Arten von Einträgen, sogenannte *Log-Sätze* (*log records*), geschrieben, die mit einer Ausnahme jeweils mit einem *Transaktionsidentifikator* (*transaction identifier*) T parametrisiert sind, der automatisch vom System vergeben wird und eine Transaktion eindeutig kennzeichnet.

❑   [*start*, T]. Dieser Log-Eintrag protokolliert, dass Transaktion T ihre Ausführung beginnt.

❑   [*write*, T, X, *old_value*, *new_value*]. Dieser Logeintrag protokolliert, dass Transaktion T den alten Wert *old_value* des Datenbankobjekts X in den neuen Wert *new_value* ändert.

❑   [*read*, T, X]. Dieser Log-Eintrag protokolliert, dass Transaktion T den Wert des Datenbankobjekts X liest.

❑   [*commit*, T]. Dieser Log-Eintrag protokolliert, dass Transaktion T alle Zugriffe auf die Datenbank erfolgreich beendet hat und dass die Änderungen persistent in der Datenbank gespeichert und „veröffentlicht" werden können.

❑   [*checkpoint*]. Dieser Log-Eintrag protokolliert an einem *Sicherungspunkt* (*checkpoint*) das persistente Abspeichern der Änderungen innerhalb aller Transaktionen T, für die es seit dem letzten *checkpoint*-Eintrag einen Eintrag [*commit*, T] im Log-Buch gibt.

Einige Recovery-Techniken erfordern keine Aufzeichnung von Leseoperationen. Zu beachten sind ferner die impliziten Annahmen, dass Transaktionen nicht verschachtelt sind und dass alle persistenten Änderungen der Datenbank innerhalb von Transaktionen geschehen. Letztere Annahme hat dann zur Folge, dass die Recovery eines Transaktionsfehlers auf das Rücksetzen oder nochmalige Ausführen der Operationen der Transaktion hinausläuft, und zwar Transaktion für Transaktion, gemäß des Log-Buchs. Weil das Log-Buch für jede Schreiboperation einen Eintrag enthält, ist es möglich, die Auswirkung aller Schreiboperationen einer Transaktion rückgängig zu machen (*undo*), indem das Log-Buch rückwärts gelesen wird und alle Objekte auf ihre alten Werte zurückgesetzt werden. Es ist ebenfalls möglich, die Schreiboperationen einer Transaktion nachträglich nochmals auszuführen (*redo*), indem das Log-Buch vorwärts gelesen wird und alle innerhalb der Transaktion durch Schreiboperationen geänderten Datenbankobjekte auf ihre neuen Werte gesetzt werden. Dies wird benötigt, falls zwar im Log-Buch alle Schreiboperationen protokolliert sind, aber man sich nach einem aufgetretenen Fehler nicht sicher ist, ob die neuen Werte wirklich alle persistent in die Datenbank geschrieben worden sind.

Eine Transaktion T erreicht ihren sogenannten *commit*-Zeitpunkt (*commit point*) und geht in den *committed*-Zustand über (Abschnitt 5.1.2), falls alle ihre Operationen, die auf Datenbankobjekte zugreifen, erfolgreich ausgeführt worden sind und die Auswirkung aller Operationen der Transaktion auf die Datenbank im Log-Buch protokolliert worden ist. Die Transaktion schreibt dann einen Eintrag [*commit*, *T*] in das Log-Buch. Geschieht ein Systemfehler, muss im Log-Buch nach allen Transaktionen T gesucht werden, die zwar einen Eintrag [*start*, *T*], aber noch keinen Eintrag [*commit*, *T*] haben. Diese Transaktionen müssen im Rahmen der Recovery zurückgesetzt werden. Transaktionen T, die ihren Eintrag [*commit*, *T*] in das Log-Buch geschrieben haben, haben folglich alle Schreiboperationen im Log-Buch aufgezeichnet. Ihre Auswirkungen auf die Datenbank müssen daher nochmals anhand der Log-Bucheinträge nachvollzogen werden. Da in der Regel auch das Log-Buch gepuffert sein wird, befindet sich mindestens eine Seite im Systempuffer, in der neue Einträge abgelegt werden. Bei einem Systemfehler können für eine Recovery häufig nur die abgespeicherten Seiten eines Log-Buchs berücksichtigt werden, da Hauptspeicherinhalte meist verloren gehen. Daher muss vor Erreichen des *commit*-Zeitpunkts ein Zurückschreiben aller veränderten und noch nicht gesicherten Seiten des Log-Buchs erzwungen werden (*forced writing*).

Ein Eintrag [*checkpoint*] wird in periodischen Abständen zu sogenannten *Sicherungspunkten* (*checkpoints*) (siehe auch Abschnitt 2.9.4) in das Log-Buch geschrieben, und zwar dann, wenn das System alle durch Schreiboperationen bewirkten Änderungen von Transaktionen T, für die es bis zu diesem Zeitpunkt einen Eintrag [*commit*, *T*] im Log-Buch gibt, in der Datenbank persistent macht. Alle Transaktionen T, die im Log-Buch einen Eintrag [*commit*, *T*] vor einem Eintrag [*checkpoint*] haben, erfordern daher im Falle eines Systemfehlers keine erneute persistente Sicherung der von ihnen durchgeführten Änderungen in der Datenbank. Die Intervalle zum Setzen eines Sicherungspunktes werden vom *Recovery-Manager* vorgegeben und sind entweder zeitlicher Natur (z.B. alle *m* Minuten) oder ergeben sich aus der Anzahl *t* der Transaktionen, die sich seit dem letzten *checkpoint*-Eintrag im *committed*-Zustand befinden.

5.1.5 Aufgaben des Transaktions-Managers

Transaktionen als grundlegendes Konzept des Concurrency Control und der Recovery werden zentral von einer Komponente des DBMS, dem *Transaktions-Manager* (*transaction manager*), verwaltet. Dieser bildet also die Schnittstelle zwischen Benutzertransaktionen und Datenbanksystem und ist für die Einhaltung der UKID-Eigenschaften von Transaktionen verantwortlich. Er hat im Wesentlichen folgende Aufgaben:

❑   Aktivierung neuer Transaktionen infolge entsprechender Anforderungen von verschiedenen Anwendungsprogrammen

❑   Kontrolle des (quasi-) parallelen, verzahnten Ablaufs aller gleichzeitig aktiven Transaktionen (Synchronisation, Concurrency Control), Überwachung der Vergabe von Betriebsmitteln

❑   Vorbereitende Maßnahmen für eventuell später durchzuführende Recovery-Maßnahmen (Protokollierung der Operationen innerhalb von Transaktionen in einem Log-Buch, Sicherungspunktverwaltung)

❑   Maßnahmen bei Beendigung einer Transaktion, Einleiten von Rücksetz- oder Wiederholungsmaßnahmen bei einem Fehlschlagen einer Transaktion, Freigabe aller in Anspruch genommenen Betriebsmittel

Zur Erfüllung seiner Aufgaben kann der Transaktions-Manager eine Operation zur Ausführung bringen, eine Operation zurückweisen, was zum Abbruch der entsprechenden Transaktion führt, oder eine Operation verzögern, so dass diese in eine Warteschlange kommt, bis sie später ausgeführt oder zurückgewiesen wird.

Eine wichtige Teilkomponente des Transaktions-Managers ist der *Ablaufplaner* oder *Scheduler*, der die Aufgabe hat, die Anweisungen von (quasi-) parallel auszuführenden Transaktionen in einer geeigneten Reihenfolge anzuordnen, so dass die Datenbankkonsistenz erhalten bleibt. Wir werden in Abschnitt 5.3.5 näher auf ihn eingehen.

Der Transaktions-Manager ist außer mit dem Zugriffspfad-Manager, dem Record-Manager und dem Systempuffer-Manager, deren Objekte ja gerade in Transaktionen verarbeitet werden, insbesondere mit dem *Sperr-Manager* verbunden, der die transaktionsbezogene Isolation der benötigten Datenbankobjekte vollzieht. Den Sperr-Manager werden wir in Abschnitt 5.5.5 behandeln.

5.2   Synchronisationsprobleme nebenläufiger Transaktionen

Werden mehrere Programme bzw. Transaktionen, die für sich genommen völlig fehlerfrei sind und die die Datenbank in einem konsistenten Zustand hinterlassen, falls sie alleine ablaufen, „zur gleichen Zeit" von einem Rechner verarbeitet (*multiprogramming*), so sprechen wir auch von *Nebenläufigkeit* (*concurrency*). Zwei Arten von Nebenläufigkeit sind zu unterscheiden. *Parallele Nebenläufigkeit* (*simultaneous concurrency, parallel concurrency*) beinhaltet, dass bei Vorhandensein eines Mehrprozessorsystems Programme bzw. Transaktionen wirklich gleichzeitig, d.h. parallel auf verschiedenen Prozessoren, ablaufen. *Verzahnte Nebenläufigkeit* (*interleaved concurrency*) bedeutet, dass bei Vorhandensein eines Einprozessorsystems zu einem Zeitpunkt höchstens ein Programm von der CPU verarbeitet werden kann und die CPU in sehr kurzen Zeitintervallen zwischen verschiedenen in Ausführung befindlichen Programmen (d.h. Prozessen) bzw. Transaktionen weiterschaltet und diese weiterverarbeitet, so dass für jeden Benutzer der Eindruck entsteht, als stünde ihm die CPU exklusiv zur Verfügung. In diesem Kapitel werden wir vor allem verzahnte („quasi-parallele") Nebenläufigkeit betrachten. Die vorgestellten Konzepte kann man aber entsprechend auf parallele Nebenläufigkeit anpassen.

Nebenläufiger Zugriff von Benutzern auf die gleichen Daten einer Datenbank führt zwangsläufig zu Problemen (z.B. zu inkonsistenten Datenbanken), wenn die nebenläufige Ausführung unkontrolliert erfolgt. In diesem Abschnitt werden wir informal einige wichtige Probleme der *Synchronisation* und des *Concurrency Control* (*Nebenläufigkeitskontrolle, concurrency control*) von Transaktionen vorstellen. Die Aufgabe des Concurrency Control liegt dann darin sicherzustellen, dass jeder einzelne Benutzer stets konsistente Zustände der Datenbank sieht, auch wenn Operationen vieler Anwender durch das Datenbanksystem verzahnt verarbeitet werden. Die Vielzahl der möglichen Probleme lässt sich auf vier Grundtypen zurückführen, die jeweils am nebenläufigen Ablauf von nur zwei Transaktionen, von denen mindestens eine Änderungen in der Datenbank bewirkt, dargestellt werden können.

5.2.1 Verlorengegangene Änderungen

Beim *Problem der verlorengegangenen Änderungen* (*lost update problem*) beeinflussen sich gegenseitig zwei Änderungstransaktionen, die auf die gleichen Datenbankobjekte zugreifen und ihre Operationen auf eine Weise ausführen, so dass der Wert eines Datenbankobjekts falsch wird. Bild 5.2 zeigt ein Beispiel für zwei Datenbankobjekte A und B und für zwei Transaktionen T_1 und T_2, die fast zur gleichen Zeit gestartet werden:

T_1	T_2
read(A)	
$A := A - N$	
	read(A)
	$A := A + M$
write(A)	
read(B)	
	write(A)
$B := B + N$	
write(B)	

Zeit

Bild 5.2. Beispiel für das Problem der verlorengegangenen Änderungen

Der letztliche Wert von A ist falsch, weil T_2 den Wert von A liest, bevor T_1 seine Änderung des Wertes von A abgespeichert hat. Die Änderung des Wertes von A

durch die zweite Anweisung von T_1 geht verloren. Der korrekte Wert von A lautet $A - N + M$ anstelle von $A + M$. Eine ähnliche Situation tritt auf, wenn T_1 ein Datenbankobjekt A liest, dessen Wert verändert und A wieder zurückschreiben möchte und zwischenzeitlich T_2 das Objekt A gelöscht hat.

5.2.2 Die inkonsistente Analyse

Das *Problem der inkonsistenten Analyse* (*inconsistent analysis problem, incorrect summary problem*) tritt auf, wenn eine Transaktion Datenobjekte liest, die gerade von einer anderen Transaktion geändert werden. Wir nehmen wieder zwei Transaktionen T_1 und T_2 und zwei Datenbankobjekte A und B an und betrachten das Beispiel in Bild 5.3.

	T_1	T_2
	read(A)	
	$X := X + A$	
		read(A)
		$A := A + N$
		write(A)
Zeit		read(B)
		$B := B + M$
		write(B)
	read(B)	
	$X := X + B$	

Bild 5.3. Beispiel für das Problem der inkonsistenten Analyse

Ziel von T_1 ist es, zu dem Wert von X (wir nehmen an, dass dieser zu Anfang ungleich 0 ist) die Werte von A und B hinzuzuaddieren. Diese Summe ist am Ende von T_1 aber falsch, da nach dem Lesen von A durch T_1 eine zwischenzeitliche Änderung und Speicherung durch T_2 den Wert von A um N erhöht hat. Den zwischenzeitlich geänderten Wert von B durch T_2 bekommt T_1 aber mit, da der Wert von B durch T_1 erst nach der Änderung und Speicherung durch T_2 gelesen wird. Damit eine Transaktion stets korrekte Ergebnisse liefert, ist nicht nur zu fordern, dass vor ihrer Ausführung ein konsistenter Datenbankzustand vorliegt. Vielmehr muss das DBMS sicherstellen, dass die Transaktion während ihrer gesamten Dauer stets denselben Datenbankzustand sieht, und zwar bezüglich aller von ihr benötigten Datenbankobjekte.

5.2.3 Abhängigkeit von nicht freigegebenen Änderungen

Das *Problem der Abhängigkeit von nicht freigegebenen Änderungen* (*uncommitted dependency problem, temporary update problem, dirty read*) ist ähnlich dem Problem der inkonsistenten Analyse und tritt auf, wenn eine Transaktion T_1 eine Änderung und Speicherung eines Datenbankobjekts A durchführt, Objekt A danach von einer anderen Transaktion T_2 gelesen, geändert und weggeschrieben wird und T_1 dann nicht beendet, sondern aus irgendeinem Grund abgebrochen wird. T_2 verarbeitet also den durch T_1 veränderten Wert von A und erhält nach der Recovery für T_1 nicht den ursprünglichen Wert von A zurück. Bild 5.4 zeigt ein Beispiel.

T_1	T_2
read(A)	
A := A − N	
write(A)	
	read(A)
	A := A + M
	write(A)
read(B)	
[Abbruch von T_1]	

Zeit

Bild 5.4. Beispiel für das Problem der Abhängigkeit von nicht freigegebenen Änderungen

Das Beispiel zeigt, dass alle Änderungen von Datenbankobjekten, die von einer noch nicht beendeten Transaktion herrühren, solange vor allen anderen nebenläufigen Transaktionen verborgen bleiben müssen, bis ein erfolgreiches Ende der ändernden Transaktion stattgefunden hat und somit die von ihr geänderten Werte überleben.

5.2.4 Das Phantom-Problem

Das *Phantom-Problem* (*phantom problem*) tritt beim nebenläufigen Ablauf einer Lese- und einer Schreibtransaktion auf. Nehmen wir als Beispiel an, dass eine Transaktion T_1 in einem ersten Suchvorgang aus einer Kollektion von Datensätzen alle diejenigen Kunden ermittelt, die in Köln wohnen. Danach sucht T_1 in einem zweiten Suchvorgang nach allen Kunden in der Kollektion, die in Köln-Mitte wohnen. Nach dem ersten Suchvorgang von T_1 könnte eine Transaktion T_2 einen neuen Kunden in die Kollektion einfügen, der in Köln-Mitte wohnt. T_1 sieht diesen neuen Kunden im ersten Suchvorgang nicht, wohl aber im zweiten. Für T_1 taucht daher beim zweiten Suchvorgang ein *Phantom* auf, denn eigentlich hätte T_1 beim zweiten

Durchlauf eine Teilmenge der Kunden des Ergebnisses des ersten Suchvorgangs erwartet.

5.3 Serialisierbarkeit

Die in Abschnitt 5.2 vorgestellten Synchronisationsprobleme haben gezeigt, dass bei einer nebenläufigen Ausführung mehrerer Transaktionen trotz der Korrektheit jeder einzelnen Transaktion die Datenbankkonsistenz insgesamt zerstört werden kann. Dies ergibt sich aus der Möglichkeit der gegenseitigen, schädlichen Beeinflussung. Es gilt daher, diese Probleme zu vermeiden und die Isolationseigenschaft von UKID-Transaktionen zu gewährleisten. In diesem Abschnitt stellen wir das Konzept der *Serialisierbarkeit* (*serializability*) vor, mit dessen Hilfe diejenigen Transaktionsausführungen identifiziert werden können, die Konsistenz garantieren. Grundlage dieses Konzepts ist die *Serialisierbarkeitstheorie* (*serializability theory*).

5.3.1 Formalisierung des Transaktionskonzepts

Die zweite in Abschnitt 5.1.1 gegebene Definition, die eine Transaktion als eine geordnete Ausführungsfolge von Lese- und Schreiboperationen auffasst, sowie die in Abschnitt 5.1.2 gegebenen Transaktionskommandos entsprechen exakt der Sichtweise der Serialisierbarkeitstheorie bezüglich einer Transaktion. Für jede Lese- und Schreiboperation gibt die Transaktion den Namen (aber nicht den Wert) des gelesenen bzw. geschriebenen Datenbankobjekts an. Zusätzlich enthält die Transaktion ein *commit*- oder *abort*-Kommando als ihre letzte Operation, um anzuzeigen, ob die Ausführung erfolgreich war oder nicht. Wir führen folgende Notationen für die Operationen einer Transaktion ein: $r_i[x]$ bzw. $w_i[x]$ bezeichnen die Ausführung einer Lese- bzw. Schreiboperation der Transaktion T_i auf das Datenbankobjekt x. Wir benutzen c_i und a_i zur Bezeichnung von T_i's *commit*- bzw. *abort*-Operation. Alle Anweisungen und Operationen einer Transaktion, die keinen externen Zugriff beinhalten und im Hauptspeicher ablaufen, werden nicht berücksichtigt.

Eine Transaktion kann eine Ordnung zweier in ihr vorkommenden Operationen festlegen, sie muss es aber nicht.[7] Betrachten wir das Beispiel, dass eine Transaktion die Datenbankobjekte x und y liest und ihre Summe in das Datenbankobjekt z schreibt. Über die Ausführungsreihenfolge der beiden Leseoperationen muss nichts ausgesagt werden; sie ist in diesem Fall beliebig bzw. kann parallel erfolgen. Wir modellieren diese Art der Ausführung als eine *partielle Ordnung* (*partial order*). Bild 5.5 zeigt eine Modellierung der gerade erwähnten Transaktion. Die Notation $s \rightarrow t$ bedeutet hierbei, dass eine Operation s vor einer Operation t ausgeführt wird. Im

---

[7] Wir diskutieren hier die allgemeine Form einer Transaktion. In einem Einprozessorsystem muss letztendlich eine Ausführungsreihenfolge aller Operationen der Transaktion vorgegeben werden, so dass wir eine totale Ordnung erhalten.

Beispiel muss also $w_4[z]$ nach $r_4[x]$ und nach $r_4[y]$ ausgeführt werden. Die Reihenfolge, in der $r_4[x]$ und $r_4[y]$ stattfinden, ist nicht festgelegt und daher beliebig.

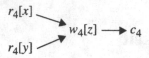

Bild 5.5. Modellierung nebenläufiger Operationen einer Transaktion

Wir wollen nun den Begriff der Transaktion als eine partielle Ordnung von Operationen formalisieren. Eine partielle Ordnung wird gewöhnlich als ein geordnetes Paar $(\Sigma, <)$ beschrieben, wobei Σ die Menge der zu ordnenden Elemente und $<$ die irreflexive und transitive binäre Ordnungsrelation über Σ ist. Die Definition einer Transaktion ergibt sich dann wie folgt:

Eine *Transaktion* T_i ist eine partielle Ordnung $T_i = (\Sigma_i, <_i)$ mit Σ_i als der Menge der Operationen von T_i und $<_i$ als irreflexiver und transitiver binärer Ordnungsrelation über Σ_i, so dass gilt:

(i) $\Sigma_i \subseteq \{r_i[x], w_i[x] \mid x \text{ ist ein Datenbankobjekt}\} \cup \{a_i, c_i\}$
(ii) $a_i \in T_i \Leftrightarrow c_i \notin T_i$
(iii) $\forall\, t \in \{a_i, c_i\}\ \forall\, p \in \Sigma_i \setminus \{a_i, c_i\} : p <_i t$
(iv) $r_i[x], w_i[x] \in T_i \Rightarrow r_i[x] <_i w_i[x]$ oder $w_i[x] <_i r_i[x]$

Die Ordnungsrelation $<_i$ beschreibt also die Ausführungsreihenfolge der Operationen aus Σ_i. Die Irreflexivität von $<_i$ drückt aus, dass eine Transaktion T_i ein Datenbankobjekt höchstens einmal liest bzw. schreibt. Dies setzen wir in diesem Modell zur Vereinfachung voraus. Die erste Bedingung beschreibt die Art der Operationen innerhalb der Transaktion. Die zweite Bedingung besagt, dass eine Transaktion ein *commit*- oder ein *abort*-Kommando enthält, aber nicht beide. Die dritte Bedingung fordert, dass ein *commit*- oder ein *abort*-Kommando allen anderen Operationen der Transaktion folgen muss. Die vierte Bedingung bringt zum Ausdruck, dass die Ausführungsreihenfolge einer Lese- und Schreiboperation auf dem gleichen Datenbankobjekt festgelegt sein muss.

Bild 5.5 zeigt die graphische Darstellung einer Transaktion in Form eines *gerichteten azyklischen Graphen* (*directed acyclic graph*, *dag*), in dem die Knoten die Operationen und die Pfeile die durch $<_i$ definierte Ordnung anzeigen. Im Beispiel aus Bild 5.5 ist $\Sigma_4 = \{r_4[x], r_4[y], w_4[z], c_4\}$ und $<_4 = \{(r_4[x], w_4[z]), (r_4[y], w_4[z]), (w_4[z], c_4), (r_4[x], c_4), (r_4[y], c_4)\}$. Pfeile, die sich aus der Transitivitätseigenschaft ergeben, werden nicht gezeichnet.

5.3.2 Vollständige, serielle, nicht-serielle, strikte, äquivalente und serialisierbare Ablaufpläne

Die nebenläufige Ausführung einer Menge von Transaktionen, die eine verzahnte Verarbeitung ihrer Operationen zur Folge haben kann, wird üblicherweise durch einen Ablaufplan beschrieben. Ein *vollständiger Ablaufplan* (*Plan, Ablauf, complete schedule, complete history*) A für n Transaktionen ist eine Ausführungsfolge oder (sequentielle) Ausführungsanordnung aller Operationen der n Transaktionen mit der Bedingung, dass für jede Transaktion T, die an A beteiligt ist, aus der Tatsache, dass Operation i vor Operation j in T verarbeitet wird, folgt, dass Operation i auch in A vor Operation j verarbeitet wird. Oder anders ausgedrückt: Ein Ablaufplan hält die Ordnung der Operationen innerhalb der einzelnen Transaktionen aufrecht. Die Ordnung der Operationen zwischen verschiedenen Transaktionen kann beliebig verzahnt sein, so dass ein Ablaufplan als eine partielle Ordnung definiert wird. Jede solche Anordnung führt zu einem unterschiedlichen Ablaufplan. Beispiele für Ablaufpläne (dargestellt in Tabellenform) haben wir bereits in Bild 5.2, Bild 5.3 und Bild 5.4 kennengelernt. Hinzu kommt die Forderung, dass die Reihenfolge aller in den Transaktionen vorkommenden *Konfliktoperationen* festgelegt wird.

Zwei Operationen stehen in *Konflikt* miteinander, wenn sie auf dem gleichen Datenbankobjekt arbeiten und wenigstens eine von ihnen eine Schreiboperation ist. Somit steht eine $r_i[x]$-Operation mit einer $w_j[x]$-Operation in Konflikt und eine $w_i[x]$-Operation sowohl mit einer $r_j[x]$- als auch $w_j[x]$-Operation (i und j müssen nicht notwendigerweise verschieden sein). Wenn zwei Operationen O_i und O_j in Konflikt miteinander stehen, spielt offensichtlich die Reihenfolge ihrer Ausführung eine entscheidende Rolle. Betrachten wir die vier Situationen genauer:

❑ $O_i = r_i[x]$, $O_j = r_j[x]$. Die Reihenfolge von O_i und O_j ist beliebig, da der gleiche Wert von x durch die Transaktionen T_i und T_j gelesen wird, ungeachtet ihrer Anordnung.

❑ $O_i = r_i[x]$, $O_j = w_j[x]$. Falls O_i vor O_j ausgeführt wird, liest T_i nicht den Wert von x, der von T_j in Operation O_j geschrieben wird. Falls O_j vor O_i ausgeführt wird, liest T_i den von T_j geschriebenen Wert. D.h. die Reihenfolge von O_i und O_j ist von Bedeutung.

❑ $O_i = w_i[x]$, $O_j = r_j[x]$. Dieser Fall ist analog zum vorhergehenden.

❑ $O_i = w_i[x]$, $O_j = w_j[x]$. Da beide Operationen Schreiboperationen sind, beeinflusst die Reihenfolge ihrer Ausführung weder T_i noch T_j. Allerdings wird der Wert der nächsten $r[x]$-Operation im Ablaufplan A beeinflusst, weil nur der Wert der späteren der beiden Schreiboperationen in der Datenbank gespeichert wird. Falls es keine weitere $w[x]$-Operation nach O_i und O_j in A mehr gibt, beeinflusst die Reihenfolge von O_i und O_j direkt den endgültigen Wert von x im Datenbankzustand, der sich aus A ergibt.

Nur beim Lesen des gleichen Datenbankobjekts durch $r_i[x]$ und $r_j[x]$ spielt also die Reihenfolge beider Operationen keine Rolle. Wir können einen Ablaufplan nun formal wie folgt definieren:

Sei $T_A = \{T_1, ..., T_n\}$ eine Menge von Transaktionen. Ein *vollständiger Ablaufplan A* ist eine partielle Ordnung $A = (\Sigma_A, <_A)$ mit Σ_A als der Menge aller Operationen von T_A und $<_A$ als irreflexiver und transitiver binärer Ordnungsrelation über Σ_A, so dass gilt:

(i) $\Sigma_A = \bigcup_{i=1}^{n} \Sigma_i$

(ii) $<_A \supseteq \bigcup_{i=1}^{n} <_i$

(iii) $\forall\, p, q \in \Sigma_A, p \neq q : p$ und q sind Konfliktoperationen
      $\Rightarrow (p <_A q \text{ oder } q <_A p)$

Die erste Bedingung sagt aus, dass genau alle Operationen der Transaktionen T_1, ..., T_n im Ablaufplan A vorkommen. Die zweite Bedingung besagt, dass A alle Anordnungsreihenfolgen von Operationen innerhalb einer jeden Transaktion aufrechterhält. Die dritte Bedingung fordert, dass die Reihenfolge von Konfliktoperationen durch $<_A$ festgelegt wird.

Ein *Ablaufplan* ist definiert als ein Präfix eines vollständigen Ablaufplans und beschreibt eine möglicherweise unvollständige Ausführung von Transaktionen. Daher sind (unvollständige) Ablaufpläne z.B. zur Modellierung von aufgrund eines Fehlers abgebrochenen aktiven Transaktionen interessant. Ein Präfix einer partiellen Ordnung ist wie folgt definiert:

Sei $P = (\Sigma, <)$ eine partielle Ordnung. $P' = (\Sigma', <')$ ist ein *Präfix* von P, falls

(i) $\Sigma' \subseteq \Sigma$
(ii) $\forall\, p, q \in \Sigma' : p <' q \Leftrightarrow p < q$
(iii) $\forall\, p \in \Sigma \,\forall\, q \in \Sigma' : p < q \Rightarrow p \in \Sigma'$

Die ersten beiden Bedingungen definieren P' als eine *Einschränkung* von P auf Σ', wobei die Ordnungsbeziehungen in P ebenfalls in P' gelten müssen. Die letzte Bedingung besagt, dass für alle Elemente aus Σ' alle ihre Vorgänger in Σ auch in Σ' enthalten sein müssen. Zur Illustration dieser Definitionen betrachten wir die folgenden drei Transaktionen:

$T_1 = r_1[x] \to w_1[x] \to c_1$
$T_2 = r_2[x] \to w_2[y] \to w_2[x] \to c_2$
$T_3 = r_3[y] \to w_3[x] \to w_3[y] \to w_3[z] \to c_3$

Ein vollständiger Ablaufplan A und ein Ablaufplan A', der gleichzeitig auch ein Präfix von A ist, über diesen drei Transaktionen sind in Bild 5.6 angegeben (transitive Pfeile sind, wie üblich, weggelassen):

$$r_2[x] \to w_2[y] \to w_2[x] \to c_2 \qquad\qquad r_2[x] \to w_2[y]$$
$$\uparrow \qquad\quad \uparrow \qquad\qquad\qquad\qquad \uparrow \qquad \uparrow$$
$$A = \quad r_3[y] \to w_3[x] \to w_3[y] \to w_3[z] \to c_3 \quad A' = \quad r_3[y] \to w_3[x] \to w_3[y]$$
$$\uparrow \qquad\qquad\qquad\qquad\qquad\qquad\qquad\qquad\qquad \uparrow$$
$$r_1[x] \to w_1[x] \to c_1 \qquad\qquad\qquad\qquad r_1[x] \to w_1[x] \to c_1$$

Bild 5.6. Beispiel eines vollständigen Ablaufplans A und eines Ablaufplans A', der gleichzeitig Präfix von A ist

Wir treffen häufig auf Ablaufpläne, die eine totale Ordnung der Operationen beinhalten, wie z.B. $r_1[x] \to r_2[x] \to w_1[x] \to c_1 \to w_2[x] \to w_2[y] \to c_2$. Bei der Darstellung solcher Ablaufpläne lassen wir dann häufig die Pfeile weg und schreiben $r_1[x]\ r_2[x]\ w_1[x]\ c_1\ w_2[x]\ w_2[y]\ c_2$.

Eine Transaktion T_i ist *erfolgreich beendet* (*committed*) bzw. *abgebrochen* (*aborted*) in einem Ablaufplan A, wenn $c_i \in A$ bzw. $a_i \in A$ gilt. T_i ist *aktiv* (*active*) in A, wenn T_i weder erfolgreich beendet noch abgebrochen worden ist. Offensichtlich hat ein vollständiger Ablaufplan keine aktiven Transaktionen. Für einen Ablaufplan A bezeichnet $C(A)$ den vollständigen Ablaufplan über der Menge der erfolgreich beendeten Transaktionen in A, d.h. $C(A)$ ist die Einschränkung von A bezüglich der Menge $\{T_i \mid c_i \in A\}$. Wir erhalten $C(A)$, indem wir alle Operationen löschen, die zu Transaktionen in A gehören, die bis zu diesem Zeitpunkt nicht erfolgreich beendet worden sind.

Ein vollständiger Ablaufplan A wird *seriell* (*serial*) genannt, wenn für je zwei, in A vorkommende Transaktionen T_i und T_j entweder alle Operationen von T_i vor allen Operationen von T_j verarbeitet werden, oder umgekehrt. Ein serieller Ablaufplan enthält also keine verzahnte Ausführung von Operationen verschiedener Transaktionen. Jede Transaktion wird von Anfang bis Ende ausgeführt, bevor die nächste startet. Allgemein gibt es für n Transaktionen $n!$ verschiedene serielle Ablaufpläne. Ein Ablaufplan, der Verzahnungen verschiedener Transaktionen beinhaltet, heißt *nicht-seriell* (*nonserial*). Es ist offensichtlich, dass die Anzahl der nicht-seriellen Ablaufpläne für n Transaktionen weit größer als $n!$ ist. Jeder serielle Ablaufplan ist korrekt und garantiert Konsistenz vom Grad 3, da jede Transaktion des Ablaufplans unabhängig von den anderen Transaktionen abläuft (Eigenschaft der Isolation) und jede Transaktion die Datenbank von einem konsistenten Zustand in einen anderen konsistenten Zustand überführt (Eigenschaft der Konsistenz). In der Praxis sind serielle Ablaufpläne nicht akzeptabel, da lang andauernde Transaktionen kurz andauernde Transaktionen blockieren können.

Ein Ablaufplan A wird *strikt* (*strict*) genannt, wenn aus $w_j[x] <_A o_i[x]$ ($i \neq j$) entweder $a_j <_A o_i[x]$ oder $c_j <_A o_i[x]$ folgt, wobei $o_i[x] \in \{r_i[x], w_i[x]\}$. D.h. kein von einer

Transaktion T geschriebener Wert darf von anderen Transaktionen gelesen oder überschrieben werden, bis T entweder erfolgreich beendet wird oder abbricht.

Zur Charakterisierung serialisierbarer Ablaufpläne benötigen wir zunächst eine Definition der Äquivalenz von Ablaufplänen. Es gibt mehrere Möglichkeiten der Äquivalenzdefinition, und wir werden im Folgenden die beiden wichtigsten Definitionen, nämlich die Konflikt-Äquivalenz (conflict equivalence) und die Sicht-Äquivalenz (view equivalence), betrachten. Aus diesen beiden Definitionen resultieren zwei verschiedene Serialisierbarkeitsbegriffe, nämlich Konflikt-Serialisierbarkeit (conflict serializability) und Sicht-Serialisierbarkeit (view serializability).

Intuitiv sind zwei über der gleichen Menge von Transaktionen T definierte Ablaufpläne A und A' Konflikt-äquivalent, wenn sie beide die gleiche Wirkung auf die Datenbank haben. Formaler:

> Zwei Ablaufpläne A und A' sind Konflikt-äquivalent (conflict equivalent), wenn gilt:
>
> (i) $T_A = T_{A'}, \Sigma_A = \Sigma_{A'}$
> (ii) $\forall\, p_i \in \Sigma_i\, \forall\, q_j \in \Sigma_j,\, i \neq j,\, a_i, a_j \notin \Sigma_A:$
> p_i und q_j sind Konfliktoperationen $\Rightarrow (p_i <_A q_j \Leftrightarrow p_i <_{A'} q_j)$

Die erste Bedingung fordert die Übereinstimmung der in A und A' auftretenden Transaktionen und Operationen. Die zweite Bedingung verlangt, miteinander in Konflikt stehende Operationen von nicht abgebrochenen Transaktionen in der gleichen Weise anzuordnen. Diese Art der Äquivalenz wird Konflikt-Äquivalenz genannt, weil die Äquivalenz zweier Ablaufpläne durch die relative Ausführungsreihenfolge der Konfliktoperationen in diesen Plänen definiert wird. Bild 5.7 zeigt die Äquivalenzbeziehungen dreier Ablaufpläne A_1, A_2 und A_3.

Es liegt nun nahe, einen Ablaufplan A als Konflikt-serialisierbar zu definieren, wenn er Konflikt-äquivalent zu einem seriellen Ablaufplan A_s ist. Hierbei ist allerdings zu beachten, dass A dann ein vollständiger Ablaufplan sein muss. d.h. ein partieller Ablaufplan kann niemals Konflikt-äquivalent zu einem seriellen Ablaufplan sein, weil letzterer nach Definition stets vollständig ist und weil zwei Ablaufpläne nur dann Konflikt-äquivalent sein können, wenn sie die gleiche Menge von Operationen enthalten. Darüberhinaus garantiert eine unvollständige Ausführung einer Transaktion in der Regel nicht die Konsistenz einer Datenbank, und somit würde ein solcher Serialisierbarkeitsbegriff ein ungeeignetes Korrektheitskriterium darstellen. Dies führt zu der korrigierten, aber natürlichen und richtigen Definition, dass ein Ablaufplan A Konflikt-serialisierbar ist, falls $C(A)$ Konflikt-äquivalent zu einem seriellen Ablaufplan A_s ist. D.h. nur die bisher erfolgreich beendeten Transaktionen in A werden berücksichtigt, da nur sie Datenbankkonsistenz garantieren können. Alle anderen Transaktionen können noch abgebrochen werden. Somit garantiert auch ein Konflikt-serialisierbarer Ablaufplan Konsistenz vom Grad 3 (Abschnitt 5.1.3).

Bild 5.8 zeigt ein sehr einfaches Beispiel für Konflikt-Serialisierbarkeit, in dem z.B. $w_1[x]$ und $r_2[x]$ miteinander in Konflikt stehen. Jedoch steht z.B. $w_2[x]$ nicht mit $r_1[y]$ in Konflikt, da beide Operationen auf verschiedenen Datenbankobjekten ope-

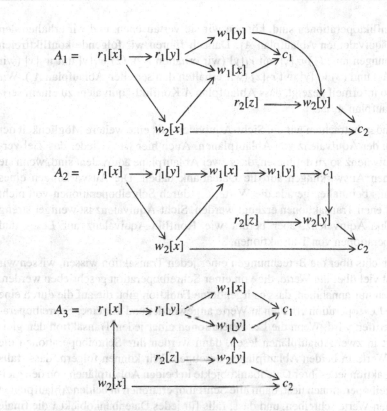

Bild 5.7. Beispiele dreier Ablaufpläne, von denen zwei äquivalent sind (A_1 und A_2) und ein Ablaufplan (A_3) zu keinem der beiden anderen äquivalent ist

rieren. Falls zwei aufeinanderfolgende Operationen O_1 und O_2 eines Ablaufplans A von verschiedenen Transaktionen stammen und keine Konfliktoperationen darstellen, können wir sie vertauschen, um einen neuen Ablaufplan A' zu erzeugen. Wir erwarten, dass A und A' Konflikt-äquivalent sind, weil alle Operationen in beiden Ablaufplänen in der gleichen Reihenfolge auftreten, mit Ausnahme von O_1 und O_2, deren Reihenfolge allerdings keine Rolle spielt. Weil im Beispiel $w_2[x]$ und $r_1[y]$

$$A = \quad r_1[x] \to w_1[x] \to r_2[x] \to w_2[x] \to r_1[y] \to w_1[y] \to r_2[y] \to w_2[y]$$

$$A_1 = \quad r_1[x] \to w_1[x] \to r_2[x] \to r_1[y] \to w_2[x] \to w_1[y] \to r_2[y] \to w_2[y]$$

$$A_2 = \quad r_1[x] \to w_1[x] \to r_1[y] \to r_2[x] \to w_2[x] \to w_1[y] \to r_2[y] \to w_2[y]$$

$$A_3 = \quad r_1[x] \to w_1[x] \to r_1[y] \to r_2[x] \to w_1[y] \to w_2[x] \to r_2[y] \to w_2[y]$$

$$A_s = \quad r_1[x] \to w_1[x] \to r_1[y] \to w_1[y] \to r_2[x] \to w_2[x] \to r_2[y] \to w_2[y]$$

Bild 5.8. Beispiel für Konflikt-Serialisierbarkeit eines Ablaufplans

keine Konfliktoperationen sind, können wir sie vertauschen, und wir erhalten den Konflikt-äquivalenten Ablaufplan A_1. Danach führen wir folgende konfliktfreien Vertauschungen aus: (1) $r_2[x]$ mit $r_1[y]$ (wir erhalten A_2), (2) $w_1[y]$ mit $w_2[x]$ (wir erhalten A_3) und (3) $w_1[y]$ mit $r_2[x]$ (wir erhalten den seriellen Ablaufplan A_s). Wir haben also informell gezeigt, dass Ablaufplan A Konflikt-äquivalent zu einem seriellen Ablaufplan A_s ist.

Im Folgenden betrachten wir die Sicht-Äquivalenz als eine weitere Möglichkeit der Definition der Äquivalenz von Ablaufplänen. Auch hier wird wieder das Ziel verfolgt, Äquivalenz so zu definieren, dass zwei Ablaufpläne äquivalent sind, wenn sie die gleichen Auswirkungen auf die Datenbank haben. Die Auswirkungen eines Ablaufplans beinhalten gerade die Werte, die durch Schreiboperationen von nicht abgebrochenen Transaktionen erzeugt werden. Sicht-Äquivalenz ist weniger streng als Konflikt-Äquivalenz, aber beruht wie Konflikt-Äquivalenz auf Lese- und Schreiboperationen von Transaktionen.

Weil wir nichts über die Berechnungen einer jeden Transaktion wissen, wissen wir auch nicht viel über die Werte, die von einer Schreiboperation geschrieben werden. Wir können nur annehmen, dass es irgendeine Funktion gibt, die auf die durch eine vorherige Leseoperation erhaltenen Werte angewendet und vor einer Schreiboperation aufgerufen wird. Wenn die Leseoperationen einer jeden Transaktion den gleichen Wert in zwei Ablaufplänen lesen, dann werden ihre Schreiboperationen die gleichen Werte in beiden Ablaufplänen erzeugen. Wir können folgern, dass, falls jede Transaktion jedes ihrer Datenbankobjekte in beiden Ablaufplänen von den gleichen Schreiboperationen liest, dann alle Schreiboperationen in beiden Ablaufplänen die gleichen Werte schreiben, und dass, falls für jedes Datenbankobjekt x die finale Schreiboperation für x die gleiche in beiden Ablaufplänen ist, dann der finale Wert aller Datenbankobjekte der gleiche in beiden Ablaufplänen sein wird. Und falls alle Schreiboperationen die gleichen Werte in beiden Ablaufplänen schreiben und die Datenbank in dem gleichen finalen Zustand (Endzustand) verlassen, dann müssen die Ablaufpläne Sicht-äquivalent sein. Der Begriff der Sicht-Äquivalenz rührt daher, dass jede Schreiboperation die gleiche Sicht in beiden Ablaufplänen hat. Nachzuholen ist die Definition einer finalen Schreiboperation. Die *finale Schreiboperation* für x in einem Ablaufplan A ist die Operation $w_i[x] \in \Sigma_A$, so dass $a_i \notin \Sigma_A$ und für alle $w_j[x] \in \Sigma_A$ ($j \neq i$) entweder $w_j[x] <_A w_i[x]$ oder $a_j \in \Sigma_A$ gilt.

Zwei Ablaufpläne A und A' sind *Sicht-äquivalent* (*view equivalent*), wenn gilt:

(i) $T_A = T_{A'}, \Sigma_A = \Sigma_{A'}$
(ii) $\forall\, T_i \in T_A$ mit $a_i \notin \Sigma_A \,\forall\, x:$
       $\qquad T_i$ liest den Anfangswert von x in $A \Leftrightarrow$
       $\qquad T_i$ liest den Anfangswert von x in A'
(iii) $\forall\, T_i, T_j \in T_A$ mit $a_i, a_j \notin \Sigma_A$ (und somit $a_i, a_j \notin \Sigma_{A'}$) $\forall\, x:$
       $\qquad T_i$ liest den von T_j geschriebenen Wert von x in $A \Leftrightarrow$
       $\qquad T_i$ liest den von T_j geschriebenen Wert von x in A'

(iv) $\forall\, x : w_i[x]$ ist die finale Schreiboperation für x in $A \Leftrightarrow$
$\qquad w_i[x]$ ist die finale Schreiboperation für x in A'

Wir können nun Sicht-Serialisierbarkeit auf ähnliche Weise wie Konflikt-Serialisierbarkeit definieren. Hierzu benutzen wir die Definition der Sicht-Äquivalenz, um ein neues Konzept von Serialisierbarkeit zu erhalten. Ein Ablaufplan A ist *Sicht-serialisierbar*, wenn für jedes Präfix A' von A Ablaufplan $C(A')$ Sicht-äquivalent zu einem seriellen Ablaufplan ist. Es wird für jedes Präfix A' von A die Sicht-Äquivalenz von $C(A')$ zu einem seriellen Ablaufplan gefordert, um *Präfix-Abgeschlossenheit* der Sicht-Serialisierbarkeit zu erreichen. Eine Eigenschaft für Ablaufpläne wird als *Präfix-abgeschlossen* bezeichnet, wenn, wann immer die Eigenschaft für Ablaufplan A gilt, sie auch für jeden Ablaufplan $C(A')$ gilt, wobei A' ein Präfix von A ist. Betrachten wir z.B.

$$A = w_1[x]\ w_2[x]\ w_2[y]\ c_2\ w_1[y]\ c_1\ w_3[x]\ w_3[y]\ c_3.$$

Dann ist $C(A) = A$ und Sicht-äquivalent zu $T_1\, T_2\, T_3$. Ist nun A' derjenige Präfix von A bis einschließlich c_1, so ist $C(A')$ weder Sicht-äquivalent zu $T_1\, T_2 = w_1[x]\ w_1[y]$ $c_1\ w_2[x]\ w_2[y]\ c_2$ noch zu $T_2\, T_1 = w_2[x]\ w_2[y]\ c_2\ w_1[x]\ w_1[y]\ c_1$. Im allgemeinen Fall würden wir daher nicht die Eigenschaft der Präfix-Abgeschlossenheit erhalten, wenn eine Definition für Sicht-Serialisierbarkeit fordern würde, dass *nur* $C(A')$ Sicht-äquivalent zu einem seriellen Ablaufplan sein muss. Dies würde nämlich zur Folge haben, dass Sicht-Serialisierbarkeit zu einer ungeeigneten Korrektheitsbedingung in einem System wird, wo Fehler in Transaktionen auftreten können.

Die beiden vorgestellten Varianten für Serialisierbarkeit unterscheiden sich voneinander. Um ihre Beziehung zueinander charakterisieren zu können, benötigen wir weitere Konzepte, die in Abschnitt 5.3.3 eingeführt werden.

5.3.3 Test auf Serialisierbarkeit eines Ablaufplans

In diesem Abschnitt stellen wir Methoden vor, die feststellen, ob ein Ablaufplan serialisierbar ist. Zunächst zeigen wir einen einfachen Algorithmus für Konflikt-Serialisierbarkeit. Die Bestimmung dieser Eigenschaft kann mit Hilfe der Analyse eines gerichteten, azyklischen Graphen durchgeführt werden, der aus dem zu untersuchenden Ablaufplan abgeleitet und als *Präzedenzgraph* (*precedence graph*), *Serialisierbarkeitsgraph* (*serializability graph*) oder *Serialisierungsgraph* (*serialization graph*) bezeichnet wird.

Sei A ein Ablaufplan über der Transaktionsmenge $T_A = \{T_1, ..., T_n\}$. Der *Serialisierbarkeitsgraph* für A, $SG(A)$ genannt, ist ein Paar $G = (V, E)$, wobei V eine Menge von Knoten und $E \subseteq V \times V$ eine Menge von gerichteten Kanten ist. Die Menge der Knoten besteht aus allen Transaktionen[8] in T_A, die erfolgreich in A beendet worden sind. Die Menge der Kanten besteht aus allen Kanten $T_i \to T_j$ $(i \neq j)$, so dass eine von T_i's

---

[8] Man beachte, dass durch die Mengenschreibweise für V zum Ausdruck gebracht wird, dass eine Transaktion ein und dasselbe Datenbankobjekt höchstens einmal liest bzw. schreibt.

Operationen vor einer von T_j's Operationen ausgeführt wird und mit dieser in Konflikt steht. D.h. also, dass entweder T_i ein $w_i[x]$ ausführt, bevor T_j ein $r_j[x]$ ausführt, oder aber dass T_i ein $r_i[x]$ ausführt, bevor T_j ein $w_j[x]$ ausführt, oder aber dass T_i ein $w_i[x]$ ausführt, bevor T_j ein $w_j[x]$ ausführt. Betrachten wir ein Beispiel (Bild 5.9).

$$
\begin{array}{l}
\qquad\qquad\qquad r_3[x]\longrightarrow w_3[x]\longrightarrow c_3 \\[4pt]
A = \quad r_1[x]\longrightarrow w_1[x]\longrightarrow w_1[y]\longrightarrow c_1 \\[4pt]
\qquad r_2[x]\longrightarrow w_2[y]\longrightarrow c_2 \qquad\qquad SG(A) = \quad T_2\longrightarrow T_1\longrightarrow T_3
\end{array}
$$

Bild 5.9. Beispiel eines Ablaufplans mit dem zugehörigen Serialisierbarkeitsgraphen

Die Kante $T_1 \to T_3$ ist in $SG(A)$, weil $w_1[x] <_A r_3[x]$, und die Kante $T_2 \to T_3$ ist in $SG(A)$, weil $r_2[x] <_A w_3[x]$ (Man beachte wieder, dass transitive Pfeile nicht gezeichnet sind.). Eine einzelne Kante in $SG(A)$ kann auch bedeuten, dass es mehr als ein Paar von Konfliktoperationen gibt. Zum Beispiel wird die Kante $T_2 \to T_1$ sowohl durch $r_2[x] <_A w_1[x]$ als auch durch $w_2[y] <_A w_1[y]$ verursacht. Im Allgemeinen kann man aus der Existenz der Kanten $T_i \to T_j$ und $T_j \to T_k$ nicht notwendigerweise die Existenz der Kante $T_i \to T_k$ folgern. Ersetzen wir beispielsweise in Bild 5.9 $w_3[x]$ durch $w_3[z]$, so erhalten wir $SG(A) = T_2 \to T_1 \to T_3$, weil es keinen Konflikt zwischen T_2 und T_3 gibt. Wir sagen auch, dass zwei Transaktionen *in Konflikt miteinander stehen*, wenn sie Konfliktoperationen enthalten.

Jede Kante $T_i \to T_j$ ($i \neq j$) in $SG(A)$ bedeutet, dass wenigstens eine von T_i's Operationen vor einer von T_j's Operationen ausgeführt wird und mit dieser in Konflikt steht. D.h. dass T_i in jedem seriellen Ablaufplan, der zu A Konflikt-äquivalent ist, vor T_j ausgeführt werden muss. Falls wir einen seriellen Ablaufplan A_s finden, der konsistent mit allen Kanten in $SG(A)$ ist, dann gilt, dass A_s Konflikt-äquivalent zu A ist und somit A Konflikt-serialisierbar ist. Voraussetzung ist allerdings, dass $SG(A)$ zyklenfrei ist. Im Beispiel aus Bild 5.9 ist $SG(A)$ azyklisch. Ein serieller Ablaufplan (und dieser ist hier der einzige), in dem die Transaktionen in einer Reihenfolge erscheinen, die mit den Kanten von $SG(A)$ übereinstimmt, ist $T_2\,T_1\,T_3$. Man sieht leicht, dass A Konflikt-äquivalent zu $T_2\,T_1\,T_3$ und daher Konflikt-serialisierbar ist. Diese intuitive Argumentation führt zum sogenannten *Serialisierbarkeitstheorem* (*serializability theorem*), einem grundlegenden Theorem der *Serialisierbarkeitstheorie* (*serializability theory*):

Ein Ablaufplan A ist Konflikt-serialisierbar $\Leftrightarrow$ $SG(A)$ ist azyklisch

Wir wollen dieses Theorem im Folgenden begründen und beginnen wir mit der „$\Leftarrow$"-Richtung. Sei A ein Ablaufplan über der Menge der Transaktionen $T_A = \{T_1, ..., T_n\}$. O.B.d.A. nehmen wir an, dass $T_1, ..., T_m$ mit $m \leq n$ gerade alle diejenigen Transaktionen sind, die erfolgreich in A beendet worden sind. Somit sind $T_1, ..., T_m$ die Knoten von $SG(A)$. Weil der Graph $SG(A)$ nach Voraussetzung azyklisch ist, kann er topologisch sortiert[9] werden. Sei $i_1, ..., i_m$ eine Permutation von $1, 2, ..., m$, so dass $T_{i_1}, T_{i_2}, ..., T_{i_m}$ eine topologische Sortierung von $SG(A)$ bilden. Sei A_s der serielle Ablaufplan $T_{i_1} T_{i_2} ... T_{i_m}$. Die Behauptung ist nun, dass $C(A)$ Konflikt-äquivalent zu A_s ist. Sei $p_i \in T_i$ und $q_j \in T_j$ mit $1 \le i, j \le m$. Nehmen wir an, dass p_i und q_j miteinander in Konflikt stehen und dass $p_i <_A q_j$ gilt. Nach Definition von $SG(A)$ bedeutet dies, dass $T_i \to T_j$ eine Kante in $SG(A)$ ist. Daher muss in jeder topologischen Sortierung von $SG(A)$ T_i vor T_j auftreten. Folglich erscheinen in A_s alle Operationen von T_i vor denen von T_j, und insbesondere gilt: $p_i <_{A_s} q_j$. Wir haben somit gezeigt, dass zwei beliebige Konfliktoperationen in $C(A)$ in der gleichen Weise wie in A_s angeordnet sind. Daher ist $C(A)$ Konflikt-äquivalent zu A_s, und weil A_s nach Konstruktion seriell ist, ist A Konflikt-serialisierbar.

Betrachten wir nun die „$\Rightarrow$"-Richtung. Sei A nach Voraussetzung also Konflikt-serialisierbar. Dann gibt es einen seriellen Ablaufplan A_s, der Konflikt-äquivalent zu $C(A)$ ist. Betrachten wir eine Kante $T_i \to T_j$ in $SG(A)$. Es gibt dann zwei Konfliktoperationen $p_i \in T_i$ und $q_j \in T_j$, so dass $p_i <_A q_j$ gilt. Weil $C(A)$ Konflikt-äquivalent zu A_s ist, gilt auch $p_i <_{A_s} q_j$. Weil A_s seriell ist und $p_i \in T_i$ vor $q_j \in T_j$ ausgeführt wird, folgt, dass T_i vor T_j in A_s erscheint. Somit haben wir bisher gezeigt, dass, falls es eine Kante $T_i \to T_j$ in $SG(A)$ gibt, T_i vor T_j in A_s auftritt. Nehmen wir nun an, dass es einen Zyklus in $SG(A)$ gibt. O.B.d.A. sei dieser Zyklus $T_1 \to T_2 \to ... \to T_k \to T_1$. Aus der Kantenfolge lässt sich schließen, dass in A_s T_1 vor T_2, T_2 vor T_3, ..., und T_k vor T_1 ausgeführt wird. Dies bedeutet aber, dass jede der Transaktionen $T_1, ..., T_k$ vor sich selbst ausgeführt wird, was natürlich nicht möglich ist. Somit kann kein solcher Zyklus in $SG(A)$ existieren. Daraus folgt, dass $SG(A)$ ein azyklischer, gerichteter Graph ist, was zu zeigen war.

Bei der Begründung der „$\Leftarrow$"-Richtung haben wir gesehen, dass, falls ein vollständiger Ablaufplan A einen azyklischen Serialisierbarkeitsgraphen $SG(A)$ hat, A Konflikt-äquivalent zu irgendeinem seriellen Ablaufplan ist, der eine *topologische Sortierung* von $SG(A)$ darstellt. Weil $SG(A)$ mehr als eine topologische Sortierung haben kann, kann A zu mehr als einem seriellen Ablaufplan Konflikt-äquivalent sein. So hat beispielsweise

$$A = w_1[x] \, w_1[y] \, c_1 \, r_2[x] \, r_3[y] \, w_2[x] \, c_2 \, w_3[y] \, c_3$$

den Serialisierbarkeitsgraph

$$SG(A) = \quad T_1 \to T_3 \to T_2$$

mit den beiden topologischen Sortierungen T_1, T_2, T_3 sowie T_1, T_3, T_2. Somit ist A sowohl zu T_1, T_2, T_3 als auch T_1, T_3, T_2 Konflikt-äquivalent. Ein Algorithmus zum Aufspüren von Zyklen in einem gerichteten Graphen erfordert eine Laufzeit von

---

[9] Eine topologische Sortierung eines gerichteten Graphen G ist eine Folge von (allen) Knoten in G, so dass, falls a vor b in der Folge erscheint, es keinen Weg von b nach a in G gibt. Ein wichtiger Satz besagt, dass ein gerichteter Graph genau dann topologisch sortiert werden kann, wenn er ein gerichteter, azyklischer Graph (d.h. ein sogenannter *Dag*) ist. Für einen Dag können dabei verschiedene topologische Sortierungen existieren.

$O(n^2)$, wobei n die Anzahl der Knoten (hier: der Transaktionen) ist. Somit haben wir einen effizienten Algorithmus zur Bestimmung der Konflikt-Serialisierbarkeit.

Mit den in diesem Abschnitt eingeführten Konzepten können wir nun die folgende wichtige Eigenschaft Konflikt-serialisierbarer Ablaufpläne formulieren:

> Konflikt-Serialisierbarkeit erfüllt die Eigenschaft der Präfix-Abge-schlossenheit. D.h. wenn A ein Konflikt-serialisierbarer Ablaufplan ist, dann gilt für jedes Präfix A' von A, dass $C(A')$ ebenfalls ein Kon-flikt-serialisierbarer Ablaufplan ist.

Dies können wir wie folgt begründen. Weil A Konflikt-serialisierbar ist, ist $SG(A)$ azyklisch. Dies folgt aus der „$\Rightarrow$"-Richtung des Serialisierbarkeitstheorems. Wir betrachten nun $SG(C(A'))$, wobei A' irgendein Präfix von A ist. Falls $T_i \to T_j$ eine Kante dieses Graphen ist, dann gibt es zwei Konfliktoperationen $p_i \in T_i$ und $q_j \in T_j$ mit $p_i <_{C(A')} q_j$. Aber dann gilt klarerweise auch $p_i <_A q_j$, und somit existiert die Kante $T_i \to T_j$ auch in $SG(A)$. Daraus folgt, dass $SG(C(A'))$ ein Teilgraph von $SG(A)$ ist. Weil $SG(A)$ azyklisch ist, muss dies auch für $SG(C(A'))$ gelten. Mittels der „$\Leftarrow$"-Richtung des Serialisierbarkeitstheorems folgt die Behauptung, dass $C(A')$ Konflikt-serialisierbar ist.

Die beiden vorgestellten Varianten für Serialisierbarkeit unterscheiden sich voneinander. Die Menge der Konflikt-serialisierbaren Ablaufpläne ist eine echte Teilmenge der Menge der Sicht-serialisierbaren Ablaufpläne. Mit anderen Worten:

> Wenn ein Ablaufplan A Konflikt-serialisierbar ist, dann ist er auch Sicht-serialisierbar. Die umgekehrte Aussage gilt im Allgemeinen nicht.

Diese Aussage lässt sich wie folgt begründen. Nehmen wir an, A sei Konflikt-serialisierbar, und betrachten wir nun ein beliebiges Präfix A' von A. Wir wissen, dass dann auch $C(A')$ Konflikt-serialisierbar ist. D.h. $C(A')$ ist Konflikt-äquivalent zu einem seriellen Ablaufplan A_s'. Die Behauptung ist nun, dass $C(A')$ Sicht-äquivalent zu A_s' ist. $C(A')$ und A_s' sind natürlich über der gleichen Menge von Transaktionen definiert und haben die gleichen Operationen, da sie Konflikt-äquivalent sind. Es bleibt zu zeigen, dass $C(A')$ und A_s' die gleichen Lese-von-Beziehungen und die gleichen finalen Schreiboperationen für alle Datenbankoperationen haben. Nehmen wir an, dass T_i Datenbankobjekt x von T_j in $C(A')$ liest. Dann gilt die Aussage $w_j[x] <_{C(A')} r_i[x]$, und es gibt kein $w_k[x]$, so dass $w_j[x] <_{C(A')} w_k[x] <_{C(A')} r_i[x]$ gilt. Weil $w_j[x]$ und $r_i[x]$ Konfliktoperationen sind und $w_k[x]$ mit beiden Operationen in Konflikt steht, und weil $C(A')$ und A_s' die Konfliktoperationen in der gleichen Reihenfolge anordnen, folgt, dass $w_j[x] <_{A_s'} r_i[x]$ ist, und es gibt kein $w_k[x]$, so dass $w_j[x] <_{A_s'} w_k[x] <_{A_s'} r_i[x]$ gilt. Somit liest also T_i Datenbankobjekt x von T_j auch in A_s'. Wenn T_i Datenbankobjekt x von T_j in A_s' liest, dann gilt mit der gleichen Argumentation, dass T_i Datenbankobjekt x von T_j in $C(A')$ liest. Also haben $C(A')$ und A_s' die gleichen Lese-von-Beziehungen. Da Schreiboperationen auf dem gleichen Datenbankobjekt miteinander in Konflikt stehen und $C(A')$ und A_s' die Konfliktoperationen in der gleichen Reihenfolge anordnen, müssen die beiden Ablaufpläne die gleichen finalen Schreiboperationen für jedes Datenbankobjekt haben. $C(A')$ und A_s'

$$SG(A) = \quad \begin{array}{c} T_1 \longrightarrow T_3 \\ \nwarrow \quad \nearrow \\ T_2 \end{array}$$

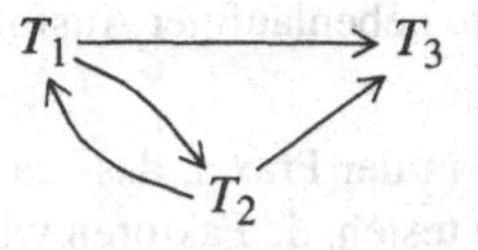

Bild 5.10. Beispiel eines Sicht-serialisierbaren Ablaufplans, der nicht Konflikt-serialisierbar ist

sind daher Sicht-äquivalent. Da A' ein beliebig gewählter Präfix von A ist, folgt, dass $C(A')$ Sicht-serialisierbar ist.

Ein Beispiel zeigt, dass die umgekehrte Aussage im Allgemeinen nicht gilt. Wir betrachten

$$A = w_1[x]\, w_2[x]\, w_2[y]\, c_2\, w_1[y]\, w_3[x]\, w_3[y]\, c_3\, w_1[z]\, c_1.$$

A erweist sich als Sicht-serialisierbar. Betrachten wir irgendein Präfix A' von A. Falls A' die Operation c_1 einschließt (d.h. $A' = A$), ist A' Sicht-äquivalent zu $T_1\, T_2\, T_3$. Falls A' die Operation c_3 aber nicht c_1 umfasst, ist A' Sicht-äquivalent zu $T_2\, T_3$. Falls A' die Operation c_2 aber nicht c_3 umfasst, ist A' Sicht-äquivalent zu T_2. Falls schließlich A' nicht c_2 umfasst, ist A' Sicht-äquivalent zu einem leeren, seriellen Ablaufplan. Es gilt jedoch, dass A nicht Konflikt-serialisierbar ist, weil sein Serialisierbarkeitsgraph einen Zyklus hat (Bild 5.10).

Obwohl Sicht-Serialisierbarkeit mehr Situationen einschließt als Konflikt-Serialisierbarkeit, gibt es Gründe, letztere als Korrektheitskriterium für das Concurrency Control zu nehmen. Vom Anwendungsstandpunkt basieren alle bekannten Concurrency Control-Algorithmen auf dem Auflösen von Konflikten. Vom theoretischen Standpunkt zeigt sich, dass der Test auf Sicht-Serialisierbarkeit ein NP-vollständiges Problem ist. D.h. unter der Annahme, dass $P \neq NP$ gilt, gibt es keinen effizienten Algorithmus zur Bestimmung der Sicht-Serialisierbarkeit. Mit ziemlicher Sicherheit wird also ein Lösungsalgorithmus exponentielle Zeit benötigen. Wir werden auf diesen Sachverhalt im Folgenden nicht weiter eingehen und einen exponentiellen Algorithmus nicht vorstellen. Wenn nicht anders gesagt, bedeuten Äquivalenz und Serialisierbarkeit im Weiteren Konflikt-Äquivalenz und Konflikt-Serialisierbarkeit.

5.3.4 Einsetzbarkeit des Serialisierbarkeitskonzeptes

Die Aussage, dass ein Ablaufplan S serialisierbar, d.h. äquivalent zu einem seriellen Ablaufplan ist, ist gleichbedeutend mit der Aussage, dass S korrekt ist. Wie allerdings bereits angemerkt, ist die Eigenschaft eines Ablaufplans, serialisierbar zu ein, verschieden von der Eigenschaft, seriell zu sein. Ein serieller Ablaufplan stellt ein ineffizientes Verarbeitungsschema dar, weil eine verzahnte Ausführung von Operationen verschiedener Transaktionen nicht erlaubt ist. Dies kann zu einer niedrigen Auslastung der CPU führen, wenn eine Transaktion beispielsweise eine externe Operation durchführt. Mit Hilfe eines serialisierbaren Ablaufplans haben wir die

Möglichkeit, die Vorteile nebenläufiger Ausführung auszunutzen, ohne Korrektheit aufgeben zu müssen.

Es zeigt sich allerdings in der Praxis, dass es sehr schwierig ist, einen Ablaufplan auf Serialisierbarkeit zu testen, da Faktoren wie die Systemlast, die Zeit zur Einsetzung einer Transaktion und die Priorität von Transaktionen die Anordnung der Operationen in einem Ablaufplan beeinflussen. Somit erscheint es praktisch unmöglich, im Vorhinein zu bestimmen, wie die Operationen eines Ablaufplans zu verzahnen sind, um Serialisierbarkeit sicherzustellen. Falls Transaktionen nach Belieben ausgeführt werden und dann der sich ergebende Ablaufplan auf Serialisierbarkeit getestet wird, ist es erforderlich, die Auswirkungen des Ablaufplans zurückzunehmen, falls sich der Ablaufplan als nicht serialisierbar erweist. Dieses ernsthafte Problem macht den Ansatz in der Praxis nicht einsetzbar. Ein anderes Problem besteht darin, dass ständig neue Transaktionen in das System eingesetzt werden, was es schwierig macht zu bestimmen, wann ein Ablaufplan beginnt und wann er aufhört. Im Folgenden werden wir uns daher damit beschäftigen, welche Methoden in der Praxis angewendet werden, um Serialisierbarkeit in Datenbanksystemen sicherzustellen. Diese Methoden setzen Protokolle oder Regeln ein, die die Serialisierbarkeit eines Ablaufplans sicherstellen, falls sie für *alle* Transaktionen eines Ablaufplans gelten.

5.3.5 Der Ablaufplaner

Der *Ablaufplaner* (*scheduler*) als Bestandteil des Transaktions-Managers ist verantwortlich für die Durchführung eines speziellen Concurrency Control-Algorithmus, dessen Aufgabe es ist, die Operationen von nebenläufig auszuführenden Transaktionen in einer serialisierten Reihenfolge anzuordnen. Dies geschieht mittels eines *Protokolls* (*protocol*), welches mit Hilfe von Regeln die Reihenfolge von *read*-, *write*-, *commit*- und *abort*-Operationen verschiedener Transaktionen in geeigneter Weise einschränkt. Das Ziel ist also, diese Operationen so anzuordnen, dass der sich ergebende Ablaufplan serialisierbar ist.

Zur Ausführung einer Datenbankoperation übergibt der Transaktions-Manager die Operation dem Ablaufplaner. Dieser hat dann drei Optionen, die Reihenfolge der Operationen zu beeinflussen:

❑ Ausführung der Operation. Die Operation wird dem DBMS zur Ausführung weitergereicht, wenn es das Protokoll zulässt. Nach Beendigung der Ausführung informiert das DBMS den Ablaufplaner. Ist die Operation eine *read*-Operation, werden dem Ablaufplaner zudem die gelesenen Werte mitgeteilt, die er an die Transaktion zurückgibt.

❑ Zurückweisung der Operation. Die Ausführung der Operation wird vom Ablaufplaner abgelehnt. Dies wird der Transaktion mitgeteilt. Die Transaktion wird daraufhin abgebrochen.

❑ Verzögerung der Operation. Die Ausführung der Operation wird aufgrund des Protokolls verzögert. Die Operation wird in eine interne Warteschlange des Ablaufplaners eingefügt. Später wird die Operation aus der Warteschlange entfernt und entweder ausgeführt oder zurückgewiesen. In der Zwischenzeit ist der Ablaufplaner frei, um andere Operationen zu behandeln.

Abhängig davon, welche Option ein Ablaufplaner bevorzugt, können wir die (vage) Unterscheidung zwischen *aggressiven Ablaufplanern* (*aggressive schedulers*) und *konservativen Ablaufplanern* (*conservative schedulers*) treffen. Analog gibt es die Unterscheidung in *aggressive* und *konservative Protokolle*. Ein aggressiver Ablaufplaner neigt dazu, das Verzögern von Operationen zu vermeiden und so schnell wie möglich mit der Ausführung von Operationen voranzuschreiten. Dadurch verzichtet er aber auf die Möglichkeit, verzögerte Operationen mit später eintreffenden Operationen neu anzuordnen. Dies kann zu Situationen führen, wo es keinen Weg mehr gibt, die Ausführung aller aktiven Transaktionen auf eine serialisierbare Art und Weise zu beenden. Dann müssen eine oder mehrere Operationen zurückgewiesen werden, was auf einen Abbruch der entsprechenden Transaktionen hinausläuft.

Ein konservativer Ablaufplaner hingegen neigt dazu, Operationen zu verzögern. Dies gibt ihm mehr Spielraum, später eintreffende Operationen mit verzögerten Operationen neu anzuordnen. Dadurch wird es weniger wahrscheinlich, dass Operationen zurückgewiesen werden müssen, um eine serialisierbare Ausführung zu erzeugen. Der Extremfall eines konservativen Ablaufplaners liegt vor, wenn er zu jeder Zeit alle Operationen bis auf diejenigen einer einzigen Transaktion verzögert. Solch ein Ablaufplaner arbeitet Transaktionen seriell ab. Er braucht keine Operation zurückzuweisen.

Der Einsatz der beiden Arten von Ablaufplanern hängt von der Anwendung ab. In einer Anwendung, wo nebenläufige Transaktionen kaum in Konflikt miteinander stehen, erweist sich ein aggressiver Ablaufplan von Vorteil. Weil Konflikte selten sind, sind Konflikte, die ein Rücksetzen einer Operation erfordern, noch seltener. Im Gegensatz dazu würde ein konservativer Ablaufplaner unnötigerweise Operationen verzögern und sowieso selten auftretende Konflikte vorwegnehmen. In einer Anwendung, wo es wahrscheinlich ist, dass nebenläufige Transaktionen häufig in Konflikt miteinander stehen, kann sich die Vorsicht eines konservativen Ablaufplaners positiv auszahlen. Ein aggressiver Ablaufplaner, der unbekümmert Operationen zur Ausführung freigibt, wird sich häufig der Situation gegenüberstehen, Transaktionen zurückweisen zu müssen, um keine unkorrekten Ausführungen zu erzeugen. Anzumerken bleibt, dass fast alle Arten von Ablaufplanern eine aggressive und eine konservative Version haben.

Eine noch offene Frage ist, wie geeignete Protokolle, die die Serialisierbarkeit von Ablaufplänen garantieren, aussehen. Diese Frage ist Gegenstand der nächsten Abschnitte.

5.4   Klassen von Synchronisationsverfahren

Die Aufgabe eines Synchronisationsverfahrens besteht darin, Operationen von
Ablaufplänen so anzuordnen, dass Serialisierbarkeit des gesamten Transaktionssy-
stems erreicht wird. Es werden prinzipiell zwei verschiedene Vorgehensweisen
unterschieden:

❑   *Optimistische oder verifizierende Verfahren.* Bei diesen Verfahren wird die
    Folge von ankommenden Operationen beobachtet (z.B. mit Hilfe des Seriali-
    sierbarkeitsgraphen) und erst dann eingegriffen, wenn sich der bisher entstan-
    dene Ablaufplan als nicht serialisierbar erweist. Eine geeignete Transaktion
    muss dann abgebrochen, zurückgesetzt und neu gestartet werden. Solche Ver-
    fahren heißen *verifizierend* oder *optimistisch*, weil man davon ausgeht, dass
    nicht-serialisierbare Situationen relativ selten auftreten und somit die Kosten
    für einen Neustart von Transaktionen in Kauf genommen werden können.

❑   *Pessimistische oder präventive Verfahren.* Diese Verfahren gehen so vor,
    dass immer dann in die Folge ankommender Operationen eingegriffen wird,
    wenn sich eine nicht-serialisierbare Situation abzuzeichnen droht. Solche
    Verfahren heißen daher *präventiv* und erfordern einen gewissen Aufwand,
    um nicht-serialisierbare Ablaufpläne gar nicht erst entstehen zu lassen. Diese
    Verfahren werden auch als *pessimistisch* bezeichnet, da sie annehmen, dass
    nicht-serialisierbare Ablaufpläne so häufig entstehen, dass ständige Präven-
    tivmaßnahmen gerechtfertigt sind.

Optimistische Verfahren haben erst in jüngster Zeit Anwendung gefunden. Ihr aus-
schließliches Mittel zur Synchronisation ist das Zurücksetzen von Transaktionen.
Aber auch präventive Verfahren kommen ohne gelegentliches Zurücksetzen von
Transaktionen nicht aus, wie wir später sehen werden. Zu den präventiven Verfahren gehört die in Datenbanksystemen bei weitem wichtigste Klasse von Synchronisationsverfahren, nämlich die *Sperrverfahren*. Bei diesen Verfahren werden Datenbankobjekte durch geeignete Markierungen, den *Sperren*, gekennzeichnet, um
damit anderen Transaktionen diese Objekte temporär vorzuenthalten und sie keine
zu Anomalien führenden Operationen ausführen zu lassen. Eine weitere Klasse von
präventiven Verfahren sind die *Zeitstempelverfahren*, die allerdings kaum praktische Bedeutung erreicht haben. Hier wird Synchronisation dadurch erzielt, dass der
Zugriff auf Objekte in der chronologischen Reihenfolge der Transaktionen erfolgt.

5.5 Sperrverfahren

5.5.1 Sperren als Synchronisationsmittel

Die in heutigen Datenbanksystemen verbreitetste Implementierungstechnik für Concurrency Control basiert auf dem *Sperren* (*locking*) von Datenbankobjekten. Bei Sperrverfahren erfolgt die Synchronisation von Transaktionen dadurch, dass für jede Transaktion diejenigen Teile der Datenbank, auf denen sie arbeiten möchte, gesperrt und reserviert werden. Eine *Sperre* (*lock*) ist eine mit einem Datenbankobjekt verknüpfte Variable. Sie beschreibt den Status dieses Objekts hinsichtlich möglicher Operationen, die auf dem Objekt ausgeführt werden können. In der Regel gibt es eine Sperre für jedes Objekt in der Datenbank. Solange eine Sperre auf ein Objekt gesetzt ist, können andere Transaktionen auf dieses Objekt nicht oder nur eingeschränkt zugreifen.

Es liegt in der Aufgabe des Transaktions-Managers festzustellen, ob eine Transaktion bei einer zur Ausführung anstehenden Operation die erforderlichen Sperren besitzt. Ist dies nicht der Fall, müssen diese zunächst erworben werden. Ist ein benötigtes Datenbankobjekt schon für eine andere Transaktion gesperrt worden, muss die anfordernde Transaktion in einen Wartezustand versetzt werden. Sperren innerhalb des DBMS werden mit Hilfe des *Sperr-Managers* (*lock manager*) verwaltet. Seine beiden wesentlichen Operationen bestehen in der Anforderung und in der Freigabe einer Sperre auf ein Objekt.

Im Zusammenhang mit Sperrverfahren ergeben sich folgende grundsätzlichen Problemstellungen, die in den folgenden Unterabschnitten behandelt werden:

☐ *Sperrarten*. Welche Arten von Sperren werden benötigt?

☐ *Sperrprotokolle*. Wie müssen Sperren gesetzt und freigegeben werden, damit serialisierbare Ablaufpläne entstehen?

☐ *Sperreinheiten*. Welches sind die Einheiten (die Objekte) in der Datenbank, die gesperrt werden können?

☐ *Deadlock*. Bei der Verwendung von exklusiven Sperren kann ein Deadlock entstehen. Wie kann er aufgelöst werden?

☐ *Livelock*. Wiederholte, ungünstige Zuteilung von Sperren nach dem Neustart einer Transaktion kann zu ihrer dauerhaften Blockade führen. Wie kann dieses Problem behoben werden?

5.5.2 Sperrarten

Es gibt mehrere Sperrarten, die für das Concurrency Control verwendet werden können. Vorstellen werden wir *binäre Sperren*, *Lese-* und *Schreibsperren*, *umgewandelte Sperren* und spezielle Sperren für sogenannte *hot spots*.

Wir beginnen mit binären Sperren, die zwar einfach, aber dafür auch eingeschränkt in ihrem Gebrauch sind. Eine *binäre Sperre* (*binary lock*) kann zwei Werte (oder Zustände) haben: gesperrt und nicht gesperrt, oder zur Vereinfachung 1 und 0. Für jedes Datenbankobjekt x gibt es eine eigene und von allen anderen verschiedene Sperre. Falls der Wert der Sperre für x gleich 1 (0) ist, kann auf x von keiner (einer) Datenbankoperation, die x anfordert, zugegriffen werden. Wir notieren den Wert der mit Datenbankobjekt x verknüpften Sperre mit $l[x]$ (l steht für *lock*). Zwei Operationen, *SperreObjekt* und *GebeObjektFrei*, müssen beim binären Sperren in die Transaktionen mit eingeschlossen werden (Bild 5.11). Eine Transaktion fordert einen

algorithm *SperreObjekt*(*x*);
   stop := *false*;
  while not *stop* **do**
    if $l[x]$ = 0 **then**
      $l[x]$:= 1;
      stop := *true*;
    else
      wait
    until $l[x]$ = 0 **and** der
      Sperr-Manager weckt
      die Transaktion auf
    fi
  od
end *SperreObjekt*.

algorithm *GebeObjektFrei*(*x*);
   $l[x]$:= 0;
  if irgendwelche Transaktionen warten **then**
    wecke eine der wartenden
    Transaktionen auf
  fi
end *GebeObjektFrei*.

Bild 5.11. Algorithmen für Operationen zum Sperren und Freigeben binärer Sperren

Zugriff auf ein Datenbankobjekt x an, indem sie eine *SperreObjekt*(*x*)-Operation aufruft. Ist $l[x]$ = 1, ist die Transaktion gezwungen zu warten. Ansonsten sperrt die Transaktion Objekt x ($l[x]$:= 1) und erhält somit Zugriff auf x. Wenn die Transaktion ihre Operationen auf x beendet hat, ruft sie eine *GebeObjektFrei*(*x*)-Operation auf, die die Sperre aufhebt ($l[x]$:= 0), so dass x von anderen Transaktionen bearbeitet werden kann. Eine binäre Sperre realisiert somit einen *wechselseitigen Ausschluss* (*mutual exclusion*) auf dem Datenbankobjekt. Zu beachten ist, dass *SperreObjekt* und *GebeObjektFrei* als atomare, d.h. unteilbare, Operationen implementiert sein müssen. Dies bedeutet, dass nach dem Starten einer der beiden Operationen solange keine verzahnte Ausführung einer anderen Operation geschehen darf, bis die Sperr- bzw. Freigabeoperation terminiert oder die Transaktion wartet (*wait-until*-Schleife). Der Wartebefehl wird in der Regel mittels einer Warteschlange für jedes Datenbankobjekt x realisiert. Wird x freigegeben, wird einer wartenden Transaktion Zugriff gewährt. Andere Transaktionen, die ebenfalls auf x zugreifen wollen, werden in die gleiche Warteschlange eingefügt. Der eigentliche Wartevorgang spielt sich also außerhalb der *SperreObjekt*-Operation ab.

Bei der Benutzung binärer Sperren muss jede Transaktion einige Regeln beachten. Eine Transaktion T muss die *SperreObjekt*(x)-Operation vor einer $r[x]$- oder $w[x]$-Operation in T aufrufen. Des Weiteren muss eine Transaktion T die *GebeObjekt-Frei*(x)-Operation aufrufen, nachdem alle $r[x]$- und $w[x]$-Operationen in T durchgeführt worden sind. Eine Transaktion T darf eine *SperreObjekt*(x)-Operation nicht aufrufen, wenn sie bereits die Sperre auf das Datenbankobjekt x hält. Ferner darf eine Transaktion T eine *GebeObjektFrei*(x)-Operation nur dann aufrufen, wenn sie gerade die Sperre auf das Datenbankobjekt x hält.

Das gerade beschriebene binäre Sperrverfahren ist im Allgemeinen zu restriktiv, weil höchstens eine Transaktion eine Sperre auf einem bestimmten Datenbankobjekt halten kann und dadurch unnötigerweise verhindert wird, dass zwei oder mehr Transaktionen gleichzeitig *lesenden* Zugriff auf das gleiche Objekt erhalten, was unschädlich ist. Falls eine Transaktion jedoch eine Schreiboperation auf einem Datenbankobjekt ausführen möchte, muss sie nach wie vor exklusiven Zugriff auf dieses Objekt haben. Um nebenläufigen Zugriff auf das gleiche und von mehreren Transaktionen gelesene Datenbankobjekt zu gestatten, verwenden wir eine andere Sperrart, die *Mehrfachsperre (multiple-mode lock)* genannt wird. Wir unterscheiden zwei Arten oder Modi von Sperren:

❑   *Lesesperre (shared lock, S-lock).* Sie erlaubt einer besitzenden Transaktion nur lesenden Zugriff auf ein eventuell gesperrtes Objekt. Sie erlaubt anderen Transaktionen das Setzen weiterer Lesesperren, verbietet aber das Setzen einer Schreibsperre.

❑   *Schreibsperre (exclusive lock, X-lock).* Sie erlaubt einer besitzenden Transaktion sowohl lesenden als auch schreibenden Zugriff auf ein Objekt. Andere Transaktionen können keine gleichzeitigen Sperren auf das Objekt setzen.

Wenn eine Transaktion T eine Sperre auf einem bereits gesperrten Datenbankobjekt anfordert und diese Sperre nicht gewährt werden kann, weil eine der beiden Sperren eine Schreibsperre ist, so entsteht ein *Sperrkonflikt*, und T wird solange *blockiert (blocked)*, d.h. in einen Wartezustand versetzt, bis alle Konfliktsperren, die von anderen Transaktionen gehalten werden, freigegeben sind. Die Kompatibilität beider Sperrarten wird häufig in einer *Kompatibilitätsmatrix (compatibility matrix)* (Bild 5.12) zusammengefasst. Wenn ein Eintrag (A, B) der Matrix den Wert 1 besitzt, so bedeutet dies folgendes: Hält eine Transaktion i eine Sperre A, so ist A *kompatibel* mit der von einer Transaktion j ($i \neq j$) angeforderten Sperre B, d.h. die

Transaktion i hält	Transaktion j fordert an	
	Lesesperre	Schreibsperre
Lesesperre	1	0
Schreibsperre	0	0

Bild 5.12. Kompatibilitätsmatrix für Lese- und Schreibsperren

Sperre B führt zu keinem Konflikt mit Sperre A und darf gesetzt werden. Der Wert 0 drückt die Inkompatibilität zweier Sperren aus. In Bild 5.12 zeigt die Matrix also, dass zwei verschiedene Transaktionen gleichzeitig eine Lesesperre auf demselben Datenobjekt halten dürfen, aber dass Schreibsperren nicht gleichzeitig mit anderen Sperren (von anderen Transaktionen) auf einem Objekt gehalten werden können. Insbesondere kann die Kompatibilitätsmatrix vom Ablaufplaner verwendet werden, um zu entscheiden, ob eine Sperre gewährt werden kann oder nicht. Auf diese Art definierte Lese- und Schreibsperren modellieren direkt die Semantik von Konflikten, wie sie in der Definition der (Konflikt-) Serialisierbarkeit verwendet werden. Sperren kann daher benutzt werden, um Serialisierbarkeit zu erzwingen. Anstatt auf Serialisierbarkeit zu testen, nachdem ein Ablaufplan erzeugt worden ist, wird das Blockieren von Transaktionen aufgrund von Sperrkonflikten benutzt, um ein Erzeugen von nicht-serialisierbaren Ablaufplänen zu verhindern.

Wir benutzen $rl[x]$ (rl steht für *read lock*) bzw. $wl[x]$ (wl steht für *write lock*), um eine Lese- bzw. Schreibsperre auf dem Datenbankobjekt x zu bezeichnen. Wir verwenden $rl_i[x]$ bzw. $wl_i[x]$, um zu beschreiben, dass Transaktion T_i eine Lese- bzw. Schreibsperre auf dem Datenbankobjekt x erhalten hat. Die Buchstaben o, p und q dienen dazu, eine beliebige Art von Lese- oder Schreiboperation zu bezeichnen. Beispielsweise drückt $ol_i[x]$ eine Sperre vom Typ o durch Transaktion T_i auf x aus. Zwei Sperren $pl_i[x]$ und $ql_j[y]$ *stehen in Konflikt miteinander*, falls $x = y$ und $i \neq j$ gilt und die Sperren p und q von einem Konflikttyp sind. Also stehen zwei Sperren auf verschiedenen Datenbankobjekten ($x \neq y$) nicht in Konflikt miteinander. Dies gilt auch für zwei Sperren, die sich auf das gleiche Datenbankobjekt beziehen ($x = y$), von der gleichen Transaktion angefordert worden sind ($i = j$) und eventuell von einem Konflikttyp sind. Wir benutzen die Notationen $rl_i[x]$ und $wl_i[x]$ auch, um die *Operation* zu bezeichnen, mit der T_i eine Lesesperre auf x setzt bzw. eine Schreibsperre auf x erhält. Ob dann jeweils die Sperre oder die Operation, die die Sperre setzt, gemeint ist, wird aus dem Kontext klar. Die Operation, mit der T_i eine Lese- bzw. Schreibsperre auf x *freigibt* (*unlock, release*), bezeichnen wir mit $ru_i[x]$ bzw. $wu_i[x]$.

Eine einfache, wenn auch nicht vollkommen allgemeine Implementierung der vier Operationen $rl_i[x]$, $wl_i[x]$, $ru_i[x]$ und $wu_i[x]$, die aber das wesentliche zeigt, berücksichtigt die Anzahl $\#T$ der Transaktionen, die auf einem Datenbankobjekt eine Lesesperre halten. Wir notieren wieder den Wert (den Zustand) der mit Datenbankobjekt x verknüpften Sperre mit $l[x]$. In unserem Fall einer Zweifachsperre kann $l[x]$ (geeignet kodiert) folgende Werte annehmen: „lesegesperrt", „schreibgesperrt" und „freigegeben". Für jedes Datenbankobjekt x können wir uns einen Eintrag in Form eines Tripels $(x, l[x], \#T)$ innerhalb einer *Sperrtabelle* vorstellen. Die vier Operationen $rl_i[x]$, $wl_i[x]$, $ru_i[x]$ und $wu_i[x]$ müssen ebenfalls als atomar verstanden werden. D.h. zwischen Start und Terminierung einer dieser Operationen bzw. zwischen Start und Einfügen in die Warteschlange für x ist keine verzahnte Ausführung von anderen Operationen erlaubt. Die Algorithmenschemata für diese vier Operationen zeigt Bild 5.13.

algorithm $rl_i[x]$;
   stop := *false*;
   while not *stop* **do**
      if $l[x]$ = „freigegeben" **then**
         $l[x]$:= „lesegesperrt";
         $\#T$:= 1;
         stop := *true*;
      elsif $l[x]$ = „lesegesperrt" **then**
         $\#T$:= $\#T + 1$;
         stop := *true*;
      else
         wait
         until $l[x]$ = „freigegeben"
            and der Sperr-Mana-
            ger weckt die Trans-
            aktion auf
      fi
   od
end rl_i.

algorithm $wu_i[x]$;
   if $l[x]$ = „schreibgesperrt"
   then
      $l[x]$:= „freigegeben";
      wecke eine der wartenden
      Transaktionen auf, falls vor-
      handen
   fi
end wu_i.

algorithm $wl_i[x]$;
   stop := *false*;
   while not *stop* **do**
      if $l[x]$ = „freigegeben" **then**
         $l[x]$:= „schreibgesperrt";
         stop := *true*;
      else
         wait
         until $l[x]$ = „freigege-
            ben" **and** der
            Sperr-Manager
            weckt die Transak-
            tion auf
      fi
   od
end wl_i.

algorithm $ru_i[x]$;
   if $l[x]$ = „lesegesperrt" **then**
      $\#T$:= $\#T - 1$;
      if $\#T = 0$ **then**
         $l[x]$:= „freigegeben";
         wecke eine der wartenden
         Transaktionen auf, falls
         vorhanden
      fi
   fi
end ru_i.

Bild 5.13. Algorithmen für die Operationen *read lock*, *write lock*, *write unlock* und *read unlock* zum Sperren und Freigeben von Sperren auf einem Datenbankobjekt x

Häufig werden die Operationen $ru_i[x]$ und $wu_i[x]$ zu einer Operation $ul_i[x]$ (*ul* steht für *unlock*) zusammengezogen. Letztere Operation überprüft dann den Zustand der Sperre und verfährt entsprechend. Bei der Verwendung von Mehrfachsperren muss jede Transaktion einige *Sperrregeln* beachten:

1. Eine Transaktion T muss die Operation $rl[x]$ oder $wl[x]$ vor einer $r[x]$-Operation in T aufrufen.

2. Eine Transaktion T muss die Operation $wl[x]$ vor einer $w[x]$-Operation in T aufrufen.

3. Eine Transaktion T muss die Operation $ul[x]$ aufrufen, nachdem alle $r[x]$- und $w[x]$-Operation in T durchgeführt worden sind.

4. Eine Transaktion T darf eine $rl[x]$-Operation nicht aufrufen, wenn sie bereits eine Lesesperre oder eine Schreibsperre auf dem Datenbankobjekt x hält.

5. Eine Transaktion T darf eine $wl[x]$-Operation nicht aufrufen, wenn sie bereits eine Lesesperre oder eine Schreibsperre auf dem Datenbankobjekt x hält.

6. Eine Transaktion T darf eine $ul[x]$-Operation nur dann aufrufen, wenn sie gerade eine Lesesperre oder eine Schreibsperre auf dem Datenbankobjekt x hält.

Eine Transaktion heißt auch *wohlgeformt* (*well formed*), wenn sie die Regeln 1 und 2 beachtet. Die Benutzung von binären Sperren oder Mehrfachsperren in Transaktionen, wie bisher beschrieben, garantiert *nicht* die Serialisierbarkeit von Ablaufplänen, an denen die Transaktionen teilnehmen. Betrachten wir hierzu folgenden, um zwei Anweisungen ergänzten Ablaufplan:

$$A = \ rl_1[y]\ r_1[y]\ ul_1[y]\ rl_2[x]\ r_2[x]\ ul_2[x]\ wl_2[y]\ r_2[y]\ [y := x+y]\ w_2[y]\ c_2$$
$$ul_2[y]\ wl_1[x]\ r_1[x]\ [y := x+y]\ w_1[x]\ c_1\ ul_1[x]$$

Sei zu Anfang $x = 20$ und $y = 30$. Als Ergebnis des seriellen Ablaufplans $T_1 T_2$ erhalten wir $x = 50$ und $y = 80$. Als Ergebnis des seriellen Ablaufplans $T_2 T_1$ erhalten wir $x = 70$ und $y = 50$. Ablaufplan A liefert $x = 50$ und $y = 50$. Dies ist ein Beispiel eines Ablaufplans, der die obigen Sperrregeln erfüllt, aber, wie wir gerade am Beispiel gesehen haben, nicht serialisierbar ist. Der Grund hierfür liegt darin, dass die Objekte y in T_1 und x in T_2 zu früh freigegeben werden. Um Serialisierbarkeit garantieren zu können, benötigen wir zusätzlich ein *Protokoll* bezüglich der Sperr- und Freigabeoperationen in jeder Transaktion.

Manche Systeme bieten die Möglichkeit, den Modus von Sperren im Laufe der Verarbeitung zu verändern. Hierzu sind dann die obigen Regeln 4 und 5 zu lockern. Dies ermöglicht es beispielsweise, für eine Transaktion T eine $rl[x]$-Operation aufzurufen und dann zu einem späteren Zeitpunkt, wenn T die einzige Transaktion mit einer Lesesperre auf x ist, diese Sperre mittels einer $wl[x]$-Operation in eine Schreibsperre *umzuwandeln* (*upgrade*). Ebenfalls ist es möglich, für eine Transaktion T eine $wl[x]$-Operation aufzurufen und dann zu einem späteren Zeitpunkt diese Sperre mittels einer $rl[x]$-Operation in eine Lesesperre umzuwandeln (*downgrade*). Häufig ist eine Sperrumwandlung auch durch den Transaktions-Manager selbst erforderlich, nämlich immer dann, wenn der Transaktions-Manager beim Zugriff auf eine Datenbank keine Kenntnis über die Absichten des Anwendungsprogramms hat. Liest die Transaktion ein Datenbankobjekt x, so wird auf x eine Lesesperre gesetzt. Schreibt die Transaktion später x, dann muss die Lesesperre zunächst in eine Schreibsperre umgewandelt werden. Voraussetzung hierfür ist, dass keine andere Transaktion eine Lesesperre auf x hat.

In einer Reihe von Anwendungen gibt es Datenbankobjekte, auf denen periodisch viele Transaktionen gleichzeitig schreiben müssen. Diese besonders intensiv

genutzten Objekte oder Teile der Datenbank werden *hot spots* („heiße Flecken")
genannt. In einer Bankanwendung wie z.B. der Kontobuchung sind Summenfelder
hot spots, auf die bei jeder Ein- und Auszahlung gebucht werden muss. Hierbei
ergibt sich das Problem, dass viele Transaktionen auf Sperren in Bezug auf *hot spots*
warten müssen, also ein Engpass entsteht, obwohl alle übrigen Daten für diese
Transaktionen verfügbar sind und das System insgesamt nicht überlastet ist. In dem
speziellen Anwendungsfall, dass Schreiboperationen dazu verwendet werden, einen
Wert zu (von) einem gegebenen Wert zu addieren (subtrahieren), kann die Lei-
stungskapazität (die *Performance*) des Systems gesteigert werden, indem spezielle
Operationen mit speziellen Sperrarten eingeführt werden. Wir führen zusätzlich folgende, atomare Operationen ein:

    Inkrement(*x*, *wert*)   addiere *wert* zum Wert des Datenbankobjekts *x*
    Dekrement(*x*, *wert*)   subtrahiere *wert* vom Wert des Datenbankobjekts *x*

Als Datenbankobjekte nehmen wir beliebige positive oder negative Zahlen an. Atomar bedeutet auch hier wieder, dass diese Operationen nicht durch andere Operationen unterbrochen werden dürfen. Inkrement- und Dekrementoperationen beinhalten
einige Teilschritte, die in ihrer Gesamtheit als eine Einheit ausgeführt werden müssen. Jede der beiden Operationen muss ein Datenbankobjekt *x* lesen, dessen Wert
entsprechend verändern und das Ergebnis nach *x* zurückschreiben. Keine andere
Operation darf in dieser Zeit auf *x* zugreifen. Wenn wir Inkrementierung und Dekrementierung als atomare Operationen realisieren, können in dem beschriebenen speziellen Anwendungsfall viele Schreiboperationen durch diese Operationen ersetzt
werden. Weil Inkrementierung und Dekrementierung kommutativ sind, d.h. ihre
Reihenfolge ohne Ergebnisveränderung vertauschbar ist, können sie schwächere
Sperren setzen als normale Schreiboperationen, die nicht kommutativ sind. Diese
schwächeren Sperren gestatten nun Transaktionen, auch in solchen Situationen
nebenläufig zu arbeiten und den durch den *hot spot* hervorgerufenen Engpass zu
beheben, in denen normale Schreibsperren zu Wartezuständen führen würden.

Das entsprechende verallgemeinerte Sperrschema kennt nun vier Arten von Sperren: Lese-, Schreib-, *Inkrement*- und *Dekrementsperren*. Um nun herauszufinden,
welche Sperrarten in Konflikt miteinander stehen, betrachten wir die Kommutativität aller binären Kombinationen von Operationen. Da Inkrement- und Dekrementoperationen kommutativ sind, d.h. da für alle Datenbankobjekte *x* und Werte $wert_1$
und $wert_2$ gilt, dass die Folgen $\langle Inkrement(x, wert_1), Dekrement(x, wert_2)\rangle$ und
$\langle Dekrement(x, wert_2), Inkrement(x, wert_1)\rangle$ denselben Datenbankzustand für *x* lie-
fern, stehen die entsprechenden Sperren nicht in Konflikt miteinander. Transaktionen können diese Sperren also nebenläufig setzen. Inkrement- und Dekrementoperationen stehen allerdings in Konflikt mit Lese- und Schreiboperationen. Beispielsweise ergibt das Lesen eines Datenbankobjekts *x* einen unterschiedlichen Wert für
x in Abhängigkeit davon, ob eine Inkrementoperation vor oder nach dem Lesen
durchgeführt wird. Eine Inkrementoperation auf *x* erzeugt einen unterschiedlichen
Wert für *x* in Abhängigkeit davon, ob sie vor oder nach einer Schreiboperation
durchgeführt wird. Analog zu den Konflikten zwischen Operationen werden die
Konflikte zwischen Sperren definiert. Bild 5.14 zeigt die Kompatibilitätsmatrix für

die vier Sperrarten. Ein „1"-Eintrag bedeutet wieder, dass die beiden betrachteten Sperren gleichzeitig auf einem Datenbankobjekt durch verschiedene Transaktionen gehalten werden können, d.h. sie stehen nicht im Konflikt miteinander. Ein „0"-Eintrag bedeutet, dass die beiden betrachteten Sperren nicht gleichzeitig auf einem Datenbankobjekt durch verschiedene Transaktionen gehalten werden können, d.h. sie sind inkompatibel.

Transaktion i hält	Transaktion j fordert an			
	Lese-sperre	Schreib-sperre	Inkrement-sperre	Dekrement-sperre
Lese-sperre	1	0	0	0
Schreib-sperre	0	0	0	0
Inkrement-sperre	0	0	1	1
Dekrement-sperre	0	0	1	1

Bild 5.14. Kompatibilitätsmatrix für Lese-, Schreib-, Inkrement- und Dekrementsperren

5.5.3 Das Zwei-Phasen-Sperrprotokoll

Um Serialisierbarkeit zu erreichen, muss das Setzen und Freigeben von Sperren in sogenannten *Protokollen* festgelegten Regeln unterworfen werden. Diese Regeln dienen der Koordinierung der verschiedenen Sperren und schränken die möglichen Folgen von Operationen, die eine Menge von Transaktionen verzahnt ausführen darf, ein. Voraussetzung ist natürlich die Einhaltung der in Abschnitt 5.5.2 beschriebenen Sperrregeln für Mehrfachsperren. Zu beachten ist, dass die Probleme des Deadlock und des Livelock von Sperrprotokollen nicht gelöst werden können. Das in DBMS wohl verbreitetste Protokoll läuft in zwei Phasen ab und tritt in einer strengen und einer abgemilderten Variante auf. Beide Varianten garantieren Serialisierbarkeit. Das sogenannte *strikte Zwei-Phasen-Sperrprotokoll* (*striktes 2PS*; *strict two-phase locking protocol*, *strict 2PL*) unterliegt folgender sogenannter *strikter Zwei-Phasen-Regel* (*strict two-phase rule*):

> Alle von einer Transaktion gehaltenen Sperren werden zum Ende der Transaktion wieder freigegeben.

Es handelt sich um ein Zwei-Phasen-Sperren, weil in einer ersten Phase, der *Wachstumsphase* (*growing phase*), alle benötigten Sperren vor jeder Lese- oder Schreiboperation angefordert werden und in einer zweiten Phase, der *Freigabephase* (*release phase*), alle Sperren direkt vor dem Ende einer Transaktion wieder freigegeben werden. D.h. eine Transaktion gibt ihre Sperren nur frei, nachdem sichergestellt ist, dass sie mit Bestimmtheit terminiert. Dies kann nur nach der letzten ausgeführten Operation festgestellt werden. Das Setzen und die Freigabe von Sperren in Transaktionen kann also bei bei diesem Protokoll automatisch durch das DBMS ohne äußeres Zutun durchgeführt werden. Für den Benutzer oder den Anwendungsprogrammierer geschieht das Sperren unsichtbar.

Dieses Sperrprotokoll erlaubt eine „sichere" verzahnte Ausführung von Transaktionen. Falls nämlich zwei Transaktionen auf vollständig unabhängige Teile der Datenbank zugreifen, können sie nebenläufig alle benötigten Sperren erhalten und mit der Abarbeitung ihrer Operationen fortfahren. Wenn aber zwei Transaktionen auf das gleiche Datenbankobjekt zugreifen und eine von ihnen möchte das Objekt verändern, werden alle nun folgenden Operationen seriell angeordnet. Zunächst werden alle Operationen derjenigen Transaktion ausgeführt, die die Sperre zuerst erhält, und nach der Sperrfreigabe alle Operationen der anderen Transaktion. Wir werden weiter unten zeigen, dass dieses Protokoll strikte Ablaufpläne erzeugt.

Ein Vorteil dieses Protokolls ist, dass eine Transaktion abbrechen kann, ohne dass davon andere Transaktionen betroffen sind. Werden nämlich Sperren nicht bis zum Ende einer Transaktion gehalten, so kann ein *fortgesetzter Abbruch* (*cascading abort*) von Transaktionen auftreten. Nehmen wir an, eine Transaktion T_1 gibt ein Objekt x vor ihrem Ende frei und eine Transaktion T_2 sperrt dieses Objekt sofort danach und fährt mit ihrer Ausführung fort. Ein nun folgender Absturz von T_1 bedeutet, dass T_1 zurückgesetzt und neu gestartet werden muss. Damit ist auch der von T_2 gelesene Wert von x nicht mehr gültig, d.h. T_2 arbeitet auf ungültigen Daten. Also muss auch T_2 abgebrochen und zurückgesetzt werden. Zu beachten ist auch, dass T_2 beim Absturz von T_1 schon beendet gewesen sein kann. Nachteilig ist, dass strikte Zweiphasigkeit hohe Kosten und eingeschränkte Nebenläufigkeit mit sich bringt, da alle Sperren lange bis zum Transaktionsende gehalten werden müssen. Dies ist häufig unnötigerweise der Fall, wenn eine Transaktion ein Objekt z.B. zum Schreiben sperrt, es somit für alle anderen Transaktionen blockiert und nach der Schreiboperation bis zum Transaktionsende nicht wieder auf dieses Objekt zugreift.

Das sogenannte *Zwei-Phasen-Sperrprotokoll* (*2PS*; *two-phase locking protocol*, *2PL*) lockert die Regel der ersten Variante und erlaubt Transaktionen, Sperren schon weit vor ihrem Ende freizugeben. Diese sogenannte *Zwei-Phasen-Regel* (*two-phase rule*) lautet:

> Wenn eine Transaktion irgendeine Sperre freigibt, darf sie danach keine zusätzlichen Sperren mehr anfordern.

Hier handelt es sich um ein Zwei-Phasen-Sperren, weil in einer ersten Phase, der *Wachstumsphase* (*growing phase*), alle benötigten Sperren angefordert werden und in einer zweiten Phase, der *Schrumpfungsphase* (*shrinking phase*), alle Sperren sukzessive wieder freigegeben werden. Ziel dieses Protokolls ist es, den Grad der Nebenläufigkeit zu erhöhen. Nachteilig ist, wie oben beschrieben, ein fortgesetzter

Abbruch weiterer Transaktionen bei einem Abbruch einer Transaktion. Zudem erweist sich eine Realisierung dieses Protokolls als schwierig, da der Sperr-Manager als Verwalter aller vergebenen Sperren wissen muss, dass eine Transaktion alle ihre benötigten Sperren erhalten hat und kein anderes Objekt mehr sperren muss. Der Sperr-Manager muss auch wissen, dass eine Transaktion nicht länger Zugriff auf ein Objekt benötigt, so dass es freigegeben werden kann. Aufgrund dieser Probleme wird in Datenbanksystemen oft strikten Zwei-Phasen-Ablaufplanern der Vorzug gegeben.

Die intuitive Bedeutung hinter der Zwei-Phasen-Regel ist nicht offensichtlich. Im Wesentlichen soll diese Regel garantieren, dass *alle* Paare von Konfliktoperationen zweier Transaktionen in derselben Reihenfolge angeordnet werden. Betrachten wir als Beispiel die beiden Transaktionen

$$T_1: r_1[x] \rightarrow w_1[y] \rightarrow c_1 \qquad T_2: w_2[x] \rightarrow w_2[y] \rightarrow c_2$$

sowie folgenden angenommenen Ablaufplan:

$$A = rl_1[x]\ r_1[x]\ ru_1[x]\ wl_2[x]\ w_2[x]\ wl_2[y]\ w_2[y]\ wu_2[x]\ wu_2[y]\ c_2\ wl_1[y]$$
$$w_1[y]\ wu_1[y]\ c_1$$

Da $r_1[x] <_A w_2[x]$ und $w_2[y] <_A w_1[y]$ gilt, besteht $SG(A)$ aus dem Zyklus $T_1 \rightarrow T_2 \rightarrow T_1$. Daher ist A nicht serialisierbar. Das Problem in A ist, dass T_1 eine Sperre $(ru_1[x])$ freigibt und danach eine Sperre $(wl_1[y])$ setzt, was die Zwei-Phasen-Regel verletzt. Zwischen $ru_1[x]$ und $wl_1[y]$ ändert eine andere Transaktion T_2 dann sowohl x als auch y. Die Bearbeitung von x durch T_2 folgt also der Bearbeitung von x durch T_1, während dies bezüglich y genau umgekehrt ist. Hätte T_1 die Zwei-Phasen-Regel beachtet, wäre das „Fenster" zwischen $ru_1[x]$ und $wl_1[y]$ nicht geöffnet worden und T_2 wäre nicht wie in A ausgeführt worden. Stattdessen könnte folgender, korrekter Ablaufplan A' gegeben sein:

$$A' = rl_1[x]\ r_1[x]\ wl_1[y]\ w_1[y]\ c_1\ ru_1[x]\ wu_1[y]\ wl_2[x]\ w_2[x]\ wl_2[y]\ w_2[y]\ c_2$$
$$wu_2[x]\ wu_2[y]$$

A' ist seriell und somit serialisierbar. Die Sperre $rl_1[x]$ verhindert, dass für $w_2[x]$ eine Sperre $wl_2[x]$ gesetzt werden kann. T_2 muss also warten, und T_1 wird zunächst vollständig abgearbeitet. Da T_1 keine weiteren Sperren benötigt, können die gehaltenen Sperren freigegeben werden, so dass T_2 nun zum Zuge kommt.

Beide Varianten des Zwei-Phasen-Sperrens können leicht verfeinert werden, um den Grad der Nebenläufigkeit von Transaktionen zu erhöhen. Notwendig ist, dass Sperrumwandlungen erlaubt sind. Strategie ist, dass eine Transaktion zunächst Lesesperren auf Datenbankobjekte anfordert, so dass andere Transaktionen ebenfalls lesend auf diese Objekte zugreifen können. Wenn dann eine Transaktion ein Objekt schreiben muss, fordert sie eine Umwandlung einer Lesesperre in eine Schreibsperre an (*upgrade*). Ein Upgrade kann nur während der Wachstumsphase stattfinden und ein Warten der Transaktion auf die Freigabe einer Lesesperre bezüglich des gleichen Objekts erfordern. Ist ein Objekt aktualisiert worden, kann die Schreibsperre in eine Lesesperre umgewandelt werden (*downgrade*). Ein Downgrade kann nur während der Schrumpfungsphase stattfinden.

Auch das Zwei-Phasen-Sperrprotokoll und die zugehörigen *Zwei-Phasen-Sperrprotokoll-Ablaufplaner*, kurz *2PS-Ablaufplaner* (*2PL scheduler*), treten in konservativen und aggressiven Versionen auf. Die konservativste Version ist, zu Beginn einer jeden Transaktion T alle benötigten Sperren anzufordern. Wenn alle Sperren verfügbar und vom Ablaufplaner gewährt worden sind, kann T mit der Verarbeitung beginnen. Da T über alle Objekte verfügt, kann T mit Sicherheit beendet werden und nicht in einen Deadlock oder sonstigen Abbruch aus Synchronisationsgründen geraten. Falls eine oder mehrere Sperren nicht verfügbar sind, wird T in eine Warteschlange eingefügt. Die aggressivste Version des Zwei-Phasen-Sperrens ist, sofort vor dem Lesen oder Schreiben eines Datenbankobjekts eine Sperre darauf anzufordern. Falls ein Objekt erst gelesen und dann geschrieben werden soll, wird zuerst eine Lesesperre vergeben und diese später in eine Schreibsperre umgewandelt. Natürlich können Sperren nur freigegeben werden, nachdem alle benötigten Sperren gesetzt worden sind, da ansonsten die Zwei-Phasen-Regel verletzt würde.

Die Begründung, warum das Zwei-Phasen-Sperrprotokoll Serialisierbarkeit sicherstellt, war bisher nur intuitiv. Wir wollen diese Tatsache nun formal begründen. Zu begründen, dass ein Zwei-Phasen-Sperrprotokoll-Ablaufplaner korrekt ist, bedeutet zu zeigen, dass alle durch ihn erzeugbaren *2PS-Ablaufpläne* (*2PL schedules*) Konflikt-serialisierbar sind. Wir gehen diese Aufgabe in zwei Schritten an. Zunächst beschreiben wir einige Eigenschaften all dieser Ablaufpläne und zeigen danach, dass alle Ablaufpläne mit diesen identifizierten Eigenschaften serialisierbar sein müssen. Zur Beschreibung der Eigenschaften erweitern wir unser Modell aus Abschnitt 5.3 um die eingeführten Sperr- und Freigabeoperationen. Die Überprüfung der Reihenfolge, in der Sperr- und Freigabeoperationen ausgeführt werden, wird uns helfen, die Ordnung festzulegen, in der Lese- und Schreiboperationen ausgeführt werden. Dies wiederum ermöglicht es uns zu zeigen, dass der Serialisierbarkeitsgraph eines solchen 2PS-Ablaufplans azyklisch ist.

Wir wissen, dass vor der Ausführung einer Operation o_i einer Transaktion T_i bezüglich eines Datenbankobjekts x eine Sperre auf x gesetzt wird (Sperrregeln 1 und 2). D.h. $ol_i[x] <_A o_i[x]$. Ferner wissen wir, dass jede Operation ausgeführt wird, bevor die entsprechende Sperre freigegeben wird (Sperrregel 3). D.h. $o_i[x] <_A ou_i[x]$. Falls $o_i[x]$ zu einer erfolgreich beendeten Transaktion gehört, erhalten wir (Eigenschaft 1):

> Sei A ein 2PS-Ablaufplan. Falls $o_i[x]$ in $C(A)$ ist, dann sind auch $ol_i[x]$ und $ou_i[x]$ in $C(A)$, und es gilt: $ol_i[x] <_A o_i[x] <_A ou_i[x]$.

Betrachten wir nun zwei Konfliktoperationen $p_i[x]$ und $q_j[x]$. Dann stehen auch die entsprechenden Sperren in Konflikt miteinander. Gemäß der Definition von Lese- und Schreibsperren bzw. der Kompatibilitätsmatrix kann zu einem Zeitpunkt nur eine dieser Sperren gehalten werden. Folglich muss der Ablaufplaner die Sperre, die zu eine dieser Operationen gehört, freigeben, bevor er die Sperre für eine andere Operation setzen kann. D.h. es gilt (Eigenschaft 2):

> Sei A ein 2PS-Ablaufplan. Falls $p_i[x]$ und $q_j[x]$ ($i \neq j$) Konfliktoperationen in $C(A)$ sind, gilt entweder $pu_i[x] <_A ql_j[x]$ oder $qu_j[x] <_A pl_i[x]$.

Betrachten wir nun die Zwei-Phasen-Regel, die besagt, dass, falls eine Transaktion eine Sperre freigibt, sie danach keine weiteren Sperren erhalten kann. Dies ist gleichbedeutend zu der Aussage, dass jede Sperroperation einer Transaktion vor jeder Freigabeoperation dieser Transaktion ausgeführt wird. Wir erhalten (Eigenschaft 3):

> Sei A ein vollständiger 2PS-Ablaufplan. Falls $p_i[x]$ und $q_i[y]$ in $C(A)$
> sind, gilt $pl_i[x] <_A qu_i[y]$.

Diese Eigenschaften können nun benutzt werden, um zu zeigen, dass jeder 2PS-Ablaufplan A einen azyklischen Serialisierbarkeitsgraphen $SG(A)$ besitzt. Man erinnere sich, dass $SG(A)$ nur Knoten für die vollständig beendeten Transaktionen in A enthält. Die Argumentation erfolgt in drei Schritten. Schritt 1 besagt folgendes:

> Sei A ein 2PS-Ablaufplan, und nehmen wir an, dass $T_i \rightarrow T_j$ in $SG(A)$
> ist. Dann gilt für ein beliebiges Datenbankobjekt x und beliebigen
> Konfliktoperationen $p_i[x]$ und $q_j[x]$ in A, dass $pu_i[x] <_A ql_j[x]$ ist.

Da $T_i \rightarrow T_j$ gilt, muss es Konfliktoperationen $p_i[x]$ und $q_j[x]$ in A geben, so dass $p_i[x] <_A q_j[x]$. Wegen Eigenschaft 1 wissen wir, dass $pl_i[x] <_A p_i[x] <_A pu_i[x]$ und $ql_i[x] <_A q_i[x] <_A qu_i[x]$ gilt. Wegen Eigenschaft 2 wissen wir, dass entweder $pu_i[x] <_A ql_j[x]$ oder $qu_j[x] <_A pl_i[x]$ gilt. Letztere Möglichkeit scheidet aus, da mit den Eigenschaften 1 und 2 sowie der Transitivität $q_j[x] <_A p_i[x]$ folgt, was $p_i[x] <_A q_j[x]$ widerspricht. Also gilt $pu_i[x] <_A ql_j[x]$.

Schritt 2 erweitert die Aussage von Schritt 1 auf Pfade in $SG(A)$.

> Sei A ein 2PS-Ablaufplan, und sei o.B.d.A. $T_1 \rightarrow T_2 \rightarrow ... \rightarrow T_n$, $n >$
> 1, ein Pfad in $SG(A)$. Dann gilt für beliebige Datenbankobjekte x und
> y sowie für beliebige Konfliktoperationen $p_1[x]$ und $q_n[y]$ in A, dass
> $pu_1[x] <_A ql_n[y]$ ist.

Zeigen kann man dies mittels vollständiger Induktion über n. Der Induktionsanfang folgt sofort aus Schritt 1. Für den Induktionsschritt nehmen wir an, dass die Aussage für $n = k$ gilt, wobei $k \geq 2$ gilt. Zeigen müssen wir nun, dass die Aussage auch für $n = k + 1$ gilt. Die Induktionsannahme besagt, dass es für einen Pfad $T_1 \rightarrow T_2 \rightarrow ... \rightarrow T_k$ Datenbankobjekte x und z sowie Operationen $p_1[x]$ und $o_k[z]$ in A gibt, so dass $pu_1[x] <_A ol_k[z]$ ist. Wegen $T_k \rightarrow T_{k+1}$ und Schritt 1 existieren ein Datenbankobjekt y sowie Konfliktoperationen $o'_k[y]$ und $q_{k+1}[y]$ in A, so dass $o'u_k[y] <_A ql_{k+1}[y]$ gilt. Mit Eigenschaft 3 folgt, dass $ol_k[z] <_A o'u_k[y]$ gilt. Mit den letzten drei „$<_A$"-Beziehungen und Transitivität folgt $pu_1[x] <_A ql_{k+1}[y]$.

Der dritte und letzte Schritt zeigt nun das wichtige Ergebnis, dass das Zwei-Phasen-Sperrprotokoll nur serialisierbare Ablaufpläne erzeugt.

> Jeder 2PS-Ablaufplan A ist serialisierbar.

Dies kann mittels eines Widerspruchs gezeigt werden. Angenommen, $SG(A)$ enthält o.B.d.A. einen Zyklus $T_1 \rightarrow T_2 \rightarrow ... \rightarrow T_n \rightarrow T_1$, $n > 1$. Wegen Schritt 2 gilt für beliebige Datenbankobjekte x und y sowie für beliebige Konfliktoperationen $p_1[x]$ und $q_1[y]$: $pu_1[x] <_A ql_1[y]$. Dies widerspricht aber Eigenschaft 3, der Zwei-Phasen-

Regel. Also hat $SG(A)$ keine Zyklen, und A ist nach dem Serialisierbarkeitstheorem serialisierbar.

Mit derselben Argumentation folgt, dass auch jeder *strikte 2PS-Ablaufplaner* (*strict 2PL scheduler*) serialisierbare Ablaufpläne erzeugt. Wir müssen aber noch zeigen, dass diese auch strikt sind. Angenommen, A sei ein Ablaufplan, der von einem strikten 2PS-Ablaufplaner erzeugt worden ist, und es gelte $w_i[x] <_A o_j[x]$ mit $i \neq j$. Wegen Eigenschaft 1 muss sowohl (1) $wl_i[x] <_A w_i[x] <_A wu_i[x]$ als auch (2) $ol_j[x] <_A o_j[x] <_A ou_j[x]$ gelten. Da $wl_i[x]$ und $ol_j[x]$ miteinander in Konflikt stehen, folgt entweder $wu_i[x] <_A ol_j[x]$ oder $ou_j[x] <_A wl_i[x]$ wegen Eigenschaft 2. Die letzte Folgerung zusammen mit (1) und (2) widerspricht aber $w_i[x] <_A o_j[x]$, so dass (3) $wu_i[x] <_A ol_j[x]$ gelten muss. Aus der strikten Zwei-Phasen-Sperrregel folgt weiterhin, dass entweder (4) $a_i <_A wu_i[x]$ oder $c_i <_A wu_i[x]$ sein muss. Mit (2), (3) und (4) ergibt sich dann, dass entweder $a_i <_A o_j[x]$ oder $c_i <_A o_j[x]$ folgt, was die Striktheit von A zeigt. Um Striktheit sicherzustellen, müssen also nur die Schreibsperren bis nach dem Ende oder Abbruch einer Transaktion gehalten werden. Die bereits beschriebenen Vorteile sowie die Eignung für Recovery-Maßnamen haben dazu geführt, dass konkrete Implementierungen des Zwei-Phasen-Sperrens gewöhnlich einen strikten 2PS-Ablaufplaner realisieren und diesen dem scheinbar flexibleren 2PS-Ablaufplaner vorziehen.

Das Zwei-Phasen-Sperren arbeitet auch in seiner verallgemeinerten Form, d.h. unter Hinzunahme von Inkrement- und Dekrementoperationen, korrekt. Um dies zu verstehen, müssen wir die drei Schritte der Argumentation nochmals betrachten. Der entscheidende Schritt ist der folgende: Wenn $T_i \rightarrow T_j$ in $SG(A)$ ist, dann stehen T_i und T_j bezüglich eines Datenbankobjekts in Konflikt miteinander, und T_i gibt das Objekt frei, bevor T_j es sperrt. Solange jedem Paar von miteinander in Konflikt stehenden (d.h. nichtkommutativen) Operationsarten entsprechende, miteinander in Konflikt stehende Sperrarten zugeordnet sind, gilt dieses Argument. Da die definierten Sperrarten gerade diese Eigenschaft haben, ist die verallgemeinerte Form des Zwei-Phasen-Sperrens korrekt. Um die Verallgemeinerung zu behandeln, braucht in der Argumentation nichts verändert zu werden, da sie sich auf beliebige Konfliktoperationen p und q bezieht.

Um neue Operationsarten hinzuzufügen, müssen folgende einfache Regeln befolgt werden:

❑ Es muss sichergestellt sein, dass jede neue Operationsart in Hinblick auf alle anderen Operationsarten eine atomare Implementierung besitzt.

❑ Für jede neue Operationsart muss eine neue Sperrart definiert werden.

❑ Es ist eine Kompatibilitätsmatrix für die Sperrarten (sowohl für die alten als auch für die neuen Operationen) zu definieren, so dass zwei Sperrarten genau dann in Konflikt miteinander stehen, wenn die entsprechenden Operationsarten hinsichtlich desselben Datenbankobjekts miteinander in Konflikt stehen, d.h. nicht kommutativ sind.

5.5.4 Deadlock, Livelock und zyklischer Neustart

Wie bereits angedeutet, gibt es die bedauerliche Eigenschaft von 2PS-Ablaufplanern, dass sie anfällig für *Verklemmungen* oder *Deadlocks* (*deadlocks*) sind. Ein Deadlock tritt auf, wenn zwei Transaktionen jeweils auf die andere warten, um ein Objekt sperren zu können. Betrachten wir hierzu das Beispiel, dass ein 2PS-Ablaufplaner die Transaktionen T_1 und T_2 verarbeitet mit

$$T_1: r_1[x] \to w_1[y] \to c_1 \qquad T_2: w_2[y] \to w_2[x] \to c_2$$

und betrachten wir folgenden anfänglichen Ablauf der Operationen: Zu Anfang hält keine der beiden Transaktionen eine Sperre. Der Ablaufplaner erhält $r_1[x]$ vom Transaktions-Manager, setzt $rl_1[x]$ und stößt die Ausführung von $r_1[x]$ an. Danach erhält er $w_2[y]$, setzt $wl_2[y]$ und gibt $w_2[y]$ zur Ausführung frei. Als nächstes erhält der Ablaufplaner $w_2[x]$. Er kann $wl_2[x]$ nicht setzen, weil diese Sperre mit der bereits gesetzten Lesesperre $rl_1[x]$ in Konflikt steht. Also wird $w_2[x]$ in die Warteschlange eingefügt. Nun erhält der Ablaufplaner $w_1[y]$. Er kann $wl_1[y]$ nicht setzen, weil diese Sperre mit der bereits gesetzten Schreibsperre $w_2[y]$ in Konflikt steht. Also wird $w_1[y]$ in die Warteschlange eingefügt. Obwohl der Ablaufplaner genau die Regeln des Zwei-Phasen-Sperrens befolgt, können beide Transaktionen ihre Ausführung nicht beenden, ohne eine dieser Regeln zu verletzen. Falls der Ablaufplaner $w_1[y]$ zur Ausführung freigibt, ohne vorher $wl_1[y]$ zu setzen, so verletzt er Sperrregel 1. Ähnliches gilt für $w_2[x]$. Der Ablaufplaner kann $wl_2[y]$ freigeben, um das Setzen von $wl_1[y]$ und die Ausführung von $w_1[y]$ zu ermöglichen. Allerdings kann er dann niemals $wl_2[x]$ setzen und $w_2[x]$ ausführen lassen, da er dann die Zwei-Phasen-Regel verletzt.

Beide Transaktionen sind also „eingeklemmt" und können mit ihrer Verarbeitung nicht fortfahren. Dies ist die insbesondere aus Betriebssystemen bekannte klassische Deadlock-Situation, die auch mehr als zwei Transaktionen betreffen kann. Die Situation des gegenseitigen Aufeinanderwartens kann nur aufgelöst werden, wenn eine der beteiligten Transaktionen von außen gezwungen wird, ein Objekt freizugeben. Das hat allerdings zur Folge, dass die ausgewählte Transaktion abgebrochen, zurückgesetzt und später neu gestartet werden muss. Es gibt zwei grundsätzliche Methoden, das Deadlock-Problem zu behandeln. Entweder versucht das DBMS, Deadlocks zu verhindern oder aber Deadlocks zuzulassen, zu erkennen und aufzulösen. Solche Strategien sind insbesondere im Bereich der Betriebssysteme ausführlich diskutiert worden. Die Methode des Verhinderns wird gemeinhin verwendet, wenn die Wahrscheinlichkeit, dass das System in einen Deadlock-Zustand eintritt, relativ hoch ist; ansonsten wird die Methode des Entdeckens von Deadlocks angewendet. Wie wir sehen werden, können beide Methoden auf das Rücksetzen eine oder mehrerer Transaktionen hinauslaufen. Wir werden diese Strategien bezogen auf den Datenbankkontext kurz skizzieren.

Es gibt verschiedene Verfahren, die zum *Verhindern von Deadlocks* (*deadlock prevention*) eingesetzt werden können. Das wohl einfachste Verfahren fordert, dass jede Transaktion alle benötigten Datenbankobjekte sperrt, bevor sie mit der Ausführung beginnt. Ferner werden entweder alle Objekte auf einmal gesperrt oder keines der Objekte wird gesperrt. Dieses Verfahren begrenzt die Nebenläufigkeit von Transaktionen und birgt zwei Probleme. Zum einen ist die Zugriffshäufigkeit auf Datenbankobjekte stark eingeschränkt, denn wenn diese gesperrt sind, kann auf sie für einen längeren Zeitraum von anderen Transaktionen nicht zugegriffen werden. Zum anderen besteht die Gefahr des *Verhungerns* (*starvation*) einer Transaktion. Eine Transaktion, die mehrere, häufig gebrauchte Objekte benötigt, kann unter Umständen gezwungen sein, unbestimmt lange warten zu müssen, weil stets eines der benötigten Objekte noch von einer anderen Transaktion gehalten wird. Ein anderes Verfahren definiert eine partielle Ordnung auf allen Datenbankobjekten und fordert, dass eine Transaktion ein Objekt nur in der durch die partielle Ordnung vorgegebenen Reihenfolge sperren kann. Im Zusammenhang mit Datenbanken erweist sich dieses Verfahren als nicht praktikabel, da der Programmierer die gewählte Ordnung von Objekten kennen muss.

Ein drittes Verfahren zur Verhinderung von Deadlocks weist jeder Transaktion zu Beginn einen eindeutigen *Zeitstempel* (*timestamp*) zu. Diese Zeitstempel definieren Prioritäten von Transaktionen und werden dazu verwendet, um zu entscheiden, ob eine Transaktion warten oder zurückgesetzt werden soll. Wenn eine Transaktion zurückgesetzt wird, erhält sie bei einem Neustart den *alten* Zeitstempel. Zwei genau gegensätzliche Schemata werden bei der Verwendung von Zeitstempeln unterschieden:

❑ *Wait-Die*-Schema. Wenn eine Transaktion T_i ein gerade von einer Transaktion T_j gehaltenes Datenbankobjekt anfordert, darf T_i nur dann warten, falls sie einen kleineren Zeitstempel als T_j hat (d.h. T_i ist älter als T_j). Ansonsten wird T_i abgebrochen (T_i „stirbt") und zurückgesetzt.

❑ *Wound-Wait*-Schema. Wenn eine Transaktion T_i ein gerade von einer Transaktion T_j gehaltenes Datenbankobjekt anfordert, darf T_i nur dann warten, falls sie einen größeren Zeitstempel als T_j hat (d.h. T_i ist jünger als T_j). Ansonsten wird T_j abgebrochen (T_j wird von T_i „verwundet") und zurückgesetzt.

Betrachten wir als Beispiel die Transaktionen T_1, T_2 und T_3 mit den Zeitstempeln 10, 20 und 30. Liegt das *Wait-Die*-Schema zugrunde, und fordert T_1 ein von T_2 gehaltenes Objekt an, so wird T_1 warten. Falls T_3 ein von T_2 gehaltenes Objekt anfordert, wird T_3 zurückgesetzt. Liegt das *Wound-Wait*-Schema zugrunde, und fordert T_1 ein von T_2 gehaltenes Objekt an, so wird das Objekt von T_2 freigeben, und T_2 wird zurückgesetzt. Falls T_3 ein von T_2 gehaltenes Objekt anfordert, wird T_3 warten.

Beide Schemata verhindern das Verhungern von Transaktionen, da es zu jedem Zeitpunkt eine Transaktion mit kleinstem Zeitstempel gibt. Diese Transaktion kann in beiden Schemata nicht zum Zurücksetzen veranlasst werden. Da Zeitstempel stets größer werden und da Transaktionen beim Zurücksetzen keine neuen Zeitstempel zugewiesen erhalten, wird eine zurückgesetzte Transaktion schließlich den kleinsten Zeitstempel haben. Somit wird diese nicht wieder zurückgesetzt werden. Beim *Wait-Die*-Schema kann nur eine Transaktion, die eine Sperre anfordert, abgebrochen werden. Mit dem Älterwerden einer Transaktion neigt diese dazu, auf immer jüngere Transaktionen zu warten. Beim *Wound-Wait*-Schema hingegen wartet eine ältere Transaktion niemals auf eine jüngere Transaktion. Wenn beim *Wait-Die*-Schema eine jüngere Transaktion T_i stirbt und zurückgesetzt wird, weil sie ein von einer älteren Transaktion T_j gehaltenes Objekt angefordert hat, dann kann es passieren, dass T_i mehrere Male mit der gleichen Folge von Sperranforderungen neu gestartet wird und stets an der immer noch aktiven Transaktion T_j scheitert. Beim *Wound-Wait*-Schema kann es geschehen, dass eine Transaktion T_j verwundet und zurückgesetzt wird, weil T_i ein Objekt von T_j angefordert hat und älter ist. Wenn T_j neu gestartet wird und das Objekt, das nun von T_i gehalten wird, anfordert, dann wartet T_j. Bei diesem Schema können also weniger Rücksetzungen auftreten.

Wir betrachten nun Verfahren zur *Deadlock-Erkennung* (*deadlock detection*). Diese Verfahren sind interessant, wenn verschiedene Transaktionen selten zur gleichen Zeit auf dieselben Datenbankobjekte zugreifen. Dies geschieht insbesondere dann, wenn die Transaktionen kurz sind und jede Transaktion nur einige wenige Objekte sperrt. Falls andererseits Transaktionen lang sind und jede Transaktion viele Objekte benötigt, können Deadlocks häufiger auftreten. Der zuerst beschriebene Fall legt es nahe, der Erkennung von Deadlocks gegenüber ihrer Verhinderung den Vorzug zu geben und Deadlocks aufzulösen, sobald sie auftreten. Dies erfordert eine periodische Überprüfung auf Deadlocks. Zur Behandlung von Deadlocks muss das DBMS Informationen über die gegenwärtige Zuweisung von Datenbankobjekten zu Transaktionen und über alle ausstehenden Objektanforderungen verwalten. Ferner ist ein Algorithmus erforderlich, der diese Informationen zur Feststellung eines eventuellen Deadlock-Zustands verwendet. Zuguterletzt muss der Deadlock aufgelöst werden (Recovery), falls der Erkennungsalgorithmus einen Deadlock meldet.

Das wohl einfachste Verfahren zur Deadlock-Erkennung ist die Festlegung einer *Zeitschranke* (*timeout*). Wenn der Ablaufplaner herausfindet, dass eine Transaktion bereits lange auf eine Sperre wartet und die gewählte Zeitschranke überschreitet, nimmt er einfach an, dass ein Deadlock vorliegt, von dem diese Transaktion betroffen ist, und bricht die Transaktion ab. Natürlich kann diese Annahme auch falsch sein und die Transaktion war gar nicht in einen Deadlock verwickelt, sondern musste einfach nur auf die Freigabe einer Sperre durch eine *lang andauernde Transaktion* (*long transaction*) warten. Durch den unnötigen Abbruch wird die Korrektheit nicht verletzt. Es kann allerdings ein Performance-Problem auftreten. Um dieses Problem weitgehend zu vermeiden, kann man große Zeitschranken wählen. Je größer die Zeitschranke ist, desto größer ist die Wahrscheinlichkeit, dass der Ablaufplaner Transaktionen abbricht, die wirklich in einen Deadlock verwickelt sind. Aber auch diese Maßnahme birgt ein Problem. Es kann sein, dass eine Transaktion bereits seit einiger Zeit in einen Deadlock verwickelt ist und der Ablaufplaner dies aber erst nach Ablauf der großen Zeitschranke merkt. Die Transaktion verliert dann einige Zeit, bis der Deadlock erkannt ist. Die Bestimmung der richtigen Zeitschranke ist daher ein wichtiges und schwieriges Problem. Dennoch werden Zeitschranken in kommerziellen Systemen häufig eingesetzt.

Ein anderes Verfahren erkennt Deadlocks auf exakte Weise. Hierzu verwaltet der Ablaufplaner einen gerichteten Graphen, der *Warte-Graph* (*waits-for graph*) genannt wird. Dieser Graph besteht aus einem Paar $G = (V, E)$, wobei V eine Menge von Knoten und $E \subseteq V \times V$ eine Menge von Kanten ist. Die Knoten von G sind mit Transaktionsnamen markiert. Es gibt eine gerichtete Kante (ein geordnetes Paar) $T_i \to T_j$ von Knoten T_i nach Knoten T_j genau dann, wenn Transaktion T_i gerade darauf wartet, dass Transaktion T_j eine Sperre freigibt.

Nehmen wir an, dass ein Warte-Graph einen Zyklus hat: $T_1 \to T_2 \to \ldots \to T_n \to T_1$. Jede Transaktion wartet dann auf die nächste Transaktion im Zyklus. T_1 wartet also auf sich selbst, wie jede andere Transaktion auch auf sich selbst wartet. Da alle Transaktionen blockiert sind und auf Sperren warten und da keine Sperren freigegeben werden, liegt ein Deadlock vor. Ein Ablaufplaner kann also Deadlocks erkennen, indem er im Warte-Graphen nach Zyklen sucht. Hierzu muss er stets den Warte-Graphen aktualisieren und nach Zyklen suchen. Wenn eine Transaktion T_i auf ein Objekt zugreifen möchte, auf dem gegenwärtig eine Transaktion T_j eine Sperre hält, so wird die Kante $T_i \to T_j$ in den Wartegraphen eingefügt. Eine solche Kante wird aus dem Graphen entfernt, sobald T_j keine Sperre auf ein Datenbankobjekt mehr hält, das von T_i benötigt wird. Betrachten wir als Beispiel folgenden Ablaufplan:

$$A = \ rl_1[x] \ r_1[x] \ wl_2[y] \ w_2[y] \ rl_1[y] \ rl_3[z] \ r_3[z] \ wl_2[z] \ wl_4[y] \ wl_3[x]$$

Bild 5.15 zeigt den zugehörigen Warte-Graphen, der alle zu einem bestimmten Zeitpunkt aktiven Transaktionen beschreibt, von denen einige schließlich abgebrochen werden. Die letzte Operation ($wl_3[x]$) erzeugt einen Zyklus (gestrichelter Pfeil) im Graphen.

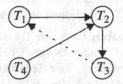

Bild 5.15. Warte-Graph vor und nach einem Deadlock

Die offene Frage ist nun, wie oft der Ablaufplaner nach Zyklen im Warte-Graphen suchen muss. Bei jedem Einfügen einer neuen Kante nach Zyklen zu suchen ist meist sehr teuer. Denn wenn Operationen häufig verzögert werden und Deadlocks aber recht selten auftreten, ist der Ablaufplaner ständig auf der Suche nach Deadlocks, die es aber kaum gibt. Eine Alternative kann entweder eine Folge von Einfügeoperationen oder aber wiederum eine Zeitschranke sein, nach deren Ablauf ein Test auf Deadlocks durchgeführt wird.

Die *Deadlock-Auflösung* gehört zu den Recovery-Maßnahmen. Entdeckt der Ablaufplaner einen Deadlock, muss er den Deadlock auflösen, indem er (mindestens) eine Transaktion abbricht und zurücksetzt. Der zugehörige Knoten im Warte-Graphen wird gelöscht. Die Transaktion, die zum Abbruch auserkoren wird, wird als *Opfer* (*victim*) bezeichnet. Natürlich sollte der Ablaufplaner ein Opfer auswählen, dessen Abbruch die „geringsten Kosten" verursacht. Dies ist ein ziemlich unscharfes Kriterium, das von folgenden Faktoren beeinflusst wird:

❑   Wie lange befindet sich eine Transaktion schon in der Ausführung? D.h. welcher Aufwand ist bereits in sie investiert worden? Auf wieviele Datenbankobjekte wurde zugegriffen? Der Anfangsaufwand geht bei einem Abbruch verloren!

❑   Wie hoch sind die Kosten für den Abbruch einer Transaktion? Sie hängen insbesondere von der Anzahl der Schreiboperationen ab, die eine Transaktion bereits ausgeführt hat.

❑   Wie lange muss eine Transaktion voraussichtlich noch ausgeführt werden, bis sie beendet ist? Auf wieviele Datenbankobjekte muss noch zugegriffen werden? Der Ablaufplaner sollte vermeiden, Transaktionen, die kurz vor ihrer Beendigung stehen, abzubrechen. Hierzu muss er das zukünftige Verhalten von Transaktionen vorhersehen können.

❑   Wie groß ist die Anzahl der Zyklen, die eine bestimmte Transaktion enthalten? Durch den Abbruch einer Transaktion werden alle Zyklen aufgelöst, die diese Transaktion enthalten. Es ist daher am günstigsten, eine Transaktion zum Abbruch auszuwählen, die in möglichst vielen Zyklen vorhanden ist.

Eine Transaktion kann wiederholt in eine Deadlock-Situation geraten. Bei jedem Deadlock wird sie als Opfer ausgesucht, abgebrochen, zurückgesetzt und neu gestartet, um dann wieder in einen Deadlock verwickelt zu sein. Um solche *zyklischen Neustarts* (*cyclic restarts*) zu vermeiden, muss dafür gesorgt werden, dass eine Transaktion nicht wiederholt als Opfer zur Deadlock-Auflösung ausgewählt wird (es sei denn, alle anderen Transaktionen waren schon Opfer).

Wie wir bereits früher gesehen haben, kann eine Transaktion auch dann nie zu einem Ende kommen, wenn sie *nicht* in Deadlocks verwickelt wird. Wir haben dieses Phänomen als „Verhungern" (*starvation*) einer Transaktion bezeichnet. Eine andere Bezeichnung hierfür ist auch *Livelock* (*livelock*). Verantwortlich hierfür ist eine unfaire Sperrzuteilung. Betrachten wir die Situation, dass eine Transaktion T auf ein Objekt x wartet und in die Warteschlange für x eingetragen wird. Fordert nun auch eine Transaktion T_1 den Zugriff auf x an und hat T_1 Priorität vor T, so wird T_1 bei der Freigabe von x der Vorzug vor T gegeben. Dies kann sich mit beliebig vielen Transaktionen wiederholen und sich zu einem permanenten Warten für T entwickeln. Verhindern kann man einen Livelock durch eine *first-come-first-serve*-Strategie, d.h. diejenige Transaktion, die ein Objekt zuerst verlangt, erhält es auch zuerst. Bei einer Vergabe von Prioritäten an Transaktionen muss dafür gesorgt werden, dass die Prioritäten von länger wartenden Transaktionen stufenweise erhöht werden.

5.5.5 Der Sperr-Manager

Die Komponente des DBMS, die für die Verwaltung von Sperren zur Synchronisation von Transaktionen zuständig ist, ist der *Sperr-Manager* (*lock manager*). Seine

Aufgaben umfassen (1) das Setzen und Freigeben von Sperren im Sinne des Zwei-Phasen-Sperrprotokolls, (2) Verhinderung von Livelock-Situationen durch faire Vergabe von Sperren an Transaktionen und (3) die Verhinderung oder Entdeckung und Auflösung von Deadlock-Situationen. Der Sperr-Manager wird aufgerufen, wenn ein Objekt gesperrt werden muss und wenn ein gesperrtes Objekt freigegeben wird. Er prüft, ob eine Sperre vergeben werden kann und versetzt, falls dies nicht möglich ist, die aufrufende Transaktion in einen Wartezustand. Er muss also protokollieren, welche Objekte für welche Transaktionen gesperrt sind und welche Transaktionen auf die Freigabe welcher gesperrter Objekte warten. Diese Informationen werden in einer *Sperrtabelle* (*lock table*, *lock file*) festgehalten, die eine Hashtabelle mit dem Datenbankobjekt als Schlüssel ist. Ein Sperrtabelleneintrag enthält u.a. die Anzahl der Transaktionen, die eine Sperre auf dem Objekt halten, die Sperrart und einen Zeiger auf die Warteschlange der Sperranforderungen.

5.6 Spezielle Sperrverfahren

5.6.1 Sperreinheiten und hierarchisches Sperren

Sowohl der erreichbare Grad an Nebenläufigkeit als auch die Kosten der Synchronisation hängen entscheidend von der *Granularität* (*granularity*), d.h. der Größe der gesperrten *Einheiten* (*granule*) ab. Die Granularität ist unwichtig, was Korrektheit anbetrifft. Bisher haben wir ganz allgemein von Datenbankobjekten gesprochen, die gesperrt werden können. Die Frage ist nun, um was für Objekte es sich hierbei handelt. Aus logischer Sicht können Sperrobjekte in einer Datenbank z.B. die Datenbank selbst, eine Relation/Objektklasse, ein Tupel/Objekt oder ein Attribut sein. Aus physischer Sicht können Sperrobjekte z.B. eine Sequenz von Seiten, eine einzelne Seite, ein Datensatz oder ein Feld sein. Wir können also zwischen *logischen Sperren* und *physischen Sperren* unterscheiden. Bei Einheiten höherer bzw. niedrigerer Ebenen spricht man von *gröberer* bzw. *feinerer Granularität*. Je feiner die Sperreinheiten sind, desto mehr Nebenläufigkeit ist zwischen Transaktionen möglich, weil verschiedene Transaktionen nur um sehr kleine Bereiche der Datenbank konkurrieren. Gleichzeitig erhöht sich aber der Verwaltungsaufwand für die Sperren, weil eine Transaktion, die auf eine große Anzahl kleiner Einheiten zugreifen muss, für jede dieser Einheiten einzeln vom Sperr-Manager eine Sperre setzen lassen muss. Um diesen Overhead bezüglich der Anzahl der Sperren zu reduzieren und um der Transaktion die Entscheidung zu überlassen, welche Einheiten und Sperranforderungen sie benötigt, sollten Sperren auf unterschiedlichen Ebenen setzbar sein. Dies führt zu *hierarchischem Sperren* (*hierarchical locking*) oder *Mehrfachgranularitätssperren* (*multigranularity locking*, *multiple-granularity locking*). Die *Sperrhierarchie* ergibt sich aus der Enthaltenseinsbeziehung der verschiedenen Einheiten. Wenn z.B. eine Transaktion nur auf einige wenige Seiten einer Datei zugreift, so sollte sie auch nur diese Seiten sperren und nicht die gesamte Datei. Wenn eine Transaktion auf mehrere Datensätze einer Seite zugreift, sollte sie die gesamte Seite sperren, und wenn sie nur einige Datensätze benötigt, nur diese Datensätze. Zwei Transaktionen, die verschiedene Datensätze der gleichen Seite schreibend verändern, stehen beim Sperren auf Seitenebene im Konflikt miteinander, aber nicht beim Sperren auf Datensatzebene.

Beim hierarchischen Sperren sperrt eine *explizite* Sperre auf eine Einheit einer bestimmten Ebene der Sperrhierarchie *implizit* alle feineren Einheiten, die in dieser Ebene enthalten sind. Nehmen wir eine Sperrhierarchie Datenbank – Datei – Seite – Datensatz – Feld an, so sperrt z.B. eine Lesesperre auf eine Seite alle in ihr enthaltenen Datensätze sowie die in den Datensätzen enthaltenen Felder. Eine Transaktion mit einer solchen Sperre darf auf diese Datensätze und Felder ohne zusätzlich angeforderte Sperren zugreifen. Ferner ist zu berücksichtigen, dass sich in einer Sperrhierarchie Sperrobjekte überlappen können. Die Entscheidung, ob ein Objekt x gesperrt werden kann, hängt hier nicht nur davon ab, ob x schon gesperrt ist, sondern auch davon, ob ein Objekt, das in x enthalten ist oder das x enthält, für eine andere Transaktion gesperrt ist. Daher ist es notwendig, das Sperren einer feineren Einheit an alle gröberen, übergeordneten Einheiten, die die feinere Einheit enthalten, zu propagieren. Hierzu führt das hierarchische Sperrprotokoll neben Lese- und Schreibsperren weitere Sperrarten, die sogenannten *Intentions-Sperren* (*intention locks*), ein. Zu unterscheiden sind *Intentions-Lesesperren* (*intention read (ir) locks*, *intention shared* (*IS*) *locks*), *Intentions-Schreibsperren* (*intention write (iw) locks*, *intention exclusive* (*IX*) *locks*) und aus Bequemlichkeitsgründen *Lese-Intentions-Schreibsperren* (*read intention write (riw) locks*, *share intention exclusive* (*SIX*) *locks*).

Eine *ir*-Sperre (*iw*-Sperre) zeigt an, dass der Halter beabsichtigt, eine Lesesperre (Schreibsperre) auf eine oder mehrere untergeordnete, feinere Einheiten zu erhalten. Eine *ir*-Sperre steht nur mit Schreibsperren in Konflikt, eine *iw*-Sperre hingegen mit Lese- und Schreibsperren. Um ein Objekt x lesend bzw. schreibend sperren zu können, muss der Ablaufplaner zuerst alle Vorgänger von x mit einer *ir*-Sperre bzw. *iw*-Sperre belegen. Bei einem beabsichtigten Setzen einer Lesesperre auf einen Datensatz z.B. müssen zunächst Intentions-Lesesperren auf die zugehörige Datenbank, Datei und Seite gesetzt werden. D.h. wenn eine Transaktion eine Lesesperre auf x setzt, kann keine andere Transaktion eine Schreibsperre auf irgendeinen Vorgänger von x gesetzt haben. In ähnlicher Weise gilt, dass, wenn eine Transaktion eine Schreibsperre auf x setzt, keine andere Transaktion eine Lese- oder Schreibsperre auf irgendeinen Vorgänger von x gesetzt haben kann. Dies stellt sicher, dass keine andere Transaktion eine Sperre auf einem Vorgänger hält, die mit der angeforderten Lese- bzw. Schreibsperre bezüglich x in Konflikt steht. Häufig gibt es die Situation, dass eine Datei jeden Datensatz einer Datei lesen und einige dieser Datensätze verändern möchte. Solch eine Transaktion benötigt dann eine Lesesperre auf die Datei, um alle Datensätze lesen zu können, und eine *iw*-Sperre, um einige der Datensätze zum Schreiben sperren zu können. Für diese Situation wird speziell eine *riw*-Sperre verwendet, die logisch gesehen äquivalent zu einer Lesesperre und einer *iw*-Sperre ist. Die Verträglichkeit der verschiedenen Sperrarten zeigt die zugehörige Kompatibilitätsmatrix (Bild 5.16).

Transaktion i hält	Transaktion j fordert an				
	rl	wl	irl	iwl	$riwl$
rl	1	0	1	0	0
wl	0	0	0	0	0
irl	1	0	1	1	1
iwl	0	0	1	1	0
$riwl$	0	0	1	0	0

Bild 5.16. Kompatibilitätsmatrix für reguläre Sperren und Intentions-Sperren

Wir fassen nun die Regeln des hierarchischen Sperrprotokolls zusammen, die der Ablaufplaner einsetzt, um für jede Transaktion T_i Sperren zu setzen und wieder freizugeben:

1. Falls x nicht die höchste Einheit der Sperrhierarchie ist, muss T_i, um $rl_i[x]$ oder $irl_i[x]$ setzen zu können, eine ir-Sperre oder iw-Sperre auf den direkten Vorgänger von x besitzen.

2. Falls x nicht die höchste Einheit der Sperrhierarchie ist, muss T_i, um $wl_i[x]$ oder $iwl_i[x]$ setzen zu können, eine iw-Sperre auf den direkten Vorgänger von x besitzen.

3. Um x zu lesen (zu schreiben), muss T_i eine Lese- oder Schreibsperre (eine Schreibsperre) auf irgendeinem Vorgänger von x besitzen. Eine Sperre auf x selbst ist eine *explizite* Sperre für x. Eine Sperre auf einem Vorgänger von x ist eine *implizite* Sperre für x.

4. Eine Transaktion darf eine Intentions-Sperre auf einem Datenbankobjekt x nicht freigeben, wenn es noch eine Sperre auf einem Nachfolger von x hält.

Aus den Regeln 1 und 2 folgt, dass T_i, um $rl_i[x]$ oder $wl_i[x]$ setzen zu können, zunächst die entsprechenden Intentions-Sperren auf allen Vorgängern von x setzen muss. Beim Sperren eines Objekts x müssen also von der höchsten Ebene der Sperrhierarchie ausgehend zunächst alle übergeordneten Objekte mit Intentions-Sperren belegt werden. Eine Intentions-Sperre erklärt also gleichsam die Absicht einer Transaktion, Operationen auf Objekten niedrigerer Ebenen der Sperrhierarchie ausführen zu wollen. Auf jeder Ebene der Sperrhierarchie ist es möglich zu sehen, ob irgendwo auf einer tieferen Ebene ein Objekt gesperrt ist. Regel 3 besagt, dass eine Transaktion beim expliziten Sperren von x alle Nachfolger von x in der Sperrhierarchie ebenfalls implizit sperrt. Das implizite Sperren erspart es einer Transaktion, explizite Sperren auf alle Nachfolger von x setzen zu müssen, was ja gerade eines der wesentlichen Ziele des hierarchischen Sperrens ist. Regel 4 verlangt, dass Sperren von unten nach oben in der Sperrhierarchie freigegeben werden sollen, was gerade umgekehrt zu der Richtung ist, in der sie gesetzt werden. Diese Regel stellt sicher, dass eine Transaktion T_i niemals eine Lese- oder Schreibsperre auf x hält, ohne die entsprechenden Intentions-Sperren auf den Vorgängern von x zu besitzen. Ansonsten könnte eine andere Transaktion T_j auf eine höhere Sperreinheit eine Schreibsperrc setzen. Dies gibt dann implizit T_j eine Schreibsperre auf x, die mit der von T_i gehaltenen Sperre auf x in Konflikt steht. Auf einen Beweis der Korrektheit des hierarchischen Sperrprotokolls verzichten wir an dieser Stelle.

Es ist wichtig zu betonen, dass ein Ablaufplaner, der Objekte verschiedener Granularität verwaltet, zur Gewährleistung von Serialisierbarkeit das hierarchische Sperrprotokoll in Verbindung mit dem 2PS-Protokoll verwenden muss. Während das letztere Protokoll angibt, *wann* Objekte zu sperren und freizugeben sind, bestimmt das hierarchische Sperrprotokoll, *wie* eine Sperre auf einem Objekt zu setzen oder freizugeben ist. Damit z.B. eine Transaktion T eine Seite lesen kann, fordert das 2PS-Protokoll, das eine Lesesperre auf die Seite gesetzt wird. Um diese Lesesperre setzen zu können, fordert das hierarchische Protokoll das Setzen von *ir*-Sperren auf die entsprechende Datenbank und Datei sowie das Setzen einer Lesesperre auf die Seite.

Die größere Anzahl von Sperrarten bedingt auch eine größere Anzahl von Sperrumwandlungen. So ist es z.B. möglich, ein $irl_i[x]$ in ein $rl_i[x]$ oder ein $riwl_i[x]$ umzuwandeln. Zur Vereinfachung ist es nützlich, die Stärke von Sperrarten zu definieren. Eine Sperrart p ist *stärker* als eine Sperrart q, wenn für jede Sperrart o aus der Tatsache, dass $ol_i[x]$ mit $ql_j[x]$ in Konflikt steht, folgt, dass $ol_i[x]$ auch mit $pl_j[x]$ in Konflikt steht. Z.B. ist *riw* stärker als r, r stärker als *ir*, aber r und *iw* sind nicht vergleichbar. Wenn eine Transaktion $pl_i[x]$ hält und $ql_i[x]$ anfordert, dann muss der Sperr-Manager $pl_i[x]$ in eine Sperrart konvertieren, die wenigstens so stark ist wie p und q. Für $p = r$ und $q = iw$ z.B. sollte sich als Konvertierung von $rl_i[x]$ die Sperre $riwl_i[x]$ ergeben.

Eine nützliche Erweiterung des hierarchischen Sperrens ist als *Sperranpassung* (*lock escalation*) bekannt. Diese erlaubt es dem Transaktions-Manager, die Granularität, mit der eine Transaktion Sperren erhält, automatisch gemäß ihrem Verhalten anzupassen. Falls eine Transaktion Sperren zu einem großen Prozentsatz von Sperreinheiten enthält, die zu einer größeren Sperreinheit gehören, kann der Transaktions-Manager versuchen, der Transaktion eine Sperre auf einer größeren Sperreinheit zu gewähren, so dass keine zusätzlichen Sperren für nachfolgende Zugriffe auf andere Objekte in dieser Sperreinheit angefordert werden müssen. Automatische Sperranpassung ist nützlich, weil das Zugriffsverhalten einer Transaktion oft bis zur Laufzeit nicht bekannt ist.

5.6.2 Sperrverfahren für Baumindexe

Die Anwendung des reinen Zwei-Phasen-Sperrens auf Baumindexe (wie z.B. B- oder B$^+$-Bäume) bedeutet, ihren Indexstrukturcharakter zu ignorieren und jede Seite als ein eigenes Datenbankobjekt anzusehen. Da jede Baumoperation an der Wurzel beginnt, um dann entlang eines Pfads hin zu einem Blatt des Baums voranzuschreiten, führt dies zu einer Anhäufung von Sperranfragen und zu einer oft unnötigen Blockade von Transaktionen in höheren Ebenen des Baumes. Setzt eine Transaktion auf die Wurzel eines Baumes eine Schreibsperre, so ist der gesamte Baum für alle anderen Transaktionen bis zum Ende der sperrenden Transaktion nicht zugreifbar. Erforderlich sind daher effizientere, das 2PS-Protokoll verletzende Sperrprotokolle, die den Sperr-Overhead vermeiden und dennoch Serialisierbarkeit gewährleisten. Diese erlauben einer Transaktion, eine Sperre freizugeben und später eine andere Sperre zu erhalten.

Es gibt mehrere *Baumsperrprotokolle* (*tree locking protocols*), deren Prinzip wir kurz am Beispiel des Suchens und Einfügens im B^+-Baum (Abschnitt 3.2.2) ansprechen wollen. Diese Protokolle können auf andere Arten von Suchstrukturen wie z.B. Binärbäumen und dynamischen Hashtabellen übertragen werden. Da beim Suchen nur gelesen wird, werden für diese Operation von der Wurzel beginnend entlang eines Pfades bis zu einem Blatt nur Lesesperren gesetzt. Eine Beobachtung ist nun, dass eine Sperre auf einem Knoten freigegeben werden kann, sobald der Suche eine Sperre auf einem Sohn dieses Knotens zugewiesen wird, da die Suche nie wieder zu diesem Knoten zurückkehrt. Dieses Sperren eines Sohnknotens mit anschließender Freigabe seines Vaterknotens wird *Sperrkopplung* (*lock coupling*) genannt. Andere nebenläufige Transaktionen können eine Suche in höheren, ungesperrten Ebenen des Baumes nicht negativ beeinflussen. Da mögliche Teilungen von Knoten in den Blättern beginnen und sich entlang eines Pfades in Richtung Wurzel fortpflanzen, kann eine Suche entlang eines Pfades nur von einer Transaktion negativ beeinflusst werden, die gerade Knoten des gleichen Pfades verändert. Zur Behandlung dieser Situation betrachten wir nun das Setzen von Sperren beim Einfügen.

Weil Teilungen von Blattknoten im schlimmsten Fall bis zur Wurzel propagiert werden, besteht ein konservatives Sperrverfahren für Einfügungen darin, Schreibsperren auf allen Knoten von der Wurzel entlang eines Pfades bis zum Blattknoten B, wo eingefügt wird, zu setzen. Eine Verbesserung ergibt sich durch die Beobachtung, dass eine Sperre auf einem Knoten nur dann erforderlich ist, wenn eine Teilung bis zu diesem Knoten propagiert wird. D.h. wenn B gefüllt und somit eine Teilung erforderlich ist, dann sollte die Einfügeoperation Schreibsperren auf dem Pfad $K_1, K_2, ...,$ K_n, B der Vorgänger von B ($n \geq 1$) so im Baum setzen, dass K_1 nicht gefüllt und K_2 bis K_n gefüllt sind. Dies kann folgendermaßen geschehen: Auf dem Suchpfad von der Wurzel nach B wird die Sperre auf einen Knoten V freigegeben, wenn der jeweilige Sohnknoten S gesperrt wird und nicht gefüllt ist. Existieren noch gesperrte Vorgänger von V, so werden diese Sperren ebenfalls freigegeben, denn die Teilung führt auf keinen Fall bei diesen Knoten zu Schreiboperationen, da das Propagieren bei V endet. Andernfalls bleibt die Sperre auf V erhalten und S wird gesperrt. Nach dem Lesen von B hat man den geeigneten Pfad erhalten und das eigentliche Einfügen kann durchgeführt werden. Ohne näher darauf einzugehen, soll hier angemerkt werden, dass diese Variante des Baumsperrens keine Deadlocks erzeugt.

Nachteilig ist, dass dieser Ansatz das Setzen von Schreibsperren erfordert, bevor ihre Notwendigkeit überhaupt bekannt ist. Falls die internen Knoten nicht gefüllt sind, was oft der Fall in B^+-Bäumen ist, werden alle Schreibsperren in internen Knoten freigegeben. Diese Schreibsperren erzeugen unnötigerweise Konflikte während der Suche und verzögern somit die Transaktion. Eine aggressivere Alternative sieht daher vor, die Vergabe von Schreibsperren zu verzögern, bis ihre Notwendigkeit bekannt ist und dann *Sperrumwandlungen* einzusetzen. Hierzu setzt die Einfügeoperation während des anfänglichen Suchvorgangs nur Lesesperren auf interne Knoten. Abgeschlossen wird das Suchen mit dem Setzen einer Schreibsperre auf B. Falls sich B als voll herausstellt, müssen die notwendigen Lesesperren in Schreibsperren umgewandelt werden. Begonnen wird mit dem am nächsten zur Wurzel liegenden Knoten K_1, der schreibgesperrt werden muss. Fortgesetzt wird dann das Schreibsperren entlang des Pfades K_2, ..., K_n bis zu B. Leider kann diese Variante des Baumsperrens zu Deadlock führen, worauf wir hier nicht näher eingehen wollen.

5.6.3 Das Phantomproblem

Bisher sind wir davon ausgegangen, dass wir es mit einer feststehenden Menge von Datenbankobjekten zu tun haben, auf die lesend und schreibend zugegriffen werden kann. Datenbanken sind in der Regel aber von dynamischer Natur, deren Größe mit Hilfe von Einfüge- und Löschoperationen wachsen und schrumpfen kann. Diese Dynamik kann zu einem Serialisierbarkeitsproblem führen, das bereits in Abschnitt 5.2.4 als das *Phantom-Problem* (*phantom problem*) bezeichnet wurde. Betrachten wir nochmals ein Beispiel. Eine Bank teilt ihre Kunden in zwei Bonitätsklassen 1 und 2 ein. Transaktion T_1 soll die Guthabensummen aller Kunden, nach Bonitätsklassen getrennt, berechnen. Hierzu ermittelt und sperrt T_1 alle Seiten (wir nehmen an, dass Sperren auf Seitenebene gesetzt werden), die Kunden der Bonitätsklasse 1 enthalten und berechnet die Guthabensumme in Höhe von 3 Milliarden. Eine Transaktion T_2 nun fügt einen neuen Kunden der Bonitätsklasse 1 mit einem Guthaben von 500 Millionen in die Datenbank ein, und zwar auf einer Seite, die keine anderen Kunden der Bonitätsklasse 1 enthält. Daher steht eine Schreibsperre auf dieser Seite mit keiner von T_1 gehaltenen Sperre in Konflikt. Ferner löscht T_2 einen bestimmten Kunden der Bonitätsklasse 2 mit einem Guthaben von 100 Millionen, da dieser eine neue Bankverbindung eingeht. T_2 beendet ihre Ausführung und gibt ihre Sperren frei. Schließlich ermittelt und sperrt T_1 alle Seiten, die Kunden der Bonitätsklasse 2 enthalten und berechnet die Guthabensumme in Höhe von 1,3 Milliarden.

Das Ergebnis der verzahnten Ausführung ist ein Gesamtguthaben von 3 Milliarden für Kunden der Bonitätsklasse 1 und 1,3 Milliarden für Kunden der Bonitätsklasse 2. Wird T_1 vor T_2 ausgeführt, ergeben sich die Zahlen 3 Milliarden und 1,4 Milliarden. Wird T_2 vor T_1 ausgeführt, ergeben sich die Zahlen 3,5 Milliarden und 1,3 Milliarden. D.h. das Ergebnis der verzahnten Ausführung ist nicht identisch mit irgendeiner seriellen Ausführung von T_1 und T_2, obwohl beide Transaktionen das 2PS-Protokoll befolgen und erfolgreich beendet werden. Das Problem ist, dass T_1

annimmt, *alle* Seiten der Kunden mit Bonitätsklasse 1 gesperrt zu haben, und dass diese Annahme verletzt wird, als T_2 einen neuen solchen Kunden auf einer anderen Seite einfügt. Der Fehler liegt also nicht beim 2PS-Protokoll. Es gibt keine Zyklen im Serialisierbarkeitsgraphen, weil Konflikte in Hinsicht auf Datenbankobjekte (hier Seiten) definiert werden, die gelesen oder geschrieben werden. Dennoch ist ein Konflikt aufgrund eines „Phantoms" entstanden.

Wir betrachten zwei Lösungsansätze zu diesem Problem. Zum einen kann mittels hierarchischer Sperren, wenn auch auf relativ grobe Weise, das Phantom-Problem gelöst werden. Sollen Phantome auf Sperreinheiten einer bestimmten Ebene (hier: Seiten) vermieden werden, so muss die Transaktion einfach die entsprechende Sperreinheit der nächst höheren Ebene (hier: Datei) sperren. Dies verhindert, dass Sperreinheiten der gleichen Ebene hinzugefügt oder gelöscht werden können. Eine andere Möglichkeit zur Lösung dieses Problems ist *Indexsperren* (*index locking*). Dieses Verfahren setzt voraus, dass jede Datei einen oder mehrere Indexe besitzt. Falls es einen Index auf einem Suchschlüssel der Datei gibt, kann eine Transaktion (wieder unter der Annahme, dass Sperren auf Seitenebene gesetzt werden) eine Sperre auf die Indexseite setzen. In unserem Beispiel ist dies für T_1 die Indexseite mit den Indexeinträgen „Bonitätsklasse = 1". Gibt es noch keinen Eintrag mit dieser Bonitätsklasse, wird die Indexseite gesperrt, in die der Indexeintrag eingefügt werden müsste. Diese Maßnahmen verhindern, dass ein Datensatz eingefügt oder gelöscht werden kann. Jede Transaktion, die in unserem Beispiel versucht, einen neuen Datensatz mit Bonitätsklasse 1 in die Kundendatei einzufügen, muss für den neuen Datensatz einen Indexeintrag in diese Indexseite einfügen und wird aber. blockiert, bis T_1 seine Sperren freigibt.

5.7 Concurrency Control ohne Sperren

In diesem Abschnitt werden wir kurz einige Synchronisationsverfahren betrachten, die die Serialisierbarkeit von Transaktionen *ohne* Sperrmaßnahmen sicherstellen.

5.7.1 Zeitstempelbasierte Protokolle

Einer der Ansätze, die ohne Sperren auskommen, um Serialisierbarkeit von Transaktionen zu garantieren, besteht darin, jede Transaktion T mit einem Zeitstempel $ts(T)$ zu versehen, jeder Operation einer Transaktion den Zeitstempel dieser Transaktion zuzuweisen und die Transaktionen gemäß ihrer Zeitstempel anzuordnen. Ein Ablaufplan, an dem diese Transaktionen teilnehmen, ist dann serialisierbar, und der äquivalente serielle Ablaufplan enthält die Transaktionen in der Reihenfolge ihrer Zeitstempelwerte. Anders ausgedrückt gilt die Regel:

Wenn $p_i[x]$ und $q_j[x]$ Konfliktoperationen sind, wird $p_i[x]$ genau dann vor $q_j[x]$ ausgeführt, wenn $ts(T_i) < ts(T_j)$ ist.

Diese Technik bezeichnet man als *Zeitstempelverfahren* (*timestamp ordering*). Ein *Zeitstempel* (*timestamp*) ist ein von einem DBMS erzeugter eindeutiger Identifikator zur Kennzeichnung einer Transaktion. Üblicherweise werden Zeitstempelwerte in der Reihenfolge der in das System eintretenden Transaktionen zugewiesen. Zeitstempel können z.B. durch einen Zähler erzeugt werden, der jedesmal, wenn sein Wert einer Transaktion zugewiesen wird, inkrementiert wird. Eine andere Möglichkeit ist, den aktuellen Wert der Systemuhr zu verwenden.

Zu beachten ist der Unterschied zum Zwei-Phasen-Sperren. Beim Zwei-Phasen-Sperren ist ein Ablaufplan serialisierbar, wenn er zu *irgendeinem* seriellen Ablaufplan, der mit dem 2PS-Protokoll verträglich ist, äquivalent ist. Beim Zeitstempelverfahren ist der Ablaufplan äquivalent zu einem *speziellen* seriellen Ablaufplan, der der Reihenfolge der Transaktionszeitstempel entspricht. Zur Realisierung dieses Verfahrens wird jedes Datenbankobjekt x mit zwei Zeitstempelwerten verknüpft. Der *Lesezeitstempel* (*read timestamp*) $rts(x)$ ist der größte, d.h. jüngste, Zeitstempel unter allen Zeitstempeln von Transaktionen, die x erfolgreich gelesen haben. Der *Schreibzeitstempel* (*write timestamp*) $wts(x)$ ist der größte Zeitstempel unter allen Zeitstempeln von Transaktionen, die x erfolgreich geschrieben haben.

Wenn eine Transaktion T eine Lese- oder Schreiboperation auf x auszuführen versucht, muss $ts(T)$ mit $rts(x)$ und $wts(x)$ verglichen werden, um sicherzustellen, dass die Zeitstempelreihenfolge bei der Ausführung der Transaktionen nicht verletzt wird. Wenn die Zeitstempelreihenfolge durch die Operation verletzt wird, dann verletzt T den äquivalenten seriellen Ablaufplan. In diesem Fall muss T abgebrochen, zurückgesetzt und als neue Transaktion mit einem *neuen* Zeitstempel dem System wieder zugeführt werden. Hierbei kann es zu *fortgesetztem Abbruch* bzw. *Rücksetzen* (*cascading abort* oder *rollback*) von Transaktionen kommen, wenn eine Transaktion T_1 einen von T geschriebenen Wert verwendet, eine Transaktion T_2 einen von T_1 geschriebenen Wert verwendet usw. Dies ist eines der wesentlichen Probleme des Zeitstempelverfahrens. Im einzelnen arbeitet das Protokoll des Zeitstempelverfahrens wie folgt:

1. Transaktion T beabsichtigt, eine *write(x)*-Operation auszuführen

   (a) Falls $ts(T) < rts(x)$ gilt, wird T abgebrochen und zurückgesetzt und die Ausführung der Operation zurückgewiesen. Dies ist erforderlich, weil eine Transaktion mit einem Zeitstempel größer als $ts(T)$ und somit *nach* T in der Zeitstempelreihenfolge bereits den Wert von x gelesen hat, bevor T Gelegenheit hatte, x zu schreiben. Dies verletzt die Zeitstempelreihenfolge.

   (b) Falls $ts(T) < wts(x)$ gilt, gibt es zwei Alternativen. Die erste Alternative sieht vor, T abzubrechen und zurückzusetzen und die Ausführung der Operation zurückzuweisen, weil die Zeitstempelreihenfolge verletzt wird. Die zweite Alternative, die größere Nebenläufigkeit erlaubt und *Thomas' Schreibregel* (*Thomas' write rule*) genannt wird, führt die Schreiboperation nicht aus, sondern ignoriert sie und fährt mit der Verarbeitung fort (siehe unten).

(c) Andernfalls wird die Schreiboperation ausgeführt, und $wts(x) := ts(T)$ gesetzt.

2. Transaktion T beabsichtigt, eine $read(x)$-Operation auszuführen

(a) Falls $ts(T) < wts(x)$ gilt, wird T abgebrochen und zurückgesetzt und die Ausführung der Operation zurückgewiesen. Dies ist erforderlich, weil eine Transaktion mit einem Zeitstempel größer als $ts(T)$ und somit *nach* T in der Zeitstempelreihenfolge bereits den Wert von x geschrieben hat, bevor T Gelegenheit hatte, x zu lesen. Dies verletzt die Zeitstempelreihenfolge.

(b) Falls $ts(T) \geq wts(x)$ gilt, wird die Leseoperation ausgeführt, und $rts(x) := \max(ts(T), rts(x))$ gesetzt.

Eine Schreiboperation kann also nur dann ausgeführt werden, wenn keine jüngere Lese- und keine jüngere Schreiboperation auf x zugegriffen hat. Eine Leseoperation kann nur dann ausgeführt werden, wenn ihr Zeitstempel jünger als derjenige der letzten Schreiboperation ist. Durch diese Regeln erzwingt das Protokoll, dass Operationen von Transaktionen in der Reihenfolge ihrer Zeitmarken ausgeführt werden (ausgenommen sind unmittelbar aufeinander folgende Leseoperationen). Jedesmal, wenn dies nicht möglich ist, wird eine Transaktion abgebrochen und mit einem neuen Zeitstempel wieder gestartet.

Das Zeitstempelverfahren ohne Berücksichtigung von Thomas' Schreibregel garantiert wie das Zwei-Phasen-Sperren die Konflikt-Serialisierbarkeit von Ablaufplänen. Jedoch sind unter jedem der beiden Protokolle Ablaufpläne möglich, die unter dem jeweils anderen Protokoll nicht erlaubt sind. Somit kann keines der beiden Protokolle alle möglichen Konflikt-serialisierbaren Ablaufpläne erzeugen. Da keine Transaktion jemals warten muss, gibt es keine Deadlocks. Allerdings können Livelocks auftreten, wenn eine Transaktion ständig abgebrochen und neu gestartet wird (Problem des *zyklischen Neustarts* (*cyclic restart* problem)).

Die Korrektheit von Thomas' Schreibregel lässt sich wie folgt begründen. Wenn $ts(T) < wts(x)$ gilt, ist die nun gewünschte Schreiboperation gegenüber der in der Zeitstempelreihenfolge *später* auftretenden aber bereits ausgeführten Schreiboperation auf x veraltet. Man kann sich dies dann auch so vorstellen, als ob T's Schreiboperation unmittelbar *vor* der zuletzt ausgeführten Schreiboperation ausgeführt und von keiner anderen Transaktion gelesen worden wäre. D.h. man kann T's Schreiboperation einfach ignorieren. Falls Thomas' Schreibregel angewendet wird, sind einige serialisierbare Ablaufpläne erlaubt, die nicht Konflikt-serialisierbar sind. Beispielsweise ist der Ablaufplan $r_1[x] \ w_2[x] \ c_2 \ w_1[x] \ c_1$ nicht Konflikt-serialisierbar, weil $w_2[x]$ auf $r_1[x]$ folgt, aber vor $w_1[x]$ ausgeführt wird. Thomas' Schreibregel beruht nun auf der Beobachtung, dass $w_2[x]$ niemals von einer anderen Transaktion gesehen wird und der genannte Ablaufplan daher äquivalent zu einem serialisierbaren Ablaufplan ist, der diese Schreiboperation einfach weglässt. Bezogen auf das Beispiel erhalten wir den Ablaufplan $r_1[x] \ c_2 \ w_1[x] \ c_1$.

5.7.2 Optimistische Concurrency Control-Protokolle

Bei den bisher besprochenen Concurrency Control-Protokollen werden bis zu einem gewissen Grad Prüfungen durchgeführt, *bevor* eine Datenbankoperation ausgeführt wird. Bei Sperrverfahren wird geprüft, ob der Zugriff auf ein Objekt aufgrund einer Sperre nicht erlaubt ist. Beim Zeitstempelverfahren wird bezüglich der Lese- und Schreibzeitstempel des Objekts geprüft. Dieses Prüfen ist natürlich mit einem Overhead verbunden und verlangsamt die Ausführung von Transaktionen. Bei *optimistischen Concurrency Control*-Protokollen (*optimistic concurrency control*) finden keine Überprüfungen während der Ausführung einer Transaktion statt. Die grundlegende, optimistische Annahme ist, dass die meisten Transaktionen nicht mit anderen Transaktionen in Konflikt stehen. Zur Realisierung dieses Protokolls werden Änderungen während einer Transaktion bis zu deren Ende nicht direkt auf den Datenbankobjekten selbst, sondern auf speziell für diese Transaktion erzeugten lokalen Kopien dieser Objekte durchgeführt. Transaktionen durchlaufen bei optimistischen Concurrency Control-Protokollen drei Phasen:

1. *Lesephase* (*read phase*). Eine Transaktion wird ausgeführt, indem sie Werte von Datenbankobjekten aus der Datenbank liest und sie als lokale Kopien in einen privaten Arbeitsbereich schreibt, wo Änderungen auf ihnen durchgeführt werden.

2. *Validationsphase* (*validation phase*, *certification phase*). Am Ende einer Transaktionsausführung überprüft das DBMS, ob die Serialisierbarkeit sichergestellt ist, wenn die Änderungen der Transaktion persistent in der Datenbank abgespeichert werden, d.h. also, ob die Transaktion möglicherweise mit einer anderen nebenläufig ausgeführten Transaktion in Konflikt steht.

3. *Schreibphase* (*write phase*). Wenn die Validationsphase erfolgreich ist, es also keinen Konflikt mit anderen nebenläufig ausgeführten Transaktionen gibt, werden die durch die Transaktion im privaten Arbeitsbereich geänderten Datenbankobjekte persistent in der Datenbank gesichert. Ansonsten wird die Transaktion abgebrochen, ihr privater Arbeitsbereich gelöscht und die Transaktion später wieder neu gestartet.

Wenn wenige Konflikte zwischen Transaktionen auftreten und die Validierung effizient durchgeführt werden kann, kann dieser Ansatz zu einer besseren Performance als Sperren führen. Gibt es allerdings viele Konfliktsituationen, fallen die Kosten des wiederholten Neustarts von Transaktionen ins Gewicht, zumal bereits durchgeführte Arbeit ungenutzt aufgegeben wird.

Da die Lesephase ohne jegliche Kontrolle der Transaktionsverwaltung abläuft, kann eine Transaktion T Datenbankobjekte bearbeiten, die in der Zwischenzeit von anderen Transaktionen verändert und in die Datenbank geschrieben worden sind. Eine Beeinflussung anderer Transaktionen durch T bis zu diesem Zeitpunkt kann nicht stattgefunden haben, da T bisher nur auf lokalen Kopien gearbeitet und nicht in die Datenbank geschrieben hat. Deshalb muss in der Validationsphase nur festgestellt werden, ob die von T gelesenen Objekte noch aktuell sind. Optimistische Verfahren werden in der Regel in Verbindung mit Zeitstempeln verwendet. Jede Transaktion T wird zu Beginn der Validationsphase ein Zeitstempel $ts(T)$ zugeordnet. Sei $RS(T)$ bzw. $WS(T)$ die Menge der von einer Transaktion T gelesenen (*read set*) bzw. geschriebenen (*write set*) Datenbankobjekte. In der Validationsphase für Transaktion T_j prüft das Protokoll, ob T_j nicht mit einer erfolgreich abgeschlossenen oder sich gegenwärtig in ihrer Validationsphase befindlichen Transaktion T_i in Konflikt steht. Zur erfolgreichen Validation von T_j muss eine der folgenden drei Bedingungen in Bezug auf jede erfolgreich beendete oder sich gegenwärtig in ihrer Validationsphase befindlichen Transaktion T_i mit $ts(T_i) < ts(T_j)$ gelten:

☐ T_i beendet ihre Schreibphase, bevor T_j ihre Lesephase beginnt.

☐ T_i beendet ihre Schreibphase, bevor T_j ihre Schreibphase beginnt, und T_i schreibt kein Datenbankobjekt, dass von T_j gelesen worden ist (d.h. $WS(T_i) \cap RS(T_j) = \emptyset$).

☐ T_i beendet ihre Lesephase, bevor T_j ihre Lesephase beendet, und T_i schreibt kein Datenbankobjekt, dass von T_j gelesen oder geschrieben worden ist (d.h. $WS(T_i) \cap (RS(T_j) \cup WS(T_j)) = \emptyset$).

Falls eine der drei Bedingungen erfüllt ist, gibt es keinen Konflikt, und T_j ist erfolgreich validiert. Ansonsten wird T_j abgebrochen, weil ein Konflikt aufgetreten sein könnte. Jede dieser Bedingungen stellt sicher, dass T_j's Änderungen für T_i nicht sichtbar sind. Auch optimistische Verfahren unterliegen einem nicht unerheblichen Overhead. Um die drei Bedingungen überprüfen zu können, müssen für jede Transaktion die Listen von Objekten, die gelesen und geschrieben werden, verwaltet werden. Ferner darf während der Validationsphase einer Transaktion keine andere Transaktion erfolgreich beendet werden. Ansonsten könnte die Validation der ersten Transaktion Konflikte mit der jüngst erfolgreich beendeten Transaktion verpassen. Nicht zuletzt entstehen Kosten aufgrund der Kopiervorgänge in und aus dem privaten Arbeitsbereich sowie aufgrund erforderlicher Neustarts von Transaktionen.

Ein anderes Verfahren, um die Serialisierbarkeit von Ablaufplänen zu prüfen, führt den Serialisierbarkeitsgraphen G mit und wertet ihn jeweils vor dem *commit*-Kommando einer Transaktion T aus. Ist T in einen Zyklus von G einbezogen, wird T abgebrochen, andernfalls das *commit*-Kommando ausgeführt. Man bezeichnet diese Art der Validation auch als *Serialisierbarkeitsgraph-Validation* (*serialization graph validation / certification*).

5.7.3 Mehrversionen-Concurrency Control-Protokolle

Ein andere Art von Protokollen, die ebenfalls Zeitstempel benutzt und wo Transaktionen niemals auf das Lesen eines Datenbankobjekts warten müssen, bewahrt mehrere Versionen, d.h. alte Werte, eines Datenbankobjekts auf, wenn dieses Objekt geändert wird. Diese Protokolle werden als *Mehrversionen-Concurrency Control*-Techniken (*multiversion concurrency control*) bezeichnet. Wenn eine Transaktion

T_i ein Objekt schreiben möchte, muss gewährleistet sein, dass das Objekt nicht bereits von einer anderen Transaktion T_j mit $ts(T_i) < ts(T_j)$ gelesen worden ist. Eine Änderung eines Objekts durch T_i sollte für T_j aus Serialisierbarkeitsgründen sichtbar sein, was hier offensichtlich nicht der Fall ist. Wir betrachten im Folgenden kurz eines dieser Mehrversionsverfahren. Seien $x_1, ..., x_n$ die vom DBMS aufbewahrten Versionen eines Objekts x. Mit dem Wert einer Version x_i werden zwei Zeitstempel verknüpft. Der *Lesezeitstempel* (*read timestamp*) $rts(x_i)$ ist der größte, d.h. jüngste, von allen Zeitstempeln von Transaktionen, die Version x_i erfolgreich gelesen haben. Der *Schreibzeitstempel* (*write timestamp*) $wts(x_i)$ ist der Zeitstempel der Transaktion, die den Wert der Version x_i geschrieben hat. Die folgenden beiden Regeln stellen die Serialisierbarkeit sicher:

1. Wenn eine Transaktion T eine $write(x)$-Operation aufruft und Version x_i von x den größten $wts(x_i)$ aller Versionen von x besitzt, der kleiner oder gleich $ts(T)$ ist, und wenn $ts(T) < rts(x_i)$ ist, dann wird T abgebrochen, zurückgesetzt und später neu gestartet. Ansonsten wird eine neue Version x_j von x mit $rts(x_j) := wts(x_j) := ts(T)$ erzeugt.

2. Wenn eine Transaktion T eine $read(x)$-Operation aufruft, wird die Version x_i von x gesucht, die den größten $wts(x_i)$ aller Versionen von x besitzt, der kleiner oder gleich $ts(T)$ ist. Der Wert von x_i wird an T übergeben und $rts(x_i) := \max(rts(x_i), ts(T))$ gesetzt.

In (1) kann ein Abbruch eintreten, wenn T versucht, eine Version von x zu schreiben, die eigentlich von einer anderen Transaktion mit Zeitstempel $rts(x_i)$ hätte gelesen werden sollen. Jedoch hat die andere Transaktion bereits eine andere Version von x gelesen, die von einer Transaktion mit Zeitstempel $wts(x_i)$ geschrieben worden ist. Die Folge dieses Konflikts ist ein Abbruch von T und eventuell ein fortgesetzter Abbruch von Transaktionen.

5.8 Aufgaben

Aufgabe 5.1: Angenommen, wir führen zusätzlich zu Lese- und Schreibsperren eine *Inkrementsperre* ein, die es dem Halter erlaubt, atomar eine Konstante zum aktuellen Wert eines Datenbankobjekts zu addieren bzw. vom aktuellen Wert zu subtrahieren, ohne das Datenbankobjekt zu lesen. Stellen Sie für die drei Sperrarten eine Kompatibilitätsmatrix auf.

Aufgabe 5.2: Gegeben seien die beiden Transaktionen T_1: $r_1[x] \rightarrow w_1[x] \rightarrow c_1$ und T_2: $r_2[x] \rightarrow w_2[x] \rightarrow c_2$. Beschreiben Sie ein Szenario, in der für T_1 und T_2 zunächst Lesesperren angefordert werden und ein 2PS-Ablaufplan mit T_1 und T_2 zu einem Deadlock führt.

Aufgabe 5.3: Überlegen Sie, welche Beziehung zwischen einem Warte-Graphen und einem Serialisierbarkeitsgraphen besteht.

Aufgabe 5.4: Geben Sie eine Sperrkonvertierungstabelle für die Sperrarten des hierarchischen Sperrprotokolls an. D.h. wenn eine Transaktion eine Sperre einer „alten Sperrart" hält und eine Sperre einer „angeforderten Sperrart" wünscht, dann soll der entsprechende Tabelleneintrag die Sperrart definieren, in die die „alte Sperrart" zu konvertieren ist.

Aufgabe 5.5: Prüfen Sie, ob die im Folgenden angegebenen Ablaufpläne, denen die vier Transaktionen T_1, ..., T_4 zugrunde liegen, Konflikt-serialisierbar sind oder nicht. Begründen Sie jeweils Ihre Antwort.

(a) $A = r_2[x] \rightarrow w_2[x] \rightarrow r_1[x] \rightarrow r_1[y] \rightarrow c_2 \rightarrow w_1[y] \rightarrow r_3[x] \rightarrow r_4[y] \rightarrow w_3[x]$
$\rightarrow c_3 \rightarrow w_1[x] \rightarrow r_4[x] \rightarrow c_1 \rightarrow w_4[y] \rightarrow w_4[x]$

(b) $A = r_2[x] \rightarrow r_2[y] \rightarrow w_2[x] \rightarrow w_2[y] \rightarrow r_4[y] \rightarrow r_1[x] \rightarrow w_4[y] \rightarrow w_1[x] \rightarrow c_2$
$\rightarrow r_3[x] \rightarrow c_1 \rightarrow r_3[y] \rightarrow w_3[y] \rightarrow c_4 \rightarrow w_3[x] \rightarrow c_3$

Aufgabe 5.6: Zeigen Sie:

(a) Sind zwei Ablaufpläne Konflikt-äquivalent, dann sind ihre Serialisierbarkeits-graphen identisch.

(b) Die Umkehrrichtung aus (a) gilt nicht.

Aufgabe 5.7: Eine *blinde Schreiboperation* (*blind write*) bezeichnet das Schreiben auf einem Datenbankobjekt *x* durch eine Transaktion, die *x* vorher nicht gelesen hat.

(a) Wie muss die Definition einer Transaktion geändert werden, um blindes Schreiben auszuschließen?

(b) Zeigen Sie: Unter der Annahme, dass blindes Schreibens in Transaktionen nicht zugelassen ist, gilt, dass ein Ablaufplan genau dann Sicht-serialisierbar ist, wenn er Konflikt-serialisierbar ist.

5.9 Literaturhinweise

Transaktionen und Concurrency Control sind seit über 20 Jahren bis heute Gegenstand intensiver Datenbankforschung. Abhandlungen zu diesem Thema sind in allen genannten Textbüchern in den Literaturhinweisen zu Kapitel 1 zu finden. Exzellente Darstellungen der Theorie über Concurrency Control stellen die Bücher von Papadimitriou (1986) und Bernstein *et al.* (1987) bereit. Ersteres Buch behandelt das Thema aus der Perspektive der Komplexitätstheorie, während das zweite Buch mehr systemorientiert und pragmatisch ist. Eine praxisorientierte Betrachtung dieses Themas bietet das Buch von Gray & Reuter (1993).

Den Begriff der Transaktion erklärt der Artikel von Gray (1981). Der Begriff der Serialisierbarkeit sowie das Konzept des Zwei-Phasen-Sperrprotokolls stammen vom Eswaran *et al.* (1976). Sperrarten werden in Korth & Silberschatz (1991) diskutiert. Mit der Theorie von Granularitätshierarchien beschäftigt sich Carey (1983). Zeitstempelbasierte Protokolle behandeln Bernstein & Goodman (1980) und optimistische Concurrency Control-Protokolle Kung & Robinson (1981). Mit Sperrverfahren für B-Bäume befassen sich Bayer & Schkolnick (1977) sowie Lehman & Yao (1981).

Kapitel 6

Recovery

Eine wichtige Aufgabe von DBMS besteht in der *zuverlässigen* Ausführung von Transaktionen. Von entscheidender Bedeutung sind daher diejenigen Funktionen des DBMS, die die Wiederherstellung eines korrekten Datenbankzustands nach dem Auftreten eines Fehlers ermöglichen und somit die Eigenschaften der Unteilbarkeit und der Dauerhaftigkeit von UKID-Transaktionen sicherstellen. Unteilbarkeit wird erreicht, indem die Operationen aller nicht erfolgreich beendeten Transaktionen abgebrochen und rückgängig gemacht werden; man sagt auch, die Transaktion oder ein Ablaufplan wird *(zu)rückgesetzt*. Dauerhaftigkeit wird bewirkt, indem sichergestellt wird, dass alle Operationen von erfolgreich beendeten Transaktionen Fehler überleben. Die Wiederherstellung des letzten konsistenten Datenbankzustands wird auch *Recovery* (*recovery*) genannt. Die erforderlichen Funktionen für die Recovery stellt der *Recovery-Manager* (*recovery manager*) des DBMS zur Verfügung. Der Recovery-Manager ist eine der kompliziertesten Komponenten des DBMS, weil er eine Vielfalt von verschiedenartigen Datenbankzuständen, in denen Fehler auftreten können, bewältigen muss.

Abschnitt 6.1 behandelt die grundsätzliche Frage, welche Fehler in einem DBMS überhaupt auftreten können und klassifiziert sie. Abschnitt 6.2 befasst sich damit, welche Eigenschaften Ablaufpläne haben müssen, damit diese rücksetzbar sind. Abschnitt 6.3 behandelt Systempufferverwaltungsaspekte, die je nach deren Auslegung Folgen für dieKomplexität des Recovery-Managers haben. Abschnitt 6.4 gibt einen kurzen Überblick über Recovery-Techniken. Abschnitt 6.5 erläutert die wesentlichen Schnittstellenoperationen des Recovery-Managers. Abschnitt 6.6 behandelt Log-basiertes Recovery. Neben der Struktur und den Aufgaben von Log-Dateien und Log-Protokollen werden Algorithmen für die im vorhergehenden Abschnitt beschriebenen Recovery-Techniken vorgestellt. Abschnitt 6.7 geht kurz auf eine alternative Recovery-Technik ein, die auf der Verwendung von Schattenseiten basiert. Abschnitt 6.8 skizziert die Behandlung von Speicherfehlern.

6.1 Fehlerklassen

Nach einem Fehler und dem daraus resultierenden Abbruch von nicht erfolgreich beendeten Transaktionen ist die Konsistenz der Datenbank in der Regel verletzt, so dass sich die Datenbank in einem undefinierten Zustand befindet. Zeiger können z.B. auf falsche Datenbankobjekte verweisen (*physische Inkonsistenz*), oder Datensätze können widersprüchliche oder veraltete Daten enthalten (*logische Inkonsistenz*). Nur mit Hilfe des DBMS ist das Zurücksetzen einer Datenbank in einen konsistenten Zustand möglich. Die wichtigsten für die Recovery relevanten Fehlerklassen sind:

❑ *Transaktionsfehler* (*transaction failure*). Diese Fehlerart tritt auf, wenn eine Transaktion abbricht. Ursachen können z.B. Fehler im Anwendungsprogramm oder Deadlocks sein. Alle Änderungen von nicht erfolgreich beendeten Transaktionen werden unter der Kontrolle des DBMS zurückgenommen. Das Rücksetzen einer Transaktion wird auch *Rollback* (*rollback*) oder *Undo* (*undo*) genannt und kann im laufenden Betrieb erfolgen.

❑ *Systemfehler* (*system failure*). Hierbei handelt es sich um Fehler, bei denen das DBMS selbst durch Verlust der Inhalte des flüchtigen Arbeitsspeichers funktionsunfähig wird. Mögliche Ursachen sind z.B. Stromausfall oder der Zusammenbruch des Betriebssystems. Sekundärspeicher sind von Systemfehlern nicht betroffen. Bei dieser Fehlerart kann das DBMS einen konsistenten Datenbankzustand nur durch einen *Neustart* (*restart*) wiederherstellen. Alle Änderungen der Transaktionen, die zum Zeitpunkt des Zusammenbruchs noch nicht beendet waren, müssen rückgängig gemacht werden. Hierzu ist es erforderlich, Informationen über die Änderungen auf einem Sekundärspeicher zu protokollieren.

❑ *Speicherfehler* (*media failure*). Bei Fehlern, die auf der Unlesbarkeit von Daten infolge eines Hardwaredefekts auf einem Sekundärspeicher (z.B. Head-Crash auf einer Festplatte) beruhen, muss auf Datenbankversionen in Archiven zurückgegriffen werden, die zur *Rekonstruktion* eines konsistenten Datenbankzustands herangezogen werden. Diese Fehlerart tritt allerdings sehr selten auf.

Unser Hauptaugenmerk werden wir auf Transaktions- und Systemfehler und somit auf Rollback und Neustart als den entsprechenden Recovery-Maßnahmen richten.

6.2 Rücksetzbare Ablaufpläne

Bei Auftreten eines Datenbankfehlers sind diejenigen Transaktionen des gerade aktuellen Ablaufplans von Recovery-Maßnahmen betroffen, die zu diesem Zeitpunkt noch nicht erfolgreich beendet worden sind. Es stellt sich die Frage, welche Eigenschaften Ablaufpläne haben müssen, damit diese rücksetzbar sind.

Wenn eine Transaktion abbricht, müssen alle ihre Auswirkungen zurückgenommen werden. Die Auswirkungen einer Transaktion T beziehen sich zum einen auf die Daten, die T als Werte in die Datenbank geschrieben hat, und zum anderen auf andere Transaktionen, die von T geschriebene Werte gelesen haben. Hieraus folgt, dass jedes Datenbankobjekt x, das von T geändert worden ist, wieder den Wert erhalten muss, als ob T niemals stattgefunden hätte. Das DBMS muss daher T's Schreiboperationen *rückgängig* machen (*undo*). Ferner muss das DBMS alle beeinflussten Transaktionen abbrechen. Der Abbruch dieser Transaktionen kann den Abbruch weiterer Transaktionen nach sich ziehen, wie wir bereits in Abschnitt 5.5.3 gesehen haben. Dieses Phänomen wird als *fortgesetzter* oder *fortgepflanzter Abbruch* (*cascading abort*) bezeichnet. Wenn T erfolgreich beendet wird, garantiert das DBMS dafür, dass die Transaktion später nicht abgebrochen wird. Aufgrund der Möglichkeit des fortgesetzten Abbruchs muss das DBMS allerdings mit der Vergabe dieser Garantiezusage vorsichtig sein. Denn wenn eine Transaktion ihr *commit*-Kommando ausführen möchte, kann es notwendig sein, die Ausführung dieses Kommandos zu verzögern und T später sogar abzubrechen, weil T in einen fortgesetzten Abbruch verwickelt sein kann. Dies tritt ein, wenn T ein von einer anderen Transaktion verändertes Datenbankobjekt gelesen hat und diese Transaktion später abbricht. Aus diesem Grunde kann T solange nicht sein *commit*-Kommando ausführen, bis sichergestellt ist, dass alle diejenigen Transaktionen nicht abbrechen, die Werte in die Datenbank geschrieben haben, die später von T gelesen worden sind. Ablaufpläne, deren Transaktionen diese Bedingung erfüllen, heißen *rücksetzbar* oder *wiederherstellbar* (*recoverable*). Um also Korrektheit auch im Fehlerfall zu gewährleisten, genügt es nicht, dass der Ablaufplaner (Konflikt-)serialisierbare Ablaufpläne erzeugt, sondern sie müssen auch rücksetzbar sein. Wir betrachten diese Konzepte nun etwas formaler und kommen als weitere wünschenswerte Anforderung auf den Begriff des strikten Ablaufplans zurück.

Eine Transaktion T_i liest ein Datenbankobjekt x von Transaktion T_j, falls T_j diejenige Transaktion ist, die x zuletzt verändert hat und zum Zeitpunkt, als T_i x gelesen hat, nicht abgebrochen war. Genauer gilt, dass T_i *Objekt x von T_j* im Ablaufplan A *liest*, falls

    (i) $w_j[x] <_A r_i[x]$

    (ii) $a_j \not<_A r_i[x]$ und[10]

    (iii) $(\exists w_k[x] : w_j[x] <_A w_k[x] <_A r_i[x]) \Rightarrow a_k <_A r_i[x]$

T_i *liest von* T_j in A, falls T_i irgendein Datenbankobjekt von T_j in A liest. Anzumerken ist, dass eine Transaktion ein Datenbankobjekt lesen kann, das von ihr selbst geschrieben worden ist (z.B. $w_i[x] <_A r_i[x]$). Ein Ablaufplan A wird *rücksetzbar* (*recoverable*) genannt, wenn, wann auch immer T_i von T_j ($i \neq j$) in A liest und $c_i \in A$ ist, $c_j <_A c_i$ gilt. D.h. also, dass ein Ablaufplan rücksetzbar ist, wenn jede Transaktion T_i erfolgreich beendet wird, nachdem zuvor alle Transaktionen ($\neq T_i$) erfolgreich beendet worden sind, von denen T_i gelesen hat. Wird T_i vor T_j beendet, so ist

---

[10]Es gilt: $p \not<_A q :\Leftrightarrow \neg(p <_A q)$

unklar, was geschieht, wenn T_j abgebrochen wird. Wird bezüglich T_i nicht reagiert, so arbeitet T_i mit den von T_j geschriebenen, mittlerweile aber nicht mehr gültigen Werten von Datenbankobjekten weiter, was eine Semantikverletzung darstellt. Brechen wir andererseits T_i ab, verletzen wir die Semantik von T_i's *commit*-Kommando. T_i's *commit*-Kommando muss daher verzögert werden. Rücksetzbarkeit ist also notwendig um sicherzustellen, dass der Abbruch einer Transaktion nicht die Semantik von Operationen von bereits erfolgreich beendeten Transaktionen ändert.

Die Eigenschaft der Rücksetzbarkeit behebt nicht das Problem des fortgesetzten Abbruchs. Im Gegenteil kann ein fortgesetzter Abbruch erforderlich sein, um die Rücksetzbarkeit eines Ablaufplans zu garantieren. Hierzu betrachten wir das Beispiel $w_1[x]\ r_2[x]\ w_2[y]\ a_1$, das einen rücksetzbaren Ablaufplan darstellt. In diesem Fall muss auch T_2 abgebrochen werden, denn wenn T_2 jemals erfolgreich beendet werden sollte, ist der Ablaufplan nicht länger mehr rücksetzbar. Dennoch ist fortgesetzter Abbruch unerwünscht, da Leseabhängigkeiten von Transaktionen protokolliert werden müssen und unkontrollierbar viele Transaktionen zum Abbruch gezwungen sein können. Ein Ablaufplan A *vermeidet fortgesetzten Abbruch von Transaktionen*, wenn, wann auch immer T_i ein Datenbankobjekt x von T_j ($i \neq j$) in A liest, $c_j <_A r_i[x]$ gilt. D.h., eine Transaktion darf nur solche Werte lesen, die von bereits erfolgreich beendeten Transaktionen oder von ihr selbst geschrieben worden sind. Daher müssen $r_i[x]$-Operationen gegebenenfalls verzögert werden, bis alle Transaktionen, die vorher eine $w_j[x]$-Operation durchgeführt haben, abgebrochen oder erfolgreich beendet worden sind. Somit können nur erfolgreich beendete Transaktionen andere Transaktionen beeinflussen. Gleichzeitig wird Rücksetzbarkeit erreicht. Eine Transaktion muss ihr *commit*-Kommando ausführen, nachdem sie alle ihre *read*-Kommandos ausgeführt hat und daher nach allen *commit*-Kommandos von Transaktionen, von denen sie gelesen hat.

In der Regel ist auch die Vermeidung von fortgesetztem Abbruch nicht ausreichend und eine weitere Einschränkung von Ablaufplänen wünschenswert. Betrachten wir als Beispiel den konkreten Ablaufplan $write_1(x, 2);\ write_2(x, 3);\ abort_1$, wobei x den Anfangswert 1 hat. Wir nehmen an, dass das Rücksetzen von T_1 dadurch erfolgt, dass jeweils der alte Wert von x (*before image*) vor einer durch T_1 durchgeführten Schreiboperation wieder in die Datenbank geschrieben wird. Somit hat im Beispiel vor der Operation $write_1(x, 2)$ x den Wert 1. Die Betrachtung des gesamten Ablaufplans zeigt aber, dass x den Wert 3 hat, da T_2 zwischenzeitlich geschrieben hat. Es liegt auch kein fortgesetzter Abbruch vor, da T_2 nichts von T_1 gelesen hat. Dies führt zum Begriff des strikten Ablaufplans, der bereits in Abschnitt 5.3.2 eingeführt worden ist. Ein Ablaufplan A wird *strikt* (*strict*) genannt, wenn aus $w_j[x] <_A o_i[x]$ ($i \neq j$) entweder $a_j <_A o_i[x]$ oder $c_j <_A o_i[x]$ folgt, wobei $o_i[x] \in \{r_i[x], w_i[x]\}$. D.h., kein von einer Transaktion T_j geschriebener Wert darf von anderen Transaktionen gelesen oder überschrieben werden, bis T_j entweder erfolgreich beendet wird oder abbricht. Gegebenenfalls müssen daher Lese- und Schreiboperationen auf x verzögert werden, bis alle Transaktionen, die vorher eine Schreiboperation auf x durchgeführt haben, abgebrochen oder erfolgreich beendet worden sind. Wir werden später zeigen, dass strikte Ablaufpläne fortgesetzten Abbruch vermeiden und rücksetzbar sind.

Sei AP die Menge aller Ablaufpläne, RS die Menge der rücksetzbaren Ablaufpläne, VFA die Menge der Ablaufpläne, die fortgesetzten Abbruch vermeiden, ST die Menge der strikten Ablaufpläne, SSR die Menge der Sicht-serialisierbaren Ablaufpläne, KSR die Menge der Konflikt-serialisierbaren Ablaufpläne und SA die Menge der seriellen Ablaufpläne. Das folgende Theorem besagt zunächst, dass Rücksetzbarkeit, Vermeidung von fortgesetztem Abbruch und Striktheit in zunehmendem Maße einschränkende Eigenschaften sind. Es gilt also:

$$ST \subset VFA \subset RS$$

Dies lässt sich wie folgt zeigen. Sei $A \in ST$. Angenommen, T_i liest das Datenbankobjekt x von T_j in A ($i \neq j$). Dann gilt $w_j[x] <_A r_i[x]$ und $a_j \not<_A r_i[x]$. Gemäß Definition von ST ist daher $c_j <_A r_i[x]$, woraus $A \in VFA$ folgt. Wir erhalten also $ST \subseteq VFA$. Ablaufplan A_1 aus Aufgabe 6.1 ist in VFA, aber nicht in ST. Somit ergibt sich $ST \subset VFA$. Sei nun $A \in VFA$. Angenommen, T_i liest x von T_j in A ($i \neq j$) und $c_i \in A$. Weil A fortgesetzten Abbruch vermeidet, muss $w_j[x] <_A c_j <_A r_i[x]$ gelten. Da nach Voraussetzung $c_i \in A$ gilt und ferner $r_i[x] <_A c_i$ ist, erhalten wir $c_j <_A c_i$, woraus $A \in RS$ folgt. Somit ist $VFA \subseteq RS$. Ablaufplan A_3 aus Aufgabe 6.1 ist in RS, aber nicht in VFA, so dass sich $VFA \subset RS$ ergibt.

Die Mengen SSR und KSR schneiden (hier nicht gezeigt) jede der Mengen RS, VFA und ST. Sie sind mit diesen aber nicht vergleichbar[11]. Für die Menge SA gilt sowohl $SA \subset ST$ als auch $SA \subset KSR$. Bild 6.1 zeigt die Beziehungen der sechs Mengen zueinander in Form eines Venn-Diagramms. Alle Inklusionsbeziehungen sind echt.

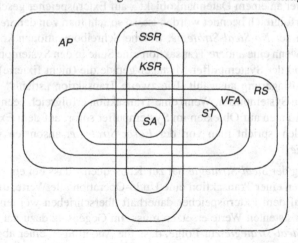

Bild 6.1. Arten von Ablaufplänen und ihre Beziehungen zueinander

---

[11]Zwei Mengen A und B sind *nicht vergleichbar*, wenn keine der beiden Mengen in der anderen enthalten ist, d.h., wenn $A \cap B \neq A$ und $A \cap B \neq B$ ist.

Ferner zeigt Bild 6.1, dass es Ablaufpläne gibt, die zwar Serialisierbarkeit aber nicht Rücksetzbarkeit gewährleisten. Zur korrekten Behandlung von Transaktionen und Fehlern des DBMS muss der Ablaufplaner Rücksetzbarkeit oder eine stärkere Eigenschaft von Ablaufplänen zusätzlich zur Serialisierbarkeit erzwingen.

6.3 Systempufferverwaltungsaspekte

Der Vorgang, die Auswirkungen einer unvollständigen oder abgebrochenen Transaktion zur Aufrechterhaltung der Unteilbarkeitseigenschaft rückgängig zu machen, wird als *Undo* („ungeschehen machen") oder *Rollback* bezeichnet. Der Vorgang, die Auswirkungen einer erfolgreich beendeten Transaktion zur Aufrechterhaltung der Eigenschaft der Dauerhaftigkeit wiederherzustellen, wird *Redo* („erneut tun") genannt. Der Aufwand für den Recovery-Manager zur Realisierung dieser beiden Operationen hängt insbesondere davon ab, wie die Systempufferverwaltung des DBMS Daten behandelt, die von aktiven und/oder erfolgreich beendeten Transaktionen geändert werden. Die Aufgabe des Systempuffer-Managers (Abschnitt 2.9.5) besteht in der Koordinierung des Datentransfers zwischen dem Hauptspeicher (d.h., einem flüchtigen Speicher) und dem Externspeicher (d.h., einem nicht-flüchtigen Speicher). Änderungen von Daten werden auf Kopien von Seiten im flüchtigen Systempuffer durchgeführt. Diese Kopien werden später auf dem Externspeicher persistent gemacht. Hierbei spielt die Seitenersetzungsstrategie eine Rolle.

Falls der Systempuffer-Manager erlaubt, dass die Änderungen einer Transaktion T im Systempuffer an einem Datenbankobjekt x auf Externspeicher geschrieben werden, bevor T erfolgreich beendet worden ist, so spricht man von der *Steal-Strategie*, ansonsten von der *No-Steal-Strategie*. Solche Schreiboperationen können ausgeführt werden, wenn eine andere Transaktion eine Seite in den Systempuffer einbringen möchte und der Systempuffer-Manager gerade die (nicht fixierte) Seite, die x enthält, zur Auslagerung auswählt. Die zweite Transaktion „stiehlt" T sozusagen den Rahmen im Systempuffer. Wenn eine Transaktion erfolgreich beendet wird und alle ihre Änderungen auf Objekten im Systempuffer sofort auf dem Externspeicher gesichert werden, spricht man von der *Force-Strategie*, ansonsten von der *No-Force-Strategie*.

Die Verfolgung der *Steal-Strategie* hat zur Konsequenz, dass bei einem erforderlichen Rücksetzen einer Transaktion eine Undo-Operation alle Werte, die von dieser Transaktion auf dem Externspeicher dauerhaft überschrieben worden sind, durch die letzten, konsistenten Werte ersetzen muss. Im Gegensatz dazu hat die Verwendung der *No-Steal-Strategie* zur Folge, dass die Änderungen einer abgebrochenen Transaktion nicht rückgängig gemacht werden müssen, da keine Änderungen auf dem Externspeicher gesichert worden sind und somit dessen Daten immer noch konsistent sind. Eine *No-Force-Strategie* eröffnet die Möglichkeit, dass nach Ausführung des *commit*-Kommandos einer Transaktion ein auftretender Fehler zu einem möglichen Verlust flüchtiger, konsistenter und eigentlich nur noch abzuspeichender Daten und nachfolgend zu umfangreichen Redo-Operationen führt, weil nicht garantiert werden kann, dass die Daten auf einem Externspeicher gesichert worden sind. Hingegen bedeutet die Verwendung der *Force-Strategie*, dass die Änderungen einer erfolgreich beendeten Transaktion nicht wiederholt und wiederhergestellt werden müssen, falls nachfolgend ein Fehler auftritt, weil sichergestellt ist, dass alle diese Änderungen bereits bei Beendigung der Transaktion auf dem Externspeicher gesichert worden sind.

Vom Standpunkt der Implementierung eines Recovery-Managers ist es sicherlich am einfachsten, wenn die Systempufferverwaltung eine Kombination aus No-Steal- und Force-Strategie verfolgt. Diese Kombination hat jedoch entscheidende Nachteile. Zunächst hat sie negative Auswirkungen auf die Performance des DBMS während des Normalbetriebs, weil sie die Flexibilität des Systempuffer-Managers stark einschränkt. Bei einer No-Steal-Strategie muss der Systempuffer-Manager alle geänderten Daten im Hauptspeicher halten, bis eine Transaktion erfolgreich beendet worden ist oder bis diese Daten auf einem temporären Externspeicher zwischengespeichert werden (Swapping). Eine Force-Strategie hat das Problem, dass sie unangemessen hohe Ein-/Ausgabekosten für die Übertragung von Seiten verursacht. Wird eine Seite nacheinander von n Transaktionen geändert, wird sie n mal auf den Externspeicher geschrieben. Bei einer No-Force-Strategie aber wird die Hauptspeicherkopie der Seite n mal verändert und dann einmal auf den Externspeicher geschrieben. Aus genannten Gründen verfolgen die meisten Systeme eine Steal- und No-Force-Strategie. Seiten von noch aktiven Transaktionen werden also bei Anforderung ihres Seitenrahmens weggeschrieben, und Seiten von bereits erfolgreich beendeten Transaktionen werden nicht notwendigerweise direkt persistent gesichert.

6.4 Überblick über Recovery-Techniken

Ziel der Recovery ist es, nach dem Auftreten eines Transaktions-, System- oder Speicherfehlers den jüngsten konsistenten Datenbankzustand wieder herzustellen. Dies bedeutet, dass jedes Datenbankobjekt den Wert zurückerhalten muss, den es beim letzten ihn betreffenden *commit*-Kommando innehatte. Hierzu benötigt der Recovery-Manager in der Regel Informationen über die ausgeführten Operationen der Transaktionen, die in den Metadaten der Datenbank nicht enthalten sind. Diese Informationen müssen Fehler der drei genannten Fehlerklassen überleben und daher auf nicht-flüchtigen Externspeichern gesichert werden. Zur Verwaltung der für die Recovery benötigten Daten werden in der Praxis hauptsächlich sogenannte *Logs* (*logs*) eingesetzt. Untersuchungen haben gezeigt, dass Log-basierte Techniken in der Tat für viele Anwendungsbereiche die effizienteste Methode darstellen. Dies gilt insbesondere im Zusammenhang mit Sperrverfahren zur Synchronisation. Daneben haben lediglich *Schattenverfahren* (*shadowing*) größeres Interesse gefunden. In diesem Kapitel werden wir daher ausführlicher auf Log-basierte Recovery-Techniken eingehen und Schattenverfahren nur ganz kurz betrachten.

Recovery-Techniken können danach unterschieden werden, inwieweit im Fehlerfall Redo- und Undo-Operationen von Transaktionen erforderlich werden. Wir haben in Abschnitt 6.3 gesehen, dass Undo-Operationen dann notwendig werden, wenn der Systempuffer-Manager eine Steal-Strategie verfolgt. Es können Daten in der Datenbank vorhanden sein, die von nicht beendeten Transaktionen stammen. Ferner haben wir gesehen, dass Redo-Operationen dann notwendig werden, wenn der Systempuffer-Manager eine No-Force-Strategie verfolgt. Das Beenden einer Transaktion bedeutet dann nicht die sofortige Übertragung aller von der Transaktion geänderten Daten in die Datenbank. Wir können somit die vier Recovery-Techniken *Undo/Redo*, *Undo/No-Redo*, *No-Undo/Redo* und *No-Undo/No-Redo* unterscheiden, die wir im Zusammenhang mit Log-basiertem Recovery erläutern werden.

Bezüglich der Undo- und Redo-Operationen kann man weiter differenzieren, ob eine solche Operation *partiell* oder *vollständig* durchgeführt werden muss. Scheitern im normalen Betrieb einzelne Transaktionen, so sind unter der Prämisse des nicht fortgesetzten Abbruchs nur diese und ansonsten einige mehr zurückzusetzen. Man spricht von *partiellem Undo* oder *Zurücksetzen*. Nach einem Systemausfall kann es bei einem Wiederanlauf erforderlich sein, einen Teil der schon beendeten Transaktionen nachzuvollziehen, weil die persistente Abspeicherung der transaktionsbedingten Änderungen noch nicht erfolgte. Man spricht von *partiellem Redo* oder *Wiederholen*. Nach einem Systemausfall müssen die persistenten Änderungen sämtlicher nicht beendeter Transaktionen zurückgenommen werden. Man spricht von *vollständigem Undo* oder *Zurücksetzen*. Bei einem physischen Defekt der Datenbank auf einem Externspeicher muss mittels einer Archivkopie ein älterer Zustand der zerstörten Teile der Datenbank auf einen anderen Externspeicher kopiert werden und alle seitdem durchgeführten Änderungen nochmals nachvollzogen werden. Man spricht von *vollständigem Redo* oder *Wiederholen*.

6.5 Operationen des Recovery-Managers

Der *Recovery-Manager* (*recovery manager*) als die verantwortliche Komponente eines DBMS für die Aufrechterhaltung und Wiederherstellung eines konsistenten Datenbankzustandes bietet im Wesentlichen eine Schnittstelle mit sechs Operationen an, die sich an den möglichen Transaktionszuständen (Abschnitt 5.1.2) orientieren (x sei ein Datenbankobjekt, T_i eine Transaktion, v ein Wert):

❑ $Begin_{RM}(T_i)$ teilt dem Transaktions-Manager den Beginn von T_i mit

❑ $Read_{RM}(T_i, x)$ liest den Wert von x für T_i

❑ $Write_{RM}(T_i, x, v)$ schreibt v nach x im Namen von T_i

❑ $Commit_{RM}(T_i)$ beendet T_i

❑   *Abort$_{RM}$(T_i)* bricht T_i ab

❑   *Restart$_{RM}$* stellt nach einem Systemfehler wieder einen konsistenten Daten-
    bankzustand her

Wir setzen voraus, dass der Recovery-Manager diese Operationen atomar ausführt.
D.h., die Ausführung durch den Recovery-Manager sollte äquivalent zu einer seriellen Ausführung dieser Operationen sein. Dies ist z.B. durch das Zwei-Phasen-
Sperrprotokoll unmittelbar gegeben, da der Ablaufplaner niemals zwei Konfliktoperationen gleichzeitig zum Recovery-Manager sendet. Daher kann der Recovery-
Manager seine von ihm abhängenden Lese- und Schreiboperationen nebenläufig
ausführen.

Der Recovery-Manager verwaltet auch einige lokale Datenstrukturen wie die
Menge T_{ac} der aktiven Transaktionen, die Menge T_{ab} der abgebrochenen Transaktionen und die Menge T_{co} der erfolgreich beendeten Transaktionen. Diese Datenstrukturen werden von verschiedenen Transaktionen gemeinsam benutzt. Eine
Commit$_{RM}$- und eine *Abort$_{RM}$*-Operation von zwei verschiedenen Transaktionen
beispielsweise können beide die lokalen Listen der aktiven und beendeten Transaktionen verändern. Um sicherzustellen, dass diese Operationen atomar und korrekt
ablaufen, muss der Recovery-Manager z.B. unter Zuhilfenahme von Semaphoren
oder Sperren den Zugriff auf diese gemeinsam benutzten Datenstrukturen synchronisieren.

Ferner setzen wir voraus, dass der Ablaufplaner die Schnittstellenoperationen des
Recovery-Managers in einer Reihenfolge aufruft, die einen serialisierbaren und
strikten Ablaufplan erzeugt. Dies stellt sicher, dass Schreiboperationen von erfolgreich beendeten Transaktionen in der gleichen Reihenfolge wie die Transaktionen
selbst ausgeführt werden. Die in Abschnitt 6.6.2 zu besprechenden Recovery-Algorithmen für die in Abschnitt 6.4 beschriebenen Recovery-Techniken werden unter
der schwächeren Annahme, dass ein Ablaufplan serialisierbar und rücksetzbar ist,
wesentlich komplizierter, zumal dann fortgesetzter Abbruch von Transaktionen
möglich ist.

6.6 Log-basierte Recovery

6.6.1 Logs und Log-Protokolle

Um in der Lage zu sein, bei Transaktions-, System- oder Speicherfehlern konsistenzerhaltende Undo- und/oder Redo-Maßnahmen einzuleiten, wird häufig vom
DBMS ein *Log-Buch* oder eine *Log-Datei* oder kurz ein *Log* (*log*, *journal*) geführt.
Wir sind bereits ausführlich auf Log-Dateien in Abschnitt 5.1.4 eingegangen und
beschränken uns hier auf einige weiterführende und ergänzende Anmerkungen.

Ein *Log* ist in der Regel eine sequentielle Datei, die Informationen über von Transaktionen geänderte Daten der Datenbank und über den Zustand des Systems zu gewissen Zeitpunkten speichert. Von einem Log wird angenommen, dass es schlimmste Systemzusammenbrüche überlebt. Um die Dauerhaftigkeit zu gewährleisten, werden zwei oder mehrere Kopien der Log-Datei auf verschiedenen Externspeichern aufrechterhalten, so dass die Wahrscheinlichkeit, alle Kopien des Log gleichzeitig zu verlieren, vernachlässigbar klein ist. Der aktuelle Teil der Log-Datei, der *Log-Ende* (*log tail*) genannt wird, wird im Hauptspeicher gehalten und periodisch auf einem Externspeicher gesichert. Jeder Eintrag in eine Log-Datei wird als *Log-Satz* (*log record*) bezeichnet. Ein oder mehrere Log-Sätze werden für jede von einer Transaktion bewirkte Änderung geschrieben. Wenn ein Log-Satz erzeugt wird, erhält er einen eindeutigen Identifikator, die sogenannte *Log-Sequenznummer* (*log sequence number, LSN*). Ähnlich wie ein Datensatzidentifikator ermöglicht die Log-Sequenznummer, auf einen Log-Satz mit einem Seitenzugriff zuzugreifen. Viele DBMS schreiben zu Recovery-Zwecken die Log-Sequenznummer des neuesten Log-Satzes in die Seite, die das geänderte Datenbankobjekt enthält. Diese Vorgehensweise erlaubt es bei einer Recovery, den Zustand einer Datenseite zu den protokollierten Änderungen in der Log-Datei in Beziehung zu setzen und festzustellen, ob ein gegebener Log-Satz sich in einem gegebenen Zustand einer Seite wiederfindet.

Auch der Beginn, die erfolgreiche Beendigung und der Abbruch einer Transaktion werden mittels Log-Sätzen aufgezeichnet. Darüberhinaus werden Log-Sätze manchmal geschrieben, um den aktuellen Zustand des Systems zu bestimmten Zeitpunkten zu beschreiben. Dies geschieht mit Hilfe von *Sicherungspunkten* (*checkpoints*). Entsprechende Log-Sätze werden periodisch im Normalbetrieb geschrieben und helfen, insbesondere bei schwerwiegenden Fehlern den Aufwand für Recovery-Maßnahmen zu begrenzen (siehe Abschnitt 5.1.4). Die entsprechenden Log-Sätze können Informationen über den Inhalt des Systempuffers, über aktive Transaktionen usw. enthalten, was von der verwendeten Methode zum Setzen von Sicherungspunkten abhängt (Abschnitt 6.6). Ferner werden *Ausgleichs-Log-Sätze* (*compensation log records*) geschrieben, wenn eine in einem Log-Satz beschriebene Änderung rückgängig gemacht wird (z.B. bei einer Undo-Operation aufgrund eines Transaktionsabbruchs).

Es werden zwei Arten von Logs unterschieden: *physische* und *logische* Logs. Ein *physisches Log* (*physical log*) enthält Informationen über die Werte von Datenbankobjekten vor und nach Änderungen durch Transaktionen sowie über den Ort (d.h., Position auf einer bestimmten Seite) der modifizierten Daten in der Datenbank. Bei einer Unterstützung von Undo-Operationen (d.h., eine Steal-Strategie wird verwendet) wird der Wert eines Datenbankobjekts vor seiner Änderung in einem Log-Satz festgehalten. Dieser Wert wird als *Before-Image* (*before image*) des Objekts bezeichnet. Ähnlich wird zur Unterstützung von Redo-Operationen (d.h., eine No-Force-Strategie wird verwendet) der neue Wert des Objekts, *After-Image* (*after image*) genannt, gespeichert. Somit enthalten die physischen Log-Sätze in einem DBMS mit einer Steal/No-Force-Systempufferverwaltung sowohl die alten als auch die neuen Werte von Objekten. Ferner sind Undo- und Redo-Operationen, die auf physischen Log-Sätzen beruhen, idempotent, d.h., unabhängig davon, wie oft die Operationen angewendet werden, haben sie die gleiche Wirkung. Diese Eigenschaft ist von Bedeutung, wenn eine Recovery mehrere Male aufgrund wiederholter Fehlersituationen (z.B. wiederholter Stromausfall) durchgeführt werden muss. Ein *logisches Log* (*logical log*, *operational log*) enthält anstelle der Objektwerte und Seitenreferenzen High-Level-Beschreibungen von durchgeführten Operationen. Z.B. erfordert das Einfügen eines neuen Tupels *t* in eine Relation *r* viele physische Änderungen (Speicherplatzallokierung, Index-Updates, Reorganisation usw.), die in einer Vielzahl von physischen Log-Sätzen protokolliert werden müssen. Im Gegensatz dazu protokolliert ein logisches Log ausschließlich die Tatsache „Tupel *t* wurde in Relation *r* eingefügt, und die Indexe wurden entsprechend geändert".

Der Einsatz von logischen Logs hat den Vorteil, dass die Datenmenge, die in die Log-Datei geschrieben werden muss, minimiert wird. Dies liegt auf der Hand, da viele Implementierungsdetails von komplexen Operationen in den Undo- und Redo-Operationen verborgen werden. Dem gegenüber steht jedoch ein erhöhter Aufwand bei der Interpretation logischer Log-Sätze aufgrund ihrer höheren Komplexität. Für jede Operation müssen Einträge im Log erzeugt werden, mit deren Hilfe später sowohl ein Undo als auch ein Redo dieser Operation durchgeführt werden kann. Z.B. muss es für „füge Datensatz ein" die inverse Operation „lösche Datensatz" geben.

Ein wesentlicher Unterschied bei der Verwendung von logischen und physischen Logs ist folgender: Bei logischen Logs hängt die Wirkung einer Undo-Operation vom aktuellen Datenbankzustand ab. Eine Undo-Operation kann nur verarbeitet werden, wenn die ursprüngliche Operation tatsächlich in der Datenbank zur Ausführung gelangt ist. Ist die ursprüngliche Operation zwar in der Log-Datei schon eingetragen, aber in der Datenbank selbst noch gar nicht ausgeführt worden, so kann dies bei einem Fehler zu Problemen führen. So kann z.B. eine Undo-Operation das Löschen eines Datensatzes verlangen, der zum Zeitpunkt eines Transaktionsabbruchs noch gar nicht gespeichert war. In diesem Fall darf die Undo-Operation „lösche Datensatz" erst gar nicht angewendet werden. Bei physischen Logs tritt dieses Problem nicht auf. Beim Schreiben eines Before-Image während einer Undo-Operation ist es unerheblich, ob das entsprechende Objekt in der Datenbank tatsächlich geändert wurde oder nicht, da lediglich ein gegebener Wert zurückgeschrieben wird. Wenn nicht anders erwähnt, werden wir im Weiteren unter einem Log ein physisches Log verstehen.

Unabhängig von der verwendeten Recovery-Technik müssen die Regeln zweier Log-Protokolle für das Schreiben von Log-Daten eingehalten werden. Im Falle eines Systemzusammenbruchs gehen die Inhalte des flüchtigen Hauptspeichers verloren. Dies betrifft auch Log-Sätze, die nicht auf Externspeicher gesichert worden sind. Das *Undo-Protokoll* (*Write-Ahead Log-Protokoll*; *undo protocol*, *write-ahead log protocol*, *WAL*) und das *Redo-Protokoll* (*redo protocol*) stellen sicher, dass die Log-Datei im Falle eines Systemzusammenbruchs genügend Informationen zur Ausführung einer Undo- bzw. Redo-Operation enthält. Das Undo-Protokoll besagt, dass, bevor ein geändertes Objekt (z.B. eine Seite) in die Datenbank geschrieben werden darf, sein Before-Image in der Log-Datei gespeichert sein muss. Das Redo-Protokoll verlangt, dass, bevor eine Transaktion ihr *commit*-Kommando ausführen darf, alle ihre Log-Sätze einschließlich des Log-Satzes für das *commit*-Kommando in der Log-Datei gesichert sein müssen. Bei Verwendung eines logischen Logs müssen zumindest die entsprechenden Einträge für die ausgeführten Operationen im Log enthalten sein. Beide Protokolle gewährleisten, dass immer der letzte konsistente Wert eines Datenbankobjekts für eine Undo- oder Redo-Operation verfügbar ist.

Um die Auswirkungen aller Schreiboperationen einer Transaktion T rückgängig zu machen, wird die Log-Datei rückwärts gelesen. Für jedes Before-Image mit Transaktionsidentifikator T wird der alte Objektwert in die Datenbank zurückgeschrieben und somit die von T bewirkte Änderung zurückgenommen. Das Rollback ist beendet, wenn der Starteintrag für T gelesen wird. Um die Auswirkungen aller Schreiboperationen einer nach dem letzten Sicherungspunkt erfolgreich beendeten Transaktion T zu wiederholen, wird mit dem letzten konsistenten Sicherungspunkt begonnen und die Log-Datei vorwärts gelesen. Für jedes After-Image mit Transaktionsidentifikator T wird der neue Objektwert in die Datenbank zurückgeschrieben und somit die von T bewirkte Änderung wiederholt. Die Redo-Operation ist beendet, wenn der *commit*-Eintrag für T gelesen wird.

6.6.2 Recovery-Algorithmen

In diesem Abschnitt stellen wir unter Benutzung von Log-Dateien Algorithmen für die in Abschnitt 6.4 aufgeführten Recovery-Techniken *Undo/Redo*, *Undo/No-Redo*, *No-Undo/Redo* und *No-Undo/No-Redo* vor. Jede dieser Algorithmen wird durch eine spezielle Spezifikation der in Abschnitt 6.5 dargestellten Schnittstellenoperationen des Recovery-Managers unter den dort genannten Voraussetzungen beschrieben. Da wir eine strikte Ausführung von Transaktionen voraussetzen, müssen Leseoperationen nicht in der Log-Datei protokolliert werden; diese Information ist nur bei fortgesetztem Abbruch von Transaktionen notwendig. Für $Restart_{RM}$ verwenden wir zwei lokale Variablen *undone* und *redone*, die vermerken, welche Datenbankobjekte von einer Undo- bzw. Redo-Operation auf ihren letzten Wert gesetzt worden sind. Das persistente Abspeichern eines in den Systempuffer geladenen Before-Image oder After-Image wird später durch den Seitenersetzungsmechanismus des Systempuffer-Managers vollzogen.

Da die Spezifikation für $Begin_{RM}$ bei allen vier Recovery-Algorithmen gleich ist, wird sie an dieser Stelle nur einmal dargestellt.

> **algorithm** $Begin_{RM}(T_i)$
> $T_{ac} := T_{ac} \cup \{T_i\}$;
>   Hänge [start, T_i] an die Log-Datei an
> **end** $Begin_{RM}$.

Der Undo/Redo-Algorithmus

Dieser Algorithmus ist von den vieren sicherlich der komplizierteste. Ein wesentlicher Vorteil besteht jedoch in seiner Flexibilität zu entscheiden, wann von einer Transaktion geänderte Systempufferseiten auf dem Externspeicher gesichert werden sollen. Diese Entscheidung wird fast völlig dem Systempuffer-Manager überlassen, der dies vor, während oder nach der erfolgreichen Beendigung einer Transaktion durchführen kann. Dies erlaubt eine Minimierung des Datentransfers zwischen Haupt- und Externspeicher und ein direktes Einbringen von geänderten Systempufferseiten (*update in place*) durch aktive Transaktionen. Der Nachteil liegt in der weniger effizienten Behandlung von Fehlern und teureren $Abort_{RM}$- und $Restart_{RM}$-Operationen im Vergleich zu den anderen Algorithmen. Dieser Algorithmus ist zu empfehlen, wenn Abbruch und Neustart seltener vorkommen, was einer pessimistischen Concurrency Control-Strategie entgegenkommt. Die Schnittstellenoperationen des Recovery-Managers für diesen Algorithmus sind wie folgt zu realisieren:

> **algorithm** $Write_{RM}(T_i, x, v)$
>   **if** $T_i \notin T_{ac}$ **then** $T_{ac} := T_{ac} \cup \{T_i\}$ **fi**;
>   **if** x ist nicht im Systempuffer **then** lade Seite, die x enthält **fi**;
>   Hänge $[T_i, x, v_{old}, v]$ an die Log-Datei an; { v_{old} sei aktueller Wert von x }
>   Ändere im Systempuffer den Wert von x in v;
>   Teile dem Ablaufplaner die Verarbeitung von $Write_{RM}(T_i, x, v)$ mit
> **end** $Write_{RM}$.
>
> **algorithm** $Read_{RM}(T_i, x)$
>   **if** x ist nicht im Systempuffer **then** lade Seite, die x enthält **fi**;
>   Liefere den Wert von x im Systempuffer an den Ablaufplaner
> **end** $Read_{RM}$.
>
> **algorithm** $Commit_{RM}(T_i)$
> $T_{co} := T_{co} \cup \{T_i\}$; { T_i ist erfolgreich beendet. }
>   Teile dem Ablaufplaner die erfolgreiche Beendigung von T_i mit
> $T_{ac} := T_{ac} \setminus \{T_i\}$;
> **end** $Commit_{RM}$.
>
> **algorithm** $Abort_{RM}(T_i)$
> $T_{ab} := T_{ab} \cup \{T_i\}$;
>   **foreach** Datenbankobjekt x, das von T_i geändert worden ist **do**
>   **if** x ist nicht im Systempuffer **then** lade Seite, die x enthält **fi**;
>   Suche im Log von hinten nach vorne nach dem ersten Eintrag $[T_i, x,$
> $v_{old}, v]$;
>   Kopiere v_{old} (das Before-Image von x in Bezug auf T_i) nach x in die zu
> x gehörende Systempufferseite
>   **od**
>   Teile dem Ablaufplaner den Abbruch von T_i mit

$$T_{ac} := T_{ac} \setminus \{T_i\};$$
end $Abort_{RM}$.

algorithm $Restart_{RM}$
    Lösche den Systempuffer;
    $undone := \varnothing; \; redone := \varnothing;$
    Lies letzten Log-Eintrag in der Log-Datei;
    repeat
        if Log-Eintrag ist von der Form $[T_i, x, v_{old}, v]$ **and** $x \notin undone \cup$
        $redone$ **then**
            if x ist nicht im Systempuffer **then** lade Seite, die x enthält **fi**;
            if $T_i \in T_{co}$ **then**
                Kopiere v in die zu x gehörende Systempufferseite;
                $redone := redone \cup \{x\}$
            else $\{T_i \in T_{ab} \text{ oder } T_i \in T_{ac}\}$
                Kopiere v_{old} (das Before-Image von x in Bezug auf T_i) nach x
                in die zu x gehörende Systempufferseite;
                $undone := undone \cup \{x\}$
            fi
        fi
        Lies vorhergehenden Log-Eintrag in der Log-Datei
    until Anfang der Log-Datei erreicht **or** $undone \cup redone$ ist gleich der
        Menge aller Objekte in der Datenbank;
    foreach $T_i \in T_{co}$ **do** $T_i \in T_{ac} \Rightarrow T_{ac} := T_{ac} \setminus \{T_i\}$ **od;**
    Teile dem Ablaufplaner die Beendigung von $Restart_{RM}$ mit
end $Restart_{RM}$.

Die Bedeutung der Mengen T_{ab} und T_{ac} wird später bei der Besprechung von Sicherungspunkten klar werden. Bei $Commit_{RM}$ kann ein Systemfehler auch nach dem Hinzufügen in T_{co}, aber vor dem Austragen aus T_{ac} geschehen. T_i ist dann in beiden Mengen enthalten. $Restart_{RM}$ betrachtet T_i in diesem Fall als erfolgreich beendet. Anzumerken bleibt, dass dieser Algorithmus sowohl das Undo- als auch das Redo-Protokoll befolgt.

Der Undo/No-Redo-Algorithmus

Bei diesem Algorithmus ist die Wiederholung einer Transaktion zur Wiederherstellung eines Systemfehlers niemals notwendig, so dass keine After-Images im Log benötigt werden. Dies wird dadurch erreicht, dass vor Beendigung einer Transaktion alle ihre Änderungen persistent in der Datenbank abgespeichert werden. Daher können die Änderungen einer erfolgreich beendeten Transaktion bei einem Systemfehler niemals verloren gehen. Jedoch vermindert das häufige erzwungene Schreiben die Performance, da das Puffern von Änderungen nicht möglich ist. Das Abbrechen einer Transaktion erfordert die Zurücknahme aller Änderungen. Dieser Algorithmus wird üblicherweise in Verbindung mit einer pessimistischen Concurrency Control-

Strategie angewendet, die selten Transaktionen abbricht. Die Spezifikationen für $Write_{RM}$, $Read_{RM}$ und $Abort_{RM}$ sind die gleichen wie beim Undo/Redo-Algorithmus. Wir beschränken uns daher auf $Commit_{RM}$ und $Restart_{RM}$, die leicht modifiziert werden müssen.

> **algorithm** $Commit_{RM}(T_i)$
> **foreach** Datenbankobjekt x, das von T_i geändert worden ist **do**
>   **if** x ist im Systempuffer **then**
>   Speichere die Systempufferseite, die x enthält, auf dem Externspeicher ab
>   **fi**;
> **od**
> $T_{co} := T_{co} \cup \{T_i\}$; { T_i ist erfolgreich beendet. }
> Teile dem Ablaufplaner die erfolgreiche Beendigung von T_i mit
> $T_{ac} := T_{ac} \setminus \{T_i\}$;
> **end** $Commit_{RM}$.

> **algorithm** $Restart_{RM}$
> Lösche den Systempuffer;
> $undone := \emptyset$;
> Lies letzten Log-Eintrag in der Log-Datei;
> **repeat**
>   **if** Log-Eintrag ist von der Form $[T_i, x, v_{old}, v]$ **then**
>   **if** $T_i \notin T_{co}$ **and** $x \notin undone$ **then**
>   **if** x ist nicht im Systempuffer **then** lade Seite, die x enthält **fi**;
>   Kopiere v_{old} in die zu x gehörende Systempufferseite;
> $undone := undone \cup \{x\}$
>   **fi**
>   **fi**
>   Lies vorhergehenden Log-Eintrag in der Log-Datei
> **until** Anfang der Log-Datei erreicht **or** $undone$ ist gleich der Menge aller Objekte in der Datenbank;
> **foreach** $T_i \in T_{co}$ **do** $T_i \in T_{ac} \Rightarrow T_{ac} := T_{ac} \setminus \{T_i\}$ **od**;
> Teile dem Ablaufplaner die Beendigung von $Restart_{RM}$ mit
> **end** $Restart_{RM}$.

Falls ein Fehler auftritt, kurz bevor bei $Commit_{RM}$ T_i zu T_{co} hinzugefügt wird, betrachtet $Restart_{RM}$ T_i als nicht erfolgreich beendet und bricht T_i ab. Anzumerken bleibt auch hier, dass dieser Algorithmus das Undo- und das Redo-Protokoll befolgt.

Der No-Undo/Redo-Algorithmus

Bei diesem Algorithmus ist die Rücknahme der Änderungen einer Transaktion niemals notwendig, so dass keine Before-Images im Log nötig sind. Um dies zu erreichen, muss vermieden werden, dass Änderungen von noch nicht beendeten Transaktionen in den Systempuffer und in die Datenbank geschrieben werden. Erst zum *commit*-Zeitpunkt können alle Änderungen einer aktiven Transaktion abgespeichert werden. Man spricht auch von einem *verzögerten Update* (*deferred update*). Vor diesem Zeitpunkt befinden sich die Before-Images der von einer Transaktion geänderten Objekte immer noch auf dem Externspeicher. Beim Abbruch einer Transaktion werden die After-Images einfach weggeworfen. Dieser Algorithmus wird gewöhnlich im Zusammenhang mit einer optimistischen Concurrency Control-Strategie angewendet, die dazu neigt, im Falle eines Konflikts Transaktionen häufig abzubrechen. Es kann passieren, dass die Änderungen einer erfolgreich beendeten Transaktion aufgrund eines Systemfehlers nicht persistent abgespeichert werden können. Es ist dann die Aufgabe von $Restart_{RM}$, diese Änderungen zu wiederholen.

algorithm $Write_{RM}(T_i, x, v)$
    Hänge $[T_i, x, v_{old}, v]$ an die Log-Datei an;
    Teile dem Ablaufplaner die Verarbeitung von $Write_{RM}(T_i, x, v)$ mit
end $Write_{RM}$.

algorithm $Read_{RM}(T_i, x)$
    if der Wert von x ist von T_i geändert worden **then**
        Suche im Log von hinten nach vorne nach dem ersten Eintrag $[T_i, x, v_{old}, v]$;
        Teile dem Ablaufplaner v (das After-Image von x in Bezug auf T_i) mit
    else
        if x ist nicht im Systempuffer **then** lade Seite, die x enthält **fi**;
        Liefere den Wert von x im Systempuffer an den Ablaufplaner
    fi;
end $Read_{RM}$.

algorithm $Commit_{RM}(T_i)$
    $T_{co} := T_{co} \cup \{T_i\}$; { T_i ist erfolgreich beendet. }
    foreach Datenbankobjekt x, das von T_i geändert worden ist **do**
        if x ist nicht im Systempuffer **then** lade Seite, die x enthält **fi**;
        Suche im Log von hinten nach vorne nach dem ersten Eintrag $[T_i, x, v_{old}, v]$;
        Kopiere v (das After-Image von x in Bezug auf T_i) in die zu x gehörende Systempufferseite;
    od
    Teile dem Ablaufplaner die erfolgreiche Beendigung von T_i mit
    $T_{ac} := T_{ac} \setminus \{T_i\}$;
end $Commit_{RM}$.

algorithm $Abort_{RM}(T_i)$
    $T_{ab} := T_{ab} \cup \{T_i\}$;
    Teile dem Ablaufplaner den Abbruch von T_i mit
    $T_{ac} := T_{ac} \setminus \{T_i\}$;
end $Abort_{RM}$.

algorithm $Restart_{RM}$
    Lösche den Systempuffer;
    $redone := \emptyset$;
    Lies letzten Log-Eintrag in der Log-Datei;
    repeat
        if Log-Eintrag ist von der Form $[T_i, x, v_{old}, v]$ **then**
            if $T_i \in T_{co}$ **and** $x \notin redone$ **then**
                if x ist nicht im Systempuffer **then** lade Seite, die x enthält **fi**;
                Kopiere v in die zu x gehörende Systempufferseite;
                $redone := redone \cup \{x\}$
            fi
        fi
        Lies vorhergehenden Log-Eintrag in der Log-Datei
    until   Anfang der Log-Datei erreicht **or** $redone$ ist gleich der Menge aller
              Objekte in der Datenbank;
    foreach $T_i \in T_{co}$ **do** $T_i \in T_{ac} \Rightarrow T_{ac} := T_{ac} \setminus \{T_i\}$ **od**;
    Teile dem Ablaufplaner die Beendigung von $Restart_{RM}$ mit
end $Restart_{RM}$.

Eine Lösung für diese Recovery-Technik ist, Änderungen in einen privaten Speicherbereich zu schreiben. Zum *Commit*-Zeitpunkt wird dieser dann in den Systempuffer übertragen und durch dessen Seitenersetzungsstrategie in die Datenbank geschrieben. Es können dann in der Datenbank keine Werte auftreten, die rückgängig gemacht werden müssen. Anzumerken bleibt, dass dieser Algorithmus das Undo- und das Redo-Protokoll befolgt.

Der No-Undo/No-Redo-Algorithmus

Zur Vermeidung einer Undo-Operation erfordert dieser Algorithmus, dass alle Änderungen einer Transaktion *nach* ihrer erfolgreichen Beendigung auf den Externspeicher geschrieben werden. Andererseits erfordert dieser Algorithmus zur Vermeidung einer Redo-Operation, dass alle Änderungen einer Transaktion *vor* ihrer erfolgreichen Beendigung auf den Externspeicher geschrieben werden. Dies bedeutet, dass dieser Algorithmus weder vor noch nach der Beendigung einer Transaktion Änderungen persistent wegschreiben darf, sondern dies in einer atomaren Operation zum Zeitpunkt der Beendigung durchführen muss.

algorithm $Commit_{RM}(T_i)$
    <<
    foreach Datenbankobjekt x, das von T_i geändert worden ist **do**
        Schreibe das After-Image von x in Bezug auf T_i in die Datenbank; **od**
    $T_{co} := T_{co} \cup \{T_i\}$; $\{ T_i$ ist erfolgreich beendet. $\}$ $T_{ac} := T_{ac} \setminus \{T_i\}$;
    >>
    Teile dem Ablaufplaner die erfolgreiche Beendigung von T_i mit
end $Commit_{RM}$.

Die Anweisungen „<<" und „>>" zeigen an, dass die zwischen ihnen liegenden Anweisungen atomar auszuführen sind. Dieser Algorithmus ist geeignet für jede Art von Concurrency Control-Strategie, da $Abort_{RM}$ und $Restart_{RM}$ nicht teuer sind. Allerdings erweist sich der Normalbetrieb als teuer, so dass dieser Algorithmus nicht oft verwendet wird. Realisiert werden kann dieser Algorithmus mit Hilfe von *Schattenseiten* (*shadowing*) (Abschnitt 6.7).

6.6.3 Sicherungspunkte

Beim Auftreten eines Systemfehlers ist es häufig notwendig, zur Realisierung der Recovery-Algorithmen die gesamte Log-Datei nach zu wiederholenden und/oder rückzusetzenden Transaktionen sowie nach Before- und After-Images zu durchsuchen. Nachteilig hieran ist der sehr zeitaufwendige Suchprozess. Um bei einem aufgetretenen Fehler den zu durchsuchenden Abschnitt der Log-Datei zu begrenzen, werden in die Log-Datei periodisch sogenannte *Sicherungspunkte* (*checkpoints*) als [*checkpoint*]-Einträge (siehe Abschnitt 5.1.4) geschrieben. Dies geschieht, wenn das System die After-Images von erfolgreich beendeten Transaktionen und die Before-Images von abgebrochenen Transaktionen in die Datenbank geschrieben hat. Somit ist es im Falle eines Systemfehlers nicht notwendig, die Schreiboperationen von Transaktionen, die ihren [*commit*, *T*]-Eintrag vor einem [*checkpoint*]-Eintrag im Log stehen haben, zu wiederholen. Zusätzlich enthält ein Sicherungspunkt die Menge T_{ac}. Die allgemeine Strategie bei einem Neustart ist, nach Feststellung aller Transaktionen, die nach dem letzten Sicherungspunkt beendet wurden, diese mit Hilfe der in der Log-Datei befindlichen After-Images zu wiederholen und alle Transaktionen, die nach dem Sicherungspunkt aktiv, aber vor dem Systemfehler noch nicht beendet waren, mit Hilfe der in der Log-Datei befindlichen Before-Images rückzusetzen. Allgemein hängt die Verwendung von Sicherungspunkten von dem angewendeten Recovery-Algorithmus ab, worauf wir hier nicht näher im Detail eingehen wollen.

6.7 Recovery mit Hilfe des Schattenspeicher-Konzepts

Eine zu Log-basiertem Recovery alternative Technik ist mittels des *Schattenspeicher-Konzepts* (siehe Abschnitt 2.9.4) realisierbar, das zwei Seitentabellen, eine interne *laufende Version* und eine persistente *Schattenversion*, aufrechterhält. Zu Anfang sind beide Versionen identisch. Während der Transaktionsausführung wird die Schattenversion *niemals* geändert. Bei einer Schreiboperation wird eine Kopie der zu ändernden Seite erzeugt, die selbst aber nicht überschrieben wird. Stattdessen wird die neue Seite in einen unbenutzten Rahmen kopiert, dort die Änderung durchgeführt und der Verweis in der laufenden Seitentabelle auf die neue Seite gesetzt. Die Schattenversion bleibt von alledem unberührt und zeigt auf die alte Seite. Bei einer Recovery ist es ausreichend, die geänderten Datenseiten einer Transaktion sowie den Inhalt der laufenden Seitentabellenversion freizugeben. Der letzte konsistente Datenbankzustand ist mittels der Schattenversion erhältlich, die wieder in die laufende Version kopiert wird. Das erfolgreiche Beenden einer Transaktion entspricht dem Kopieren der laufenden Seitentabellenversion in die externe laufende Version. Ein Vorteil dieser Technik ist, dass Redo-Operationen nie auftreten und dass eine Undo-Operation sehr einfach ist. Nachteilig ist, dass geänderte Seiten beliebig auf dem Externspeicher verteilt werden und somit eine Clusterung verwandter Seiten nicht oder nur sehr schwer möglich ist. Ferner muss bei einer sehr großen Seitentabelle diese auf einem Externspeicher ausgelagert werden, was stets einen zusätzlichen Seitenzugriff bedeutet.

6.8 Behandlung von Speicherfehlern

Im Falle der sehr selten auftretenden Speicherfehler sind Teile der Datenbank nicht mehr lesbar. Ziel der *Rekonstruktion* ist das Erreichen eines konsistenten Datenbankzustands, der möglichst nahe am Zustand zum Zeitpunkt des Fehlers liegt. Hierzu wird eine Kopie der Datenbank zu einem früheren Zeitpunkt, auch *Dump* genannt, zusammen mit einer Log-Datei herangezogen, die die After-Images seit diesem Zeitpunkt enthält, so dass eine Redo-Operation durchgeführt werden kann, die den jüngsten konsistenten Datenbankzustand wieder erzeugt. Das Erstellen von Dumps ist bei großen Datenbanken sehr teuer, so dass sie nur in sehr großen Zeitabständen generiert werden. Zudem erstreckt sich der Fehler meist nur auf einen kleinen Teil der Datenbank. Daher sind Techniken entwickelt worden, die das Schreiben von Dumps in kleinen Schritten und/oder die Rekonstruktion von kleinen Teilen der Datenbank erlauben.

Eine weitere, häufig angewandte Methode ist das Spiegeln von Festplatten. Für jede Platte wird eine identische Kopie auf einer zweiten Platte, dem Spiegel, angelegt. Jede Schreiboperation wird auf beiden Platten immer in derselben Reihenfolge ausgeführt. Eine Leseoperation kann auf irgendeiner der beiden Platten erfolgen. Dieses Spiegelverfahren ist auch für das Log anwendbar.

6.9 Aufgaben

Aufgabe 6.1: Gegeben seien die beiden Transaktionen $T_1 = w_1[x]\ w_1[y]\ w_1[z]\ c_1$ und $T_2 = r_2[u]\ w_2[x]\ r_2[y]\ w_2[y]\ c_2$ sowie die vier Ablaufpläne

$$A_1 = w_1[x]\ w_1[y]\ r_2[u]\ w_2[x]\ w_1[z]\ c_1\ r_2[y]\ w_2[y]\ c_2$$

$$A_2 = w_1[x]\ w_1[y]\ r_2[u]\ w_1[z]\ c_1\ w_2[x]\ r_2[y]\ w_2[y]\ c_2$$

$$A_3 = w_1[x]\ w_1[y]\ r_2[u]\ w_2[x]\ r_2[y]\ w_2[y]\ w_1[z]\ c_1\ c_2$$

$$A_4 = w_1[x]\ w_1[y]\ r_2[u]\ w_2[x]\ r_2[y]\ w_2[y]\ c_2\ w_1[z]\ c_1$$

Geben Sie an, welche der Ablaufpläne rücksetzbar sind, fortgesetzten Abbruch vermeiden und/oder strikt sind, und begründen Sie dies.

Aufgabe 6.2: Bei der Diskussion von Sperrverfahren für Baumindexe wurden ein konservatives Sperrverfahren, das keine Deadlocks hervorruft, und ein aggressives Sperrverfahren, bei dem Deadlocks entstehen können, vorgestellt. Erläutern Sie, warum bei der aggressiven Variante Deadlocks entstehen können, und überlegen Sie sich eine Lösung, wie eine solche Deadlock-Situation vermieden werden kann.

6.10 Literaturhinweise

Neben den mehrfach genannten Textbüchern in den Literaturhinweisen zu Kapitel 1 sind als weitere grundlegende Werke das exzellente Buch von Bernstein *et al.* (1987) und der Übersichtsartikel von Härder & Reuter (1983) zu erwähnen. Auf Recovery im Zusammenhang mit dem Schattenspeicher-Konzept wird ausführlich im Datenbank-Handbuch (Lockemann & Schmidt (1987)) und im Buch von Härder & Rahm (1999) eingegangen.

Kapitel 7

Anfrageverarbeitung

Die Möglichkeit, mit Hilfe einer *Anfragesprache* (*query language*) Anfragen (*queries*) an die Datenbank zu stellen, sei es durch ein Anwendungsprogramm oder aber ad hoc durch den Endbenutzer am Computer, und unmittelbar darauf eine Antwort vom System zu erhalten, gehört sicherlich mit zu den wesentlichsten Stärken eines DBMS. Anfragen wie „Welche Mitarbeiter der Firma X verdienen mehr als 3000 DM monatlich?" oder „An welchen Stellen schneiden sich das Wasserwege- und das Straßennetz in der Bundesrepublik?" können auf unterschiedliche Art und Weise mit unterschiedlichen Kosten ausgeführt werden. Ziel der *Anfrageverarbeitung* (*query processing*) ist es, eine gegebene Anfrage unter Ausnutzung logischer Gesetzmäßigkeiten und physischer Strukturen möglichst effizient auszuführen. Aus Sicht des DBMS ist eine *Anfrage* ein Programm, das übersetzt und ausgeführt werden muss. In diesem Sinne durchläuft eine Anfrage die üblichen, aus dem Übersetzerbau für Programmiersprachen bekannten Phasen der Programmübersetzung: lexikalische Analyse, Parsen (d.h. syntaktische Analyse), Validierung (d.h. semantische Analyse) und Code-Generierung. Hinzu kommt bei Datenbankanfragen allerdings noch ein zusätzlicher Aspekt, der vom meist nichtprozeduralen, deklarativen Charakter der Anfrage(sprache)n herrührt. Bei der Formulierung einer Anfrage beschreiben wir, *was* das Problem ist, anstatt dem DBMS mitzuteilen, *wie* das Problem zu lösen ist. Folglich muss das DBMS entscheiden, wie das Problem zu lösen ist, und, falls es mehrere Lösungsalternativen gibt, diejenige mit minimalen Kosten auswählen. Eine effiziente *Anfrageauswertung* hängt natürlich insbesondere davon ab, wie die Daten physisch gespeichert sind. Vorhandene Indexe können die Anfrageverarbeitung beträchtlich beschleunigen. Neben der vom *Anfrage-Parser* (*query parser*) durchgeführten *Anfrageübersetzung* (*query translation*) und der vom *Anfrage-Ausführer* (*query executor*) bewirkten *Anfrageausführung* (*query execution*) spielt also die *Anfrageoptimierung* (*query optimization*), für die der *Anfrage-Optimierer* (*query optimizer*) zuständig ist, eine wichtige Rolle, um lange Ausführungszeiten zu vermeiden. Parser, Ausführer und Optimierer bilden zusammen den *Anfrage-Prozessor* (*query processor*). In diesem Kapitel werden wir uns hauptsächlich auf die Übersetzung, Optimierung und Ausführung von Anfragen, die auf dem relationalen Datenmodell beruhen, konzentrieren.

Abschnitt 7.1 beschreibt unabhängig vom verwendeten Datenmodell die verschiedenen Phasen der Anfrageverarbeitung und die für die jeweiligen Phasen zuständigen Komponenten des Anfrage-Prozessors. Abschnitt 7.2 behandelt die Anfrageübersetzung und erläutert die Interndarstellung einer Anfrage sowie die grundsätzliche Vorgehensweise bei der Übersetzung. Abschnitt 7.3 befasst sich mit dem Ablauf der Anfrageoptimierung und beschreibt die Anfrageumformung, die Auswertungsplanerzeugung, die Implementierung relationaler Operatoren sowie die Kostenschätzung. Abschnitt 7.4 erörtert die Anfrageausführung.

7.1 Phasen der Anfrageverarbeitung

Eine Frage bezüglich der in einer Datenbank gespeicherten Daten wird als *Anfrage* (*query*) bezeichnet. Ein DBMS stellt eine spezialisierte Hochsprache, *Anfragesprache* (*query language*) genannt, zur Verfügung, in der Anfragen formuliert werden können. Ziel der *Anfrageverarbeitung* (*query processing*) ist es, eine gegebene Anfrage unter Ausnutzung logischer Gesetzmäßigkeiten und vorhandener physischer Strukturen möglichst effizient auszuführen. Die Komplexität der Anfrageverarbeitung legt es nahe, diese Aufgabe in Teilaufgaben und den Anfrage-Prozessor in Komponenten zu zerlegen, die besser handhabbar sind. In diesem Abschnitt geben wir einen allgemeinen Überblick über die Phasen der Anfrageverarbeitung (siehe Bild 7.1) und über die entsprechenden Komponenten des Anfrage-Prozessors.

In der ersten Phase, der *Anfrageübersetzung* (*query translation*), wird eine Anfrage, die nichts anderes als ein Zeichenstring ist, in ihre Bestandteile zerlegt (*query*

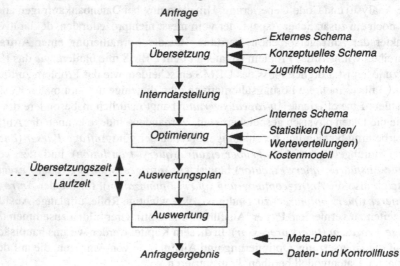

Bild 7.1. Phasen der Anfrageverarbeitung

decomposition), lexikalisch analysiert und einer Überprüfung auf korrekte Syntax unterzogen. Die Prüfung der semantischen Korrektheit der Anfrage wird dann mit Hilfe der externen und konzeptuellen Schemabeschreibungen vollzogen. Vom Benutzer übergebene externe Namen für Daten und Operationen werden auf Existenz und Zugriffserlaubnis überprüft und mit Hilfe von Systemkatalogen in interne Namen überführt (Validierung). Danach wird die Anfrage in eine einfachere und für die weitere Bearbeitung geeignetere Interndarstellung überführt. Hierbei ergibt sich die Frage nach einer geeigneten Repräsentation, die natürlich so mächtig sein muss, dass alle möglichen Anfragen in der Anfragesprache des jeweiligen DBMS dargestellt werden können. Weitere wünschenswerte Eigenschaften sind die möglichst leichte und schnelle Überführung einer Anfrage in ihr Internformat, die Neutralität der Interndarstellung, so dass keine nachfolgende Optimierungsalternative benachteiligt wird, sowie Flexibilität der Interndarstellung für nachfolgende Umformungen. Der *Anfrage-Parser* (*query parser*) führt die Übersetzung durch.

Die zweite Phase, die *Anfrageoptimierung* (*query optimization*), bestimmt einen sogenannten *Auswertungsplan* (*evaluation plan*), *Ausführungsplan* (*execution plan*) oder *Zugriffsplan* (*access plan*), der angibt, wie (z.B. unter Zuhilfenahme welcher Indexe) eine Anfrage auszuführen ist. Zuständig hierfür ist der *Anfrage Optimierer* (*query optimizer*), der den günstigsten Auswertungsplan mit Hilfe des internen Schemas sowie mittels Statistiken und Kostenmodellen für die Kostenschätzung berechnet. Die gesamte Phase beinhaltet drei Teilphasen. In der ersten Teilphase, der *Anfrageumformung*, werden bestimmte äquivalente, logische Transformationen auf die Interndarstellung der Anfrage angewendet, die als „gute" Optimierungen angesehen werden und die unabhängig von den tatsächlichen Werten der Datenbankobjekte und den existierenden Zugriffspfaden sind. Damit wird eine *Standardisierung* der Interndarstellung in eine *normalisierte Form* bewirkt, die auf eine effizientere Darstellung der Anfrage abzielt. Anschließend erfolgt eine *Vereinfachung* der Anfrageinterndarstellung, um das Erkennen und Eliminieren von Redundanzen zu erreichen. Die Aufgabe der *Verbesserung* ist es dann, geeignete, die weitere Bearbeitung verbessernde Umformungen durchzuführen. Die zweite Teilphase, die *Auswertungsplanerzeugung* (*evaluation plan generation*), widmet sich der Generierung günstiger Auswertungspläne. Hierzu wird die veränderte Anfrage auf alternative Folgen von Elementaroperationen abgebildet. Zu einer Anfrage gibt es in der Regel eine ganze Anzahl von Auswertungsplänen, so dass die interessantesten, für die effiziente Implementierungen bekannt sind und deren Kosten daher festlegbar sind, herausgefiltert werden müssen. Die dritte Teilphase schließlich dient der *Kosten(ab)schätzung* (*cost estimation*). Aufgabe hier ist, mit Hilfe von *Kostenfunktionen* (*cost functions*) für jeden (ausgewählten) Auswertungsplan seine Kosten zu ermitteln und den billigsten zu bestimmen. Die dritte Phase, die *Anfrageausführung* (*query execution*), führt den gewählten Auswertungsplan aus und berechnet das Anfrageergebnis, das entweder am Bildschirm des interaktiven Benutzers dargestellt oder auf das von seiten eines Anwendungsprogramms zugegriffen wird. Diese Phase wird vom *Anfrage-Ausführer* (*query executor*) zur Laufzeit durchgeführt.

Im Folgenden beschreiben wir die einzelnen Phasen der Anfrageverarbeitung am Beispiel relationaler Anfragen. Durch die Einfachheit des Modells und insbesondere durch die Unterstützung mächtiger Anfragesprachen hat das *relationale Datenmodell* (*relational data model*) weite Bedeutung erlangt.

7.2 Anfrageübersetzung

Ausgangspunkt der Übersetzung ist eine vom Benutzer formulierte Anfrage in einer vom jeweiligen Datenmodell oder Datenbanksystem zur Verfügung gestellten Anfragesprache. Ziele der Übersetzung sind die Transformation einer Anfrage in eine für die nachfolgende Optimierungsphase geeignete Interndarstellung sowie eine Korrektheits- und Zugriffsberechtigungsprüfung bezüglich dieser Anfrage mit Hilfe von Meta-Daten aus Systemkatalogen wie z.B. externen und konzeptuellen Schemabeschreibungen und Zugriffsrechten.

7.2.1 Interndarstellung einer Anfrage

Wir beschreiben zunächst wünschenswerte Eigenschaften der Interndarstellung einer Anfrage. Während externe Anfragen meist in einer Form vorliegen, die als *deskriptiv, deklarativ* oder *nicht-prozedural* bezeichnet werden (z.B. Relationenkalkül, SQL, QBE, QUEL), muss sich die Interndarstellung mehr an der Ausführung einer Anfrage orientieren und daher einen mehr *prozeduralen* Charakter besitzen. Im relationalen Kontext wird daher meist eine solche deskriptive Anfrage auf eine an die *Relationenalgebra* angelehnte Interndarstellung abgebildet, d.h. eine deklarative Beschreibung des Anfrageergebnisses wird übersetzt in einen Algorithmus oder Plan, der sich als Folge von Algebraoperationen ergibt. Weiterhin muss die Interndarstellung einen hohen Grad an Flexibilität aufweisen, zum einen hinsichtlich möglicher Erweiterungen der Anfragesprache um neue Sprachelemente (Stichwort: erweiterbare Datenbanksysteme), aber auch hinsichtlich der Durchführbarkeit von Umformungen der erzeugten Interndarstellung für die nachfolgende Optimierung. Als Interndarstellung ist eine Datenstruktur mit effizienten Such- und Zugriffsfunktionen auch auf bestimmte Teile der Darstellung zu wählen.

Für das relationale Datenmodell und für relationale Datenbanksysteme sind eine Anzahl mächtiger Anfragesprachen verfügbar. Die bekanntesten sind der *Relationenkalkül* (*relational calculus*), die bereits erwähnte *Relationenalgebra* (*relational algebra*) (siehe Anhang A), *QUEL, Query-By-Example* (*QBE*) als in kommerziellen Datenbanksystemen tatsächlich verwirklichter Vertreter des werteorientierten Relationenkalküls und *SQL* (*Structured Query Language*) als in kommerziellen Datenbanksystemen tatsächlich verwirklichte, genormte und bekannteste Anfragesprache überhaupt. Wir setzen im Folgenden die Kenntnis der grundlegenden Strukturen der Relationenalgebra und der Anfragesprache SQL voraus.

Deklarativen Anfragen gegenüber stehen eine Anzahl von Interndarstellungen als Zieldatenstrukturen der Übersetzungen. Als mögliche Interndarstellungen von der Betrachtung ausschließen, aber zumindest erwähnen, wollen wir den Relationenkalkül, die sogenannte *Tableau-Technik*, die eine lineare Kalküldarstellung in eine matrixförmige Interndarstellung überführt, *Zerlegungsbäume*, die eher einem Syntaxbaum als einer ausführbaren Anfragedarstellung ähneln, und *Objektgraphen*, auch *Operandengraphen* oder *Relationengraphen* genannt, die Objekte (z.B. Relationen oder Variablen und Konstanten) einer Anfrage als Knoten und die Prädikate der Anfrage als Kanten darstellen. Allen diesen Interndarstellungen gemein ist die Ähnlichkeit zum Relationenkalkül und somit der fehlende prozedurale Charakter. Sie eignen sich daher nicht besonders als Basis für die Erstellung von Auswertungsplänen.

Wir werden nun beispielhaft ausgehend von einer SQL-Anfrage eine wichtige und häufig eingesetzte, prozedurale Interndarstellung, den einen relationalen Algebraausdruck repräsentierenden *Operatorbaum*, vorstellen. Gegeben sei das relationale Datenbankschema einer Firmendatenbank mit folgenden Relationen (*relations*) und deren Attributen und Attributbeziehungen:

> *Ang(ANr, Name, Beruf, AbNr, Gehalt, Alter)*
> *Abt(AbNr, AOrt, Budget)*
> *Proj(PNr, Bezeichnung, POrt)*
> *PA(ANr, PNr, Anteil, Dauer)*

Die Firmendatenbank enthält Informationen über die Angestellten (*Ang*), die Abteilungen (*Abt*), die bearbeiteten Projekte (*Proj*) und die Zuordnung von Angestellten und Projekten (*PA*). Schlüsselattribute sind unterstrichen, und Fremdschlüsselattribute können über Namensgleichheit mit Schlüsselattributen (*key attribute*) erkannt werden. Die Beispielanfrage lautet:

> „Finde Namen und Berufe aller Angestellten, die Projekte in „Hagen" durchführen und deren zugehörige Abteilung sich ebenfalls dort befindet."

> SELECT   *a.Name, a.Beruf*
> FROM   *Ang a, Abt ab, Proj p, PA pa*
> WHERE   *a.AbNr = ab.AbNr* AND *ab.AOrt =* "Hagen" AND
>   *a.ANr = pa.*ANr AND *pa.PNr = p.PNr* AND
>   *p.POrt =* "Hagen"

Genau genommen muss es hier „SELECT DISTINCT" heißen, damit Duplikate eliminiert werden. Gegeben sei die Formel $F = Ang.AbNr = Abt.AbNr \wedge Abt.AOrt =$ "Hagen" $\wedge Ang.ANr = PA.ANr \wedge PA.PNr = Proj.PNr \wedge Proj.POrt =$ "Hagen". Eine mögliche Übersetzung (Ü1) der Beispielanfrage in Relationenalgebra ist folgende:

$$\pi_{Ang.Name, \, Ang.Beruf} (\sigma_F (Ang \times Abt \times Proj \times PA))$$

Diese Übersetzung richtet sich nach einem allgemeinen Übersetzungsschema für SQL-Anfragen in Relationenalgebra, das wir im Folgenden betrachten. SQL stellt eine Mischung aus tupelorientiertem Relationenkalkül mit einigen algebraischen

Elementen, angereichert durch arithmetische und textverarbeitende Elemente dar.
Eine SQL-Anfrage wird üblicherweise zunächst in eine Menge kleinerer Einheiten,
Anfrageblöcke (query blocks) genannt, zerlegt, wobei jeder Block dann für sich
übersetzt wird. Ein Block ist eine SQL-Anfrage ohne Verschachtelungen und enthält
genau eine SELECT-Klausel, eine FROM-Klausel und höchstens eine WHERE-
Klausel, eine GROUP BY-Klausel und eine HAVING-Klausel. Die Gruppierungs-
operatoren GROUP BY und HAVING sowie Aggregatoperationen (z.B. MAX,
MIN, COUNT) werden an dieser Stelle nicht behandelt, da hierzu das relationale
Datenmodell erweitert werden muss. Ebenso werden weitere Operationen (wie z.B.
UNION, INTERSECT, MINUS) sowie verschachtelte Unteranfragen nicht berück-
sichtigt. Die allgemeine Form eines SQL-Anfrageblocks lautet

SELECT $r_{i_1}.A_1, ..., r_{i_t}.A_t$ SELECT $R_{i_1}.A_1, ..., R_{i_t}.A_t$
FROM $R_1\, r_1, ..., R_k\, r_k$ bzw.   FROM $R_1, ..., R_k$
WHERE F WHERE F

Hierbei bezeichnet $R_1, ..., R_k$ eine Liste von (nicht notwendigerweise verschiedenen) Relationennamen. In der linken Version wird die Tupelvariable r_1 an das Relationensymbol R_1, ..., die Tupelvariable r_k an das Relationensymbol R_k gebunden,
und danach werden alle Kombinationen von Tupeln r_1 aus R_1, ..., r_k aus R_k erzeugt.
Danach werden alle diejenigen Tupel des kartesischen Produkts ausgewählt, für die
die Formel F wahr ist. F ist eine Formel, die logische Prädikate wie AND, OR und
NOT sowie Vergleichsoperatoren wie $<$, $>$, $\leq$ usw. enthält und auf Attributwertver-
gleichen beruht. Der Ausdruck $r.A$ bezieht sich auf das Attribut A der Tupelvariablen r der Relation R. Der Ausdruck $r_{i_1}.A_1, ..., r_{i_t}.A_t$ ist dann eine Liste von Attributen („*" steht hierbei als Abkürzung für die Attribute aller beteiligten Relationen),
deren zugehörige Werte in den bisher erhaltenen Ergebnistupeln als Anfrageergebnis in einer Relation auszugeben sind. Alternativ erlaubt die rechte Version das
Weglassen expliziter Tupelvariablen. In der SELECT- und in der WHERE-Klausel
darf hier ein Relationensymbol selbst wie eine Tupelvariable benutzt werden. Die
Bindung $R_i\, R_i$ wird dann zu R_i abgekürzt.

Die Übersetzung (Ü2) der allgemeinen Form eines SQL-Anfrageblocks in Relationenalgebra ist

$$\pi_{R_{i_1}.A_1, ..., R_{i_t}.A_t} (\sigma_{F'} (R_1 \times ... \times R_k))$$

D.h. wir bilden das kartesische Produkt aller Relationen in der FROM-Klausel,
selektieren gemäß der WHERE-Klausel (F wird durch einen äquivalenten Ausdruck
F' ersetzt, der die Prädikate der Relationenalgebra benutzt, z.B. $\wedge$ für AND usw.)
und projizieren schließlich auf die Attribute der SELECT-Klausel (eigentlich wäre
hier PROJECT als Schlüsselwort angebracht).

Die für die Beispielanfrage gezeigte Übersetzung in Relationenalgebra führt sicherlich nicht zum effizientesten Auswertungsplan, da zunächst das kartesische Produkt
aller Relationen gebildet wird und danach erst Selektionen und Projektionen angewendet werden. Zwei äquivalente und auf jeden Fall effizientere Übersetzungen

(Ü3 und Ü4), die insbesondere die Notwendigkeit einer Optimierung zeigen, sind folgende:

$$\pi_{Ang.Name,\ Ang.Beruf}\ ($$
$$\sigma_{Ang.AbNr\ =\ Abt.AbNr\ \wedge\ Ang.ANr\ =\ PA.ANr\ \wedge\ PA.PNr\ =\ Proj.PNr}\ ($$
$$Ang \times \sigma_{Abt.AOrt\ =\ \text{``Hagen''}}\ (Abt) \times \sigma_{Proj.POrt\ =\ \text{``Hagen''}}\ (Proj) \times PA))$$

$$\pi_{Ang.Name,\ Ang.Beruf}\ ($$
$$\sigma_{Abt.AOrt\ =\ \text{``Hagen''}}\ (Abt) \bowtie_{Abt.AbNr\ =\ Ang.AbNr} Ang$$
$$\bowtie_{Ang.ANr\ =\ PA.ANr} PA \bowtie_{PA.PNr\ =\ Proj.PNr} \sigma_{Proj.POrt\ =\ \text{``Hagen''}}\ (Proj))$$

Bei der Bildung des kartesischen Produkts werden bezüglich der Relation *Abt* nur Abteilungen in Hagen und bezüglich der Relation *Proj* nur Projekte in Hagen berücksichtigt. Das gesamte kartesische Produkt umfasst also insgesamt wesentlich weniger Tupel. Der Join-Operator integriert die Bildung des kartesischen Produkts mit einer Selektion und ist daher noch effizienter.

Obige Übersetzungen stellen Stringtransformationen dar, was die weitere Verarbeitung in der Optimierungsphase inflexibel und ineffizient macht. Normalerweise wird daher ein relationaler Algebraausdruck intern als Operatorbaum dargestellt. Ein *Operatorbaum* (*Anfragebaum*; *operator tree, query tree, relational algebra tree, parse tree*) beschreibt eine prozedurale Darstellung der Anfrage. Seine inneren Knoten repräsentieren die Operatoren, während seine Blattknoten Basisobjekte darstellen. Im relationalen Fall ist der Operatorbaum als Baumdarstellung eines relationalen Algebraausdrucks zu interpretieren. Basisobjekte sind in diesem Fall Basisrelationen, und die inneren Knoten beinhalten die Operatoren der Relationenalgebra. Die Kanten des Baums sind als gerichtet zu interpretieren und geben den Datenfluss von den Blattknoten zu den Vaterknoten an. Jeder innere Knoten beschreibt das Ergebnis (die Zwischenrelation) desjenigen Teilbaums, dessen Wurzel er ist, und die Wurzel des gesamten Operatorbaums bezeichnet das Anfrageergebnis. Neue Operatoren, die von Erweiterungen der Anfragesprache herrühren, können leicht in die Operatorbaumdarstellung integriert werden, so dass auch der Aspekt der Flexibilität erfüllt ist. Bild 7.2 zeigt Operatorbaumdarstellungen für den Algebraausdruck Ü2 (und somit indirekt auch für Ü1) (c) sowie für die effizienteren Beispielalgebraausdrücke Ü3 (a) und Ü4 (b). Operatorbäume können zu *Operatorgraphen* oder *Anfragegraphen* (*query graphs*) verallgemeinert werden, in denen dann gerichtete Kanten zu zeichnen sind und in denen auch Zyklen auftreten können.

Im Prinzip lassen sich Anfragen aller genannten Anfragesprachen in äquivalente Anfragen anderer Anfragesprachen übersetzen (wenn auch manchmal mit gewissen Einschränkungen). Insbesondere lassen sich also auch im Relationenkalkül, in QUEL oder in QBE formulierte Anfragen in die Relationenalgebra übersetzen. Diese Übersetzungen haben große Ähnlichkeit mit der Übersetzung von SQL-Anfragen in Relationenalgebra und werden daher an dieser Stelle nicht mehr speziell betrachtet.

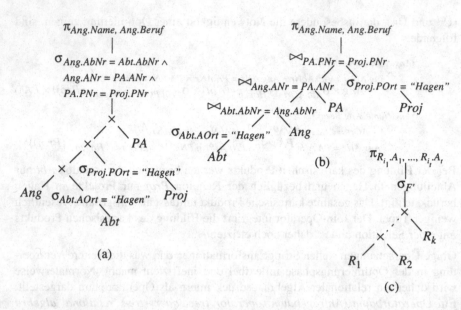

Bild 7.2. Operatorbaumdarstellungen für relationale Algebraausdrücke

7.2.2 Vorgehensweise bei der Übersetzung

Der eigentliche Übersetzungsvorgang ist unabhängig von den verwendeten Quell-
und Zielanfragesprachen und lässt sich in drei Phasen (Bild 7.3) einteilen, die ähn-

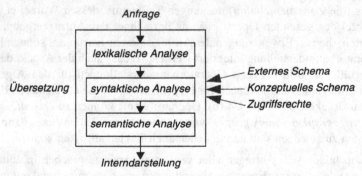

Bild 7.3. Teilphasen der Übersetzung

lich zu denen im Übersetzerbau für Programmiersprachen sind. Die *lexikalische
Analyse* betrachtet die Quellanfrage als eine Folge von Zeichen und hat zum Ziel,
gewisse Schlüsselworte der Quellanfrage (z.B. FROM, SELECT, WHERE usw. bei
SQL), die *Token* genannt werden, zu erkennen. Die *syntaktische Analyse* untersucht
die Korrektheit der Anfrage hinsichtlich der zugrundeliegenden (meist kontext-
freien) Sprachgrammatik. Lexikalische und syntaktische Analyse zusammen wer-

den auch als *Parsen* (*parsing*) bezeichnet. Die *semantische Analyse* überprüft die
Existenz und Gültigkeit der in der Anfrage verwendeten Namen für Objekte (Relationen, Sichten, Attribute) und Operationen (Validierung) anhand der im Systemkatalog vorliegenden konzeptuellen und externen Schemabeschreibungen und überführt sie in interne Namen. Weiterhin wird die Zugriffsberechtigung auf diese
Objekte geprüft, und es findet eine *Typüberprüfung* (*type checking*) der Argumente
der verwendeten Operatoren und Prädikate statt. Anschließend wird die Anfrage in
die entsprechende Interndarstellung (Operatorbaum, Operatorgraph) überführt.

7.3 Anfrageoptimierung

Ziel der *Anfrageoptimierung* (*query optimization*) ist es, für eine in Interndarstellung gegebene Anfrage einen optimalen Auswertungsplan zu erzeugen und damit
auch bestimmte Realisierungsmethoden, d.h. Algorithmen, zum Ausführen einer
Anfrage festzulegen. Durchgeführt wird diese Aufgabe vom *Anfrage-Optimierer*
(*query optimizer*), der sich insbesondere der Methoden der *Anfrageumformung* und
Kostenschätzung bedient. Bild 7.4 zeigt die Teilphasen der Optimierung. Der zu
erzeugende Auswertungsplan kann dabei als das Ergebnis der optimalen Verfeinerung und Abbildung von *logischen Operatoren* der Interndarstellung auf zugeordnete *ausführbare Operatoren* (auch *physische Operatoren* oder *Planoperatoren*
genannt) zusammen mit ihren Realisierungsmethoden unter Aufrechterhaltung der
Anfragesemantik aufgefasst werden. Die Komplexität der Optimierungsaufgabe
besteht darin, möglichst den besten, d.h. den optimalen, kostengünstigsten, Auswertungsplan unter den vielen möglichen Auswertungsplänen zu ermitteln und aufzu-
bauen. Wie bereits früher erwähnt, eignet sich hierzu als anfängliche Interndarstellung der Operatorbaum bzw. der Operatorgraph am ehesten.

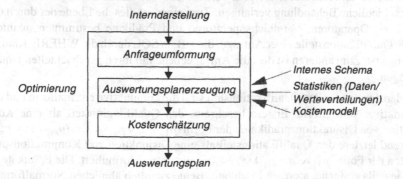

Bild 7.4. Teilphasen der Anfrageoptimierung

7.3.1 Anfrageumformung

Die *Anfrageumformung* ist die erste Teilphase der Anfrageoptimierung und wird im relationalen Kontext auch als *algebraische Optimierung* (*algebraic optimization*) bezeichnet. Sie wendet auf die Interndarstellung der Anfrage bestimmte äquivalente, logische Transformationen an, die als „gute" Optimierungen angesehen werden und die unabhängig von den tatsächlichen Werten der Datenbankobjekte und von den existierenden Zugriffspfaden sind. Ziele sind zum einen die *Anfragestandardisierung* und *Anfragevereinfachung* mit Hilfe von Äquivalenzumformungen und zum anderen die *Anfrageverbesserung* durch Restrukturierung, die auf bekannten Heuristiken beruht, um günstige Operatorreihenfolgen und eine Minimierung der Größe von Zwischenergebnissen zu erreichen.

Anzumerken bleibt, dass die ersten beiden Schritte der Anfrageumformung, nämlich die Standardisierung und die Vereinfachung, auch auf der Quellanfrage (also z.B. auf einer Anfrage in SQL) als Bestandteil der semantischen Analyse bei der Anfrageübersetzung ausgeführt werden können. Es ist auch denkbar, dass gewisse Aufgaben dieser beiden Schritte geeignet auf die Übersetzung und die Optimierung verteilt werden. Da es sich hierbei aber meist um algebraische Umformungen handelt und diese genauso gut auf der Interndarstellung vollzogen werden können, werden sie hier im Rahmen der Optimierung behandelt.

Anfragestandardisierung und -normalisierung

Es ist das Ziel der *Standardisierung*, eine beliebig komplexe Interndarstellung einer Anfrage in eine *normalisierte Form* zu überführen, die ihre weitere Verarbeitung vereinfacht. Hierzu sind bestimmte Standardsituationen zu erkennen und für die weitere Verarbeitung entsprechend auszunutzen. Es sind zwei Ebenen der Standardisierung zu unterscheiden, die sehr verschieden voneinander sind und eine sehr unterschiedliche Behandlung verlangen. Zum einen ist dies die Ebene der durch die logischen Operatoren, Vergleichsoperatoren und Prädikate bestimmten quantorfreien Qualifikationsteile einer Anfrage, die z.B. in SQL durch die WHERE-Klausel gegeben ist. Zum anderen ist dies die Anfrageebene mit ihren geschachtelten Unteranfragen.

Standardformen für den Qualifikationsteil sind die konjunktive Normalform und die disjunktive Normalform. Erstere beschreibt den Qualifikationsteil als eine Konjunktion von Disjunktionsprädikaten der Form $(p_{1_1} \vee ... \vee p_{1_k}) \wedge ... \wedge (p_{m_1} \vee ... \vee p_{m_l})$, während letztere den Qualifikationsteil als eine Disjunktion von Konjunktionsprädikaten der Form $(p_{1_1} \wedge ... \wedge p_{1_l}) \vee ... \vee (p_{n_1} \wedge ... \wedge p_{n_r})$ formuliert. Die Prädikate p_{i_j} sind jeweils einfache, atomare Prädikate. Beide ziemlich ähnlichen Normalformen können für ein quantorfreies Prädikat durch die bekannten Äquivalenzregeln für die logischen Operationen $\wedge$, $\vee$ und $\neg$ erhalten werden (Bild 7.5). Die $\wedge$-Prädikate werden in einer späteren Optimierungsphase als Join- oder Selektionsprädikate auftreten, während die $\vee$-Prädikate sich in Vereinigungsoperationen wiederfinden. Somit

Kommutativregeln:	$a \wedge b \Leftrightarrow b \wedge a$
	$a \vee b \Leftrightarrow b \vee a$
Assoziativregeln:	$(a \wedge b) \wedge c \Leftrightarrow a \wedge (b \wedge c)$
	$(a \vee b) \vee c \Leftrightarrow a \vee (b \vee c)$
Distributivregeln:	$a \wedge (b \vee c) \Leftrightarrow (a \wedge b) \vee (a \wedge c)$
	$a \vee (b \wedge c) \Leftrightarrow (a \vee b) \wedge (a \vee c)$
De Morgan'sche Regeln:	$\neg(a \wedge b) \Leftrightarrow \neg a \vee \neg b$
	$\neg(a \vee b) \Leftrightarrow \neg a \wedge \neg b$
Doppelnegationsregel:	$\neg(\neg a) \Leftrightarrow a$

Bild 7.5. Äquivalenzumformungsregeln für Boole'sche Ausdrücke

wird eine Anfrage in disjunktiver Normalform als Vereinigung unabhängiger konjunktiver Unteranfragen verarbeitet. Ein Vorteil dieser Standardform ist, dass die Unteranfragen parallel abgearbeitet werden können. Nachteilig ist, dass sie zu duplizierten Join- und Selektionsprädikaten führen kann. Der Grund ist, dass sehr oft Prädikate mit anderen Prädikaten durch $\wedge$ verknüpft werden. Dies zeigt die erste Distributivregel in Bild 7.5. Bezeichnet a ein Join- oder Selektionsprädikat, so wird a dupliziert. Die konjunktive Normalform bevorzugt die Disjunktionen und neigt dazu, Vereinigungsoperationen vor Join-Operationen auszuführen. Da in solchen Ausdrücken der Fall vieler Disjunktionen und weniger Konjunktionen nur ab und zu auftritt, gibt es das Problem der Duplizierung von Join- und Selektionsprädikaten seltener.

Standardisierung auf der Anfrageebene, die deutlich komplexer als die Standardisierung des Qualifikationsteils ist, bedeutet häufig das Erzeugen einer sogenannten Prenex-Form. Eine Anfrage ist in *Prenex-Form*, wenn sich keine quantifizierten Unteranfragen in deren Qualifikationsteil befinden. Um dies zu erreichen, werden alle quantifizierten Unteranfragen in Join-Anfragen umgewandelt. Dies kann sowohl bereits bezüglich der Quellanfrage (z.B. in SQL, Relationenkalkül) als auch bezüglich der Interndarstellung (Relationenalgebra, Relationenkalkül) geschehen. Die Prenex-Form ist eine symmetrische Notation und deshalb interessant, weil sie mehr Alternativen zur Bildung von Joins der in der Anfrage auftretenden Relationen erlaubt und somit einen größeren Spielraum für die spätere Generierung eines Auswertungsplans bietet. Bild 7.6 zeigt in logischer Notation formulierte Umformungsregeln für quantifizierte Ausdrücke in die Prenex-Form. Der Ausdruck $p(r)$ prüft, ob ein Tupel r ein Prädikat p erfüllt.

$$a \wedge \exists\, r \in rel : p(r) \Leftrightarrow \exists\, r \in rel : a \wedge p(r)$$

$$a \vee \forall\, r \in rel : p(r) \Leftrightarrow \forall\, r \in rel : a \vee p(r)$$

$$
\begin{aligned}
a \wedge \forall\, r \in rel : p(r) \quad &\Leftrightarrow \quad \forall\, r \in rel : a \wedge p(r) \quad &&\text{falls } rel \neq \varnothing \\
&\Leftrightarrow \quad a &&\text{falls } rel = \varnothing
\end{aligned}
$$

$$
\begin{aligned}
a \vee \exists\, r \in rel : p(r) \quad &\Leftrightarrow \quad \exists\, r \in rel : a \vee p(r) \quad &&\text{falls } rel \neq \varnothing \\
&\Leftrightarrow \quad a &&\text{falls } rel = \varnothing
\end{aligned}
$$

$$\exists\, r_1 \in rel_1\, \exists\, r_2 \in rel_2 : p(r_1, r_2) \Leftrightarrow \exists\, r_2 \in rel_2\, \exists\, r_1 \in rel_1 : p(r_1, r_2)$$

$$\forall\, r_1 \in rel_1\, \forall\, r_2 \in rel_2 : p(r_1, r_2) \Leftrightarrow \forall\, r_2 \in rel_2\, \forall\, r_1 \in rel_1 : p(r_1, r_2)$$

$$\exists\, r \in rel : p(r) \vee q(r) \Leftrightarrow (\exists\, r \in rel : p(r)) \vee (\exists\, r \in rel : q(r))$$

$$\forall\, r \in rel : p(r) \wedge q(r) \Leftrightarrow (\forall\, r \in rel : p(r)) \wedge (\forall\, r \in rel : q(r))$$

$$\neg(\forall\, r \in rel : p(r)) \Leftrightarrow \exists\, r \in rel : \neg p(r)$$

$$\neg(\exists\, r \in rel : p(r)) \Leftrightarrow \forall\, r \in rel : \neg p(r)$$

Bild 7.6. Äquivalenzumformungsregeln für quantifizierte Ausdrücke

Anfragevereinfachung

Aufgabe der *Anfragevereinfachung* ist das Erkennen und Eliminieren von Redundanzen und Inkonsistenzen im Qualifikationsteil einer Anfrage. Überflüssige Prädikate können sehr leicht entstehen, wenn Sichten oder Integritätsbedingungen in Benutzeranfragen eingesetzt und berücksichtigt werden. Diese Redundanzen können mit den bekannten Idempotenzregeln der Boole'schen Algebra beseitigt werden (Bild 7.7).

$a \wedge a \Leftrightarrow a$	$a \vee a \Leftrightarrow a$	$a \wedge true \Leftrightarrow a$	$a \vee false \Leftrightarrow a$
$a \wedge false \Leftrightarrow false$	$a \vee true \Leftrightarrow true$	$a \wedge \neg a \Leftrightarrow false$	$a \vee \neg a \Leftrightarrow true$
$a \wedge (a \vee b) \Leftrightarrow a$	$a \vee (a \wedge b) \Leftrightarrow a$		

Bild 7.7. Idempotenzregeln für Boole'sche Ausdrücke

Als Teilergebnis von Unteranfragen können leere Relationen entstehen, die, wie auch schon in Bild 7.6 angedeutet, speziell behandelt werden müssen. Bild 7.8 zeigt die entsprechenden Umformungsregeln ($\varnothing$ sei die leere Relation, p sei ein Prädikat).

$$\sigma_p(\varnothing) \Leftrightarrow \varnothing \qquad \exists\, r \in \varnothing : p(r) \Leftrightarrow false \qquad \forall\, r \in \varnothing : p(r) \Leftrightarrow true$$

Bild 7.8. Äquivalenzumformungsregeln für Ausdrücke mit leeren Relationen

Anfrageverbesserung durch Anfragerestrukturierung

Im Rahmen der *Anfrageverbesserung durch Anfragerestrukturierung* (*query rewriting*) wird die standardisierte, vereinfachte, aber noch nicht eigentlich optimierte Interndarstellung einer Anfrage unter Aufrechterhaltung der Anfragesemantik in eine äquivalente, optimierte Interndarstellung transformiert. Im Rahmen des relationalen Datenmodells sind dies algebraische Transformationen auf Operatorbäumen (*algebraische Optimierung* (*algebraic optimization*)). Die Methoden zur Anfragerestrukturierung stützen sich dabei im Wesentlichen auf bekannten Heuristiken ab (man spricht daher auch von *heuristischer Optimierung* (*heuristic optimization*)), die versuchen, günstige Operatorreihenfolgen und minimale Zwischenergebnisgrößen zu erreichen und somit die erwartete Performance bei der Ausführung zu verbessern. Eine *Heuristik* ist eine „Daumenregel", die zur Lösung eines Problems angewendet wird. Allerdings garantiert sie nicht immer, dass in *allen* Situationen eine optimale Lösung gefunden wird. In speziellen Transaktionen kann dann eine Heuristik negative Auswirkungen haben. Die wichtigste heuristische Regel ist sicherlich, dass Selektions- und Projektionsoperationen vor Join- oder anderen binären Operationen angewendet werden sollten. Dies erscheint sinnvoll, weil sich die Größe einer mittels einer binären Operation erzeugten Relation (bzw. Datei) als Funktion der Größen der Eingaberelationen ergibt. In einigen Fällen ist dies eine multiplikative Funktion, wie z.B. beim kartesischen Produkt. Haben die Eingangsrelationen n bzw. m Tupel, so besitzt die Ergebnisrelation $n \cdot m$ Tupel. Selektions- und Projektionsoperationen reduzieren in der Regel die Größe einer einzelnen Relation (aber erhöhen sie niemals), so dass es vorteilhaft ist, die Größen der Eingaberelationen vor Anwendung einer Join- oder anderen binären Operation zu reduzieren. Dies wurde exemplarisch schon in den Übersetzungen Ü3 und Ü4 unserer SQL-Beispielanfrage gezeigt.

Wir betrachten im Folgenden ohne Beweis grundlegende *heuristische Regeln* zur Optimierung oft auftretender relationaler Ausdrücke, die man sich auch als Operatorbäume vorstellen kann. Hierzu betrachten wir zwei Relationen als äquivalent, die in ihrem Schema die gleiche Menge von Attributen *in unterschiedlicher Reihenfolge* enthalten und die die gleiche Information darstellen (siehe Anhang A). Es seien R, S und T Relationen bzw. relationale Ausdrücke. F sei eine Bedingung (ein Prädikat) über den Attributen der Argumentrelationen.

1. *Linksassoziativität komplexer Mengen-, Join- und Produkt-Operationen.* Diese Regel ermöglicht es, komplexe Mengen-, Produkt- und Join-Operationen in binäre Operationen zu zerlegen. Sei $\Diamond \in \{\cup, \cap, \times, \bowtie, \bowtie_F\}$. Dann gilt

$$R \Diamond S \Diamond T \Leftrightarrow (R \Diamond S) \Diamond T$$

2. *Kommutativität von Vereinigung und Durchschnitt.* Bei diesen beiden Operationen gehen wir von schemaverträglichen Relationen aus. D.h. wir setzen voraus, dass die Anzahl der Attribute beider Relationen gleich ist und dass

ihre Attribute jeweils die gleichen Namen besitzen. Sei $\Diamond \in \{\cup, \cap\}$. Dann gilt

$$R \Diamond S \Leftrightarrow S \Diamond R$$

3. *Kommutativität von Join und kartesischem Produkt.* Sei F eine Bedingung auf den Attributen von R_1 und R_2. Sei $\Diamond \in \{\times, \bowtie, \bowtie_F\}$. Dann gilt

$$R \Diamond S \Leftrightarrow S \Diamond R$$

Obwohl die Anordnung der Attribute in der Regel nicht die gleiche in den Ergebnisrelationen ist, die von den jeweils links und rechts eines Äquivalenzsymbols stehenden binären Operationen erzeugt werden, ist die Bedeutung doch die gleiche; die Anordnung der Attribute ist hier unwesentlich.

4. *Assoziativität von Vereinigung, Durchschnitt, Join und kartesischem Produkt.* Sei $\Diamond \in \{\cup, \cap, \times, \bowtie\}$. Seien F_1 und F_2 Bedingungen. Dann gilt

$$(R \Diamond S) \Diamond T \Leftrightarrow R \Diamond (S \Diamond T) \qquad\qquad (R \bowtie_{F_1} S) \bowtie_{F_2} T \Leftrightarrow R \bowtie_{F_1} (S \bowtie_{F_2} T)$$

5. *Folge von Selektionen.* Seien $F_1, ..., F_n$ Bedingungen auf den Attributen von R. Dann gilt

$$\sigma_{F_1} (\sigma_{F_2} (... (\sigma_{F_n} (R))...)) \Leftrightarrow \sigma_{F_1 \wedge F_2 \wedge ... \wedge F_n} (R)$$

Diese Regel erlaubt uns, mehrere Selektionsbedingungen zu einer Bedingung zusammenzufassen. Statt n-maligem Durchlaufen der Relation R ist nun nur noch ein einmaliges Durchlaufen von R notwendig. Für jedes Tupel werden die Bedingungen $F_1, ..., F_n$ gleichzeitig geprüft. Umgekehrt kann es in Verbindung mit anderen Äquivalenzumformungen (z.B. Kommutativität von Selektionen mit Joins oder kartesischen Produkten) durchaus sinnvoll sein, eine Selektion, die eine Bedingung mit mehreren Konjunktionen enthält, durch mehrere Selektionen mit kleineren Teilbedingungen zu ersetzen.

6. *Kommutativität von Selektionen.* Seien F_1 und F_2 Bedingungen auf den Attributen von R. Wegen $F_1 \wedge F_2 = F_2 \wedge F_1$ gilt

$$\sigma_{F_1} (\sigma_{F_2} (R)) \Leftrightarrow \sigma_{F_2} (\sigma_{F_1} (R))$$

7. *Folge von Projektionen.* Sei R definiert über der Attributmenge A, und seien $X_1, ..., X_n \subseteq A$. Ferner gelte $X_i \subseteq X_{i+1}$ für alle $1 \leq i \leq n-1$. Dann gilt

$$\pi_{X_1} (\pi_{X_2} (... (\pi_{X_n} (R))...)) \Leftrightarrow \pi_{X_1} (R)$$

8. *Kommutativität von Selektionen und Projektionen.* Falls sich eine Bedingung F nur auf die Attribute einer Attributmenge A bezieht, gilt

$$\pi_A (\sigma_F (R)) \Leftrightarrow \sigma_F (\pi_A (R))$$

Allgemeiner gilt, dass, wenn sich F außer auf A zusätzlich noch auf die Attribute einer Attributmenge B bezieht mit $A \cap B = \emptyset$, dann ist

$$\pi_A (\sigma_F (R)) \Leftrightarrow \pi_A (\sigma_F (\pi_{A \cup B} (R)))$$

9. *Distributivität einer Selektion mit einem kartesischen Produkt oder einem natürlichen Join.* Sei $\lozenge \in \{\times, \bowtie\}$. Falls alle in F erwähnten Attribute aus R, aber nicht aus S sind, gilt

$$\sigma_F (R \lozenge S) \Leftrightarrow \sigma_F (R) \lozenge S$$

Hierdurch wird zunächst R eingeschränkt, bevor das kartesische Produkt bzw. der Join gebildet wird. Falls $F = F_1 \wedge F_2$ ist und F_1 nur Attribute aus R und F_2 nur Attribute aus S enthält, gilt

$$\sigma_F (R \lozenge S) \Leftrightarrow \sigma_{F_1} (R) \lozenge \sigma_{F_2} (S)$$

Durch die Auswertungen der Selektionen auf R und S vor der Anwendung des kartesischen Produkts bzw. Joins wird die Größe von R und S reduziert.

Falls F_1 nur Attribute von R und F_2 sowohl Attribute von R als auch von S enthält, gilt

$$\sigma_F (R \lozenge S) \Leftrightarrow \sigma_{F_2} (\sigma_{F_1} (R) \lozenge S)$$

Sei $F = F_1 \wedge F_2 \wedge F_3$, und enthalte F_2 nur Attribute von R und F_3 nur Attribute von S. Dann gilt

$$\begin{aligned}
\sigma_F (R \lozenge S) &\Leftrightarrow \sigma_{F_1 \wedge F_2 \wedge F_3} (R \lozenge S) \\
&\Leftrightarrow \sigma_{F_1} (\sigma_{F_2} (\sigma_{F_3} (R \lozenge S))) \\
&\Leftrightarrow \sigma_{F_1} (\sigma_{F_2} (R) \lozenge \sigma_{F_3} (S))
\end{aligned}$$

Es ist also auch möglich, Teile einer Selektionsbedingung am kartesischen Produkt oder Join vorbeizuschieben.

10. *Distributivität einer Selektion über einer Vereinigung, einem Durchschnitt oder einer Differenz.* Es seien die gleichen Voraussetzungen wie unter 2. gegeben. Sei $\lozenge \in \{\cup, \cap, -\}$. Dann gilt

$$\sigma_F (R \lozenge S) \Leftrightarrow \sigma_F (R) \lozenge \sigma_F (S)$$

11. *Distributivität einer Projektion über einer Vereinigung, einem Durchschnitt oder einer Differenz.* Es seien die gleichen Voraussetzungen wie unter 2. gegeben. Sei $\lozenge \in \{\cup, \cap, -\}$, und sei A eine Teilmenge der Attribute von R bzw. S. Dann gilt

$$\pi_A (R \lozenge S) \Leftrightarrow \pi_A (R) \lozenge \pi_A (S)$$

12. *Distributivität einer Projektion über einem kartesischen Produkt oder einem Join.* Sei $A_1, ..., A_n$ eine Liste von Attributen, von denen $B_1, ..., B_k$ Attribute von R und die restlichen Attribute $C_1, ..., C_l$ von S sind. Sei $\lozenge \in \{\times, \bowtie, \bowtie_F\}$, und enthalte die Bedingung F nur Attribute aus $A_1, ..., A_n$. Dann gilt

$$\pi_{A_1, ..., A_n} (R \lozenge S) \Leftrightarrow \pi_{B_1, ..., B_k} (R) \lozenge \pi_{C_1, ..., C_l} (S)$$

Wenn die Join-Bedingung F noch zusätzliche Attribute enthält, die nicht in $\{A_1, ..., A_n\}$ sind, so müssen diese zu den Projektionslisten hinzugefügt werden. Ferner wird eine abschließende Projektion benötigt. Seien $B_{k+1}, ..., B_{k+p}$

weitere Attribute von R in F und $C_{l+1}, ..., C_{l+q}$ weitere Attribute von S in F. Dann gilt

$$\pi_{A_1, ..., A_n} (R \bowtie_F S)$$

$$\Leftrightarrow \pi_{A_1, ..., A_n} (\pi_{B_1, ..., B_k, B_{k+1}, ..., B_{k+p}} (R) \bowtie_F \pi_{C_1, ..., C_l, C_{l+1}, ..., C_{l+q}} (S))$$

Ein Spezialfall liegt vor, wenn Mengenoperationen mit gleichen Eingaberelationen auftreten. Folgende Optimierungen können dann durchgeführt werden:

13. *Vereinigung, Durchschnitt und Differenz auf identischen Eingaberelationen.* Es gilt

$$R \cup R \Leftrightarrow R \qquad\qquad R \cap R \Leftrightarrow R \qquad\qquad R - R \Leftrightarrow \emptyset$$

14. *Distributivität einer Selektion über einer Vereinigung, einem Durchschnitt oder einer Differenz auf identischen Eingaberelationen.* Seien F_1 und F_2 Bedingungen über Attributen aus R. Dann gilt

$$\sigma_{F_1 \vee F_2} (R) \Leftrightarrow \sigma_{F_1} (R) \cup \sigma_{F_2} (R) \qquad\qquad \sigma_{F_1 \wedge F_2} (R) \Leftrightarrow \sigma_{F_1} (R) \cap \sigma_{F_2} (R)$$

$$\sigma_{F_1 \wedge \neg F_2} (R) \Leftrightarrow \sigma_{F_1} (R) - \sigma_{F_2} (R)$$

Nochmals hervorzuheben ist, dass die bei der Anfragerestrukturierung resultierenden „optimierten" Ausdrücke nur den Äquivalenzumformungsregeln gehorchen, dass aber keineswegs sichergestellt ist, dass sie unter allen äquivalenten Ausdrücken die optimalen sind. Einen Algorithmus, der zu einem gegebenen Ausdruck die Ableitung des äquivalenten, optimalen Ausdrucks garantiert, gibt es nicht. Wir geben nun einen Algorithmus an, der als Teil des Anfrage-Optimierers für die heuristische Optimierung relationaler Algebraausdrücke eine zu bevorzugende Reihenfolge der Äquivalenzumformungen bestimmt. Das Optimierungskriterium ist die Minimierung der zu verarbeitenden Tupel und Attribute. Die Algorithmusschritte sind die folgenden:

1. Wende Regel 1 für die Zerlegung von komplexen Mengen-, Produkt- und Join-Operationen in binäre Operationen an. Durch das Zerlegen komplexer Operationen in eine Folge einfacherer Operationen werden die nachfolgenden Optimierungsschritte und die spätere Ausführung der Anfrage wesentlich einfacher.

2. Wende für jede Selektion Regel 5 an, um Selektionen mit konjunktiven Bedingungen in eine Folge von Selektionen zu überführen. Dies erlaubt einen größeren Freiheitsgrad zur Anwendung von Selektionen vor binären Operationen bzw. beim Verschieben von Selektionen in tiefere Zweige des Operatorbaums.

3. Wende für jede Selektion die Regeln 6, 8, 9 und 10 bezüglich der Kommutativität und Distributivität von Selektionen zusammen mit den Regeln 2 und 3 an. Diese Äquivalenzumformungen bewirken ein Verschieben von Selektionen so weit in tiefere Zweige des Operatorbaums, wie es die Attribute in den Selektionsbedingungen erlauben.

4. Wende Regel 4 bezüglich der Assoziativität binärer Operationen an und ordne die Blattknoten des Operatorbaums neu an, so dass die Blattknotenrelationen mit den eingeschränktesten Selektionen zuerst in der Operatorbaumdarstellung ausgeführt werden. Unter „eingeschränktester Selektion" verstehen wir die Erzeugung einer Relation mit der geringsten Anzahl an Tupeln oder mit der kleinsten absoluten Größe. In diesem algebraischen und heuristischen Kontext können wir irgendeine geeignete Regel nehmen. Die Bestimmung der günstigsten Verknüpfungsreihenfolge bei Mengen- und Joinoperationen (hier nicht weiter behandelt) ist von großer Bedeutung, um die Größe der Zwischenergebnisse zu minimieren. Daher sollten die kleinsten (Zwischen-)Relationen immer zuerst verknüpft werden. Eine andere Möglichkeit führt algebraische Äquivalenzumformungen unter Verwendung von Meta-Daten durch und verwendet allgemein Methoden der *Kostenschätzung*. Unter eingeschränktester Selektion wird diejenige mit kleinster *Selektivität* verstanden, wobei die Selektivität einer Bedingung den Anteil der von einer Selektionsbedingung ausgewählten Tupel einer Eingangsrelation beschreibt. Dies ist naheliegender, weil geschätzte Selektivitäten oft im Systemkatalog verfügbar sind.

5. Wende die Definition des Theta-Joins an und verknüpfe jedes kartesische Produkt mit einer nachfolgenden Selektion, deren Bedingung eine Join-Bedingung darstellt, zu einem Theta-Join. Dies ist effizienter, weil schon bei der Bildung des Joins für jede betrachtete Tupelkombination zweier Relationen die Selektionsbedingung überprüft wird und abhängig davon das konkatenierte Tupel in die Ergebnisrelation aufgenommen wird oder nicht. Ansonsten entsteht durch das kartesische Produkt eine Zwischenrelation, deren Tupel danach noch einmal mittels der Selektion alle durchlaufen und überprüft werden müssen.

6. Wende für jede Projektion die Regeln 7, 8, 11 und 12 bezüglich Folgen von Projektionen und Kommutativitäts- und Distributivitätsbeziehungen einer Projektion mit anderen Operationen an. Mit Hilfe dieser Regeln werden Projektionen so weit wie möglich in tiefere Zweige des Operatorbaums verschoben. Dabei werden je nach Notwendigkeit neue Projektionsoperationen erzeugt oder aber Projektionen verschwinden. Eine Projektion ist auch zu entfernen, wenn sie auf alle Attribute einer Relation projiziert.

7. Wende die Regeln 5, 7 und 8 an, um Folgen von Selektionen und Projektionen mit Hilfe der Kommutativitätseigenschaft in eine einzelne Selektion, eine einzelne Projektion oder eine Selektion gefolgt von einer Projektion zu überführen. Falls eine Folge von Selektionen und Projektionen einem Join oder kartesischem Produkt folgen soll, wende sie auf jedes Tupel des Joins oder kartesischen Produkts an, sobald es konstruiert ist.

8. Treten gleiche Teilausdrücke im Algebraausdruck bzw. gleiche Teilbäume im Operatorbaum auf, so fasse die gleichen Teilausdrücke bzw. Teilbäume

zusammen. Die darin enthaltenen Operationen können später einmalig und daher effizienter ausgeführt werden.

7.3.2 Auswertungsplanerzeugung

Die zweite Teilphase der Anfrageoptimierung beinhaltet die *Auswertungsplanerzeugung* (*evaluation plan generation*). Der durch die Anfrageumformung auf der logischen oder konzeptuellen Operatorebene erhaltene relationale Algebraausdruck bzw. Operatorbaum muss nun in einen effizienten *Auswertungsplan* (*evaluation plan*) umgesetzt werden. Hierzu werden den logischen Operatoren *ausführbare Operatoren* (auch *physische Operatoren* oder *Planoperatoren* genannt) zugeordnet und Methoden zur Realisierung der ausführbaren Operatoren ausgewählt. In der Regel gibt es zu einem logischen Operator mehrere ausführbare Operatoren, d.h. Implementierungen. So kann es verschiedene Realisierungen des logischen Selektionsoperators geben, die je nach vorliegender Situation „optimal" sind. Z.B. kann es eine Realisierung geben für den Fall, wo die Selektionsbedingung eine Gleichheitsbedingung auf einem Schlüsselattribut ist, eine weitere, wo das Selektionsattribut indiziert ist, oder aber eine, wo es zwar keinen Index auf dem Selektionsattribut gibt, aber die Daten physisch bezüglich des Selektionsattributs geclustert sind. Folglich ergibt sich eine Vielzahl von Kombinationsmöglichkeiten der ausführbaren Operatoren und somit auch eine Vielzahl von möglichen Auswertungsplänen auf der ausführbaren Ebene, von denen der effizienteste durch Kostenschätzung bestimmt werden muss.

Nach der algebraischen Optimierung werden zunächst diejenigen benachbarten Operatoren des relationalen Ausdrucks bzw. internen Knoten des Operatorbaums zu neuen logischen Operatoren bzw. Knoten gruppiert, denen effiziente, ausführbare Operatoren zugeordnet werden können. So lassen sich Selektionen und Projektionen mit einer vorangehenden binären Operation (Vereinigung, kartesisches Produkt, Join, Differenz) gruppieren. Den Vorteil einer solchen Gruppierung zeigt das Beispiel $\pi_A (\sigma_F (R \times S))$. Ungruppiert betrachtet wird zunächst das kartesische Produkt, dann die Selektion und zuletzt die Projektion ausgeführt. Es werden also zwei Zwischenrelationen nach dem kartesischen Produkt und nach der Selektion sowie die Ergebnisrelation nach der Projektion erzeugt. Gruppiert betrachtet kann man sich die Realisierung eines ausführbaren Operators vorstellen, der sich je ein Tupel aus R und S nimmt, beide konkateniert, die Bedingung F prüft, bei Nichterfülltheit das konkatenierte Tupel wegwirft und bei Erfülltheit die Projektion bezüglich A realisiert und das Ergebnis wegschreibt. Diese Vorgehensweise erfordert also nur das Erzeugen einer (Ergebnis-) Relation. Durch die Gruppierung wird also eine beträchtliche Effizienzsteigerung erreicht. Diese Art der Verarbeitung, die das Schreiben und spätere erneute Lesen von Zwischenrelationen vermeidet, wird *Stromverarbeitung* (*stream processing, pipelined evaluation*) genannt. Gruppierung kann auch erfolgen, wenn eine binäre Operation Operanden besitzt, die Selektionen und/oder Projektionen sind, die auf Blätter des Operatorbaums, also auf Basisrelationen, angewendet werden. Allerdings ist hier zu differenzieren. Wenn die binäre Operation die Vereinigung ist, können wir Selektionen und Projektionen unterhalb im Operatorbaum ohne Effizienzverlust hinzugruppieren, da die Operanden ohnehin kopiert werden müssen, um die Vereinigung zu bilden. Wenn die binäre Operation allerdings das kartesische Produkt ohne nachfolgende Selektion ist, die es zu einem Theta-Join macht, so ist die Auswertung von Selektionen und Projektionen unter Erzeugung von Zwischenrelationen vorzuziehen, da die Größe der Operandenrelationen entscheidenen Einfluss auf die Laufzeit des kartesischen Produkts hat und diese Größe daher zu minimieren ist.

Den auf diese Weise erhaltenen Gruppen sind als nächstes ausführbare Operatoren zuzuordnen. Hierzu ist zunächst festzustellen, durch welche ausführbaren Operatoren die logischen Operatoren des Operatorbaums überhaupt realisiert werden können. Für relationale Operatoren werden wir Implementierungsalternativen in Abschnitt 7.3.3 vorstellen. Es ist dann Aufgabe der *Auswertungsplanerzeugung*, mit Hilfe dieses Angebots an Implementierungen alternative Auswertungspläne zu erzeugen. Die Auswertungsplanerzeugung sollte *systematisch* erfolgen, um aus der Vielzahl möglicher Pläne die wenigen „guten" herauszufiltern. Diese werden dann mit Hilfe der Kostenschätzung bewertet. Eine Suchstrategie legt die Reihenfolge für die Erzeugung von Auswertungsplänen und somit auch deren Anzahl fest.

Es lassen sich eine Reihe von *Suchstrategien* zur systematischen Auswertungsplanerzeugung unterscheiden. Eine *erschöpfende Suchstrategie* (*exhaustive search strategy*) beruht auf der Kombination aller möglichen, ausführbaren Operatoren miteinander und der Erzeugung der entsprechenden Auswertungspläne, d.h. der gesamte *Suchraum* (z.B. alle Join-Reihenfolgen) wird abgearbeitet. Jeder potentielle Auswertungsplan wird dann mit Hilfe des zugrundeliegenden Kostenmodells abgeschätzt, und der hinsichtlich der geschätzten Kosten günstigste Plan wird ausgewählt. Eine *beschränkt-erschöpfende Suchstrategie* erzeugt nicht alle Kombinationsmöglichkeiten, sondern beschränkt gezielt die zu betrachtenden Kombinationen. Dies kann durch Parametrisierung der Auswertungsplanerzeugung erreicht werden, die dann nur bestimmte Typen von Auswertungsplänen (z.B. nur bestimmte Join-Reihenfolgen) in Betracht zieht. Zusätzlich kann versucht werden, bislang erzeugte Teile von Auswertungsplänen zu bewerten und nur noch ihre kostengünstigsten Vervollständigungen weiterzuverfolgen.

Ein Beispiel für diese beiden Strategien, auf das wir etwas näher eingehen wollen, wurde im Datenbanksystem System R realisiert. Die Eingabe für den Optimierer von System R ist ein Operatorbaum für einen relationalen Ausdruck, der aus der Übersetzung der Grundform einer SQL-Anfrage in die Relationenalgebra entstanden ist. Die Ausgabe ist ein „optimaler" Auswertungsplan für diesen Operatorbaum. Der Optimierer weist jedem Kandidatenplan seine Kosten zu und behält denjenigen mit den geringsten Kosten. Die Kandidatenpläne werden durch Permutation der *Join-Reihenfolgen* der n Relationen der Anfrage mittels der Kommutativitäts- und Assoziativregeln für Algebraausdrücke erhalten. Es ergeben sich also $n!$ Kandidatenpläne.

Um die Kosten der Optimierung zu begrenzen, wird der Suchraum, d.h. die Anzahl der $n!$ alternativen Kandidatenpläne, mit Hilfe dynamischer Programmierung beschränkt. Sind bei der dynamischen Konstruktion von Auswertungsplänen zwei Joins wegen Kommutativität äquivalent, wird nur die billigere Kombination weiterverfolgt. Kartesische Produkte als teuerste Operation werden von vornherein (falls möglich) eliminiert. Eine grundlegende Heuristik dieses Optimierers ist, nur *links-assoziative Join-Reihenfolgen* (*left-deep plans*) zu bearbeiten. Gründe sind die notwendige Beschränkung des Suchraums sowie die Fähigkeit dieser Art von Auswertungsplänen zur *Stromverarbeitung*. Bezeichnen wir den linken bzw. rechten Sohn eines Join-Knotens als *äußere* bzw. *innere Relation*, so müssen innere Relationen stets komplett abgespeichert werden, weil die komplette innere Relation für jedes Tupel der äußeren Relation durchlaufen werden muss. Somit zwingt uns ein Plan, dessen innere Relation das Ergebnis eines Joins ist, dazu, diese Relation persistent zu speichern. Daher sind Basisrelationen als innere Relationen von Vorteil. Allerdings unterstützen nicht alle linksassoziativen Auswertungspläne die Stromverarbeitung. Benötigt z.B. ein *Sort-Merge-Join* (Ab-schnitt 7.3.3) die Tupel der äußeren Relation in sortierter Reihenfolge, so muss diese für die Sortierung zwischengespeichert werden.

Die Vorgehensweise des Optimierers ist im einzelnen die folgende: Im ersten Schritt wird jede Relation R einzeln zusammen mit den auf ihr anwendbaren Selektionsbedingungen betrachtet. Attribute von R, die weder in einer Selektionsbedingung noch als Projektionsattribut vorkommen, werden herausprojiziert. Wir wählen die beste Zugriffsmethode für R, um diese Selektionen und Projektionen auszuführen (siehe Ab-schnitt 7.3.3). Wenn für eine Relation Auswertungspläne existieren, die Tupel in unterschiedlichen Reihenfolgen erzeugen, ermitteln wir für jede solche Reihenfolge den billigsten Plan. Eine Sortierung kann sich in einem späteren Schritt z.B. für einen Sort-Merge-Join als nützlich erweisen. Im zweiten Schritt erzeugen wir alle Pläne mit zwei Relationen für einen Join, indem wir jede einzelne Relation, die wir im ersten Schritt erhalten haben, als äußere Relation ansehen und nachfolgend jede andere Relation als innere Relation betrachten. Sei R die äußere und S die innere Relation eines speziellen Plans mit zwei Relationen. Selektionen, die sich nur auf Attribute von S beziehen, können vor dem Join ausgeführt werden. Selektionen, die zur Definition des Joins dienen, werden während des Joins mittels Stromverarbeitung ausgeführt. Selektionen, die sich auf Attribute anderer Relationen beziehen, können nur nach dem Join angewendet werden. Die ersten beiden Arten von Selektionen können betrachtet werden, während ein Zugriffspfad für die innere Relation S ausgewählt wird. Ebenso können diejenigen Attribute von S herausprojiziert werden, die weder als Projektionsattribut noch in einer Selektionsbedingung der zweiten oder dritten Art auftreten. Die Rechtmäßigkeit des Herausprojizierens von Attributen sowie des Verschiebens von Selektionen und Projektionen vor die Ausführung von Joins ergibt sich aus den algebraischen Äquivalenzumformungsregeln aus Ab-schnitt 7.3.1. Für jeden ausgewählten Plan für R nach dem ersten Schritt und für jede betrachtete Join-Methode müssen wir die beste Zugriffsmethode für S bestimmen. Hierbei muss eventuell (z.B. bei einem Sort-Merge-Join) die Anforderung einer sortierten Reihenfolge der Tupel von S berücksichtigt werden. Falls eine gegebene Zugriffsmethode dies nicht leistet, müssen die Kosten des zusätzlichen Sortierens den Kosten der Zugriffsmethode hinzugeschlagen werden. Im dritten Schritt werden alle Pläne mit drei Relationen erzeugt. Wir fahren wie im zweiten Schritt fort, nur dass wir nun Pläne nach dem zweiten Schritt betrachten und deren Ergebnisse als äußere Relationen verwenden. Diese Vorgehensweise wird in weiteren Schritten iteriert, bis Auswertungspläne erzeugt werden, die alle n Relationen in der Anfrage enthalten. Nach dem n-ten Schritt können wir den billigsten Auswertungsplan bestimmen. Das grundsätzliche Algorithmenschema sieht nun wie folgt aus:

> **algorithm** *QueryOptimization(OB, AP)*
> { Eingabe ist ein Operatorbaum *OB*, Ausgabe ist ein Auswertungsplan *AP* mit minimalen Kosten. }
>   **foreach** Relation $R_i \in OB$ **do**
>   **foreach** Zugriffspfad ZP_{ij} für R_i **do**
>   bestimme die Kosten von ZP_{ij}
>   **od**;
>   BesterZP$_i$:= ZP_{ij} mit minimalen Kosten
>   **od**;
>   **foreach** Reihenfolge $(R_{i1}, R_{i2}, ..., R_{in})$ mit $i = 1, ..., n!$ **do**
>   Konstruiere den Auswertungsplan
> $(...((\text{BesterZP}_{i1} \bowtie R_{i2}) \bowtie R_{i3}) \bowtie ... \bowtie R_{in})$;
>   Berechne die Kosten dieses Auswertungsplans
>   **od**;
> AP := Auswertungsplan mit minimalen Kosten
> **end** *QueryOptimization.*

Die Kosten eines Kandidatenplans sind eine gewichtete Kombination aus Kosten für Ein-/Ausgabeoperationen und CPU Kosten. Die Schätzung solcher Kosten zur Übersetzungszeit (es handelt sich also um eine statische Anfrageoptimierung) beruht auf einem *Kostenmodell*, dass eine Kostenformel (*Kostenfunktion*) für jede Low-Level-Operation (z.B. Suche mit Hilfe eines B^+-Index bezüglich eines Bereichsprädikats) bereithält. Für die meisten Operationen mit Ausnahme der Punktsuche beruhen diese Kostenformeln auf den Kardinalitäten der Operanden, die in der Datenbankstatistik des Systemkatalogs zu finden sind.

Eine andere Art von Suchstrategien sind *zufallsgesteuerte Suchstrategien* (*randomized search strategies*), die auf einer Transformation statt einer Konstruktion von Ablaufplänen beruhen. Sie umfassen generische Algorithmen wie „*Simuliertes Härten*" (*Simulated Annealing*), „*Wiederholte Verbesserung*" (*Iterative Improvement*) und *Zwei-Phasen-Optimierung* (*Two-Phase Optimization*), die einen Graph durchsuchen, dessen Knoten alle alternativen Auswertungspläne darstellen, die zur Beantwortung einer Anfrage verwendet werden können. Mit jedem Knoten sind bestimmte Kosten verbunden, und Ziel des Algorithmus ist es, einen Knoten mit global minimalen Kosten zu finden. Charakteristisch für diese Algorithmen ist, dass sie mittels einer Folge von Bewegungen zufallsgesteuert durch den Graphen wan-

dern. Eine Bewegung wird Aufwärtsbewegung/Abwärtsbewegung genannt, wenn
die Kosten des Quellknotens kleiner/größer als die Kosten des Zielknotens sind. Ein
Knoten stellt ein *globales Minimum* dar, wenn er die geringsten Kosten unter allen
Knoten besitzt. Er stellt ein *lokales Minimum* dar, falls in allen Pfaden, die von diesem Knoten aus starten, jede Abwärtsbewegung wenigstens einer Aufwärtsbewe-
gung folgt.

Der Algorithmus *Iterative Improvement* führt eine große Anzahl von lokalen Optimierungen durch. Jede startet an einem zufälligen Knoten und akzeptiert wiederholt
Abwärtsbewegungen, bis ein lokales Minimum erreicht ist. Zurückgegeben wird
das lokale Minimum mit den geringsten gefundenen Kosten. Das grundsätzliche
Algorithmusschema sieht wie folgt aus:

> **algorithm** *IterativeImprovement*
> $S := StartVertex()$; { Bestimme Startknoten }
> $min_S := s$;
>   **repeat**
>   **repeat**
> $S_{neu} := Move(S)$; { Bestimme zufällig neuen Knoten }
>   **if** $cost(S_{neu}) < cost(S)$ **then** $S := S_{neu}$ **fi**
>   **until** lokales Minimum erreicht;
>   **if** $cost(S) < cost(min_S)$ **then** $min_S := S$ **fi**; { Neues Minimum }
> $S := StartVertex()$; { Bestimme neuen Startknoten }
>   **until** vorgegebene Anzahl der Iterationen oder Zeitschranke erreicht
> **end** *IterativeImprovement*.

Die Funktion *StartVertex* realisiert meistens ein effizientes heuristisches Verfahren,
um eine möglichst gute Anfangssituation im Graphen (Suchraum) zu erhalten.
Hierzu können wir z.B. eine beschränkt-erschöpfende Suchstrategie (wie oben
beschrieben) verwenden, die allerdings bei jeder Iteration nur den kostengünstigsten
Auswertungsplan weiterverfolgt. Es ergibt sich dadurch ein heuristisches Verfahren
mit polynomialer Komplexität. Hiervon ausgehend wird versucht, ein lokales Minimum zu finden. Die Funktion *Move* führt ein zufällige Bewegung im Graphen
durch, indem beispielsweise die Join-Reihenfolge geändert wird. Eine Terminierung des Algorithmus wird mittels einer Beschränkung der Anzahl der Iterationen
oder der Zeit erzwungen.

Der Algorithmus *Simulated Annealing* führt ebenfalls zufallsgesteuerte Bewegungen aus. Abwärtsbewegungen werden stets akzeptiert und Aufwärtsbewegungen
mit einer gewissen Wahrscheinlichkeit, um zu vermeiden, in einem lokalen Minimum mit hohen Kosten gefangen zu werden. Diese Wahrscheinlichkeit nimmt mit
zunehmender Zeitdauer ab und wird schließlich null. Dann endet die Ausführung.
Auch hier wird der Knoten mit den geringsten gefundenen Kosten zurückgeliefert.
Das grundlegende Algorithmusschema kann wie folgt formuliert werden:

algorithm *SimulatedAnnealing*
    $S := StartVertex()$; { Bestimme Startknoten }
    $min_S := s$;
    $T := InitTemp()$; { Initialisiere Temperatur }
    repeat
      repeat
        $S_{neu} := Move(S)$; { Bestimme zufällig neuen Knoten }
        $Diff := cost(S_{neu}) - cost(S)$;
        if $Diff < 0$ **then**
          $S := S_{neu}$
        else
          $S := Try(T, Diff)$ { Bestimme neuen Knoten mit geringfügig höheren Kosten als S_{neu}, mit einer Wahrscheinlichkeit abhängig von T und $Diff$ }
        fi;
        if $cost(S) < cost(min_S)$ **then** $min_S := S$ **fi**; { Neues Minimum }
      until vorgegebene Anzahl der Iterationen erreicht;
      $T := ReduceTemp()$
    until System eingefroren oder Zeitschranke erreicht
end *SimulatedAnnealing*.

Dieser Algorithmus arbeitet ähnlich wie der vorhergehende. Allerdings werden auch solche Knotenbewegungen als „Verbesserungen" akzeptiert, die gering höhere Kosten zur Folge haben, vorausgesetzt, die „Temperatur" ist entsprechend hoch. Bestimmt wird dieser Wahrscheinlichkeitswert mittels der Funktion *Try* auf der Basis einer Exponentialfunktion, die den Effekt des „Aushärtens" (z.B. von Metallen) simuliert. Die Funktion erhält einen negativen Exponenten, der dem Quotienten aus den Differenzkosten *Diff* und der aktuellen Temperatur *T* entspricht. Solange noch eine hohe Temperatur vorherrscht, können mit dieser Funktion größere Kostenunterschiede toleriert werden. Diese müssen mit den Temperaturen aber ebenfalls sinken, um weiterhin akzeptiert zu werden. Über diese beiden Größen erfolgt also eine Kontrolle der Verbesserungsschritte. Das Setzen der Initialtemperatur erfolgt mittels der Funktion *InitTemp* und die Festlegung der Temperaturerniedrigung mittels *ReduceTemp*. Der Algorithmus bricht ab, wenn eine vorgegebene Zeitschranke erreicht worden ist. Ein anderes Abbruchkriterium ist das Unterschreiten einer bestimmten niedrigen Temperatur, die weitere Verbesserungen nicht mehr zulässt. In diesem Zustand bezeichnet man das System auch als „eingefroren".

Der Algorithmus *Two-Phase Optimization* ist eine Kombination aus den beiden bereits beschriebenen Algorithmen. Zunächst läuft der Algorithmus *Iterative Improvement* für eine kurze Weile ab und und einige lokale Optimierungen werden durchgeführt. Das hier gefundene beste lokale Minimum ist der Anfangsknoten des nachfolgenden Algorithmus *Simulated Annealing*, der mit einer geringen Wahrscheinlichkeit für Aufwärtsbewegungen beginnt. Dieser wählt ein lokales Minimum und sucht das Gebiet rundherum ab. Dabei kann er sich in lokale Minima hinein und aus diesen heraus bewegen. Sehr hohe Hügel kann er allerdings nicht überklettern.

Im Zusammenhang mit *erweiterbaren Datenbanksystemen* (*extensible database systems*) sind einige *regelbasierte Suchstrategien* (*rule-based search strategies*) vorgeschlagen worden. Diese formulieren Regeln und Voraussetzungen (z.B. das Vorhandensein eines Index) zur Anwendung eines bestimmten ausführbaren Operators und insgesamt zur Konstruktion oder Transformation von Auswertungsplänen. Bei Erfülltheit der Voraussetzungen wird dabei gewissen Regeln Vorzug vor anderen Regeln gegeben.

7.3.3 Implementierung relationaler Operatoren

In diesem Abschnitt werden die wichtigsten ausführbaren relationalen Operatoren sowie die ihnen zugrundeliegenden Implementierungsstrategien und Annahmen an die konkrete Systemumgebung (z.B. die Existenz von bestimmten Speicherungs- oder Indexstrukturen) vorgestellt. Es gibt mehrere alternative Algorithmen zur Implementierung jedes relationalen Operators, und für die meisten Operatoren kann keine universell überlegene Technik angegeben werden. Welcher Algorithmus der geeignetste ist, hängt von vielen Faktoren ab wie der Größe der beteiligten Relationen und dem Vorhandensein von Indexen und Sortierreihenfolgen. Unterschieden werden Operatoren und Strategien, die den Zugriff auf die Tupel einer oder mehrerer Relationen erlauben. Zur ersten Gruppe gehören insbesondere der Zugriff auf alle Tupel einer Relation, die Selektion und die Projektion ohne und mit Duplikateliminierung. Die zweite Gruppe umfasst die vielen Join-Varianten und die Mengenoperationen.

Zugriff auf alle Tupel einer Relation

Die immer mögliche Standardmethode, um alle Tupel einer Relation zu lesen und, falls die Selektionsbedingung erfüllt ist, ein solches Tupel mit den benötigten Projektionsattributen für die weitere Verarbeitung zur Verfügung zu stellen, ist der *Relationendurchlauf* (*relation scan*). Er stellt einen sequentiellen Zugriff dar und ist unabhängig von der konkreten Speicherungsstruktur der betreffenden Relation und der Existenz von Indexstrukturen. Bei diesem Verfahren werden alle Seiten einer Relation nacheinander gelesen und die gesuchten Tupel herauskopiert. Hierzu bietet das Zugriffssystem einen *Scan*-Operator mit seinen Teiloperationen *OpenScan*, *CloseScan*, *Next* und *EndOfScan* an. Die ersten beiden Teiloperationen eröffnen bzw. beschließen einen Relationendurchlauf. Dabei positioniert *OpenScan* auf das erste Tupel und liest es. Die dritte Operation positioniert auf das nächste Tupel und liest es, und die vierte prüft, ob das Ende eines Durchlaufs erreicht ist. Nachteil dieser Methode sind die sehr hohen Kosten für große Relationen und komplexe Selektionsbedingungen. Wenn n die Anzahl der Ein-/Ausgabeoperationen, d.h. Seiten, einer Relation bezeichnet, betragen die Kosten $O(n)$.

Eine weitere, effizientere Methode für den Zugriff auf alle Tupel einer Relation, die versucht, die Anzahl der Seiten- und Tupelzugriffe und die Anzahl der Tupelüberprüfungen zu reduzieren, besteht in der Verwendung vorhandener Zugriffspfade wie Indexstrukturen und Hash-Strukturen. Ein sogenannter *Index-Durchlauf (index scan)* liest nacheinander alle Indexseiten und stellt die Tupelidentifikatoren (TIDs) der gesuchten Tupel in der Sortierreihenfolge der Indexstruktur bereit. Der *Scan*-Operator wird nun auf der Indexstruktur ausgeführt. Liegt eine Indexstruktur in Form einer Sekundärorganisation vor (d.h. der Index enthält nur TIDs, aber keine Datensätze), muss zusätzlich mit Hilfe der TIDs noch auf das zugehörige Tupel direkt zugegriffen werden. Dennoch benötigt der Index-Durchlauf im Vergleich zum Relationen-Durchlauf meist wesentlich weniger Seitenzugriffe. Werden die TIDs zusätzlich vorab sortiert oder liegt die Relation geclustert vor, muss jede Seite der Relation höchstens einmal gelesen werden. Wir erläutern Relationen- und Index-Durchlauf am Beispiel der Anfrage „Finde Namen und Berufe aller Ange-stellten, die ihre zugehörige Abteilung in Hagen haben" und stellen zwei mögliche Auswertungspläne in Pseudo-Code vor.

SELECT	*a.Name, a.Beruf*
FROM	*Ang a, Abt ab*
WHERE	*a.AbNr = ab.AbNr* AND *ab.AOrt* = "Hagen"

Der folgende Auswertungsplan stellt den Relationendurchlauf dar.

```
OpenScan(S₁, Abt)
repeat { Durchlaufe alle Abt-Tupel }
    if Abt.AOrt = "Hagen" then
        OpenScan(S₂, Ang);
        repeat { Durchlaufe alle Ang-Tupel }
            if Abt.AbNr = Ang.AbNr then
                return (Ang.Name, Ang.Beruf)
            fi;
            Next(S₂)
        until EndOfScan(S₂)
        CloseScan(S₂)
    fi;
    Next(S₁)
until EndOfScan(S₁)
CloseScan(S₁);
```

Für den zweiten Auswertungsplan nehmen wir an, dass es auf dem Attribut *AOrt* der Relation *Abt* einen Index in Form einer Primärorganisation gibt.

```
OpenScan(S₁, Index(Abt, AOrt),
    Start-Bedingung("AOrt = Hagen"),
    Stop-Bedingung("AOrt = Hagen"));
repeat
    { Durchlaufe alle Abt-Tupel, die die Start-/Stop-Bedingung erfüllen }
    OpenScan(S₂, Ang);
    repeat { Durchlaufe alle Ang-Tupel }
        if Abt.AbNr = Ang.AbNr then
```

return (*Ang.Name, Ang.Beruf*)
    fi;
      Next(S_2)
  until *EndOfScan*(S_2)
  CloseScan(S_2)
  Next(S_1)
until *EndOfScan*(S_1)
CloseScan(S_1);

Selektion

Selektion bedeutet, alle diejenigen Tupel aus einer Relation herauszufiltern, die ein gegebenes Prädikat, *Selektionsbedingung* genannt, erfüllen. Im Folgenden werden die wichtigsten Methoden zur Implementierung der Selektion vorgestellt. Diese orientieren sich vorwiegend an der für eine Relation verwendeten Dateiorganisation und an der Verfügbarkeit von Indexen.

Betrachten wir zunächst eine Selektion (*selection*) der Form $\sigma_{R.Attr\ op\ c}$ (*R*), wobei *R* eine Relation, *op* ein Vergleichsoperator und *c* ein eine Konstante liefernder Ausdruck ist. Insbesondere wenn kein Index und unsortierte Daten in Form einer Haufendatei (Ab-schnitt 2.7.2) vorliegen, muss mit Hilfe eines Relationendurchlaufs (*lineare Suche*; *linear search*, *brute force*) nacheinander jeweils eine Seite bzw. ein Tupel gelesen und die Selektionsbedingung *R.Attr op c* überprüft werden. Die Kosten betragen $O(n)$ Seitenzugriffe. Sind die Daten hingegen bezüglich *R.Attr* sortiert, d.h. liegt eine sequentielle Datei (Ab-schnitt 2.7.3) vor, können wir eine *binäre Suche* (*binary search*) benutzen, um das erste Tupel zu finden, das die Selektionsbedingung erfüllt. Danach wird die Relation so lange linear durchlaufen, bis die Selektionsbedingung nicht mehr erfüllt ist. Die Kosten der binären Suche sind $O(\log_2 n)$. Hinzu kommen die Kosten für den abschnittsweisen linearen Durchlauf.

Bei Vorliegen eines Index (z.B. einem TID-basierten Index wie dem B⁺-Baum (Ab-schnitt 3.2.2) oder einem Hash-Index (Ab-schnitt 3.2.3)) sind mehrere Fälle zu unterscheiden. Wenn *op* ein Gleichheitsprädikat auf einem Schlüsselattribut *R.Attr* ist (*Punktanfrage*), sind sowohl ein TID-basierter Index als auch ein Hash-Index sehr gut geeignet. Die Suche in einem B⁺-Baum benötigt in der Praxis zwei bis drei Seitenzugriffe. Ein Hash-Index ist mit ein oder zwei Seitenzugriffen, um die richtige Behälterseite im Index zu finden, etwas schneller und daher die beste Implementierung für diesen Fall. Ist *R.Attr* ein Primärschlüssel, so gibt es höchstens ein passendes Tupel. Handelt es sich bei *R.Attr* um einen Sekundärschlüssel, können mehrere Tupel mit dem gleichen Wert *c* in *R.Attr* vorkommen. Ist in diesem Fall der betrachtete Sekundärindex eine Primärorganisation oder eine geclusterte Sekundärorganisation, sind die zusätzlichen Kosten mit einigen weiteren Seitenzugriffen relativ gering. Ist andererseits der betrachtete Sekundärindex eine nicht geclusterte Sekundärorganisation, kann jeder Indexeintrag auf ein Tupel auf einer anderen Seite verweisen. Wir erhalten also zusätzliche Seitenzugriffe gemäß der Anzahl der passenden Tupel. Eine Verbesserung wird erreicht, wenn die Seitennummer-Komponenten der TIDs sortiert werden. Dann können von jeder Seite alle passenden Tupel erhalten werden und die zusätzlichen Kosten entsprechen der Anzahl dieser Seiten. Bezeichnet *op* einen Vergleichsoperator (z.B. $<, >, \leq, \geq$) außer dem Gleichheitsprädikat, so handelt es sich um eine *Bereichsanfrage*, und es bietet sich ein TID-basierter Index wie der B^+-Baum an. Zunächst wird der erste Indexeintrag in einer Blattseite gesucht, der auf ein Tupel von *R* verweist, das die Selektionsbedingung erfüllt. Danach werden die verketteten Blattseiten des Index je nach Vergleichsoperator solange vorwärts bzw. rückwärts durchlaufen, bis die Selektionsbedingung nicht mehr zutrifft. Für jeden Indexeintrag lesen wir das entsprechende Tupel aus *R*. Ist der Index eine Primärorganisation oder eine geclusterte Sekundärorganisation, sind die zusätzlichen Kosten mit einigen weiteren Seitenzugriffen relativ gering. Ist der Index nicht geclustert, gilt das beim Gleichheitsprädikat Gesagte.

Im Allgemeinen liegt die Selektionsbedingung in konjunktiver oder disjunktiver Normalform vor, wobei mehrere einfache Bedingungen durch $\wedge$ bzw. $\vee$ verknüpft sind und die einzelnen Bedingungen die Form *Attribut op Konstante* oder *Attribut₁ op Attribut₂* haben. Betrachten wir zunächst zusätzliche Methoden für Selektionsbedingungen in konjunktiver Normalform. Wenn ein Attribut, das in einer einfachen Bedingung vorkommt, einen Index besitzt, der einem der oben für einfache Bedingungen dargestellten Index-Methoden entspricht, können wir die zugehörigen Tupel ermitteln und dann überprüfen, ob diese erhaltenen Tupel die übrigen Bedingungen in der konjunktiven Bedingung erfüllen. Wenn in der konjunktiven Bedingung zwei oder mehr Attribute in Gleichheitsbedingungen vorkommen und ein zusammengesetzter Index (Ab-schnitt 3.1.3) auf diesen kombinierten Feldern oder einem beliebigen Präfix hiervon existiert, können wir den Index sofort verwenden. Wenn zwei oder mehr Attribute jeweils einen Index besitzen, der eine Sekundärorganisation ist und daher nur TIDs als Indexeinträge enthält, können wir Index-Durchläufe verwenden, um für jedes Attribut eine Menge von TIDs von Kandidatentupeln zu berechnen, die diejenige Bedingung erfüllt, an der das Attribut beteiligt ist. Diese Mengen von TIDs werden nun, typischerweise nach vorherigem Sortieren, miteinander verschnitten. Als Ergebnis erhalten wir alle TIDs der Tupel, die alle betrachteten einfachen Bedingungen erfüllen. Für diese TIDs bzw. Tupel müssen danach die übrigen Bedingungen in der konjunktiven Bedingung noch überprüft werden. Neben eindimensionalen können natürlich auch mehrdimensionale Indexstrukturen (Ab-schnitt 3.1.3) wie das Grid-File (Ab-schnitt 3.3.3) oder der R-Baum (Ab-schnitt 3.3.5) zum Einsatz kommen. Mehrdimensionale Indexstrukturen unterstützen einen Zugriff unter Berücksichtigung mehrerer Attributbedingungen.

Die effiziente Auswertung einer Selektion hängt in hohem Maße von den verfügbaren Zugriffspfaden ab, die über den Attributen der Selektionsbedingung definiert sind sowie von der Selektivität jeder Bedingung. Die *Selektivität* (*selectivity*) einer Bedingung wird häufig durch das Prädikat im Vergleichsoperator beeinflusst und ist definiert als das Verhältnis der Anzahl der Datensätze (Tupel), die die Bedingung erfüllen, zu der Gesamtanzahl der Datensätze (Tupel) in der Datei (Relation). Nehmen wir eine gleichmäßige Verteilung der Werte an, beschreibt die Selektivität die

Wahrscheinlichkeit, dass ein Datensatz die Bedingung erfüllt. Je kleiner die Selektivität ist, desto weniger Tupel werden durch die Bedingung ausgewählt und desto größer ist das Interesse, diese Bedingung zuerst auszuwerten. Exakte Selektivitäten von Bedingungen sind häufig nicht erhältlich, aber *geschätzte Selektivitäten* werden oft im Systemkatalog gespeichert und vom Optimierer benutzt. Betrachten wir beispielsweise die Selektivität eines Gleichheitsprädikats auf einem Schlüsselattribut einer Relation mit m Tupeln, wobei es k verschiedene Werte für das Attribut geben möge. Häufig wird die Selektivität unter der Annahme der Gleichverteilung durch $(m/k)/m = 1/k$ abgeschätzt. Unter dieser Annahme werden m/k Tupel ein Gleichheitsprädikat auf diesem Attribut erfüllen.

Selektionsbedingungen in disjunktiver Normalform sind schwierig zu verarbeiten und zu optimieren. Betrachten wir die Selektion $\sigma_{R.Attr_1 = c \vee R.Attr_2 < d \vee R.Attr_3 > e}(R)$, so kann wenig optimiert werden, weil die Tupel, die diese disjunktive Bedingung erfüllen, die Vereinigung aller Tupel sind, die die einzelnen Bedingungen erfüllen. Wenn daher auch nur eine einzelne Bedingung keinen Zugriffspfad besitzt, muss lineare Suche verwendet werden. Nur wenn ein Zugriffspfad auf allen einzelnen Bedingungen in der disjunktiven Bedingung existiert, kann die Selektion optimiert werden, indem für jede Bedingung die passenden Tupel ermittelt werden und anschließend zur Duplikateliminierung alle diese Tupel vereinigt werden. Allerdings ist die Implementierung der Vereinigung sehr kostenintensiv, weil sie externes Sortieren erfordert. Besser ist es für die einzelnen Bedingungen die entsprechenden Tupelidentifikatormengen zu bilden und zu vereinigen.

Wie bereits früher angedeutet, kann die Selektion auch in Kombination mit anderen Operationen wie dem kartesischen Produkt, dem Join und der Projektion im Rahmen der Stromverarbeitung effizient durchgeführt werden.

Projektion

Eine Projektion (*projection*) reduziert die Anzahl der Attribute einer Relation. Wird eine *Projektion ohne Duplikateliminierung* gewünscht (in SQL drückt dies die SELECT-Klausel aus), so kann man dies einfach durch einen Relationen-Durchlauf vielleicht kombiniert mit einer Selektion erreichen. Die Selektion reduziert die Tupelmenge, und die Projektion reduziert die Tupelgröße. Die Realisierung einer *Projektion mit Duplikateliminierung* (in SQL drückt dies die SELECT DISTINCT-Klausel aus) ist hingegen wesentlich schwieriger. Der einfachste Fall ist, dass die Projektionsattributliste den Primärschlüssel der Relation enthält, so dass Duplikatfreiheit direkt gewährleistet ist. Ist dies jedoch nicht der Fall, so kann die Projektion entweder durch Anwendung eines Sortierverfahrens oder durch ein Hash-Verfahren realisiert werden. Der Projektionsalgorithmus, der auf dem Sortieren beruht, beinhaltet drei Schritte. Im ersten Schritt wird die Relation R vollständig durchlaufen, und es wird eine Menge von Tupeln erzeugt, die nur die gewünschten Attribute enthalten. Diese Menge wird in einer Zwischenrelation gespeichert. Die Kosten hierfür sind n Seitenzugriffe zum Durchlaufen von R, wenn n die Anzahl der Seiten von R ist, und

m Seitenzugriffe zum Schreiben der Zwischenrelation ($m \leq n$). Der exakte Wert für m hängt ab von der Anzahl und Größe der projizierten Attribute. Der zweite Schritt sortiert die Zwischenrelation, indem er alle ihre Attribute kombiniert und sie als Sortierschlüssel zum Sortieren benutzt. Zum Sortieren wird ein externes Sortierverfahren wie Mergesort (Kapitel 4) eingesetzt. Die Kosten hierfür betragen O($m \log_2 m$), was natürlich auch O($n \log_2 n$) ist. Im letzten Schritt wird die sortierte Zwischenrelation durchlaufen, benachbarte Tupel werden verglichen und Duplikate weggeworfen. Die Kosten sind O(m).

Der Einsatz eines Hash-Verfahrens zur Projektion ist sinnvoll, wenn die Anzahl k der zur Verfügung stehenden Systempufferseiten weit größer als die Anzahl n der Seiten von R ist. Zwei Schritte werden unterschieden: die Partitionierung und die Duplikateliminierung. Bei der *Partitionierung* gibt es eine Eingabe- und $k-1$ Ausgabepufferseiten. R wird seitenweise in die Eingabepufferseite gelesen. Von jedem Tupel werden die unerwünschten Attribute entfernt, und es wird eine Hash-Funktion h_1 auf die kombinierten, übriggebliebenen Attribute angewendet. Die Hash-Funktion h_1 wird so gewählt, dass die Tupel gleichmäßig auf die $k-1$ Ausgabebehälter verteilt werden. Nach der Projektion wird jedes Tupel in den durch h_1 zugewiesenen Ausgabebehälter geschrieben. Zwei Tupel, die zu verschiedenen Behältern gehören, sind garantiert keine Duplikate, da sie unterschiedliche Hash-Werte haben. Wenn also zwei Tupel Duplikate sind, dann gehören sie zum gleichen Behälter. Für die *Duplikateliminierung* gehen wir nun wie folgt vor: Wir lesen nacheinander jeden der $k-1$ Ausgabebehälter. Auf die Kombination aller Attribute eines jeden Tupels eines Behälters wird eine Hash-Funktion h_2 ($\neq h_1$) angewendet und dieses Tupel gemäß h_2 in eine Hash-Tabelle im Hauptspeicher eingefügt. Wenn ein neues Tupel den gleichen Hash-Wert wie ein bereits in die Hash-Tabelle eingefüges Tupel hat, so wird auf Gleichheit der beiden Tupel getestet. Duplikate werden weggeworfen. Auch von der Hash-Funktion h_2 wird eine möglichst gleichmäßige Verteilung der Tupel in der Hash-Tabelle angenommen. Nachdem ein Behälter vollständig eingelesen worden ist, werden die Tupel in der duplikatfreien Hash-Tabelle in die Ergebnisrelation geschrieben, die Hash-Tabelle wird wieder initialisiert und der nächste Behälter verarbeitet. Die Kosten für die Partitionierung, wo wir R lesen, betragen O(n). Das Herausschreiben der projizierten Tupel benötigt O(m) Seitenzugriffe, wobei $m \leq n$ ist und von der Anzahl und Größe der projizierten Attribute abhängt. Die Kosten für das Hashing sind CPU-Kosten, die wir in unserem Kostenmodell nicht berücksichtigen. Während der Duplikateliminierung wird jeder Behälter gelesen, was m Seiten ausmacht. Ferner werden die Tupel der Hash-Tabelle in die Ergebnisrelation geschrieben, was m oder weniger Seitenzugriffe bedeutet. Insgesamt betragen die Kosten O($n+m$).

Join

Von den drei am häufigsten benutzten relationalen Operationen Selektion, Projektion und Join ist letztere sicherlich die teuerste Operation. Ein n-ärer Join (Verbund) verknüpft n Relationen miteinander und erzeugt eine Ergebnisrelation. Wir betrachten hier den binären Join als Basis des n-ären Joins. Tupel der Argumentrelationen werden genau dann zu einem Ergebnistupel kombiniert, wenn die Join-Bedingung von den Argumenttupeln erfüllt wird. Das kartesische Produkt gefolgt von anschließenden Selektionen und Projektionen ist sicherlich die naheliegenste, aber auch ineffizienteste Realisierungsalternative für einen Join. Wir betrachten im Folgenden mehrere Alternativen zur Join-Implementierung. Für eine Relation R sei m_R die Größe von R in Seiten.

Der *Nested-Loop Join* (*nested loop join, nested iteration join*) ist die einfachste und immer anwendbare Implementierungsmethode für einen Join.

> **foreach** Seite $P_R \in R$ **do**
>> **foreach** Seite $P_S \in S$ **do**
>>> **foreach** Tupel $r \in P_R$ **do**
>>>> **foreach** Tupel $s \in P_S$ **do**
>>>>> **if** $r[A] = s[B]$ **then return** $(r \circ s)$
>>>> **od**
>>> **od**
>> **od**
> **od**

Es erfolgt also ein seitenweiser Relationen-Durchlauf durch die *äußere* Relation R, und für jede Seite $P_R \in R$ erfolgt ein vollständiger, seitenweiser Relationen-Durchlauf durch die *innere* Relation S. Für je eine Seite aus R und S werden alle Tupelkombinationen betrachtet und nur diejenigen Tupel konkateniert und zurückgeliefert, die die Join-Bedingung erfüllen. Die Kosten für den Durchlauf von R betragen m_R Seitenzugriffe. S wird m_R mal durchlaufen, so dass die Gesamtkosten $m_R + m_R \cdot m_S$, also $O(m_R \cdot m_S)$, Seitenzugriffe betragen. Alternativ können wir S als äußere und R als innere Relation verwenden, und wir erhalten $m_S + m_S \cdot m_R$ Seitenzugriffe. Dies zeigt, dass als äußere Relation die kleinere von beiden zu wählen ist, obwohl diese Wahl die Kosten nicht bedeutsam senkt.

Der *Index-Nested-Loop Join* (*index nested loop join*) setzt einen Index auf einer der beiden Relationen bezüglich der Join-Attribute voraus. Diese indizierte Relation wird zur inneren Relation S bestimmt, und während die äußere Relation R seitenweise durchlaufen wird, wird für jedes Tupel r einer solchen Seite P_R der Index von S verwendet, um die die Join-Bedingung erfüllenden Tupel in S zu finden. Somit wird nur eine Teilmenge der inneren Relation mit einem gegebenen Tupel der äußeren Relation verglichen, und das vollständige kartesische Produkt wird nicht aufgezählt. Die Kosten für den Durchlauf von R betragen wie vorher m_R Seitenzugriffe. Die Kosten, um passende Tupel aus S zu erhalten, hängen von der Art des Index ab und der Anzahl der passenden Tupel. Für jedes Tupel aus R betragen die Kosten zum Auffinden des richtigen Blatts, falls der Index auf S ein B^+-Baum ist, zwischen 2 und 4 Seitenzugriffe. Ist der Index ein Hash-Index, sind 1 oder 2 Seitenzugriffe notwendig, um den richtigen Behälter zu finden. Ist einmal das richtige Blatt oder der richtige Behälter gefunden, hängen die Kosten für das Auffinden passender Tupel von S davon ab, ob der Index geclustert ist. Trifft dies zu, so wird für jedes Tupel r

$\in P_R$ typischerweise ein zusätzlicher Seitenzugriff benötigt. Ansonsten sind maximal soviele zusätzliche Seitenzugriffe erforderlich, wie es passende Tupel in S gibt.

Dem *Sort-Merge-Join* (*sort-merge join*) liegt die Idee zugrunde, beide Argumentrelationen zunächst bezüglich der Join-Attribute zu sortieren (Sortierphase) und dann mittels Verschmelzen (Verschmelzungsphase) beider Relationen nach Tupelkombinationen aus R und S zu schauen, die die Join-Bedingung, die eine Gleichheitsbedingung sein muss, erfüllen. Hierzu können die in Kapitel 4 beschriebenen externen Sortierverfahren mit gewissen Modifikationen eingesetzt werden. In der Sortierphase werden alle Tupel einer Relation mit dem gleichen Wert in den Join-Attributen zusammengruppiert. Lokale Prädikate auf einer Relation können hierbei schon berücksichtigt werden und somit nicht mehr benötigte Komponenten aus der weiteren Verarbeitung herausgenommen werden. In der Verschmelzungsphase werden beide Relationen parallel und in der gleichen Reihenfolge durchlaufen. Für übereinstimmende Join-Attributwerte wird dann die Konkatenation der entsprechenden Argumenttupel gebildet und das Ergebnistupel in die Ergebnisrelation geschrieben. Die Kosten des Sortierens von R betragen $O(m_R \log m_R)$ und die Kosten des Sortierens von S betragen $O(m_S \log m_S)$. Die Kosten der Verschmelzungsphase belaufen sich auf $O(m_R + m_S)$, wenn für eine Relation keine Gruppe von gleichen Attributwerten mehrmals durchlaufen werden muss. Im schlimmsten Fall kann es passieren, dass für jedes Tupel der ersten Relation die gesamte zweite Relation gelesen werden muss, weil beide Relationen in allen Tupeln die gleichen Join-Attributwerte haben. Die Kosten betragen dann $O(m_R \cdot m_S)$. Dieser Fall ist allerdings sehr unwahrscheinlich. Insbesondere wenn eine oder sogar beide Argumentrelationen schon bezüglich der Join-Attribute sortiert sind, erweist sich der Sort-Merge-Join als sehr effizient.

Bezeichne $R(i)$ das i-te Tupel einer Relation R und $R(i)[A]$ den Attributwert des Attributs A dieses Tupels. Wir gehen der Einfachheit halber davon aus, dass sowohl R als auch S genau ein Join-Attribut A bzw. B besitzen. Sei n die Anzahl der Tupel in R und m die Anzahl der Tupel in S. Ein Algorithmus für den Sort-Merge-Join lässt sich dann wie folgt formulieren:

```
algorithm smjoin(R, S, A, B, T)
    if R ist nicht sortiert bezüglich des Join-Attributs A then
        sortiere die Tupel in R
    fi;
    if S ist nicht sortiert bezüglich des Join-Attributs B then
        sortiere die Tupel in S
    fi;
    T := ∅; i := 1; j := 1;
    while (i ≤ n) and (j ≤ m) do
        if R(i)[A] > S(j)[B] then j := j + 1
        elsif R(i)[A] < S(j)[B] then i := i + 1
        else
            { Ausgabe eines die Join-Bedingung erfüllenden Tupels }
            T := T ∪ {R(i) ∘ S(j)};
```

```
        { Ausgabe anderer Tupel, die zu R(i) passen }
        l := j + 1;
        while (l ≤ m) and (R(i)[A] = S(l)[B]) do
            T := T ∪ {R(i) ∘ S(l)};
            l := l + 1;
        od
        { Ausgabe anderer Tupel, die zu S(j) passen }
        k := k + 1;
        while (k ≤ n) and (R(k)[A] = S(j)[B]) do
            T := T ∪ {R(k) ∘ S(j)};
            k := i + 1;
        od
        i := k; j := l;
      fi
  od
end smjoin.
```

Der *einfache Hash-Join* (*simple hash join*) stellt die einfachste Form eines *Hash-Joins* dar und verwendet eine dynamisch aufgebaute Hash-Tabelle zum schnellen Auffinden von Join-Partnern. Bei verfügbarem Hauptspeicher wird die kleinere Relation R mit Hilfe einer Hash-Funktion h in eine Hash-Tabelle ht eingelesen und die andere Relation S einmal durchlaufen, um den Join zu berechnen. Für jedes gelesene Tupel aus S wird über h der zugehörige Behälter $ht(i)$ in der Hash-Tabelle nach Join-Partnern durchsucht und im Erfolgsfall ein konkateniertes Tupel erzeugt. Folgender Basisalgorithmus zeigt noch einmal die Vorgehensweise:

```
algorithm hashjoin(R, S, A, B, T)
    for i := 1 to n do
        k := h(R(i)[A]);
        ht(k) := ht(k) ∪ {R(i)}
    od;
    for i := 1 to m do
        k := h(S(i)[A]);
        { Suche im Behälter ht(k) nach allen Join-Partnern von S(i). }
        R' := Search(ht(k), S(i)); { Annahme: R' enthält r ≥ 0 Tupel. }
        for j := 1 to r do
            T := T ∪ {R'(j) ∘ S(i)};
        od
    od;
end hashjoin.
```

Passt die Hash-Tabelle für R nicht in den Hauptspeicher, so muss der Basisalgorithmus angepasst werden. Es werden dann drei Phasen unterschieden. Die *Partitionierungsphase* (*partitioning phase*, *building phase*) dient der Partionierung der kleineren Relation. In der *Join-Vorbereitungsphase* erfolgt der Aufbau einer Hash-Tabelle für jede Partition. In der *Join-Phase* (*probing phase*, *matching phase*) erfolgt die

Überprüfung der anderen Relation und die Durchführung der Tupelkonkatenation im Erfolgsfall. Bei der Erweiterung des Basisalgorithmus auf große, nicht in den Hauptspeicher passende Relationen arbeiten Partitionierungsphase und Join-Phase verzahnt. Die kleinere Relation wird gelesen, und für Tupel, die bezüglich einer geeigneten Hash-Funktion h in die gerade aktuelle Partition fallen, wird eine Hash-Tabelle aufgebaut. Die übrigen Tupel der kleineren Relation, die bisher noch nicht von Interesse gewesen sind, werden zurückgeschrieben. Nun wird die andere Relation gelesen, und für jedes Tupel wird mit h überprüft, ob es in die gerade aktuelle Partition passt. Falls ja, wird die für diese Partition erzeugte Hash-Tabelle auf Join-Partner überprüft, gegebenenfalls ein konkateniertes Ergebnistupel konstruiert und dieses in die Ergebnisrelation geschrieben. Alle Tupel der zweiten Relation, die nicht in die aktuelle Partition fallen, werden, wie zuvor bei der ersten Relation auch, wieder zurückgeschrieben. Diese Vorgehensweise, die mit der Festlegung einer neuen, aktuellen Partition der ersten Relation voranschreitet, wird solange iteriert, wie es noch unbearbeitete Partitionen, d.h. noch unberücksichtigte, zurückgeschriebene Tupel, gibt.

Der *Grace Hash-Join* (*Grace hash join*) ist eine Variante des Hash Joins, in der Partitionierungsphase und Join-Phase getrennt ablaufen. Ähnlich wie der Sort-Merge-Join identifiziert und isoliert dieser Join Partitionen von Tupeln in R bzw. S mit gleichen Join-Attributwerten. Anschließend vergleicht er Tupel einer Partition in R nur mit den Tupeln der entsprechenden Partition in S bezüglich der Erfülltheit der Join-Bedingung. Grundlegende Idee ist, auf beide Relationen bezüglich der Join-Attribute die *gleiche* Hash-Funktion h anzuwenden und die Tupel möglichst gleichmäßig auf Partitionen (Behälter) zu verteilen. Dann ist sichergestellt, dass die Tupel von R in Partition i nur mit Tupeln von S in der entsprechenden Partition i verknüpft werden können. Wir können also alle Tupel einer Partition der kleineren Relation R in den Hauptspeicher in eine Hash-Tabelle einlesen und die entsprechende Partition von S hinsichtlich passender Tupel durchlaufen. Danach müssen wir diese Tupel aus R und S nie wieder betrachten. Voraussetzung ist natürlich, dass für die Tupel einer jeden Partition von R genügend Hauptspeicherplatz zur Verfügung steht. Die Effizienz der Überprüfung der Tupel aus Partition i von R mit denjenigen aus Partition i von S kann erhöht werden, wenn bei verfügbarem Hauptspeicherplatz für die Tupel aus einer Partition von R mit Hilfe einer von h verschiedenen Hash-Funktion g eine Hash-Tabelle im Hauptspeicher aufgebaut wird. Die Betrachtung der Kosten dieser Methode ergibt in der Partitionierungsphase $2 \cdot (m_R + m_S)$, da R und S je einmal vollständig gelesen sowie geschrieben werden. In der Join-Phase wird jede Partition unter der Annahme, dass sie in den Hauptspeicher passt, einmal durchlaufen, was $m_R + m_S$ Seitenzugriffe bedeutet. Insgesamt ergeben sich also $3 \cdot (m_R + m_S)$ Seitenzugriffe. Die Kosten der anderen Hash Join-Varianten belaufen sich größenordnungsmäßig ebenfalls auf $O(m_R + m_S)$.

Zusammenfassend kann gesagt werden, dass Hash-Joins sehr effizient sind, wenn sie anwendbar sind, was nur bei Vorliegen eines Gleichheitsprädikats bezüglich der Join-Attribute im Rahmen eines *Equi-Joins* der Fall ist. Der Sort-Merge-Join ist besser als der Nested-Loop Join, wenn die beiden Argumentrelationen sehr groß sind und insbesondere wenn eine oder beide Relationen bezüglich der Join-Attribute bereits sortiert sind. Sind beide Relationen bereits sortiert, ist er genauso gut wie der Hash Join, zumal er unabhängiger von der Größe des Hauptspeichers als alle anderen Join-Algorithmen ist. Der Nested-Loop Join bietet sich an, wenn eine Relation groß und die andere Relation klein ist. Ein Spezialfall liegt vor, wenn die kleinere Relation vollständig in den Hauptspeicher passt. Dann müssen beide Relationen nur einmal gelesen werden. Ein Index-Nested-Loop Join ist ein sehr effizienter Join, insbesondere dann, wenn der Index bezüglich der Join-Attribute auf der größeren Relation liegt.

Für den Join-Operator haben wir die wichtigsten und allgemeinsten Implementierungen vorgestellt. Es sei an dieser Stelle angemerkt, dass es für Spezialfälle zahlreiche Verfeinerungen und Erweiterungen gibt, auf die hier nicht eingegangen werden kann. Der Leser sei hierzu auf die Literatur verwiesen.

Mengenoperationen

Wir betrachten nun kurz die Mengenoperationen $R \cup S$, $R \cap S$, $R - S$ und $R \times S$. Aus Sicht der Implementierung sind Durchschnitt und kartesisches Produkt Spezialfälle des Joins. Für den Durchschnitt fordert die Join-Bedingung die Gleichheit auf allen Attributen; für das kartesische Produkt ist der Wahrheitswert *true* die Join-Bedingung. Kartesische Produkte sollten wegen ihrer hohen Kosten ($O(m_R \cdot m_S)$) möglichst vermieden werden. Das Hauptproblem bei der Implementierung der Vereinigung ist die Eliminierung von Duplikaten. Die Differenz kann ebenfalls mit Hilfe einer Technik zur Duplikateliminierung realisiert werden. Die Implementierungsstrategie für Vereinigung und Differenz kann mit Hilfe der Sortierung oder eines Hash-Verfahrens erfolgen. Beim Sortieren für die Vereinigung werden R und S zunächst jeweils getrennt bezüglich der Kombination aller Attribute sortiert. Danach werden die sortierten Relationen R und S parallel durchlaufen und verschmolzen, wobei Duplikate eliminiert werden. Eine ähnliche Strategie gilt für die Implementierung der Differenz. Während der Verschmelzungsphase werden nur Tupel von R, die nicht in S auftreten, in die Ergebnisrelation geschrieben. Bei der Verwendung eines Hash-Verfahrens werden R und S zunächst mittels einer Hash-Funktion h getrennt in Behältern partitioniert. Für jede Partition i von S wird eine Hash-Tabelle im Hauptspeicher benutzt, in der die Tupel von i bezüglich einer Hash-Funktion g ($\neq h$) eingefügt werden. Danach wird die entsprechende Partition i von R durchlaufen. Für jedes Tupel wird geprüft, ob es bereits in der Hash-Tabelle vorhanden ist. Ist dies der Fall, so wird es weggeworfen, ansonsten in die Tabelle eingefügt. Anschließend wird die Hash-Tabelle in die Ergebnisrelation weggeschrieben und für die nächste Partition initialisiert. Ähnliches geschieht für die Differenz, wo allerdings eine Partition anders verarbeitet wird. Für jedes Tupel einer Partition i aus R wird geprüft, ob es in der Hash-Tabelle vorhanden ist. Ist dies nicht der Fall, wird es in die Ergebnisrelation geschrieben und ansonsten ignoriert.

In diesem Unterabschnitt haben wir für jede relationale Operation eine Menge von einzelnen, ausführbaren Operatoren betrachtet, die jeweils temporäre Zwischenrelationen erzeugen. An früherer Stelle haben wir bereits auf die Möglichkeit der kombinierten Ausführung von ausführbaren Operatoren hingewiesen, die *Stromverarbeitung* (*stream processing, pipelined evaluation*) genannt wird, das Schreiben und Lesen temporärer Zwischenrelationen vermeidet und daher effizienzsteigernd ist. Beispielsweise ist es möglich, Selektionen und Projektionen bereits auf Tupelebene durchzuführen.

7.3.4 Kostenschätzung

Mit Hilfe der Auswertungsplanerzeugung und -optimierung wird versucht, eine möglichst kleine Menge von effizienten Auswertungsplänen zu ermitteln, die allerdings den „optimalen" Plan enthält. Einen Vergleich dieser Ablaufpläne liefert die *Kostenschätzung*, die die *Kosten der Ausführung* und die *Kardinalität der Ergebnisse* dieser Pläne bewertet, sie miteinander vergleicht und den Auswertungsplan mit der *niedrigsten Kostenschätzung* bestimmt. Damit dieser kostenbasierte Ansatz funktioniert, muss für jede Auswertungsstrategie eine (möglichst) genaue Kostenschätzung erfolgen, so dass verschiedene Strategien objektiv und realistisch miteinander verglichen werden können. Außerdem muss die Anzahl der betrachteten Auswertungsstrategien begrenzt werden, da auch eine Kostenschätzung selbst sehr teuer sein kann. Jedem ausführbaren Operator wird hierzu eine *Kostenfunktion* zugeordnet, die die Kosten dieses Operators in Abhängigkeit von gewissen Kostenparametern schätzt. Da es sich hierbei um eine Schätzung und nicht um eine exakte Funktion handelt, kann es passieren, dass die Optimierung nicht den optimalen Auswertungsplan auswählt. Auf jeden Fall werden aber die schlechtesten Auswertungspläne vermieden und ein „guter" Plan gefunden.

Jedem Anfrageoptimierer liegt ein *Kostenmodell* zugrunde, in das Informationen über die konkrete Speicherungsstruktur der Relationen, über deren Statistiken, über Selektivitätsschätzungen für die zu überprüfenden Prädikate und über die daraus resultierenden Abschätzungen für die Zwischenergebnisse eingehen. Häufig liegen einem solchen Kostenmodell zwei Grundannahmen zugrunde, die sich auch in den Statistiken widerspiegeln. Zum einen wird eine gleichmäßige Verteilung der Werte eines Attributs einer Relation vorausgesetzt und zum anderen werden die Werte verschiedener Attribute einer Relation als unabhängig betrachtet, woraus sich auch die Unabhängigkeit der Selektions- und Join-Prädikate einer Anfrage ergibt. Es zeigt sich, dass diese beiden Annahmen häufig nicht zutreffen. Betrachten wir als Beispiel das Prädikat „(Alter < 21) ∧ (Gehalt > 100000)" über der *Ang*-Relation. Die Verteilung der Werte bezüglich des Attributs „Alter" ist sicherlich nicht gleichmäßig, da es in einem Unternehmen sicherlich wesentlich mehr Arbeitnehmer mittleren Alters als Arbeitnehmer unter 21 Jahren geben wird. Des Weiteren hängen beide Prädikate voneinander ab, da Arbeitnehmer unter 21 Jahren meist keine hohen Gehälter (mehr als 100000 DM) erhalten. Daher ist eine Verfeinerung der Statistiken und eine Verbesserung der Heuristiken zur Kostenschätzung erforderlich.

Die Kosten einer Anfrageauswertung werden hauptsächlich durch die *Zugriffskosten* auf Externspeicher, die *Berechnungskosten* im Hauptspeicher und die *Kommunikationskosten* bestimmt. Zugriffskosten beziehen sich im Wesentlichen auf das Lesen und Durchsuchen von Basisrelationen, das Schreiben und Lesen von temporären Relationen und das Wegschreiben der Ergebnisrelation. Berechnungskosten umfassen die Kosten der Ausführung von Operationen im Systempuffer während der Anfrageauswertung. Solche Operationen beinhalten das Suchen nach Tupeln, das Sortieren von Tupeln, das Verschmelzen von Tupeln für einen Join und die Ausführung von Berechnungen auf Attributwerten. Kommunikationskosten beinhalten die Kosten für das Übertragen der Anfrage und ihrer Ergebnisse zwischen Datenbank und dem Ort bzw. Terminal, wo die Anfrage gestartet worden ist. Wir werden im Folgenden nur Zugriffskosten gemäß unserem vereinfachten Kostenmodell aus Ab-schnitt 2.7.1 betrachten.

Zur Bewertung eines jeden zur Diskussion stehenden Auswertungsplans sind die Kosten der den logischen Gruppen des zugehörigen Operatorbaums zugeordneten ausführbaren Operatoren zu berechnen. Dies bedeutet zweierlei: Zum einen müssen wir für jeden Knoten im Baum die Kosten der Ausführung der entsprechenden Operation schätzen. Hierbei werden die Kosten entscheidend davon beeinflusst, ob Stromverarbeitung vorliegt oder temporäre Relationen verwendet werden, um Zwischenergebnisse an den Vaterknoten weiterzugeben. Zum anderen müssen wir für jeden Knoten im Baum die Größe des Ergebnisses schätzen. Wichtig ist auch, ob das Ergebnis sortiert ist. Für den Vater des aktuellen Knotens dient dieses Ergebnis als Eingabe, und die Größe und Sortierreihenfolge beeinflussen maßgeblich die Größe, die Kosten und die Sortierreihenfolge für den Vaterknoten.

Kostenschätzung erfordert ein Wissen über eine ganze Reihe von Parametern der Argumentrelationen und der vorhandenen Indexe. Dazu werden ergänzend zu den qualitativen Datenbankbeschreibungen der Daten und des zugrundeliegenden Speichermodells *Statistiken* zur quantitativen Beschreibung der Daten in den Systemkatalogen eines DBMS gehalten und ständig (im Hauptspeicher) aktualisiert. Sie enthalten z.B. Informationen über die Anzahl der Tupel einer Relation (bei gleicher Tupelgröße) bzw. eines Index, die Anzahl der Blöcke (Seiten) einer Relation bzw. eines Index, den Blockungsfaktor, Primärindexe mit ihren Primärschlüsselattributen und Sekundärindexe mit ihren Sekundärschlüsselattributen. Ferner enthalten sie Angaben über eine vorliegende Sortierung einer Relation mit oder ohne einen Primär- oder clusternden Index und über einen Hash-Index auf einem Schlüsselattribut. Auch die Anzahl der Stufen eines mehrstufigen Index (primär, sekundär, clusternd) wird festgehalten. Andere wichtige Parameter sind die Anzahl der verschiedenen Werte eines Attributs einer Relation, die Anzahl der verschiedenen Schlüsselwerte für jeden Index, die Anzahl der Nicht-Blattebenen für jeden Baumindex sowie kleinster und größter aktueller Schlüsselwert für jeden Index.

Im Folgenden betrachten wir einige Beispiele von Kostenfunktionen für Selektionen und Joins. Teilweise haben wir solche Funktionen bereits bei der Diskussion der Implementierung relationaler Operatoren in Ab-schnitt 7.3.3 angegeben. Wir betrachten zunächst die Selektion. Die *Selektivität* oder der *Selektivitätsfaktor (sel-*

ectivity (factor)) $s_\sigma(F, R)$ bzw. $s_{\bowtie}(F, R, S)$ einer Bedingung F, wie es ein Selektions- oder Join-Prädikat darstellt, ist als Anteil der Tupel einer Relation R bzw. zweier Relationen R und S definiert, die die Bedingung erfüllen. Er stellt eine Zahl zwischen 0 und 1 dar. Die Kardinalität (Größe) des Ergebnisses einer Operation, die auf einer Selektions- oder Join-Bedingung beruht, ist eine Funktion der Kardinalität der Argumentrelation(en) und der Selektivität $s(F)$ der Bedingung F. So hat die Kardinalität des Ergebnisses einer Selektion auf einer Relation R den Wert

$$card(\sigma_F(R)) = s_\sigma(F, R) \cdot card(R)$$

Die Kardinalität des Ergebnisses des Joins zweier Relationen R und S ist

$$card(R \bowtie_F S) = s_{\bowtie}(F, R, S) \cdot card(R) \cdot card(S)$$

Die exakte Schätzung von Selektivitäten erweist sich als schwierig. Wie bereits erwähnt, wird häufig eine gleichmäßige Verteilung der Attributwerte innerhalb ihres Wertebereichs sowie Unabhängigkeit der Attribute angenommen, was sich als sehr vereinfachend, als zu strikt und oft als falsch in der realen Welt erweist. Jedoch erlauben diese Annahmen einfache Abschätzungen für Selektionen. Sei R eine Relation, die die Attribute A und B enthält, und seien v, v_1 und v_2 Werte und V eine Menge von Werten vom Typ eines Attributs. Sei ferner $min(A)$ der minimale und $max(A)$ der maximale Attributwert (falls auf A eine Vergleichsoperation und eine Differenz definiert ist), $I_R(A)$ ein Index über dem Attribut A bezüglich der Relation R, und seien $p(A)$ und $p(B)$ Prädikate über den Attributen A und B. $V(A, R)$ bezeichne die Anzahl der verschiedenen Werte, die in R für das Attribut A auftreten. Die Selektivität s_σ eines Selektionsprädikats kann dann wie folgt berechnet werden:

$$s_\sigma(A = v, R) = 1 \,/\, card(\pi_A(R))$$
$$s_\sigma(A = v, R) = 1 \,/\, card(I_R(A))$$
$$s_\sigma(A > v, R) = (max(A) - v) \,/\, (max(A) - min(A))$$
$$s_\sigma(A < v, R) = (v - min(A)) \,/\, (max(A) - min(A))$$
$$s_\sigma(A > v_1 \wedge A < v_2, R) = (v_2 - v_1) \,/\, (max(A) - min(A))$$
$$s_\sigma(p(A) \wedge p(B), R) = s_\sigma(p(A), R) \cdot s_\sigma(p(B), R)$$
$$s_\sigma(p(A) \vee p(B), R) = s_\sigma(p(A), R) + s_\sigma(p(B), R) - s_\sigma(p(A), R) \cdot s_\sigma(p(B), R)$$
$$s_\sigma(\neg p(A), R) = 1 - s_\sigma(p(A), R)$$
$$s_\sigma(A \in V, R) = s_\sigma(A = v, R) \cdot card(V) = card(V) \,/\, card(\pi_A(R))$$

Für $s_\sigma(A = v, R)$ ergeben sich dann unter der Annahme der Gleichverteilung $card(R) \,/\, V(A, R)$ Tupel. Ist A ein Primärschlüssel, so gilt $V(A, R) = card(R)$. Für die Selektivität gilt dann $s_\sigma(A = v, R) = 1$. Kostenfunktionen für verschiedene Datei- und Indexstrukturen in Bezug auf das Suchen nach Datensätzen mit bestimmten Selektivitätseigenschaften sind bereits in Abschnitt 2.7 und Abschnitt 3.2 angegeben worden und werden hier nicht wiederholt. Genauere Schätzungen der Selektivität für Selektionsprädikate erfordern detaillierte statistische Informationen, die es insbesondere erlauben, die Annahme der gleichmäßigen Verteilung von Attributwerten zu lockern. Diese Statistiken beinhalten *Histogramme* und Verteilungsschritte. Wir werden hier allerdings nicht näher darauf eingehen.

Um genaue Kostenfunktionen für Join-Operationen zu entwickeln, müssen wir die Tupelanzahl der Relation ermitteln, die sich *nach* der Join-Operation ergibt. Für den Join wird manchmal die *Join-Selektivität* oder der *Join-Selektivitätsfaktor* (*join selectivity factor*) $s_{\bowtie}(F, R, S)$ für einige Paare von Relationen festgehalten. Die Join-Selektivität ist der Anteil der Tupel, die am Join zweier Relationen R und S teilnehmen. Sie bezeichnet eine Zahl zwischen 0 und 1:

$$s_{\bowtie}(F, R, S) = card(R \bowtie_F S) / (card(R) \cdot card(S))$$

Eine Join-Selektivität von 0,5 beispielsweise entspricht einer sehr großen verbundenen Relation, während 0,001 einer kleinen Relation entspricht. Man spricht auch davon, dass der Join im ersten Fall eine schlechte und im zweiten Fall eine gute Selektivität besitzt.

Für den speziellen Fall eines Joins $R \bowtie_{A\,=\,B} S$, wobei A und B identische oder kompatible Attribute sind, lässt sich eine Join-Selektivität wie folgt definieren:

$$s_{\bowtie}(F, R, S) = card(\pi_B(S)) / card(dom(A))$$

Hierbei bezeichnet $dom(A)$ den Wertebereich von A ("domain"). Ist $dom(A)$ unbekannt, so können wir auch $max\{card(I_R(A)) \mid R$ ist Relation, die Attribut A enthält$\}$ verwenden.

Liegt auf A und B ein Index, so ergibt sich die Join-Selektivität

$$s_{\bowtie}(A = B, R, S) = 1 / max(I_R(A), I_S(B))$$

Gibt es nur einen Index auf A oder auf B, dann ist die Join-Selektivität

$$s_{\bowtie}(A = B, R, S) = 1 / I_R(A) \text{ bzw. } s_{\bowtie}(A = B, R, S) = 1 / I_S(B)$$

Statistiken sind auch nützlich, um die Größe in Bytes einer Zwischenrelation R vorherzusagen:

$$Größe(R) = card(R) \cdot Länge(R)$$

Die Funktion *Länge(R)* ist die Länge in Bytes eines Tupels aus R, die sich als Summe der Längen der Attribute ermitteln lässt. Schätzungen für *card(R)* werden im Folgenden angegeben.

Die Projektion können wir mit und ohne Duplikateliminierung ausführen. Wir betrachten zunächst Projektion mit Duplikateliminierung. Es ist schwierig, eine beliebige Projektion genau zu bewerten, da Wechselbeziehungen zwischen den projizierten Attributen gewöhnlich nicht bekannt sind. In zwei Situationen ist die Bewertung allerdings trivial. Beruht die Projektion einer Relation R auf einem einzelnen Attribut A, ist die Kardinalität einfach gleich der Anzahl der Tupel nach Ausführung der Projektion. Falls eines der projizierten Attribute ein Schlüssel von R ist, dann gilt

$$card(\pi_A(R)) = card(R)$$

Die Kardinalität des kartesischen Produkts ist einfach

$$card(R \times S) = card(R) \cdot card(S)$$

Ohne zusätzliche Information gibt es keine allgemeine Methode, die Kardinalität eines Joins zu schätzen. Die obere Schranke der Kardinalität eines Joins ist die Kardinalität des kartesischen Produkts. Manche Systeme verwenden diese sehr pessimistische obere Schranke; andere teilen sie durch eine Konstante, um zu berücksichtigen, dass das Join-Ergebnis kleiner als das des kartesischen Produkts ist. In einem häufig auftretenden Fall jedoch ist die Schätzung einfach. Wenn ein Equi-Join zweier Relationen R und S bezüglich eines Attributs A von R und eines Attributs B von S gebildet wird, wobei A ein Schlüsselattribut von R und B ein Fremdschlüsselattribut von S ist, kann die Kardinalität des Ergebnisses durch

$$card(R \bowtie_{A = B} S) = card(R)$$

approximiert werden, weil jedes Tupel von S zu höchstens einem Tupel von R passt. Analoges gilt, wenn B ein Schlüsselattribut von S und A ein Fremdschlüsselattribut von R ist. Diese Schätzung stellt eine obere Schranke dar, weil angenommen wird, dass jedes Tupel am Join teilnimmt. Für andere Joins lohnt es sich, die Join-Selektivität als Teil der statistischen Information zu protokollieren. Dann ergibt sich die Kardinalität des Ergebnisses einfach als

$$card(R \bowtie_F S) = s_{\bowtie}(F, R, S) \cdot card(R) \cdot card(S)$$

Ist beim natürlichen Join zweier Relationen R und S der Schnitt der beiden Attributmengen leer, so ist $R \bowtie S$ gleich $R \times S$. Ist der Schnitt der Attributmengen ein Schlüssel von R, wissen wir, dass ein Tupel von S sich mit genau einem Tupel aus R verbinden wird. Dann gilt

$$card(R \bowtie S) \leq card(S)$$

Schwieriger ist die Situation, dass der Schnitt der beiden Attributmengen weder für R noch für S einen Schlüssel bildet. Betrachten wir ein Tupel t von R, und nehmen wir an, dass das Attribut A beiden Relationen gemeinsam ist. Dann können wir schätzen, dass t insgesamt $card(S) / V(A, S)$ Tupel in $R \bowtie S$ erzeugt, weil dies die Anzahl der Tupel in S beschreibt, die bezüglich A den Attributwert von $t[A]$ besitzen. Betrachten wir alle Tupel von R, ergibt sich die Schätzung von $(card(R) \cdot card(S)) / V(A, S)$ Tupel in $R \bowtie S$. Kehren wir die Rollen von R und S um, erhalten wir eine Schätzung von $(card(R) \cdot card(S)) / V(A, R)$ Tupel in $R \bowtie S$. Beide Schätzungen unterscheiden sich, wenn $V(A, R) \neq V(A, S)$. Dann gibt es einige Tupel, die nicht am Join teilnehmen. Die kleinere Schätzung ist dann wahrscheinlich die bessere.

Auch die Kardinalität der Vereinigung zweier Relationen R und S ist schwierig zu schätzen, weil Duplikate durch die Vereinigungsoperation eliminiert werden. Es können daher nur triviale obere und untere Schranken angegeben werden:

$$card(R) + card(S) \qquad\qquad max\{card(R), card(S)\}$$

Ähnlich wie bei der Vereinigung können auch bei der Differenz $R - S$ nur eine obere Schranke, nämlich $card(R)$, und eine untere Schranke, nämlich 0, angegeben werden.

7.4 Anfrageausführung

Die dritte Phase, die *Anfrageausführung* (*query execution*), führt den gewählten Auswertungsplan aus und berechnet das Anfrageergebnis, das entweder am Bildschirm des interaktiven Benutzers dargestellt oder auf das von seiten eines Anwendungsprogramms zugegriffen wird. Diese Phase wird vom *Anfrage-Ausführer* (*query executor*) zur Laufzeit durchgeführt.

Falls es sich um eine parametrisierte Anfrage handelt, benötigt der Anfrage-Ausführer die aktuellen Anfrageparameter. Prinzipiell gibt es zwei Strategien zur Berechnung des Anfrageergebnisses. Zum einen kann die Eingabe direkt interpretiert werden, d.h. die ausführbaren Operatoren werden entsprechend dem Auswertungsplan nacheinander ausgeführt und auf diese Weise wird das Anfrageergebnis berechnet. Hierbei hat der Anfrage-Ausführer die Funktion eines Interpretierersystems inne, das für die korrekte Ausführung sorgt. Zum anderen kann es insbesondere im Falle von wiederholt auszuführenden Anfragen sinnvoller sein, anstelle einer mehrmaligen *Interpretation* des Auswertungsplans eine *Code-Generierung* durchzuführen und den einmal erzeugten Code entsprechend oft auszuführen. Die beiden dargelegten Auswertungsstrategien entsprechen im Wesentlichen den Auswertungsvarianten bei Programmiersprachen.

Jeder ausführbare Operator erhält einen zu verarbeitenden Strom von Objekten (im relationalen Fall von Tupeln) als Eingabe und produziert einen Strom von Objekten als Ausgabe, der entweder das Anfrageergebnis darstellt oder aber als Eingabestrom für darauffolgende Operatoren dient. Die allgemeine Verarbeitungsstrategie eines ausführbaren Operators kann durch ein *open-next-close*-Protokoll beschrieben werden. Die *open*-Funktion initialisiert den ausführbaren Operator, die *next*-Funktion übergibt das nächste Ergebnisobjekt, und die *close*-Funktion beschließt die Verarbeitung. Dies führt zu einer einheitlichen Funktionsschnittstelle für alle Operatoren, bei der der konkrete Operator nach außen hin verborgen bleibt. Daher können Operatoren sehr leicht lokal gegeneinander ausgetauscht werden, solange sie semantisch äquivalent sind und somit keine andersweitigen Auswirkungen auf den gesamten Auswertungsplan haben.

Bezogen auf den gesamten Auswertungsplan werden *open*- und *next*-Aufrufe vom ersten Operator rekursiv auf die nachfolgenden Operatoren weiterpropagiert. Die *close*-Funktion wird ebenfalls rekursiv weitergegeben und zeigt an, dass ein Operator seinen Eingabestrom komplett abgearbeitet hat. Insgesamt wird also eine sogenannte *auftragsgetriebene* Verarbeitung (*demand-driven processing*) verwirklicht.

Die Art des Lesens eines Eingabestroms bzw. Schreibens eines Ausgabestroms von Objekten bleibt einem ausführbaren Operator überlassen. Zum Beispiel kann beim Schreiben eines Ausgabestroms ein Index aufgebaut oder die Ausgabe sortiert erfolgen, was sich als sehr effektiv für den Nachfolgeoperator erweisen kann, oder es kann erforderlich sein, einen Zwischenergebnisstrom vollständig zu materialisieren, d.h. auf einem Externspeicher abzulegen. Auch bleibt es einem Operator überlassen, alle Ergebnisobjekte auf einmal zu erzeugen (*mengenorientierte Strategie*) oder nach dem Schreiben eines jeden Ausgabeobjekts in den Ausgabestrom die Kontrolle wieder an den Nachfolgeoperator abzugeben, so dass dieser das gerade erhaltene Objekt direkt weiterverarbeiten kann (*tupelorientierte Strategie, Stromverarbeitung; pipelining, processing on the fly*). Es ist sogar möglich, dass ein und derselbe ausführbare Operator insbesondere in Abhängigkeit von nachfolgenden Operatoren in verschiedenen Instanzen einmal mengenorientiert und einmal tupelorientiert arbeitet.

Erzeugter Code für einen Auswertungsplan wird meist mit der ursprünglichen Anfrage im Systemkatalog abgelegt. Für die gespeicherten Auswertungspläne werden die Beziehungen zu anderen Meta-Daten (z.B. über Speicherungsstrukturen und Zugriffspfade) ebenfalls mit abgespeichert. Diese Beziehungen beschreiben die Abhängigkeiten eines Auswertungsplans zu seiner konkreten Datenbankumgebung. Die Beziehungsdaten ermöglichen es später, bei Änderungen über eine Neuübersetzung bzw. Reoptimierung einer Anfrage zu entscheiden. Ob dies erforderlich ist, wird jedesmal vom Anfrage-Ausführer vor der Ausführung eines Auswertungsplans überprüft. Schemaänderungen können z.B. eine Neuübersetzung erfordern, oder Änderungen in den Zugriffsstrukturen können eine erneute Optimierung notwendig machen. Da alle Abhängigkeiten eines Auswertungsplans im Systemkatalog festgehalten werden, kann eine automatische Neuübersetzung und Reoptimierung durchgeführt werden. Im Systemkatalog wird auch beschrieben, wie die Übergabe des Anfrageergebnisses an die (Programmierumgebung der) Anwendung zu erfolgen hat.

7.5 Aufgaben

Aufgabe 7.1: Geben Sie für den Ausdruck Ü1 als Standardübersetzung der SQL-Beispielanfrage in Relationenalgebra einen äquivalenten, „optimierten" Algebraausdruck unter Zuhilfenahme des gerade vorgestellten Algorithmus und unter Nennung der verwendeten Algorithmusschritte und ihrer Ergebnisse an.

Aufgabe 7.2: Stellen Sie den in Aufgabe 7.1 als Ergebnis der algebraischen Optimierung erhaltenen Algebraausdruck (Version 1) als Operatorbaum dar und markieren Sie sinnvolle Gruppen durch gesamtheitliche Umrahmung der jeweils zugehörigen Operatoren.

Aufgabe 7.3: Diese Methode kann verbessert werden, wenn Projektion und Duplikateliminierung in das externe Sortierverfahren (Mergesort) integriert werden. Überlegen Sie sich und skizzieren Sie die modifizierte Methode.

Aufgabe 7.4: Weder der Sortier- noch der Hash-Ansatz haben einen Index benutzt. Ist der Einsatz eines Index bei einer Projektion überhaupt sinnvoll? Begründen Sie Ihre Aussage.

Aufgabe 7.5: Nehmen wir an, dass der Join zweier Relationen R und S berechnet werden soll und bezüglich der Join-Attribute von R und der Join-Attribute von S jeweils ein Sekundärindex existiert. Wie können die Indexe zur Berechnung des Joins ausgenutzt werden und welche Vor- und Nachteile kann diese Join-Strategie haben?

Aufgabe 7.6: Zeigen Sie an ausgewählten Beispielen folgende Optimierungsregeln für die algebraische Optimierung:

(a) $R \bowtie S \Leftrightarrow S \bowtie R$

(b) $(R \cup S) \cup T \Leftrightarrow R \cup (S \cup T)$

(c) $R \cup (S \cap T) \Leftrightarrow (R \cup S) \cap (R \cup T)$

(d) $R \cup (R \cap S) \Leftrightarrow R$

(e) $\sigma_F (R - S) \Leftrightarrow \sigma_F (R) - \sigma_F (S) \Leftrightarrow \sigma_F (R) - S$

(f) $\pi_A (R \cap S) \Leftrightarrow \pi_A (R) \cap \pi_A (S)$

Aufgabe 7.7: Bei der Besprechung der Implementierung relationaler Operatoren wurden unter anderem Pseudoalgorithmen für den Nested-Loop-Join, den Sort-Merge-Join und den Hash-Join angegeben. Entwerfen Sie in ähnlicher Weise Pseudo-Algorithmen für

(a) die Projektion,

(b) die Vereinigung,

(c) den Durchschnitt,

(d) die Differenz

7.6 Literaturhinweise

Das Thema „Anfrageverarbeitung" ist seit vielen Jahren Gegenstand intensiver Datenbankforschung. Darstellungen dieses Themas sind in den Literaturhinweisen zu Kapitel 1 in allen genannten Textbüchern und insbesondere in den dort genannten Konferenzbänden zu finden. Aus der Vielzahl der vorhandenen Quellen seien hier nur einige wenige herausgegriffen. Eine gute Einführung in die Anfrageverarbeitung gibt das Buch von Mitschang (1995), das neben Entwurfsaspekten auch Implementierungskonzepte beschreibt. Überblicke bezüglich des allgemeinen Optimierungsproblems bieten der Artikel von Jarke & Koch (1984), das Buch von Kim *et al.* (1985) und der Artikel von Chaudhuri (1998). Freytag (1989) fasst kurz die grundlegenden Ziele und Methoden der Optimierung zusammen. Eine große Anzahl von Artikeln und Buchauszügen befasst sich mit der Implementierung relationaler Operatoren sowie deren Kosten, wie z.B. Yao (1979), Selinger *et al.* (1979) und Biskup (1995).

Literatur

ANSI (1975). Study Group on Data Base Management Systems: Interim Report. *FDT (ACM SIGMOD bulletin)* 7(2).

ATZENI P., CERI S., PARABOSCHI S. & TORLONE R. (1999). *Database Systems – Concepts, Language & Architectures*. McGraw-Hill.

BAYER R. & McCREIGHT E.M (1972). Organization and Maintenance of Large Ordered Indexes. *Acta Informatica*, 1, 173–189

BAYER R. & SCHKOLNICK M. (1977). Concurrency of Operating on B-Trees. *Acta Informatica*, 9(1), 1–21.

BAYER R. & UNTERAUER K. (1977). Prefix-B-Trees. *ACM Transactions on Database Systems (TODS)*, 2, 11–26.

BERNSTEIN P. & GOODMAN N. (1980). Timestamp-Based Algorithms for Concurrency Control in Distributed Database Systems. *Int. Conf. on Very Large Data Bases (VLDB)*, 285–300.

BERNSTEIN P., HADZILACOS V. & GOODMAN N. (1987). *Concurrency Control and Recovery in Database Systems*, Addison Wesley.

BISKUP J. (1995). *Grundlagen von Informationssystemen*. Vieweg.

CAREY M.J. (1983). Granularity Hierarchies in Concurrency Control. *ACM Symposium on Principles of Database Systems (PODS)*, 156–165.

CHAUDHURI S. (1998). An Overview of Query Optimization in Relational Systems. *ACM Symposium on Principles of Database Systems (PODS)*, 34–43.

COMER (1979). The Ubiquitous B-Tree. *ACM Computing Surveys*, 11, 121–137.

DATE C. J. (1998). *An Introduction to Database Systems*. Addison-Wesley.

EFFELSBERG W. & HÄRDER T. (1984). Principles of Database Buffer Management. *ACM Transactions on Database Systems (TODS)*, 9(4), 560–595.

ELMASRI R. & NAVATHE S. B. (2000). *Fundamentals of Database Systems*. Addison Wesley.

ESWARAN K.P., GRAY J.N., LORIE R.A. & TRAIGER I.L. (1976). The Notions of Consistency and Predicate Locks in a Database System. *Communications of the ACM*, 19(11), 624–633.

FAGIN R., NIEVERGELT J., PIPPENGER N. & STRONG H.R. (1979). Extendible Hashing – A Fast Access Method for Dynamic Files. *ACM Transactions on Database Systems (TODS)*, 2(3), 262–278.

FALOUTSOS C. (1985). Multiattribute Hashing Using Gray Codes. *ACM SIGMOD Int. Conf. on Management of Data*, 227–238.

FALOUTSOS C. (1988). Gray Codes for Partial Match and Range Queries. *IEEE Transactions on Software Engineering (TOSE)*, SE-14, 1381–1393.

FALOUTSOS C. & ROSEMAN S. (1989). Fractals for Secondary Key Retrieval. *ACM Symposium on Principles of Database Systems (PODS)*, 247–252.

FALOUTSOS C., SELLIS T. & ROUSSOPOULOS N. (1987). Analysis of Object Oriented Spatial Access Methods. *ACM SIGMOD Int. Conf. on Management of Data*, 426–439.

FREESTON M. W. (1987). The Bang File: A New Kind of Grid File. *ACM SIGMOD Int. Conf. on Management of Data*, 260–269.

FREYTAG J.C. (1989). The Basic Principles of Query Optimization in Relational Database Management Systems. *Information Processing*, 801–807.

GAEDE V. & GÜNTHER O. (1998). Multidimensional Access Methods. *ACM Computing Surveys*, 30(2), 170–231.

GARCIA-MOLINA H., ULLMAN J. D. & WIDOM J. (2000). *Database System Implementation*. Prentice Hall.

GHOSH S. & SENKO M. (1969). File Organization: On the Selection of Random Access Index Points for Sequential Files. *Journal of the ACM*, 16, 569–579.

GRAY J. (1981). The Transaction Concept: Virtues and Limitations. *Int. Conf. on Very Large Data Bases (VLDB)*, 144–154.

GRAY J. & REUTER A. (1993). *Transaction Processing: Concepts and Techniques*. Morgan Kaufmann.

HÄRDER T. & RAHM E. (1999). *Datenbanksysteme – Konzepte und Techniken der Implementierung*. Springer-Verlag.

HÄRDER T. & REUTER A. (1983). Principles of Transaction Oriented Database Recovery – A Taxonomy. *ACM Computing Surveys*, 15(4), 287–317.

HENRICH A., SIX H.-W. & WIDMAYER P. (1989). The LSD-Tree: Spatial Access to Multidimensional Point- and Non-Point Objects. *Int. Conf. on Very Large Data Bases (VLDB)*, 45–53.

HEUER A. & SAAKE G. (2000). *Datenbanken: Konzepte und Sprachen*. MITP-Verlag.

HINRICHS K. (1985). *The Grid File System: Implementation and Case Studies of Applications*. Doctoral Thesis, ETH Zürich.

JAGADISH H.V. (1990). Linear Clustering of Objects with Multiple Attributes. *ACM SIGMOD Int. Conf. on Management of Data*, 332–342.

JARKE M. & KOCH J. (1984). Query Optimization in Database Systems. *ACM Computing Surveys*, 16(2).

KEMPER A. & EICKLER A. (1999). *Datenbanksysteme*. Oldenbourg Verlag.

KIM W., REINER D.S. & BATORY D.S. (1985). *Query Processing in Database Systems*. Springer Verlag.

KNUTH D.E. (1973). *The Art of Computer Programming, Vol. 3: Sorting and Searching*. Addison-Wesley.

KRISHNAMURTHY R. & WHANG K.-Y. (1985). Multilevel Grid Files. IBM T.J. Watson Research Center Report, Yorktown Heights, New York.

KUNG H.-T. & ROBINSON J.T. (1981). On Optimistic Concurrency Control. *ACM Transactions on Database Systems (TODS)*, 6(2), 213–226.

LARSON P. (1978). Dynamic Hashing. BIT, 18(2), 184–201.

LARSON P. (1981). Analysis of Index-Sequential Files with Overflow Chaining. *ACM Transactions on Database Systems (TODS)*, 6(4).

LEHMAN P.L. & YAO S.B. (1981). Efficient Locking for Concurrent Operations on B-Trees. *ACM Transactions on Database Systems (TODS)*, 6(4), 650–670.

LEVENE M. & LOIZOU G. (1999). *A Guided Tour of Relational Databases and Beyond*. Springer.

LITWIN W. (1980). Linear Hashing: A New Tool for File and Table Addressing. *Int. Conf. on Very Large Data Bases (VLDB)*, 212–223.

LOCKEMANN P. C. & SCHMIDT J. W. (1987). *Datenbank-Handbuch*. Informatik-Handbücher, Springer-Verlag.

Lomet D.B. & Salzberg B. (1989). A Robust Multi-Attribute Search Structure. *IEEE Int. Conf. on Data Engineering (ICDE)*, 296–304.

MANOLA F. & ORENSTEIN J.A. (1986). Towards a General Spatial Data Model for an Object-Oriented DBMS. *Int. Conf. on Very Large Data Bases (VLDB)*, 328–335.

MANOLOPOULOS Y., THEODORIDIS Y. & TSOTRAS V. J. (2000). *Advanced Database Indexing*. Kluwer Academic Publishers.

MAURER W.D. & LEWIS T.G. (1975). Hash Table Methods. *ACM Computing Surveys*, 7(1), 5-20.

MITSCHANG B. (1995). *Anfrageverarbeitung in Datenbanksystemen – Entwurfs- und Implementierungskonzepte*. Vieweg-Verlag.

MORRIS R. (1968). Scatter Storage Techniques. *Communications of the ACM*, 11(1), 38–43.

MORTON G.M. (1966). *A Computer Oriented Geodetic Data Base and a New Technique in File Sequencing*. IBM Ltd.

NAKAMURA T. & MIZZOGUSHI T. (1978). An Analysis of Storage Utilization Factor in Block Split Data Structuring Scheme. *Int. Conf. on Very Large Data Bases (VLDB)*, 489–495.

NIEVERGELT J., HINTERBERGER H. & SEVCIK K.C. (1984). The Grid File: An Adaptable, Symmetric Multikey File Structure. *ACM Transactions on Database Systems (TODS)*, 38–71.

ORENSTEIN J.A. (1986). Spatial Query Processing in an Object-Oriented Dtabase System. *ACM SIGMOD Int. Conf. on Management of Data*.

OTTMANN T. & WIDMAYER P. (1993). *Algorithmen und Datenstrukturen*. BI-Wissenschaftsverlag.

PAPADIMITRIOU C.H. (1986). *The Theory of Database Concurrency Control*. Computer Science Press.

PIATTINI M. & DIAZ O. (Editors) (2000). *Advanced Databases Technology and Design*. Artech House.

RAMAKRISHNAN R. (1997). *Database Management Systems*. McGraw-Hill.

ROBINSON J.T. (1981). The KDB-Tree: A Search Structure for Large Multidimensional Dynamic Indexes. *ACM SIGMOD Int. Conf. on Management of Data*, 10–18.

ROSENBERG A.L. & SNYDER L. (1981). Time- and Space-Optimality in B-Trees. *ACM Transactions on Database Systems (TODS)*, 6(1), 174–193.

SAAKE G. & HEUER A. (1999). *Datenbanken: Implementierungstechniken*. MITP-Verlag.

SALZBERG B. (1989). Merging Sorted Runs Using Large Main Memory. *Acta Informatica*, 27, 195–215.

SALZBERG B., TSUKERMAN A., GRAY J., STEWART M., UREN S. & VAUGHAN B. (1990). FastSort: A Distributed Single-Input Single Output External Sort. *ACM SIGMOD Int. Conf. on Management of Data*, 94–101.

SEEGER B. & KRIEGEL H.-P. (1988). Techniques for Design and Implementation of Efficient Spatial Access Methods. *Int. Conf. on Very Large Data Bases (VLDB)*, 360–371.

SEEGER B. & KRIEGEL H.-P. (1990). The Buddy-Tree: an Efficient and Robust Access Method for Spatial Data Base Systems. *Int. Conf. on Very Large Data Bases (VLDB)*, 590–601.

SELINGER P. G., ASTRAHAN M.M, CHAMBERLIN D.D., LORIE R.A. & PRICE T.G. (1979). Access Path Selection in a Relational Database System. *ACM SIGMOD Int. Conf. on Management of Data*, 23–34.

SELLIS T., ROUSSOPOULOS N. & FALOUTSOS C. (1987). The R$^+$-Tree: a Dynamic Index for Multi-Dimensional Objects. *Int. Conf. on Very Large Data Bases (VLDB)*, 507–518.

SILBERSCHATZ A., KORTH H. F. & SUDARSHAN S. (2002). *Database System Concepts.* McGraw-Hill.

SMITH P.D. & BARNES G.M. (1990). *Files and Databases: An Introduction.* Addison-Wesley.

STONEBRAKER M. (1981). Operating System Support for Database Management. *Communications of the ACM*, 24(7), 412–418.

TAMMINEN M. (1982). The Extendible Cell Method for Closest Point Problems. *BIT*, 22, 27–41.

TANENBAUM A.S. (1995). *Moderne Betriebssysteme.* Carl Hanser Verlag.

TSICHRITZIS D. C. & KLUG A. (1978). The ANSI/X3/SPARC DBMS Framework: Report of the Study Group on Data Base Management Systems. *Information Systems*, Volume 3.

ULLMAN J. D. (1988). *Principles of Database and Knowledge-Base Systems*, Volume I: Classical Database Systems. Computer Science Press.

ULLMAN J. D. (1989). *Principles of Database and Knowledge-Base Systems*, Volume II: The New Technologies. Computer Science Press.

VOSSEN G. (2000). *Datenbankmodelle, Datenbanksprachen und Datenbankmanagementsysteme.* Addison-Wesley.

WIDMAYER P. (1991). Datenstrukturen für Geodatenbanken. In: Vossen G. & Witt K.-U. (Hrsg.). *Entwicklungstendenzen bei Datenbanksystemen*, Oldenbourg Verlag, 317–361.

WIEDERHOLT G. (1989). *Dateiorganisation in Datenbanken.* McGraw-Hill.

YAO S. B. (1979). Optimization of Query Evaluation Algorithms. *ACM Transactions on Database Systems (TODS)*, 4(2).

YU C. T. & MENG W. (1998). *Principles of Database Query Processing for Advanced Applications.* Morgan Kaufman Publishers.

Anhang A

Relationenalgebra

Die *Relationenalgebra* (*relational algebra*) ist eine formale, im Gegensatz zum Relationenkalkül prozedurale, nicht-deklarative, deskriptive und konstruktive Anfragesprache, die auf Relationen als ihren Objekten und einer Menge von Operationen zur Manipulation von Relationen beruht. Sie ist gleichmächtig zum Relationenkalkül. Wir erläutern im Folgenden die Grundkonzepte der Relationenalgebra.

A.1 Relationen

Für den Datenbankbegriff der *Relation* (*relation*) gibt es zwei ähnliche, aber doch zu unterscheidende Definitionen, die auf einer „endlichen Menge von Listen" bzw. auf einer „endlichen Menge von Abbildungen" beruhen. Ein *Relationenschema* (*relation schema*) R, geschrieben als $R(A_1, ..., A_n)$ oder auch als $R(A_1 : D_1, ..., A_n : D_n)$, ist eine Menge $R = \{A_1, ..., A_n\}$ von Attributen. Jedes *Attribut* (*attribute*) A_i ist der Name einer Eigenschaft, dem ein Wertebereich D_i im Relationenschema R zugeordnet ist. Ein *Wertebereich* (*domain*) ist einfach eine Menge von gleichartigen Werten, also nichts anderes als ein Typ. D_i wird *Wertebereich von* A_i genannt. R beschreibt die Struktur einer Relation und wird als *Name* der Relation bezeichnet. Der *Grad einer Relation* ist die Anzahl n der Attribute seines Relationenschemas.

Der ersten Definition einer Relation liegt nun der dem relationalen Datenmodell zugrundeliegende mathematische Begriff einer Relation zugrunde, der eine Relation als Teilmenge des kartesischen Produkts einer Liste von Wertebereichen auffasst. Seien $D_1, ..., D_n$ die den Attributen eines Relationenschemas R zugeordneten und nicht notwendigerweise verschiedenen Wertebereiche. Dann ist das *kartesische Produkt* ((*Cartesian*) *product*) dieser Wertebereiche gegeben durch

$$D_1 \times ... \times D_n = \{(v_1, ..., v_n) \mid v_i \in D_i \text{ für alle } 1 \leq i \leq n\}$$

Ein Tupel $(v_1, ..., v_n)$ oder kurz $v_1...v_n$ bezeichnen wir als n-Tupel. Eine *Relation* (eine *Relationeninstanz*) r des Relationenschemas $R(A_1 : D_1, ..., A_n : D_n)$, auch als r_R geschrieben, ist nun als

$$r_R \subseteq D_1 \times ... \times D_n \text{ mit } |r_R| = m \in \mathbb{N}$$

definiert. Jedes Element aus $r_R = \{t_1, ..., t_m\}$ ($m \in \mathbb{N}$) ist ein *n-Tupel* (*n-tuple*), also eine geordnete Liste $t_i = (v_1, ..., v_n)$ von n Werten (*Attributwerte* genannt), wobei $v_i \in D_i$ für alle $1 \leq i \leq n$ ist.

Der zweiten Definition einer Relation liegt die Beobachtung zugrunde, dass die Reihenfolge der Attribute und Attributwerte eigentlich nicht wirklich wichtig ist, solange die eindeutige Zuordnung zwischen Attributen und Attributwerten gegeben ist. Die folgende Definition zielt nun darauf ab, die Ordnung der Attributwerte in einem Tupel unnötig zu machen. Eine *Relation r* des Relationenschemas $R(A_1 : D_1, ..., A_n : D_n)$, auch als r_R geschrieben, ist eine Menge $r_R = \{t_1, ..., t_m\}$ ($m \in \mathbb{N}$) von *Abbildungen*, wobei jedes Tupel t_i eine Abbildung $t_i : R \rightarrow D$ mit $D = \bigcup_{i=1}^{n} D_i$ ist. Es muss also gelten:

$$\forall\, t \in r_R\ \forall\, 1 \leq i \leq n : t(A_i) \in D_i$$

Daher kann jedes Tupel als eine Menge von (< Attributname >, < Attributwert >)-Paaren aufgefasst werden, wo jedes Paar den Wert der Abbildung von einem Attribut A_i auf einen Wert $v_i \in D_i$ angibt. Die Ordnung der Attribute ist nicht wichtig, weil der Attributname zusammen mit seinem Wert auftritt.

Die Darstellung heuristischer Optimierungsregeln für relationale Algebraausdrücke werden wir auf die zweite Definition stützen, da sie allgemeiner ist als die erste Definition und die Formulierung von Kommutativitäts- und Distributivitätsregeln erlaubt (siehe Abschnitt 7.3.1).

A.2   Relationale Operationen

Die Operationen der Relationenalgebra werden in die bekannten Mengenoperationen *Vereinigung* ($\cup$), *Differenz* ($-$) sowie *Durchschnitt* ($\cap$) und *symmetrische Differenz* (Δ) und in die speziellen Operationen *Selektion* (σ), *Projektion* (π), *kartesisches Produkt* ($\times$), *Join* (= *Verbund*) ($\bowtie$) und *Division* (= *Quotient*) ($\div$) unterteilt. Hierbei bildet die Menge $\{\sigma, \pi, \cup, -, \times\}$ eine *vollständige* Menge. D.h. alle anderen Algebraoperationen können durch eine Folge von Operationen dieser Menge ausgedrückt werden.

Zur Definition dieser Operationen benötigen wir den Begriff der *Vereinigungsverträglichkeit* bzw. *Schemaverträglichkeit* zweier Relationenschemata $R(A_1 : C_1, ..., A_n : C_n)$ und $S(B_1 : D_1, ..., B_n : D_n)$. R und S sind *vereinigungsverträglich* bzw. *schemaverträglich*, wenn sie den gleichen Grad n haben und es eine Permutation φ der Indizes $\{1, ..., n\}$ gibt, so dass gilt:

$$\forall\, i \in \{1, ..., n\} : C_i = D\varphi_{(i)}$$

D.h. bis auf Umnummerierung sind die Wertebereiche aus C und D gleich.

Wir definieren nun die Mengenoperationen der Relationenalgebra. Sie setzen alle schemaverträgliche Relationen(schemata) voraus. Wir benutzen im Folgenden die allgemein übliche Konvention, dass R sowohl für den Namen des Relationensche-

mas als auch für die zugehörigen Relationeninstanzen verwendet wird. Aus dem
Zusammenhang wird die jeweilige Anwendung stets klar werden. Die Basisoperationen *Vereinigung* (*union*) und *Differenz* (*difference*) sind wie folgt definiert:

$$R \cup S = \{t \mid t \in R \vee t \in S\}$$

$$R - S = \{t \mid t \in R \wedge t \notin S\}$$

Die von diesen Basisoperationen abgeleiteten Mengenoperationen sind der *Durchschnitt* (*intersection*) und die *symmetrische Differenz* (*symmetrical difference*):

$$R \cap S = R - (R - S) = (R \cup S) - ((R - S) \cup (S - R)) = (R \cup S) - R \, \Delta \, S$$

$$R \, \Delta \, S = (R - S) \cup (S - R)$$

Die symmetrische Differenz bildet die Vereinigung derjenigen Tupel aus R und S,
die nur in einer der beiden Relationen enthalten sind.

Im Folgenden werden die speziellen Operationen der Relationenalgebra definiert.
Wir beginnen mit den Basisoperationen. Die *Selektion* wählt alle Tupel einer Relation R aus, die eine gegebene *Selektionsbedingung F* erfüllen. F ist hierbei ein quan-
tifikatorfreier Boole'scher Ausdruck, der angewendet auf ein Tupel $t \in R$ prüft, ob
F für das Argument t die Bedingung erfüllt, also den Wahrheitswert *true* liefert.
Dann gilt:

$$\sigma_F (R) = \{t \mid t \in R \wedge F(t)\}$$

Die *Projektion* (*projection*) beinhaltet die Einschränkung eines Relationenschemas
auf bestimmte Attribute. Entsprechend werden die Tupel der zugehörigen Relation
auf diese Attribute eingeschränkt. Eventuell entstandene Duplikate werden eliminiert. Sei R eine Relation über der Attributmenge A und sei $B \subseteq A$. Dann gilt unter
Verwendung der zweiten Definition einer Relation:

$$\pi_B(R) = \{t|_B \mid t \in R\}$$

Das *kartesische Produkt* ((*Cartesian*) *product*) zweier Relationen R vom Grad m
und S vom Grad n unter Verwendung der ersten Definition einer Relation ist definiert als

$$R \times S = \{t \circ u \mid t \in R, u \in S\}$$

wobei der Operator $\circ$ die Tupelkonkatenation zweier Tupel $t = (v_1, ..., v_m)$ und $u =
(w_1, ..., w_n)$ zu einem Tupel $t \circ u = (v_1, ..., v_m, w_1, ..., w_n)$ vom Grad $m + n$ beschreibt.

Von diesen Basisoperationen lassen sich weitere spezielle Operationen der Relationenalgebra ableiten. Sei F eine über den Attributen zweier Relationen R und S formulierte Bedingung. Dann lässt sich der *Join* (*Theta-Join, Verbund; join*) wie folgt
definieren:

$$R \bowtie_F S = \sigma_F (R \times S)$$

Seien A_1, ..., A_m die Attribute von R und B_1, ..., B_n die Attribute von S. O.B.d.A. seien C_1, ..., C_k mit $C_i = A_i = B_i$ für alle $1 \le i \le k$ diejenigen Attribute, die sowohl in R als auch in S vorkommen. Dann lässt sich der *natürliche Join* (*natural join*) wie folgt definieren:

$$R \bowtie S = \pi_{R.A_1, ..., R.A_m, S.B_{k+1}, ..., S.B_n} (\sigma_{R.A_1 = S.A_1 \wedge ... \wedge R.A_k = S.A_k} (R \times S))$$

Die Projektion eliminiert also abschließend alle doppelten Spalten der mittels der Selektion und dem kartesischen Produkt erhaltenen Relation.

Der *Semijoin* (*Halbverbund*; *semijoin*) einer Relation R durch eine Relation S bezeichnet die Projektion des natürlichen Joins von R und S auf die Attribute von R. Es gilt daher:

$$R \ltimes S = \pi_R (R \bowtie S)$$

Seien R mit der Attributmenge A_1, ..., A_m und S mit der Attributmenge B_1, ..., B_n Relationen vom Grad m bzw. n mit $m > n$ und $S \ne \emptyset$. Nehmen wir o.B.d.A. an, dass für alle $1 \le i \le n\, A_{m-n+i} = B_i$ gilt. Dann ist die *Division (division)* (oder auch der *Quotient (quotient)*) von R und S wie folgt definiert:

$$R \div S = \{t = (v_1, ..., v_{m-n}) \mid \forall\, u = (v_{m-n+1}, ..., v_m) \in S : t \circ u = (v_1, ..., v_m) \in R\}$$

Algebraisch wird die Division wie folgt definiert:

$$R \div S = \pi_{A_1, ..., A_{m-n}} (R) - \pi_{A_1, ..., A_{m-n}} ((\pi_{A_1, ..., A_{m-n}} (R) \times S) - R)$$

Anhang B

Lösungen zu den Aufgaben im Text

Aufgabe 1.1

Folgendes Szenario ist vorstellbar:

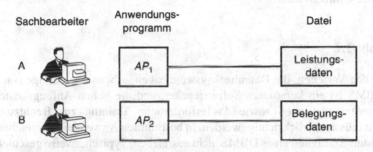

Wir nehmen an, dass beide Dateien den Namen, den Vornamen, die Matrikelnummer sowie die Adresse eines Studenten enthalten. Leistungsdaten beinhalten ferner Daten über die Ergebnisse mündlicher Prüfungen, Klausuren, Seminare usw. Belegungsdaten umfassen zusätzlich Daten über die belegten Kurse/Vorlesungen jedes Studenten. Das Auftreten von *Redundanz* ist offensichtlich: Name, Vorname, Matrikelnummer und Adresse eines Studenten werden mehrfach gespeichert, was auf Speicherverschwendung hinausläuft. Ferner besteht die Gefahr, dass Dateien, die gleiche Daten enthalten, inkonsistent werden. Dies kann geschehen, wenn eine Änderung von Daten (hier zum Beispiel die Änderung einer Adresse) nur auf einigen aber nicht allen Dateien durchgeführt wird. *Inkonsistenz* kann auch auf andere Weise entstehen. Auch wenn eine Änderung auf allen betroffenen Datcien erfolgt, können diese geänderten Daten inkonsistent sein, weil die Änderungen dezentral und unabhängig voneinander ausgeführt werden und durch Eingabefehler der Anwender voneinander verschieden sein können.

Die *Daten-Programm-Abhängigkeit* zeigt sich in folgenden beiden Beispielen. Nehmen wir an, der Belegungsdatendatei soll für jeden Datensatz ein zusätzliches Datum (beispielsweise ein boolscher Wert, der angibt, ob die geforderten Leistungen für das Vordiplom bereits erbracht wurden) hinzugefügt werden, so ist es extrem aufwendig, eine Reorganisation dieser Datei herbeizuführen. Ist die Leistungsdatei ausschließlich als Index organisiert, weil im Anwendungsprogramm AP_1 stets über den Schlüssel „Matrikelnummer" auf die Daten eines Studenten zugegriffen wird, so ist es schwierig, eine Übersicht über die Leistungsdaten aller Studenten zu erstellen, da dies einen sequentiellen Zugriff und eine Betrachtung aller Datensätze erfordert.

Nehmen wir an, dass Sachbearbeiter C aus der Finanzabteilung beauftragt wird, die Zahlung der Semesterbeiträge aller Studenten zu verwalten. Hierzu muss zunächst ein Anwendungsprogramm AP_3 und die Struktur einer darauf abgestimmten Datei entwickelt werden. Genau genommen muss Sachbearbeiter C danach alle persönlichen Daten wie Name, Vorname, Matrikelnummer und Adresse eines Studenten erfassen, da er aus Datenschutzgründen eine Kopie der Leistungsdatendatei oder der Belegungsdatendatei nicht erhalten darf. Hierin stehen nämlich auch noch weitere, für Sachbearbeiter C nicht bestimmte Daten. In dem gesamten Verfahren zeigt sich die extreme *Inflexibilität*.

Aufgabe 1.2

Bei all den Vorteilen, die Datenbanksysteme haben, gibt es auch einige Nachteile. Ein DBMS ist ein komplexes Softwarepaket, und die hohen Anfangskosten und Hardwareanforderungen sowie das erforderliche Training zur Benutzung des Systems müssen berücksichtigt werden. In bestimmten Anwendungsbereichen kann die Leistungsfähigkeit eines DBMS nicht ausreichen. Typischerweise geschieht dies in Umgebungen mit Realzeitanforderungen, wo Operationen innerhalb eines kleinen Zeitintervalls ausgeführt werden müssen. Aus solchen Gründen können ad hoc- oder spezialisierte Lösungen einem DBMS vorzuziehen sein, insbesondere dann, wenn gewisse Vorteile von DBMS wie z.B. das Stellen von Anfragen, Recovery, Datensicherheit usw. nicht erforderlich sind. Auch wenn Datenbank und Anwendungen einfach strukturiert, wohl definiert und keinen oder kaum Änderungen unterworfen sind, kann der Verzicht auf ein DBMS ratsam sein. Dies kann auch gelten, wenn kein Mehrfachzugriff und keine Mehrbenutzerfähigkeit erforderlich ist.

Aufgabe 2.1

Unter Beachtung der Ausrichtung von Feldwerten ergibt sich die folgende Datensatzgröße:

$$(24+0)+(9+0)+(1+2)+(4+0)+(14+2)+(4+0)+(4+0)+(18+2) = 84 \text{ Bytes}.$$

Hiervon enthalten 6 Bytes keine Information. Eine kompaktere Darstellung ist bei Vertauschung der Reihenfolge der Feldwerte möglich. Man kann sich vorstellen, dass das Datenbanksystem aus dem benutzergegebenen Datensatzformat (z.B. einem Schema einer Relation) ein speicherplatzoptimiertes Datensatzformat generiert. Nachteil ist ein höherer Verwaltungsaufwand. Das Datensatzformat ist dann z.B.

> Student(Name: String[24]; Semesteranzahl: Integer; Nr: Integer;
> Plz: Integer; Straße: String[14]; Ort: String[18];
> Matrikelnr: String[9], Geschlecht: Boolean)

Als Datensatzgröße ergibt sich dann:

$$(24+0)+(4+0)+(4+0)+(4+0)+(14+0)+(18+0)+(9+0)+(1+2) = 80 \text{ Bytes.}$$

Hiervon enthalten 2 Bytes keine Information.

Aufgabe 2.2

Zunächst wird eine binäre Suche auf den Seiten und danach auf den Datensätzen der gefundenen Seite durchgeführt. Wir nehmen an, dass die b Seiten der Datei von 1 bis b durchnummeriert sind und dass die Datensätze gemäß des Sortierfelds aufsteigend geordnet sind. Gesucht wird nach einem Datensatz, dessen Sortierfeldwert gleich k ist.

```
algorithm search(k : key_type) : boolean;
    l := 1;
    r := b
    while r ≥ l do
        i := (l+r) div 2;
        Lese Seite (Block) i der Datei in den Puffer;
        if k < Sortierfeldwert des ersten Datensatzes in der Seite then
            r := i-1
        else if k > Sortierfeldwert des letzten Datensatzes in der Seite then
            l := i+1
        else { Seite gefunden }
            c := 1; d := Anzahl der Datensätze der Seite;
            while d ≥ c do
                j := (c+d) div 2;
                if k < Sortierfeldwert des j-ten Datensatzes in der Seite then
                    d := j-1
                else if k > Sortierfeldwert des j-ten Datensatzes in der Seite
                    then c := j+1
                else { Datensatz gefunden }
                    return true
                fi
            end
        fi
    od
    return false
end search.
```

Aufgabe 2.3

Beim Einfügen eines Datensatzes in eine Datei wird zunächst die richtige Seite gesucht. Befindet sich auf dieser Seite noch genügend Platz, so wird der neue Datensatz an der richtigen Position unter vorhergehendem Verschieben der nachfolgenden Datensätze eingefügt. Anderenfalls wird der Datensatz am Ende der Überlaufdatei eingefügt. Dies spart in wesentlichem Maße Zeit, da sonst alle Datensätze hinter der korrekten Einfügeposition für den neuen Datensatz verschoben werden müssten. Nachteilig ist, dass, falls beim Suchen der Datensatz nicht an der richtigen Position gefunden wird, zusätzlich noch die Überlaufdatei linear nach dem Datensatz durchsucht werden muss. Ähnliches gilt für das Löschen eines Datensatzes. Beim Ändern eines Feldwertes ist zu unterscheiden, ob das Sortierfeld oder ein anderes Feld modifiziert werden soll. Wird das Sortierfeld geändert, so ist dies gleichbedeutend mit einer Veränderung der Position des Datensatzes in der Datei. Die Änderungsoperation entspricht dann dem Löschen des alten Datensatzes gefolgt von dem Einfügen des modifizierten Datensatzes. Soll ein Nichtsortierfeld geändert werden, so wird der Datensatz gesucht, der entsprechende Feldwert geändert und der Datensatz an die gleiche physische Position zurückgeschrieben.

Hat die Überlaufdatei eine gewisse Größe erreicht, so ist eine Reorganisation durchzuführen, in der Haupt- und Überlaufdatei miteinander verschmolzen werden. Hierzu muss die Überlaufdatei zunächst sortiert werden. Ferner werden Datensätze, die mit einer Löschmarkierung versehen sind, entfernt.

Aufgabe 2.4

Die Wahl der Katalogrelationen und ihrer Schemata ist nicht eindeutig. Ein beispielhafter Entwurf ist folgender:

> *Relationen(RelName: string, AnzahlAttribute: integer)*
>
> *Attribute(AttrName: string, RelName: string, TypName: string, Position: integer)*
>
> *Indexe(IndexName: string, RelName: string, IndexTyp: string, IndexAttribute: string)*
>
> *Sichten(SichtenName: string, Definition: string)*
>
> *Benutzer(Benutzername: string, KodiertesPasswort: string, Gruppe: integer)*

Aufgabe 2.5

(a)

Der Blockungsfaktor ergibt sich als $r = \lfloor 4096/200 \rfloor = 20$ Datensätze pro Block. Die Anzahl der Blockzugriffe beläuft sich bei erfolgreicher Suche auf $\lceil n/2r \rceil = \lceil 2000000/40 \rceil = 50000$ und bei nicht erfolgreicher Suche auf $\lceil n/r \rceil = \lceil 2000000/20 \rceil = 100000$.

Die Anzahl der Datenblöcke beträgt $b = \lceil n/r \rceil = \lceil 2000000/20 \rceil = 100000$. Unter der Annahme der in der Aufgabenstellung genannten Zeiten benötigt eine erfolgreiche Suche $0{,}5 \cdot b(d+rc) = 0{,}5 \cdot 100000 \cdot (10 \cdot 10^{-3} + 20 \cdot 30 \cdot 10^{-9})$ Sekunden = 500,03 Sekunden > 8 Minuten und eine nicht erfolgreiche Suche fast 17 Minuten.

(b)

Eine Berechnung der Größe des Verzeichnisses ergibt $4 \cdot b = 400000$ Bytes = ca. 98 Blöcke. Es besteht das Problem, dass diese nicht alle im Hauptspeicher (Systempuffer) gehalten werden können und ausgelagert werden müssen, da sie zu viel Platz beanspruchen.

(c)

Wir berechnen zunächst den Blockungsfaktor, der sich wieder als $r = \lfloor 4096/200 \rfloor = 20$ Datensätze pro Block ergibt. Bei Verwendung von binärer Suche kann ein Datensatz in $d \cdot \log_2 b + c \cdot \log_2 r = 10 \cdot 10^{-3} \cdot \log_2 100000 + 30 \cdot 10^{-9} \cdot \log_2 20$ Sekunden = 0,1661 Sekunden lokalisiert werden. Bei erfolgloser Suche ergibt sich die gleiche Suchzeit.

(d)

Wir berechnen zunächst den Blockungsfaktor, der sich wieder als $r = \lfloor 4096/200 \rfloor = 20$ Datensätze pro Block ergibt. Mit $B = 1000$ Behältern erhalten wir eine durchschnittliche Behälterbelegung von $\lfloor n/B \rfloor = \lfloor 2000000/1000 \rfloor = 2000$ Datensätzen, die über $\lceil n/Br \rceil = \lceil 2000000/20000 \rceil = 100$ Blöcke verteilt sind. Eine erfolgreiche Suche erfordert durchschnittlich 50 Blockzugriffe und $h + d + 0{,}5 \cdot rc = 30 \cdot 10^{-9} + 10 \cdot 10^{-3} + 0{,}5 \cdot 20 \cdot 30 \cdot 10^{-9}$ Sekunden = 0,01000033 Sekunden, also ungefähr eine Hundertstelsekunde. Eine erfolglose Suche benötigt 0,01000063 Sekunden, also unmerklich mehr.

(e)

Das Behälterverzeichnis erfordert $4 \cdot B = 4000$ Bytes und passt somit gut in den Hauptspeicher.

Aufgabe 2.6

(a)

Eine Hash-Funktion sollte (1) *surjektiv* sein, also alle Behälter erfassen, (2) die zu speichernden Schlüssel möglichst *gleichmäßig* über alle Behälter verteilen, damit wenig Kollisionen entstehen, und (3) effizient zu berechnen sein.

(b)

Für $P_{keine\ Kollision}$ ergibt sich zunächst: $P_{keine\ Kollision} = P(1) \cdot P(2) \cdot \ldots \cdot P(n)$. Für $P(1)$ erhalten wir $P(1) = 1$, da am Anfang noch kein Behälter gefüllt ist. Beim Einfügen des zweiten Datensatzes ist ein Behälter gefüllt, und $B-1$ Behälter sind noch frei. Da jeder Behälter mit der gleichen Wahrscheinlichkeit $1/B$ belegt wird, gilt

$$P(2) = \frac{B-1}{B}$$

Analog gilt für alle folgenden Elemente:

$$P(i) = \frac{B-i+1}{B}$$

da jeweils i-1 Behälter belegt sind. Als Gesamtwahrscheinlichkeit ergibt sich somit:

$$P_{keine\ Kollision} = \frac{B(B-1)(B-2)\ldots(B-n+1)}{B^n}$$

und somit

$$P_{Kollision} = 1 - \frac{B(B-1)(B-2)\ldots(B-n+1)}{B^n}$$

(c)

Für die Beispieldaten erhalten wir

n	$P_{Kollision}$
22	0.475
23	0.507
50	0.970

Bereits 23 Schlüssel sorgen dafür, dass die Wahrscheinlichkeit einer Kollision größer als 50% ist. Als Interpretation des Beispiels ergibt sich, dass Kollisionen im Normalfall praktisch unvermeidbar sind.

(d)

Unbrauchbar sind alle diejenigen c, die zu 12 *nicht teilerfremd* sind, da für alle diese c nicht alle vorhandenen Behälter abgesucht werden, falls kein freier Platz gefunden wird. Dies ist hier die Menge $\{2, 3, 4, 6, 8, 9, 10\}$. Es gilt also

$$c \text{ unbrauchbar} \Leftrightarrow \text{ggt}(c, 12) \neq 1$$

(e)

Sei $BA(r)$ die maximale Anzahl von Behältern, die durchsucht werden müssen, wenn ein Datensatz r gepeichert werden soll. Dann gilt:

$$
\begin{aligned}
BA(r) &= \min\{i \mid h_i(x) = h(x)\} \\[6pt]
&= \min\{i \mid (h(x) + c \cdot i) \bmod B = h(x)\} \\[2pt]
&\quad \text{(Def. von } h(x)) \\[6pt]
&= \min\{i \mid \exists y : h(x) + c \cdot i = y \cdot B + h(x)\} \\[2pt]
&\quad \text{(Def. von modulo)} \\[6pt]
&= \min\{i \mid \exists y : c \cdot i = y \cdot B\} \\[6pt]
&= \frac{\min\{j \mid \exists y : c \cdot i = j = y \cdot B\}}{c} \\[6pt]
&= \frac{\text{kgV}(c, B)}{c} \\[6pt]
&= \frac{c \cdot B}{c \cdot \text{ggT}(c, B)} \\[6pt]
&= \frac{B}{\text{ggT}(c, B)}
\end{aligned}
$$

Aufgabe 2.7

Ist ein Tupel von A verarbeitet worden, wird es nicht wieder benötigt. Daher ist nach Abarbeitung eines Blocks von A-Tupeln der gesamte Block nicht länger mehr im Hauptspeicher erforderlich, trotz der Tatsache, dass er erst kürzlich verwendet worden ist. Der Puffer-Manager sollte also dazu veranlasst werden, den vom A-Block belegten Speicherplatz zu deallokieren, sobald das letzte Tupel des Blocks verarbeitet worden ist.

Ferner müssen wir für jedes Tupel von Datei *A* einmal jeden Block von Datei *B* überprüfen. Nach Abarbeitung eines *B*-Blocks wissen wir, dass auf ihn nicht wieder zugegriffen wird, bis alle anderen *B*-Blöcke verarbeitet worden sind. Somit wird der Block, auf den zuletzt zugegriffen (most recently used) worden ist, derjenige sein, der als letzter wieder referenziert werden wird, und der am wenigsten unlängst verwendete (least recently used) *B*-Block ist derjenige Block, der als nächster verarbeitet wird. Das ist genau das Gegenteil der Annahmen der LRU-Strategie. Die optimale Strategie zur Blockersetzung ist die MRU-Strategie. Wenn ein *B*-Block aus dem Buffer entfernt werden muss, wählt die MRU-Strategie den zuletzt benutzten Block aus.

Damit die MRU-Strategie korrekt arbeitet, muss das DBMS den aktuell verarbeiteten *B*-Block fixieren. Nach Verarbeitung des letzten B-Tupels des Blocks muss die Fixierung aufgehoben werden, und der Block wird zum am unlängsten verwendeten Block. Es ist ebenfalls sinnvoll, einen *A*-Block solange zu fixieren, bis er abgearbeitet worden ist.

Aufgabe 2.8

(a)

Kein Buchstabe hat eine Kodierung von *n* Bits, so dass diese *n* Bits identisch mit den ersten *n* Bits irgendeiner anderen Buchstabenkodierung sind.

(b)

Die folgende Tabelle zeigt mögliche Buchstabenkodierungen:

Buchstabe	Häufigkeit	Kodierung
E	35%	1
A	30%	01
D	20%	001
C	10%	0001
B	5%	0000

Buchstabe E mit der größten Häufigkeit wird der kürzeste Code zugewiesen, also ein einzelnes Bit, was in unserem Falle ein 1-Bit ist. Alle anderen Kodes müssen dann mit einem 0-Bit starten und wenigstens zwei Bits lang sein. Ein einzelnes 0-Bit wäre ungültig, da es von den Anfangsstücken der anderen Kodes nicht unterscheidbar wäre. Buchstabe A erhält den nächst kürzeren Kode, in unserem Falle also

01. Alle weiteren Kodes müssen daher mit einer 00 beginnen. In ähnlicher Weise werden den Buchstaben D, C und B die Kodes 001, 0001 und 0000 zugewiesen.

(c)

001 | 1 | 0001 | 01 | 001 | 1 = DECADE

01 | 0001 | 0001 | 1 | 001 | 1 = ACCEDE

(d)

Die erwartete Durchschnittslänge ergibt sich aus

$$0{,}35 \cdot 1 + 0{,}3 \cdot 2 + 0{,}2 \cdot 3 + 0{,}1 \cdot 4 + 0{,}05 \cdot 4 = 2{,}15 \text{ Bits}$$

Wird jeder Buchstabe mit der gleichen Anzahl von Bits kodiert, wie dies üblicherweise getan wird, benötigen wir drei Bits pro Buchstabe.

Aufgabe 2.9

(a)

Die logische Satzadresse zusammen mit einem Datensatztypkennzeichen kann als eindeutiger, stabiler Datenbankschlüssel verwendet werden, der über seine Lebensdauer unverändert bleibt und jede Reorganisation der Sätze in den Seiten überdauert.

(b)

Von einem Datenbankschlüssel ausgehend sind zum Auffinden eines Datensatzes zwei Seitenzugriffe (Zugriffsfaktor 2) erforderlich, was klar schlechter ist als beim DID-Konzept.

(c)

Als erstes wird über den PPP versucht, auf den Datensatz mit dem bekannten Datenbankschlüssel zuzugreifen. Falls PP = PPP gilt, ist, wie beim DID-Konzept, nur ein Seitenzugriff erforderlich. Der wesentliche Vorteil liegt also in der Verbesserung des Zugriffsfaktors. Ansonsten muss der längere Weg mit Hilfe des Datenbankschlüssels über die Zuordnungstabelle genommen werden, die auf jeden Fall die korrekte und aktuelle physische Adresse des Datensatzes enthält. In diesem Fall sind drei Seitenzugriffe (ein Zugriff für die falsche Seite, ein Zugriff für die Seite der Zuordnungstabelle und ein Zugriff für die richtige Seite) erforderlich.

Aufgabe 3.1

Zunächst berechnen wir die Anzahl der Blockzugriffe, die eine binäre Suche auf der Datei benötigt. Der Blockungsfaktor für die Datei ist $r = \lfloor s/l \rfloor = \lfloor 1024/100 \rfloor = 10$ Datensätze pro Block. Die Anzahl der Blöcke, die für die Datei gebraucht werden ist $b = \lceil n/r \rceil = \lceil 100000/10 \rceil = 10000$ Blöcke. Eine binäre Suche auf dieser Datei benötigt daher ungefähr $\lceil \log_2 b \rceil = 14$ Blockzugriffe.

Bei der Konstruktion eines Primärindex beträgt die Größe eines jeden Indexeintrags $e = k + z = 15$ Bytes, so dass der Blockungsfaktor für den Index $r_I = \lfloor s/e \rfloor = \lfloor 1024/15 \rfloor = 68$ Indexeinträge pro Block ist. Bei der Konstruktion eines dichten Primärindex gibt es für jeden Datensatz der Datei einen Indexeintrag. Die Anzahl der benötigten Blöcke ist daher $b_{di} = \lceil n/r_I \rceil = \lceil 100000/68 \rceil = 1471$ Blöcke. Das Auffinden eines Datensatzes erfolgt mittels binärer Suche. Eine binäre Suche auf diesem Primärindex benötigt daher ungefähr $\lceil \log_2 b_{di} \rceil = 11$ Blockzugriffe. Bei der Konstruktion eines dünnen Primärindex entspricht die Gesamtzahl der Indexeinträge der Anzahl der Blöcke in der Datei, die $b = 10000$ beträgt. Die Anzahl der benötigten Blöcke ist daher $b_{dü} = \lceil b/r_I \rceil = \lceil 10000/68 \rceil = 148$ Blöcke. Eine binäre Suche auf dieser Datei benötigt daher ungefähr $\lceil \log_2 b_{dü} \rceil = 8$ Blockzugriffe. Um den Datensatz mit Hilfe eines Primärindex aufzufinden, benötigen wir einen zusätzlichen Blockzugriff auf die eigentliche Datei, so dass bei einem dichten Primärindex insgesamt 12 Blockzugriffe und bei einem dünnen Primärindex 9 Blockzugriffe erforderlich sind. Dies bedeutet eine wesentliche Verbesserung gegenüber der binären Suche auf der Ausgangsdatei mit 14 Blockzugriffen.

Aufgabe 3.2

Eine lineare Suche auf der Datei benötigt im Durchschnitt $b/2$ Blockzugriffe, wobei b die Anzahl der Blöcke der Datei ist. In Selbsttestaufgabe 1 ist $b = 10000$, so dass im Durchschnitt 5000 Blockzugriffe erforderlich sind.

Bei der Konstruktion des Sekundärindex beträgt die Größe eines jeden Indexeintrags $e = k + z = 15$ Bytes. Der Blockungsfaktor für den Index ist $r_I = \lfloor s/e \rfloor = \lfloor 1024/15 \rfloor = 68$ Indexeinträge pro Block ist. In einem dichten Sekundärindex wie dem vorliegenden entspricht die Gesamtanzahl der Indexeinträge der Anzahl der Datensätze in der Datei. Die Anzahl der für den Index erforderlichen Blöcke ist daher $b_S = \lceil n/r_I \rceil$ $= \lceil 100000/68 \rceil = 1471$ Blöcke. Das Auffinden eines Datensatzes erfolgt mittels binärer Suche. Eine binäre Suche auf diesem Sekundärindex benötigt $\lceil \log_2 b_S \rceil = 11$ Blockzugriffe. Hinzu kommt ein zusätzlicher Blockzugriff auf die eigentliche Datei, um den Datensatz aufzufinden, so dass sich insgesamt 12 Blockzugriffe ergeben. Vergleichen Sie dieses Ergebnis mit dem dichten Primärindex aus Aufgabe 3.1.

Aufgabe 3.3

Berechnet haben wir bereits den Blockungsfaktor $r_I = 68$ Indexeinträge pro Block für den Index und die Anzahl $b_S = b_1 = 1471$ Blöcke der ersten Stufe. Die Anzahl der Blöcke zweiter Stufe ist dann $b_2 = \lceil b_1/r_L \rceil = \lceil 1471/68 \rceil = 22$ Blöcke, und die Anzahl der Blöcke dritter Stufe ist $b_3 = \lceil b_2/r_I \rceil 22/68 \rceil = 1$ Block. Es werden also k = 3 Stufen benötigt. Um auf einen Datensatz durch Suchen im mehrstufigen Index zuzugreifen, muss auf jeder Stufe des Index auf einen Block zugegriffen werden. Hinzu kommt ein Blockzugriff auf die eigentliche Datei, so dass sich insgesamt $k + 1 = 3 + 1 = 4$ Blockzugriffe ergeben. Zu vergleichen ist dieses Ergebnis mit Selbsttestaufgabe 2, wo bei Verwendung eines einstufigen Index und binärer Suche 12 Blockzugriffe erforderlich sind.

Aufgabe 3.4

Jeder Knoten eines B-Baums kann höchstens $2m+1$ Blockzeiger auf Sohnknoten, $2m$ Suchschlüsselfelder und $2m$ Indexeinträge (mit DIDs als Blockzeiger) enthalten. Diese müssen in einen Block eines externen Speichermediums passen, da wir annehmen, dass jeder Knoten eines B-Baums einem Block entspricht. Wir erhalten folglich:

$$(2m + 1) \cdot z + 2m \cdot (k + z) \leq s,$$
$$\text{d.h. } (2m + 1) \cdot 6 + 2m \cdot (9 + 6) \leq 512 \text{ oder } 42m \leq 506$$

Wir können m als den größten Wert wählen, der obige Ungleichung erfüllt, so dass $m = 12$ gilt.

Aufgabe 3.5

Bei einem Füllungsgrad von 69% für jeden Knoten eines B-Baums hat ein Knoten im Durchschnitt $(2m + 1) \cdot 0.69 = 25 \cdot 0.69$ oder ungefähr 17 Blockzeiger auf Sohnknoten und somit 16 Suchschlüsselwerte. Es ergeben sich die folgenden geforderten Anzahlen für die Wurzel und die drei nachfolgenden Ebenen:

	Anzahl der Knoten	Anzahl der Indexeinträge	Anzahl der Blockzeiger
Wurzel	1	16	17
Ebene 1	17	272	289
Ebene 2	289	4624	4913
Ebene 3	4913	78608	83521

Auf jeder Ebene größer als 0 (= Wurzel) wird die Anzahl von Knoten, Indexeinträgen bzw. Blockzeigern der vorhergehenden Ebene mit 17, der durchschnittlichen Anzahl von Blockzeigern pro Knoten, multipliziert. Die Gesamtanzahl der Knoten, Indexeinträge bzw. Blockzeiger der i-ten Ebene ergibt sich als Summe der jeweiligen Anzahlen von der Wurzel bis zur i-ten Ebene. Zum Beispiel beträgt die Gesamtanzahl der Indexeinträge eines B-Baums mit einer Ebene im Durchschnitt 272 + 16 = 288 und mit zwei Ebenen im Durchschnitt 4624 + 272 + 16 = 4912. Ein B-Baum mit drei Ebenen besitzt im Durchschnitt 83520 Einträge.

Bei einem Füllungsgrad von 100% hat jeder Knoten 25 Blockzeiger auf Sohnknoten und somit 24 Suchschlüsselwerte. Es ergibt sich folgende Tabelle:

Ebene	Anzahl der Knoten	Anzahl der Indexeinträge	Anzahl der Blockzeiger
Wurzel	1	24	25
Ebene 1	25	600	625
Ebene 2	625	15000	15625
Ebene 3	15625	375000	390625

Bei einem Füllungsgrad von 100% ergeben sich insgesamt 24, 624, 15624 bzw. 390624 Indexeinträge für einen B-Baum der verschiedenen Ebenen. Es ist jedoch sehr unwahrscheinlich, durch zufälliges Einfügen und Löschen einen solch vollständig gefüllten B-Baum zu erzeugen.

Aufgabe 3.6

Ein interner Knoten eines B^+-Baums kann bis zu $2m+1$ Blockzeiger auf Sohnknoten und $2m$ Suchschlüsselfelder enthalten. Diese müssen gemäß unserer Annahme in einen einzelnen Block passen. Wir erhalten:

$$(2m + 1) \cdot z + 2m \cdot k \leq s, \text{ d.h. } (2m + 1) \cdot 6 + 2m \cdot 9 \leq 512 \text{ oder } 30m \leq 506$$

Wir können m als den größten Wert wählen, der obige Ungleichung erfüllt, so dass $m = 16$ gilt.

Aufgabe 3.7

Bei einem Füllungsgrad von 69% für jeden Knoten eines B^+-Baums hat ein Knoten im Durchschnitt $(2m + 1) \cdot 0.69 = 33 \cdot 0.69$ oder ungefähr 22 Blockzeiger auf Sohn-knoten und somit 21 Suchschlüsselwerte. Es ergeben sich die folgenden geforderten Anzahlen für die Wurzel und die drei nachfolgenden Ebenen:

	Anzahl der Knoten	Anzahl der Indexeinträge	Anzahl der Blockzeiger
Wurzel	1	21	22
Ebene 1	22	462	484
Ebene 2	484	10164	10648
Ebene 3	10648	223608	234256

Für die gewählte Blockgröße, Blockzeigergröße und Suchschlüsselfeldgröße erge-ben sich beim B^+-Baum z. B. auf der zweiten bzw. dritten Ebene 10164 bzw. 223608 Indexeinträge im Gegensatz zu 4624 bzw. 78608 Indexeinträgen beim B-Baum (Selbsttestaufgabe 5).

Bei einem Füllungsgrad von 100% hat jeder Knoten 33 Blockzeiger auf Sohnknoten und somit 32 Suchschlüsselwerte. Es ergibt sich folgende Tabelle:

Ebene	Anzahl der Knoten	Anzahl der Indexeinträge	Anzahl der Blockzeiger
Wurzel	1	32	33
Ebene 1	33	1056	1089
Ebene 2	1089	34848	35937
Ebene 3	35937	1149984	1185921

Auch hier ist es sehr unwahrscheinlich, durch zufälliges Einfügen und Löschen einen solch vollständig gefüllten B^+-Baum zu erzeugen.

Aufgabe 3.8

Die Anzahl der Indexeinträge pro Seite, d.h. der Blockungsfaktor, ist $r = \lfloor 4096/200 \rfloor$ = 20. Eine erfolgreiche Suche in der Haufendatei benötigt $\lceil n/2r \rceil = 25000$ Blockzu-griffe, und eine erfolglose Suche erfordert $\lceil n/r \rceil = 50000$ Blockzugriffe. Bei der angenommenen Zugriffszeit von 0,01 Sekunden pro Block braucht eine erfolgreiche bzw. erfolglose Suche über vier bzw. über acht Minuten. Ein Verzeichnis aller Blöcke der Datei erfordert bei einer angenommenen Blockadresslänge von 4 Bytes 200000 Bytes oder 49 Blöcke.

Beim statischen Hashing mit $N = 1000$ Behältern enthält jeder Behälter durchschnittlich $\lfloor n/N \rfloor = 1000$ Datensätze, die auf $\lceil n/rN \rceil = 50$ Blöcke verteilt werden. Eine erfolgreiche Suche benötigt im Durchschnitt $\lceil n/2rN \rceil = 25$ Blockzugriffe und eine erfolglose Suche $\lceil n/rN \rceil = 50$ Blockzugriffe. Bei der angenommenen Zugriffszeit von 0,01 Sekunden pro Block brauchen eine erfolgreiche sowie eine erfolglose Suche weniger als eine Sekunde. Ein Behälterverzeichnis aller Blöcke der Datei erfordert bei einer angenommenen Blockadresslänge von 4 Bytes 4000 Bytes oder einen Block.

Aufgabe 3.9

Im folgenden Algorithmus bezeichnen wir einen Eintrag i der Stufe j mit $(k_j(i), v_j(i))$, wobei $k_j(i)$ einen Suchschlüssel und $v_j(i)$ einen Zeiger auf eine Seite der nächst tieferen Stufe darstellt. Wenn sich der Datensatz mit dem Primärsuchschlüssel k in der Datei befindet, dann gibt es einen Eintrag auf Stufe 1 mit $k_1(i) \leq k < k_1(i+1)$, und der gesuchte Datensatz befindet sich in dem Block der Datei, dessen Adresse $v_1(i)$ ist.

```
algorithm search(k) : bool;
    p := Adresse des Indexblocks der Stufe n;
    foreach j := n downto 1 do
        Lese den Indexblock (auf j-ter Stufe), dessen Adresse p ist;
        Suche Block p für Eintrag i, so dass k_j(i) ≤ k < k_j(i+1) ist (falls k_j(i)
        der
        letzte Eintrag im Block ist, genügt es, k_j(i) ≤ k zu prüfen);
        if solch ein Eintrag i existiert then
            p := p_j(i);
        else
            return false
        fi
    od;
    Lese den Block der Datei, dessen Adresse p ist;
    Suche im Block p nach dem Datensatz mit Primärschlüssel k;
    if k gefunden then return true else return false fi
end search.
```

Gegebenenfalls kann der Algorithmus so erweitert werden, dass er zusätzlich einen Zeiger auf den Datensatz oder aber eine Kopie des Datensatzes mit zurückliefert.

Aufgabe 3.10

(a)

Ein B-Baum T maximaler Höhe h ist ein minimal gefüllter B-Baum der Höhe h. Dieser besitzt in der Wurzel einen und in allen anderen Knoten m Schlüssel. Jeder innere Knoten des B-Baums außer der Wurzel besitzt $m+1$ Söhne. Die beiden linken und rechten Teilbäume T_l und T_r der Wurzel sind vollständige Bäume vom Grad $m+1$. Wir berechnen nun zunächst die Anzahl („#") der Knoten von T_l:

$$\#\text{Knoten}(T_l) = 1 + (m+1) + (m+1)^2 + \dots + (m+1)^{h-1}$$

$$= \frac{(m+1)^h - 1}{(m+1) - 1}$$

Die Anzahl der Schlüssel von T_l beträgt dann:

$$\#\text{Schlüssel}(T_l) = m \cdot \frac{(m+1)^h - 1}{m} = (m+1)^h - 1$$

Die Anzahl der Schlüssel des gesamten Baumes T ist dann:

$$\#\text{Schlüssel}(T) = 2 \cdot (m+1)^h - 1$$

Gemäß Aufgabenstellung sind n Schlüssel in T gespeichert. Dann gilt:

$$n \geq 2 \cdot (m+1)^h - 1$$

$$(m+1)^h \leq \frac{n+1}{2}$$

$$h \leq \log_{(m+1)}\left(\frac{n+1}{2}\right)$$

$$h = O(\log_{(m+1)} n)$$

(b)

Damit ein B-Baum eine minimale Anzahl von Blättern haben kann, muss er minimal besetzt sein, d.h. die Wurzel hat einen Schlüssel und jeder sonstige Knoten hat m Schlüssel. Wir bestimmen zunächst die minimale Anzahl von Blättern in einem B-Baum der Ordnung m mit der Höhe h. Ein B-Baum mit der Höhe $h = 0$ besitzt offensichtlich ein Blatt, nämlich die Wurzel.

Die Behauptung ist nun: Ein minimal besetzter B-Baum der Ordnung m mit der Höhe $h \geq 1$ besitzt $2 \cdot (m+1)^{h-1}$ Blätter.

Wir zeigen dies wie folgt: Sei T_h ein minimal besetzter B-Baum der Ordnung m mit der Höhe h. Da T_1 minimal besetzt ist, besitzt die Wurzel einen Schlüssel, also existieren zwei Blätter. Es ergibt sich für $h = 1$: $2 \cdot (m+1)^{1-1} = 2$.

Für den Induktionsschritt ($h \rightarrow h+1$) gilt nach Induktionsvoraussetzung, dass T_h $2 \cdot (m+1)^{h-1}$ Blätter besitzt. Jedes Blatt besitzt wiederum $m+1$ Verweise auf Sohnknoten in T_{h+1}. Also besitzt T_{h+1} insgesamt $2 \cdot (m+1)^{h-1} \cdot (m+1) = 2 \cdot (m+1)^h$ Blätter.

Für die minimale Schlüsselzahl s_{min} in den Blättern ergibt sich: $s_{min} = 2m \cdot (m+1)^{h-1}$.

(c)

Damit ein B-Baum eine maximale Anzahl von Blättern haben kann, muss er maximal besetzt sein, d.h. jeder Knoten hat $2m$ Schlüssel. Wir bestimmen zunächst die maximale Anzahl von Blättern in einem B-Baum der Ordnung m mit der Höhe h.

Die Behauptung ist: Ist T_h ein maximal besetzter B-Baum der Ordnung m mit der Höhe h, so besitzt er $(2m+1)^h$ Blätter.

Wir zeigen dies wie folgt: Die Behauptung ist offensichtlich richtig für T_0, da dieser Baum nur aus der Wurzel besteht. Für den Induktionsschritt ($h \rightarrow h+1$) gilt, dass T_{h+1} aus der Wurzel und $2m+1$ Teilbäumen der Höhe h besteht. Nach Induktionsvoraussetzung besitzt jeder dieser Teilbäume $(2m+1)^h$ Blätter. Insgesamt besitzt T_{h+1} damit $(2m+1)^h \cdot (2m+1) = (2m+1)^{h+1}$ Blätter.

Für die maximale Schlüsselzahl s_{max} in den Blättern ergibt sich: $s_{max} = 2m \cdot (2m+1)^h$.

(d)

Damit ein B-Baum eine maximale Anzahl von Schlüsseln haben kann, muss er maximal besetzt sein, d.h. jeder Knoten hat $2m$ Schlüssel. Wir bestimmen zunächst die maximale Anzahl von Knoten in einem B-Baum T der Ordnung m mit der Höhe h. Aus (c) wissen wir, dass ein maximal besetzter B-Baum der Ordnung m mit der Höhe h genau $(2m+1)^h$ Blätter besitzt. Wir können daher wie folgt aufsummieren:

$$\#\text{Knoten}(T) = 1 + (2m+1) + (2m+1)^2 + \ldots + (2m+1)^h$$

$$= \frac{(2m+1)^{h+1} - 1}{2m}$$

Für die maximale Anzahl der Schlüssel in einem B-Baum ergibt sich nun:

$$\#\text{Schlüssel}(T) = 2m \cdot \frac{(2m+1)^{h+1} - 1}{2m} = (2m+1)^{h+1} - 1$$

Alternativ lässt sich ein Beweis mittels vollständiger Induktion angeben. Für die Höhe $h = 0$ ergeben sich $(2m+1)^0 - 1 = 2m$ Schlüssel, was einer voll besetzten Wurzel entspricht. Für den Induktionsschritt ($h \rightarrow h+1$) gilt nach Induktionsvoraussetzung, dass T_h ein maximal besetzter B-Baum der Ordnung m mit der Höhe h ist.

Nach Induktionsvoraussetzung besitzt er $(2m+1)^{h+1} - 1$ Schlüssel. Fügen wir auf der Ebene $h+1$ nun Blätter hinzu, so benötigen wir gemäß (c) zusätzliche $(2m+1)^{h+1}$ Knoten mit jeweils $2m$ Schlüsseln. Es ergibt sich somit:

$$\#\text{Schlüssel}(T_{h+1}) = (2m+1)^{h+1} - 1 + 2m(2m+1)^{h+1}$$

$$= (2m+1)^{h+2} - 1$$

Aufgabe 3.11

(a)

Die Seitengröße beträgt 512 Byte, ein Schlüssel ist 16 Byte, ein Verweis 15 Byte lang. Ziel ist es, $2m$ Schlüssel mit $2m+1$ Verweisen auf einer Seite abzulegen. Daraus folgt:

$$2m \cdot 16 \text{ Bytes} + (2m+1) \cdot 15 \text{ Bytes} \leq 512 \text{ Bytes}$$

Es ergibt sich somit:

$$32m + 30m + 15 = 62m + 15 \leq 512, \text{ d.h. } m = 8$$

Auf einer Seite können also 16 Schlüssel und 17 Verweise gespeichert werden.

(b)

In den Blättern des B-Baums der Ordnung 8 müssen 32 MB : 512 Byte = 65536 Verweise auf Seiten der Datei gespeichert werden. Ein vollständig gefüllter B-Baum der Ordnung m mit der Höhe h besitzt nach Teilaufgabe (c) $(2m+1)^h$ Blätter und kann damit maximal $(2m+1) \cdot (2m+1)^h = (2m+1)^{h+1}$ Verweise in den Blättern enthalten. Es muss also

$$
\begin{aligned}
(2m+1)^{h+1} &\geq 65536 &&\text{gelten. Es folgt}\\
17^{h+1} &\geq 65536 &&(\text{wegen } m = 8)\\
h+1 &\geq \log_{17} 65536\\
h &\geq 2{,}91
\end{aligned}
$$

Der B-Baum muss also die Höhe 3 haben. Daher benötigen wir für den B-Baum 4 Seitenzugriffe und für die entsprechende Seite der Datei einen Seitenzugriff. Insgesamt ergibt dies 5 Seitenzugriffe.

(c)

Da die Schlüssel eines Knotens linear geordnet sind, ist binäres Suchen in logarithmischer Zeit möglich. Verwendet man einen binären Suchbaum, so entsteht ein zusätzlicher Aufwand für die Organisation dieses Suchbaums, ohne dass sich der logarithmische Zeitaufwand beim Suchen ändert.

Aufgabe 3.12

(a)

In einem gewöhnlichen binären Suchbaum gibt es jeweils ein Schlüsselfeld für Datensätze. Somit ist ein binärer Suchbaum eine eindimensionale Baumstruktur. Wenn ein Knoten v den Schlüssel x hat, dann enthält der linke Teilbaum von v alle Schlüssel kleiner als x und der rechte Teilbaum alle Schlüssel größer als oder gleich x.

Der k-d-Baum unterscheidet sich vom binären Suchbaum darin, dass sein Schlüssel aus mehreren gleichberechtigten Schlüsselfeldern besteht, er also eine mehrdimensionale Baumstruktur ist, und dass die Ebenen des Baumes der Reihe nach den Schlüsselfeldern zugewiesen werden. D.h. wenn es n Schlüsselfelder k_0, ..., k_{n-1} gibt, dann wird Ebene i das Schlüsselfeld k_i für $i \in \{0, ..., n-1\}$ zugeordnet. Die Ebene n erhält wiederum k_0 usw. Wenn v ein Knoten einer Ebene ist, der k_i zugeordnet ist, und der Wert des Feldes k_i im Datensatz von v gleich x ist, dann müssen alle Schlüssel des linken Teilbaums von v kleiner als x und alle Schlüssel des rechten Teilbaums von v größer oder gleich x sein.

(b)

Der k-d-Baum sieht wie folgt aus:

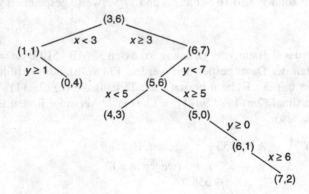

(c)

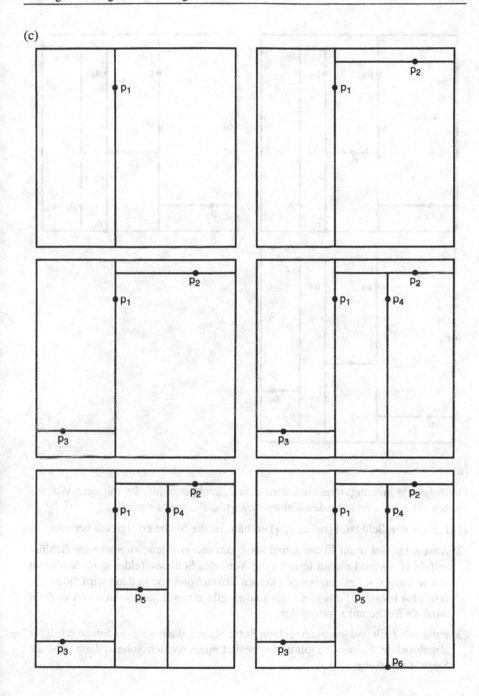

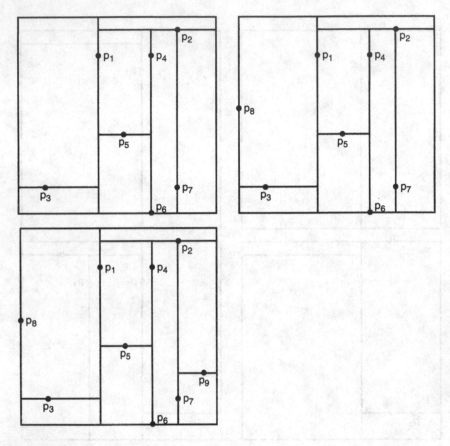

(d)

Die folgende umgangssprachlich formulierte Suchprozedur, die mit dem Wurzelknoten w beginnt, ist auf jeden Knoten eines k-d-Baumes anwendbar.

(1) Falls w den Schlüssel $(v_0, ..., v_{n-1})$ enthält, ist die Suche erfolgreich beendet.

(2) Ansonsten, sei w auf Ebene j, und sei k_i das dieser Ebene zugewiesene Schlüsselfeld ($i = j$ mod n). Sei ferner z der Wert des Schlüsselfeldes k_i im Schlüssel
von w. Falls $v_i < z$ gilt und es gibt keinen linken Sohn von w, dann wird die Suche
erfolglos beendet. Falls $v_i < z$ gilt und es gibt einen linken Sohn s von w, dann
wird die Suche mit s fortgeführt.

(3) Falls $v_i \geq z$ gilt und w keinen rechten Sohn besitzt, dann wird die Suche erfolglos
abgebrochen. Falls $v_i \geq z$ gilt und w besitzt einen rechten Sohn s, dann wird die
Suche mit s fortgesetzt.

(e)

Die Bereichssuche beginnt bei der Wurzel mit der Feststellung, dass der Schlüssel des Wurzelknotens nicht zur Lösung gehört, da sein y-Wert außerhalb des Bereichs für y liegt. Wir bezeichnen im Folgenden den Wert, gemäß dem geteilt wird, als den *dominanten* Wert. Weil der dominante Wert $x = 3$ innerhalb des Bereichs für x liegt, muss in beiden Teilbäumen der Wurzel weitergesucht werden.

Bei der Suche im linken Teilbaum treffen wir auf den Schlüssel $(1, 1)$, der sowohl außerhalb des x- als auch des y-Bereichs liegt. Der dominante Wert $y = 1$ ist kleiner als die linke Grenze des y-Bereichs, so dass wir nur rechts weitersuchen müssen. Aber auch der Wert $(0, 4)$ gehört nicht zur Lösung, da der x-Wert außerhalb des Bereichs liegt.

Bei der Suche im rechten Teilbaum der Wurzel stoßen wir auf den Schlüssel $(6, 7)$. Dessen dominanter Wert $y = 7$ ist größer als die rechte Grenze des y-Bereichs, so dass wir nur links weitersuchen müssen. Dies bringt uns zum Schlüssel $(5, 6)$, der sowohl außerhalb des x- als auch des y-Bereichs liegt. Da die rechte Grenze des x-Bereichs kleiner als der dominante Wert $x = 5$ ist, muss die weitere Suche nur im linken Teilbaum erfolgen, da alle Schlüssel im rechten Teilbaum einen x-Wert größer oder gleich 5 und somit größer als die rechte Grenze des x-Intervalls besitzen. Wir treffen im linken Teilbaum auf den Schlüssel $(4, 3)$, der die Suchkriterien erfüllt. Dieser Schlüssel erfüllt als einziges Element die Suchkriterien, da er keine Söhne besitzt.

Aufgabe 3.13

(a)

Wir berechnen zunächst für jeden Schlüssel x den Wert von $h(x)$ in dezimaler und in binärer Form:

Schlüssel x	$h(x)$ dezimal	$h(x)$ binär
2	2	010
3	3	011
5	5	101
7	7	111
11	3	101
17	1	001
19	3	011

Schlüssel x	$h(x)$ dezimal	$h(x)$ binär
23	7	111
29	5	101
31	7	111

Das Einfügen der Schlüssel kann nun wie folgt beschrieben werden:

Zunächst ist $d = 0$.

Einfügen von 2:

$(0) \rightarrow [2]_0$

Einfügen von 3:

$(0) \rightarrow [2, 3]_0$

Einfügen von 5:

$(0) \rightarrow [2, 3, 5]_0$

Einfügen von 7:

Das Einfügen dieses Schlüssels führt zum Überlauf des Behälters, so dass d auf 1 erhöht werden muss und nun zwei Behälter zur Verfügung stehen.

$(0) \rightarrow [2, 3]_1$
$(1) \rightarrow [5, 7]_1$

Einfügen von 11:

$(0) \rightarrow [2, 3, 11]_1$
$(1) \rightarrow [5, 7]_1$

Einfügen von 17:

Das Einfügen dieses Schlüssels führt zum Überlauf des Behälters mit Index 0, und da $d' = d$ gilt, muss d auf 2 erhöht werden.

$(00) \rightarrow [17]_2$
$(01) \rightarrow [2, 3, 11]_2$
$(10) \rightarrow [5, 7]_1$
$(11) \nearrow$

Einfügen von 19:

Das Einfügen dieses Schlüssels führt zum Überlauf des Behälters mit Index 01, und da $d' = d$ gilt, muss d auf 3 erhöht werden.

$(000) \rightarrow [17]_2$

$(001) \nearrow$

$(010) \rightarrow [2]_3$

$(011) \rightarrow [3, 11, 19]_3$

$(100) \searrow$

$(101) \rightarrow [5, 7]_1$

$(110) \nearrow\nearrow$

(111)

Einfügen von 23:

$(000) \rightarrow [17]_2$

$(001) \nearrow$

$(010) \rightarrow [2]_3$

$(011) \rightarrow [3, 11, 19]_3$

$(100) \searrow$

$(101) \rightarrow [5, 7, 23]_1$

$(110) \nearrow\nearrow$

(111)

Einfügen von 29:

Das Einfügen dieses Schlüssels führt zum Überlauf des Behälters mit Index 101, und da $d' < d$ gilt, muss d nicht erhöht werden. Stattdessen wird d' von 1 auf 2 erhöht.

$(000) \rightarrow [17]_2$

$(001) \nearrow$

$(010) \rightarrow [2]_3$

$(011) \rightarrow [3, 11, 19]_3$

$(100) \searrow$

$(101) \rightarrow [5, 29]_2$

$(110) \rightarrow [7, 23]_2$

$(111) \nearrow$

Einfügen von 31:

$(000) \rightarrow [17]_2$

$(001) \nearrow$

$(010) \rightarrow [2]_3$

$(011) \rightarrow [3, 11, 19]_3$

$(100) \searrow$

$(101) \rightarrow [5, 29]_2$

$(110) \rightarrow [7, 23, 31]_2$

$(111) \nearrow$

(b)

Löschen von 11:

Das Löschen dieses Schlüssels führt dazu, dass die Behälter mit den Indizes 010 und 011 verschmolzen werden können. Die lokale Tiefe d' wird von 3 auf 2 dekrementiert.

$(000) \to [17]_2$

$(001) \nearrow$

$(010) \searrow$

$(011) \to [2, 3, 19]_2$

$(100) \searrow$

$(101) \to [5, 29]_2$

$(110) \to [7, 23, 31]_2$

$(111) \nearrow$

Da nun alle Behälter eine Tiefe $d' < d = 3$ besitzen, kann die Verzeichnisstruktur halbiert und die globale Tiefe d um eins auf 2 reduziert werden. Wir erhalten:

$(00) \to [17]_2$

$(01) \to [2, 3, 19]_2$

$(10) \to [5, 29]_2$

$(11) \to [7, 23, 31]_2$

Aufgabe 4.1

Wir geben zunächst die Lösung für direktes 2-Wege-Mergesort an:

Initialisierungsphase:

f_1:   28 | 3 | 93 | 10 | 54 | 65 | 30 | 90 | 10 | 69 | 8 | 22

f_2:   31 | 5 | 96 | 40 | 85 | 9 | 39 | 13 | 8 | 77 | 10 | 76

Phase 1:

g_1:   28 31 | 93 96 | 54 85 | 30 39 | 8 10 | 8 10

g_2:   3 5 | 10 40 | 9 65 | 13 90 | 69 77 | 22 76

Phase 2:

f_1:   3 5 28 31 | 9 54 65 85 | 8 10 69 77

f_2:   10 40 93 96 | 13 30 39 90 | 8 10 22 76

Phase 3:

g_1:   3 5 10 28 31 40 93 96 | 8 8 10 10 22 69 76 77

g_2:   9 13 30 39 54 65 85 90

Phase 4:

f_1: 3 5 9 10 13 28 30 31 39 40 54 65 85 90 93 96

f_2: 8 8 10 10 22 69 76 77

Phase 5:

g_1: 3 5 8 8 9 10 10 10 13 22 28 30 31 39 40 54 65 69 76 77 85 90 93 96

Als nächstes betrachten wir ausgeglichenes 2-Wege-Mergesort mit $m = 4$:

Initialisierungsphase:

f_1: 3 5 28 31 | 9 54 65 85 | 8 10 69 77

f_2: 10 40 93 96 | 13 30 39 90 | 8 10 22 76

Phase 1:

g_1: 3 5 10 28 31 40 93 96 | 8 8 10 10 22 69 76 77

g_2: 9 13 30 39 54 65 85 90

Phase 2:

f_1: 3 5 9 10 13 28 30 31 39 40 54 65 85 90 93 96

f_2: 8 8 10 10 22 69 76 77

Phase 3:

g_1: 3 5 8 8 9 10 10 10 13 22 28 30 31 39 40 54 65 69 76 77 85 90 93 96

4-Wege-Mergesort ergibt:

Initialisierungsphase:

f_1: 28 | 93 | 54 | 30 | 10 | 8

f_2: 31 | 96 | 85 | 39 | 8 | 10

f_3: 3 | 10 | 65 | 90 | 69 | 22

f_4: 5 | 40 | 9 | 13 | 77 | 76

Phase 1:

g_1: 3 5 28 31 | 8 10 69 77

g_2: 10 40 93 96 | 8 10 22 76

g_3: 9 54 65 85

g_4: 13 30 39 90

Phase 2:

f_1: 3 5 9 10 13 28 30 31 39 40 54 65 85 90 93 96

f_2: 8 8 10 10 22 69 76 77

Phase 3:

g_1: 3 5 8 8 9 10 10 10 13 22 28 30 31 39 40 54 65 69 76 77 85 90 93 96

Aufgabe 4.2

(a)

Die Anzahl der Läufe nach jeder Phase sind folgender Tabelle zu entnehmen:

Band Phase	1	2	3	4	5
Anfang	76/1	83/1	40/1	54/1	0
1	36/1	43/1	0	14/1	40/4
2	22/1	29/1	14/7	0	26/4
3	8/1	15/1	0	14/13	12/4
4	0	7/1	8/19	6/13	4/4
5	4/37	3/1	4/19	2/13	0
6	2/37	1/1	2/19	0	2/70
7	1/37	0	1/19	1/127	1/70
8	0	1/253	0	0	0

(b)

Die Anzahl der Läufe nach jeder Phase sind folgender Tabelle zu entnehmen:

Band Phase	1	2	3	4	5	6
Anfang	80/1	110/1	120/1	125/1	62/1	0
1	18/1	48/1	58/1	63/1	0	62/5
2	0	30/1	40/1	45/1	18/9	44/5
3	18/17	12/1	22/1	27/1	0	26/5
4	6/17	0	10/1	15/1	12/25	14/5
5	0	6/49	4/1	9/1	6/25	8/5
6	4/81	2/49	0	5/1	2/25	4/5
7	2/81	0	2/161	3/1	0	2/5

Es existieren also bereits *zwei* Bänder, die keinen Lauf enthalten. Das Verfahren kann einfach dahingehend modifiziert werden, dass Bänder, die keinen Lauf enthalten, einfach ignoriert werden. Dann lässt sich das Suchen wie folgt fortsetzen:

Band Phase	1	2	3	4	5	6
8	0	2/248	0	1/1	0	0
9	1/249	1/248	0	0	0	0
10	0	0	1/497	0	0	0

Eine Möglichkeit, um eine günstigere Verteilung zu finden, liegt darin, die Verteilung der Läufe ohne Berücksichtigung ihrer Länge „rückwärts" auszuführen. Um möglichst wenige Phasen zu erhalten, nehmen wir bei jedem Schritt an, dass auf dem Band mit den meisten Läufen zuletzt geschrieben wurde. Dann erhalten wir:

Band Phase	1	2	3	4	5	6	Σ
Ende	0	0	0	0	1	0	1
8	1	1	1	1	0	1	5
7	2	2	2	2	1	0	9
6	0	4	4	4	3	2	17
5	4	0	8	8	7	6	33
4	12	8	0	16	15	14	65
3	28	24	16	0	31	30	129
2	59	55	47	31	0	61	253
1	120	116	108	92	61	0	497

Aufgabe 4.3

Ein einfaches Beispiel zeigt, dass das Zurückspulen von Bändern ohne eine Modifikation des Verfahrens *nicht* zu vermeiden ist:

Band Phase	1	2	3
1	$\rightarrow A_1A_1A_1A_1A_1$	$\rightarrow A_1A_1A_1A_1A_1A_1A_1A_1$	$\rightarrow$
2	$\leftarrow$	$\rightarrow A_1A_1A_1$	$D_2D_2D_2D_2D_2 \leftarrow$

Das Problem besteht hier darin, dass auf Band 2 noch drei Läufe in aufsteigender Reihenfolge übrig bleiben. Also muss entweder Band 2 vorgespult oder Band 3 zurückgespult werden, da man keinen aufsteigend sortierten mit einem absteigend sortierten Lauf verschmelzen kann.

Folgende Modifikation bei der Speicherung der Läufe ermöglicht es, auch das Mehrphasensortieren ohne ein Zurückspulen von Bändern durchzuführen.: die Läufe werden abwechselnd in aufsteigender und absteigender Reihenfolge geschrieben. Für unser Beispiel erhalten wir:

Band Phase	1	2	3
1	$\rightarrow A_1D_1A_1D_1A_1$	$\rightarrow A_1D_1A_1D_1A_1D_1A_1D_1$	$\rightarrow$
2	$\leftarrow$	$\rightarrow D_1A_1D_1$	$D_2A_2D_2A_2D_2 \leftarrow$
3	$\rightarrow A_3D_3A_3$	$\leftarrow$	$D_2A_2 \leftarrow$
4	$\rightarrow A_3$	$\rightarrow A_5D_5$	$\rightarrow$
5	$\leftarrow$	$\rightarrow D_5$	$D_8 \leftarrow$
6	$\rightarrow A_{13}$	$\leftarrow$	$\rightarrow$

In den Phasen 1 und 2 gilt natürlich $A_1 = D_1$. Die Unterscheidung wurde zur Verdeutlichung der Vorgehensweise getroffen.

Aufgabe 4.4

Wir geben jedem Eintrag ein zusätzliches Feld *count*, das die Anzahl der aufeinanderfolgenden Einträge mit gleichen Schlüsseln zählt. Dieses Feld sei in den anfänglichen Läufen auf 1 gesetzt. Der Typ eines Eintrags könnte also wie folgt aussehen:

```
type entry = record
    key : data;
    count : integer;
    data : ...;
end;
```

Der Algorithmus sieht dann wie folgt aus:

```
algorithm Merge(f₁, f₂, g);
    x₁ := read(f₁); x₂ := read(f₂);
    while not (end-of-run(f₁) or end-of-run(f₂)) do
        if x₁.key < x₂.key then
            write(g, x₁); fast-copy(f₁, x₁.count – 1, g); x₁ := read(f₁);
        elsif x₁.key > x₂.key then
            write(g, x₂); fast-copy(f₂, x₂.count – 1, g); x₂ := read(f₂);
        else
            c := x₁.count; x₁.count := c + x₂.count;
            write(g, x₁); fast-copy(f₁, c – 1, g); x₁ := read(f₁);
            write(g, x₂); fast-copy(f₂, x₂.count – 1, g); x₂ := read(f₂);
        fi
    od;
    if end-of-run(f₁) then
        while not (end-of-run(f₂)) do
            write(g, x₂); fast-copy(f₂, x₂.count – 1, g); x₂ := read(f₂);
        od
    elsif end-of-run(f₂) then
        while not (end-of-run(f₁)) do
            write(g, x₁); fast-copy(f₁, x₁.count – 1, g); x₁ := read(f₁);
        od
    fi
end Merge.
```

Ein Nachteil dieser Lösung ist, dass zunächst jeweils ein Eintrag von f_1 bzw. f_2 gelesen werden muss, um an die Information über die Anzahl der Einträge mit gleichen Schlüsseln zu gelangen. Ist n diese Anzahl, muss zunächst der gelesene Eintrag zurückgeschrieben werden, bevor anschließend erst die *fast-copy* Operation auf die restlichen $n-1$ Einträge angewendet werden kann.

Aufgabe 5.1

Um zu entscheiden, ob eine Inkrementsperre mit einer Lese-, Schreib- oder Inkrementsperre kompatibel ist, muss geprüft werden, ob das Endergebnis der beiden zugehörigen Operationen unabhängig von der Reihenfolge ihrer Ausführung ist. Die Reihenfolge, in der zwei Inkrementoperationen ausgeführt werden, beeinflusst nicht das Endergebnis. Die Hintereinanderausführung einer Lese- bzw. Schreiboperation und einer Inkrementoperation ist jedoch nicht kommutativ. So macht es z.B. einen Unterschied, ob zunächst ein Wert von einer Transaktion T_1 geschrieben und dann von einer Transaktion T_2 inkrementiert wird oder ob zunächst ein Wert von T_1 inkrementiert und dann von T_2 durch einen vielleicht völlig anderen Wert überschrieben wird. Für das Lesen in Verbindung mit der Inkrementoperation gilt ähnliches. Es ergibt sich somit folgende Kompatibilitätsmatrix:

Transaktion i hält	Transaktion j fordert an		
	Lese-sperre	Schreib-sperre	Inkrement-sperre
Lesesperre	1	0	0
Schreibsperre	0	0	0
Inkrementsperre	0	0	1

Kompatibilitätsmatrix für Lese-, Schreib- und Inkrementsperren

Aufgabe 5.2

Betrachten wir zunächst die Situation einer einzelnen Transaktion T_i, die ein Datenbankobjekt x liest und anschließend versucht, x auf einen Externspeicher zu schreiben. T_i übergibt $r_i[x]$ an den Ablaufplaner, der $rl_i[x]$ setzt. Wenn T_i die Operation $w_i[x]$ an den Ablaufplaner übergibt, muss der Ablaufplaner $rl_i[x]$ in $wl_i[x]$ umwandeln. Um das 2PS-Protokoll nicht zu verletzen, darf $rl_i[x]$ allerdings nicht freigegeben werden. Dies bereitet auch keine Probleme, da eine Lese- und eine Schreibsperre einer Transaktion auf dem gleichen Datenbankobjekt nicht in Konflikt miteinander stehen.

Wenn jedoch zwei Transaktionen nebenläufig versuchen, ihre Lesesperren auf ein und demselben Datenobjekt in Schreibsperren umzuwandeln, ist das Ergebnis ein Deadlock. Betrachten wir hierzu folgendes Szenario: Der Ablaufplaner erhält zunächst $r_1[x]$, setzt daher $rl_1[x]$ und lässt $r_1[x]$ ausführen. Als nächstes erhält der Ablaufplaner $r_2[x]$, setzt daher $rl_2[x]$ und lässt $r_2[x]$ ausführen. Nun erhält der Ablaufplaner $w_1[x]$. Er muss die Operation verzögern, da $wl_1[x]$ mit $rl_2[x]$ in Konflikt steht. Daraufhin erhält der Ablaufplaner $w_2[x]$. Er muss nun auch diese Operation verzögern, weil $wl_2[x]$ mit $rl_1[x]$ in Konflikt steht. Da keine Transaktion ihr $rl_i[x]$ freigeben und keine Transaktion in ihrer Ausführung voranschreiten kann, befinden sich die beiden Transaktionen in einem Deadlock.

Diese Art des Deadlocks tritt auf, wenn eine Transaktion eine große Anzahl von Datenbankobjekten liest und diese Objekte dann verändert. Zunächst setzt sie eine Lesesperre auf jedes gelesene Datenbankobjekt und wandelt später, um ein Objekt ändern zu können, eine Lesesperre in eine Schreibsperre um.

Aufgabe 5.3

Wenn eine Kante $T_i \to T_j$ in einem Warte-Graphen enthalten ist und T_i und T_j schließlich erfolgreich beendet werden, dann wird im Serialisierbarkeitsgraphen die Kante $T_j \to T_i$ zu finden sein. Wenn jedoch T_i abbricht, wird eine Kante $T_j \to T_i$ im Serialisierbarkeitsgraphen niemals auftreten. Warte-Graphen beschreiben also den aktuellen Zustand aller Transaktionen und umfassen sowohl aktive Transaktionen, die sich in einer Wartesituation befinden, als auch niemals ausgeführte Operationen infolge von Abbrüchen. Serialisierbarkeitsgraphen hingegen beschreiben Abhängigkeiten zwischen erfolgreich beendeten Transaktionen, die auf Operationen beruhen, die tatsächlich ausgeführt worden sind.

Aufgabe 5.4

Es ergibt sich folgende Sperrkonvertierungstabelle:

Angeforderte Sperrart

		irl	iwl	rl	riwl	wl
	irl	irl	iwl	rl	riwl	wl
Alte Sperr- art	iwl	iwl	iwl	riwl	riwl	wl
	rl	rl	riwl	rl	riwl	wl
	riwl	riwl	riwl	riwl	riwl	wl
	wl	wl	wl	wl	wl	wl

Aufgabe 5.5

Wir wissen, dass ein Ablaufplan A Konflikt-serialisierbar ist, wenn $C(A)$ Konflikt-äquivalent zu einem seriellen Ablaufplan A_s ist. D.h. nur bisher erfolgreiche Transaktionen werden in A berücksichtigt, da nur sie Datenbankkonsistenz garantieren können. Es ist daher zunächst in allen Ablaufplänen $C(A)$ zu berechnen. Dies ist aber recht einfach, da alle Transaktionen T_i nur daraufhin untersucht werden müssen, ob ihr entsprechendes *commit*-Kommando c_i in A auftritt. Danach ist zu untersuchen, ob der zugehörige Serialisierbarkeitsgraph azyklisch ist, was die Konflikt-Serialisierbarkeit von $C(A)$ zeigt.

(a)

A beinhaltet nicht das *commit*-Kommando von Transaktion T_4, so dass $C(A)$ mit A nicht identisch ist. T_4 muss daher aus dem Ablaufplan entfernt werden. Wir können den Ablaufplan wie folgt umformen:

$$A = \begin{array}{l} r_2[x] \to w_2[x] \to r_1[x] \to r_1[y] \to c_2 \to w_1[y] \to r_3[x] \to r_4[y] \to \\ w_3[x] \to c_3 \to w_1[x] \to r_4[x] \to c_1 \to w_4[y] \to w_4[x] \end{array}$$

$$A' = \begin{array}{l} r_2[x] \to w_2[x] \to r_1[x] \to r_1[y] \to c_2 \to w_1[y] \to r_3[x] \to w_3[x] \\ \to c_3 \to w_1[x] \to c_1 \end{array}$$

$$A'' = \begin{array}{c} r_3[x] \to w_3[x] \to c_3 \\ \nearrow \qquad\qquad\qquad \\ r_1[x] \to r_1[y] \to w_1[y] \to w_1[x] \to c_1 \\ \nwarrow \qquad\qquad\qquad \\ r_2[x] \to w_2[x] \to c_2 \end{array}$$

Es gilt $A' = C(A)$, und wir erhalten den Serialisierbarkeitsgraph

$$SG(A') = T_2 \to T_1 \to T_3$$

Da $SG(A')$ zyklisch ist, ist A' nicht Konflikt-serialisierbar.

(b)

A beinhaltet die *commit*-Kommandos aller vier Transaktionen, so dass A mit $C(A)$ identisch ist. Wir können zunächst den Ablaufplan wie folgt umformen:

$$A = \begin{array}{l} r_2[x] \rightarrow r_2[y] \rightarrow w_2[x] \rightarrow w_2[y] \rightarrow r_4[y] \rightarrow r_1[x] \rightarrow w_4[y] \rightarrow w_1[x] \\ \rightarrow c_2 \rightarrow r_3[x] \rightarrow c_1 \rightarrow r_3[y] \rightarrow w_3[y] \rightarrow c_4 \rightarrow w_3[x] \rightarrow c_3 \end{array}$$

$$A' = \begin{array}{l} \qquad\qquad\qquad\qquad r_3[x] \rightarrow r_3[y] \rightarrow w_3[y] \rightarrow w_3[x] \rightarrow c_3 \\ \qquad\qquad\qquad \nearrow \qquad\qquad\qquad\qquad\qquad\qquad\qquad \uparrow \\ \qquad\qquad r_1[x] \rightarrow w_1[x] \rightarrow c_1 \\ \qquad\qquad \uparrow \\ r_2[x] \rightarrow r_2[y] \rightarrow w_2[x] \rightarrow w_2[y] \rightarrow c_2 \\ \qquad\qquad\qquad\qquad\qquad \searrow \\ \qquad\qquad\qquad\qquad\qquad\qquad r_4[y] \rightarrow w_4[y] \rightarrow c_4 \end{array}$$

Es ergibt sich also folgender Serialisierbarkeitsgraph:

$$SG(A) = \quad T_2 \rightarrow T_1 \rightarrow T_3 \atop \searrow T_4 \nearrow$$

Da $SG(A)$ azyklisch ist, ist A Konflikt-serialisierbar.

Aufgabe 5.6

(a)

Nehmen wir also an, dass zwei Ablaufpläne A und A' Konflikt-äquivalent sind. Dann ist die Menge der Transaktionen beider Ablaufpläne und die Menge der Operationen beider Ablaufpläne nach Definition gleich. Aus der Gleichheit der Transaktionsmengen beider Ablaufpläne folgt die Gleichheit der Knotenmengen beider Serialisierbarkeitsgraphen. Also kann es nur Unterschiede in der Kantenmenge beider Serialisierbarkeitsgraphen geben. Nehmen wir daher an, dass es eine Kante $T_i \rightarrow T_j$ ($i \neq j$) in A gibt, die nur in $SG(A)$ aber nicht in $SG(A')$ auftritt. Gemäß Konstruktionsvorschrift des Serialisierbarkeitsgraphen besagt solch eine Kante, dass es (mindestens) eine Operation p_i von T_i gibt, die vor einer Operation q_j von T_j ausgeführt wird und mit dieser in Konflikt steht. Es gilt also: $p_i <_A q_j$, und aus der Definition der Konflikt-Äquivalenz folgt $p_i <_{A'} q_j$. Gemäß Konstruktionsvorschrift des Serialisierbarkeitsgraphen bedeutet dies aber, dass auch $SG(A')$ eine Kante $T_i \rightarrow T_j$ ($i \neq j$) enthalten muss, was ein Widerspruch zu unserer Annahme ist.

(b)

Dies lässt sich leicht durch die beiden Ablaufpläne $w_1[x] \, w_2[x]$ und $w_1[y] \, w_2[y]$ zeigen, die den gleichen Serialisierbarkeitsgraphen haben, aber offensichtlich nicht Konflikt-äquivalent sind.

Aufgabe 5.7

(a)

Bedingung (iv) der Definition einer Transaktion muss wie folgt schärfer formuliert werden:

$$(iv)' \quad w_i[x] \in T_i \Rightarrow r_i[x] \in T_i \text{ und } r_i[x] <_i w_i[x]$$

(b)

Die Definitionen der Konfliktäquivalenz und der Konflikt-Serialisierbarkeit machen keine Annahmen über das Vorhandensein einer jeweiligen Leseoperation zu jeder Schreiboperation und der Reihenfolge ihrer Ausführung, so dass die in (a) definierte Einschränkung keine Auswirkungen auf Konfliktäquivalenz und der Konflikt-Serialisierbarkeit hat. Die „$\Leftarrow$" Richtung der Behauptung gilt daher auch hier.

Zu zeigen ist also, dass unter der Annahme in (a) jeder Sicht-serialisierbare Ablaufplan auch Konflikt-serialisierbar ist. Nehmen wir an, A sei Sicht-serialisierbar, und betrachten wir nun ein beliebiges Präfix A' von A. Wir wissen, dass dann gemäß Definition auch $C(A')$ Sicht-serialisierbar ist. D.h. $C(A')$ ist Sicht-äquivalent zu einem seriellen Ablaufplan A_s'. Die Behauptung ist nun, dass $C(A')$ Konflikt-äquivalent zu A_s' ist. $C(A')$ und A_s' sind natürlich über der gleichen Menge von Transaktionen definiert und haben die gleichen Operationen, da sie Sicht-äquivalent sind. Es bleibt zu zeigen, dass $C(A')$ und A_s' die gleichen Konfliktoperationen haben. Bedingung (iii) der Definition der Sicht-Serialisierbarkeit lässt die Existenz einer Leseoperation zu einer Schreiboperation offen. Entweder besitzt T_i eine Leseoperation $r_i[x]$, aber liest den von $w_j[x]$ geschriebenen Wert nicht, oder aber T_i besitzt gar keine Leseoperation $r_i[x]$. Mit der Einführung der Bedingung (iv)' in die Definition der Transaktion wird diese Existenz aber gefordert. Es gilt dann aufgrund der Definitionen der Sicht-Serialisierbarkeit und des geänderten Transaktionsbegriffs:

$$\forall w_j \in \Sigma_j \; \forall r_i \in \Sigma_i:$$
$$w_j \text{ und } r_i \text{ sind Konfliktoperationen} \Rightarrow (w_j <_A r_i \Leftrightarrow w_j <_{A'} r_i)$$

Da wegen (iv)' $r_j <_j w_j$ und $r_i <_i w_i$ gilt, folgen auch $r_j <_A w_i$ und $r_j <_{A'} w_i$, d.h. es gilt:

$$\forall r_j \in \Sigma_j \; \forall w_i \in \Sigma_i:$$
$$r_j \text{ und } w_i \text{ sind Konfliktoperationen} \Rightarrow (r_j <_A w_i \Leftrightarrow r_j <_{A'} w_i)$$

Insgesamt ergibt sich das Erfülltsein der Bedingung der Konflikt-Äquivalenz.

Aufgabe 6.1

Die folgende Tabelle zeigt eine Klassifizierung der vier Ablaufpläne.

	ist rücksetzbar	vermeidet fortgesetzten Abbruch	ist strikt
A_1	3	3	
A_2	3	3	3
A_3	3		
A_4			

A_1 ist rücksetzbar, weil T_2 Objekt y von T_1 liest, $c_2 \in A_1$ ist und $c_1 <_A c_2$ gilt. A_1 vermeidet auch fortgesetzten Abbruch, da T_2 Objekt y von T_1 liest und $c_1 <_A r_2[y]$ gilt. A_1 ist allerdings nicht strikt, da aus $w_1[x] <_A w_2[x]$ weder $a_1 <_A w_2[x]$ noch $c_1 <_A w_2[x]$ folgt.

A_2 ist rücksetzbar, weil T_2 Objekt y von T_1 liest, $c_2 \in A_2$ ist und $c_1 <_A c_2$ gilt. A_2 vermeidet auch fortgesetzten Abbruch, da T_2 Objekt y von T_1 liest und $c_1 <_A r_2[y]$ gilt. A_2 ist auch strikt, da aus $w_1[y] <_A o_2[y] \in \{r_2[y], w_2[y]\}$ die Aussage $c_1 <_A o_2[y]$ und aus $w_1[x] <_A w_2[x]$ die Aussage $c_1 <_A w_2[x]$ folgt.

A_3 ist rücksetzbar, weil T_2 Objekt y von T_1 liest, $c_2 \in A_3$ ist und $c_1 <_A c_2$ gilt. A_3 vermeidet allerdings keinen fortgesetzten Abbruch, da T_2 Objekt y von T_1 liest, aber nicht $c_1 <_A r_2[y]$ gilt. A_3 ist auch nicht strikt, da aus $w_1[y] <_A r_2[y]$ weder $a_1 <_A r_2[y]$ noch $c_1 <_A r_2[y]$ folgt.

A_4 ist nicht rücksetzbar, weil T_2 Objekt y von T_1 liest und $c_2 \in A_4$ ist, aber nicht $c_1 <_A c_2$ gilt. A_4 vermeidet auch keinen fortgesetzten Abbruch, da T_2 Objekt y von T_1 liest, aber nicht $c_1 <_A r_2[y]$ gilt. A_4 ist auch nicht strikt, da aus $w_1[y] <_A r_2[y]$ weder $a_1 <_A r_2[y]$ noch $c_1 <_A r_2[y]$ folgt.

Aufgabe 6.2

Für die aggressivere Variante einen Deadlock zu konstruieren ist nicht schwierig. Wenn beispielsweise zwei Transaktionen eine Lesesperre auf einem Knoten halten und jeweils ihre Lesesperre in eine Schreibsperre umwandeln möchten, liegt bereits eine Deadlock-Situation vor.

Ein Deadlock kann vermieden werden, wenn eine neue Sperrart, die wir „Vielleicht-Schreibsperre" nennen wollen, eingeführt wird. Wir definieren, dass eine solche Vielleicht-Schreibsperre mit einer Schreibsperre oder einer Vielleicht-Schreibsperre in Konflikt steht, aber nicht mit einer Lesesperre. Anstatt nun Lesesperren auf dem Suchpfad von der Wurzel in den Baum hinab zu erhalten, erhält die Einfügeoperation Vielleicht-Schreibsperren. Falls beim Einfügen ein nicht gefüllter Knoten erreicht wird, werden die Vorgängersperren wie vorher freigegeben. Nach dem Erreichen des gewünschten Blatts werden die Vielleicht-Schreibsperren, die die Einfügeoperation noch besitzt, in Schreibsperren umgewandelt. Dies verhindert, dass zwei Einfügeoperationen den gleichen Knoten sperren und dass dann Deadlocks bei einer Sperr-umwandlung geschehen.

Aufgabe 7.1

Wir wählen zur Darstellung der einzelnen Algorithmusschritte Ausdrücke in Relationenalgebra und keine Operatorbaumdarstellung. Der algebraisch zu optimierende Ausdruck ist

$$\pi_{Ang.Name,\ Ang.Beruf}(\sigma_{Ang.AbNr\ =\ Abt.AbNr\ \wedge\ Abt.AOrt\ =\ \text{``Hagen''}\ \wedge\ Ang.ANr\ =\ PA.ANr}$$
$$_{\wedge\ PA.PNr\ =\ Proj.PNr\ \wedge\ Proj.POrt\ =\ \text{``Hagen''}}\ (Ang \times Abt \times Proj \times PA))$$

Algorithmusschritt 1:

$$\pi_{Ang.Name,\ Ang.Beruf}(\sigma_{Ang.AbNr\ =\ Abt.AbNr\ \wedge\ Abt.AOrt\ =\ \text{``Hagen''}\ \wedge\ Ang.ANr\ =\ PA.ANr}$$
$$_{\wedge\ PA.PNr\ =\ Proj.PNr\ \wedge\ Proj.POrt\ =\ \text{``Hagen''}}\ (((Ang \times Abt) \times Proj) \times PA))$$

Algorithmusschritt 2:

$$\pi_{Ang.Name,\ Ang.Beruf}($$
$$\sigma_{Ang.AbNr\ =\ Abt.AbNr}\ (\sigma_{Abt.AOrt\ =\ \text{``Hagen''}}\ (\sigma_{Ang.ANr\ =\ PA.ANr}\ ($$
$$\sigma_{PA.PNr\ =\ Proj.PNr}\ (\sigma_{Proj.POrt\ =\ \text{``Hagen''}}\ ($$
$$((Ang \times Abt) \times Proj) \times PA))))))$$

Algorithmusschritt 3:

$$\pi_{Ang.Name,\ Ang.Beruf}($$
$$((\sigma_{Abt.AbNr\ =\ Ang.AbNr}\ (\sigma_{Abt.AOrt\ =\ \text{``Hagen''}}\ (Abt) \times Ang)) \times$$
$$\sigma_{Ang.ANr\ =\ PA.ANr}\ (PA)) \times \sigma_{PA.PNr\ =\ Proj.PNr}\ ($$
$$\sigma_{Proj.POrt\ =\ \text{``Hagen''}}\ (Proj)))$$

Algorithmusschritt 4:

Gehen wir rein algebraisch vor, so ist keine bessere Anordnung der Teilausdrücke erkennbar, und wir erhalten den gleichen Algebraausdruck wie in Algorithmusschritt 3:

$$\pi_{Ang.Name,\ Ang.Beruf}\,($$
$$((\sigma_{Abt.AbNr\ =\ Ang.AbNr}\,(\sigma_{Abt.AOrt\ =\ ``Hagen"}\,(Abt)\times Ang))\times$$
$$\sigma_{Ang.ANr\ =\ PA.ANr}\,(PA))\times\sigma_{PA.PNr\ =\ Proj.PNr}\,($$
$$\sigma_{Proj.POrt\ =\ ``Hagen"}\,(Proj)))$$

Andererseits kann es möglich sein, dass wir mehr Informationen wie z.B. Selektivitätsschätzungen oder Ergebnisse aus der Analyse von Selektionsbedingungen besitzen. Es ist z.B. sinnvoll, zunächst mit der Ausführung einer solchen Selektion zu beginnen, die die Anzahl der Tupel der Ergebnisrelation drastisch reduziert. Hierzu bieten sich Selektionen der Form $\sigma_{A\ =\ c}$ an, wobei A ein Attributname und c eine Konstante ist. Von einem solchen Selektionsausdruck können wir eine niedrige Selektivität erwarten, d.h. es wird wenige Tupel geben, die die Bedingung $A = c$ erfüllen. In unserem Beispiel haben die beiden Selektionen $\sigma_{Abt.AOrt\ =\ ``Hagen"}\,(Abt)$ und $\sigma_{Proj.POrt\ =\ ``Hagen"}\,(Proj)$ diese Form. Es ist anzunehmen, dass sich nur einige Abteilungs- bzw. Projektorte in Hagen befinden werden. Wenn wir vom Algebraausdruck aus Algorithmusschritt 3 abstrahieren und Projektionen und Selektionen weglassen, erhalten wir den Ausdruck $((W\times X)\times Y)\times Z$, W enthält die Selektion $\sigma_{Abt.AOrt\ =\ ``Hagen"}\,(Abt)$ und $Z$ die Selektion $\sigma_{Proj.POrt\ =\ ``Hagen"}\,(Proj)$. Z wird also zu spät ausgeführt, so dass das Assoziativgesetz Anwendung findet: $((W\times X)\times Y)\times Z = (W\times X)\times(Y\times Z)$. Wir erhalten:

$$\pi_{Ang.Name,\ Ang.Beruf}\,($$
$$(\sigma_{Abt.AbNr\ =\ Ang.AbNr}\,(\sigma_{Abt.AOrt\ =\ ``Hagen"}\,(Abt)\times Ang))\times$$
$$(\sigma_{Ang.ANr\ =\ PA.ANr}\,(PA)\times\sigma_{PA.PNr\ =\ Proj.PNr}\,($$
$$\sigma_{Proj.POrt\ =\ ``Hagen"}\,(Proj))))$$

Wir werden im Folgenden beide Umformungen weiterverfolgen.

Algorithmusschritt 5:

$$\pi_{Ang.Name,\ Ang.Beruf}\,($$
$$((\sigma_{Abt.AOrt\ =\ ``Hagen"}\,(Abt)\bowtie_{Abt.AbNr\ =\ Ang.AbNr}\,Ang)$$
$$\bowtie_{Ang.ANr\ =\ PA.ANr}\,PA)\bowtie_{PA.PNr\ =\ Proj.PNr}\,\sigma_{Proj.POrt\ =\ ``Hagen"}\,(Proj))$$
$$\pi_{Ang.Name,\ Ang.Beruf}\,($$
$$(\sigma_{Abt.AOrt\ =\ ``Hagen"}\,(Abt)\bowtie_{Abt.AbNr\ =\ Ang.AbNr}\,Ang)$$
$$\bowtie_{Ang.ANr\ =\ PA.ANr}\,(PA\bowtie_{PA.PNr\ =\ Proj.PNr}\,\sigma_{Proj.POrt\ =\ ``Hagen"}\,(Proj)))$$

Algorithmusschritt 6:

$$\pi_{Ang.Name,\ Ang.Beruf}\,($$
$$((\pi_{Abt.AbNr}\,(\sigma_{Abt.AOrt\ =\ ``Hagen"}\,(Abt))$$
$$\bowtie_{Abt.AbNr\ =\ Ang.AbNr}\,\pi_{Ang.Name,\ Ang.Beruf,\ Ang.AbNr,\ Ang.ANr}\,(Ang))$$
$$\bowtie_{Ang.ANr\ =\ PA.ANr}\,\pi_{PA.ANr,\ PA.PNr}\,(PA))$$
$$\bowtie_{PA.PNr\ =\ Proj.PNr}\,\pi_{Proj.PNr}\,(\sigma_{Proj.POrt\ =\ ``Hagen"}\,(Proj)))$$

$$\pi_{Ang.Name,\ Ang.Beruf}\ ($$
$$(\pi_{Abt.AbNr}\ (\sigma_{Abt.AOrt\ =\ \text{``Hagen''}}\ (Abt)))$$
$$\bowtie_{Abt.AbNr\ =\ Ang.AbNr}\ \pi_{Ang.Name,\ Ang.Beruf,\ Ang.AbNr,\ Ang.ANr}\ (Ang))$$
$$\bowtie_{Ang.ANr\ =\ PA.ANr}\ (\pi_{PA.ANr,\ PA.PNr}\ (PA)$$
$$\bowtie_{PA.PNr\ =\ Proj.PNr}\ \pi_{Proj.PNr}\ (\sigma_{Proj.POrt\ =\ \text{``Hagen''}}\ (Proj))))$$

Algorithmusschritt 7:

Dieser Schritt findet hier keine Anwendung, da beide Ausdrücke bereits in der geforderten Form vorliegen.

Algorithmusschritt 8:

Dieser Schritt findet hier keine Anwendung, da gemeinsame Teilausdrücke nicht auftreten.

Als Ergebnisausdruck der heuristischen Optimierung erhalten wir somit entweder den rein algebraischen Ausdruck

$$\pi_{Ang.Name,\ Ang.Beruf}\ ($$
$$((\pi_{Abt.AbNr}\ (\sigma_{Abt.AOrt\ =\ \text{``Hagen''}}\ (Abt)))$$
$$\bowtie_{Abt.AbNr\ =\ Ang.AbNr}\ \pi_{Ang.Name,\ Ang.Beruf,\ Ang.AbNr,\ Ang.ANr}\ (Ang))$$
$$\bowtie_{Ang.ANr\ =\ PA.ANr}\ \pi_{PA.ANr,\ PA.PNr}\ (PA))$$
$$\bowtie_{PA.PNr\ =\ Proj.PNr}\ \pi_{Proj.PNr}\ (\sigma_{Proj.POrt\ =\ \text{``Hagen''}}\ (Proj)))$$

oder den durch eine Selektivitätsschätzung beeinflussten Ausdruck

$$\pi_{Ang.Name,\ Ang.Beruf}\ ($$
$$(\pi_{Abt.AbNr}\ (\sigma_{Abt.AOrt\ =\ \text{``Hagen''}}\ (Abt)))$$
$$\bowtie_{Abt.AbNr\ =\ Ang.AbNr}\ \pi_{Ang.Name,\ Ang.Beruf,\ Ang.AbNr,\ Ang.ANr}\ (Ang))$$
$$\bowtie_{Ang.ANr\ =\ PA.ANr}\ (\pi_{PA.ANr,\ PA.PNr}\ (PA)$$
$$\bowtie_{PA.PNr\ =\ Proj.PNr}\ \pi_{Proj.PNr}\ (\sigma_{Proj.POrt\ =\ \text{``Hagen''}}\ (Proj))))$$

Aufgabe 7.2

Das folgende Bild zeigt den in Aufgabe 7.1 als Ergebnis der algebraischen Optimierung erhaltenen Algebraausdruck (Version 1)

$$\pi_{Ang.Name,\ Ang.Beruf}\ ($$
$$((\pi_{Abt.AbNr}\ (\sigma_{Abt.AOrt\ =\ \text{``Hagen''}}\ (Abt)))$$
$$\bowtie_{Abt.AbNr\ =\ Ang.AbNr}\ \pi_{Ang.Name,\ Ang.Beruf,\ Ang.AbNr,\ Ang.ANr}\ (Ang))$$
$$\bowtie_{Ang.ANr\ =\ PA.ANr}\ \pi_{PA.ANr,\ PA.PNr}\ (PA))$$
$$\bowtie_{PA.PNr\ =\ Proj.PNr}\ \pi_{Proj.PNr}\ (\sigma_{Proj.POrt\ =\ \text{``Hagen''}}\ (Proj)))$$

als Operatorbaum. Ferner ist die Gruppierung der logischen Operatoren dargestellt. Die zu Gruppen verknüpften logischen Operatoren sind durch Schattierung gekennzeichnet.

$$\pi_{Ang.Name,\ Ang.Beruf}$$
$$|$$
$$\bowtie_{PA.PNr\ =\ Proj.PNr}$$

$$\bowtie_{Ang.ANr\ =\ PA.ANr} \qquad\qquad \pi_{Proj.PNr}$$

$$\bowtie_{Abt.AbNr\ =\ Ang.AbNr} \quad \pi_{PA.ANr,\ PA.PNr} \qquad \sigma_{Proj.POrt\ =\ ``Hagen"}$$
$$PA \qquad\qquad\qquad Proj$$

$$\pi_{Abt.AbNr} \quad \pi_{Ang.Name,\ Ang.Beruf,\ Ang.AbNr,\ Ang.ANr}$$

$$\sigma_{Abt.AOrt\ =\ ``Hagen"} \qquad\qquad Ang$$
$$Abt$$

Aufgabe 7.3

Die erste Phase des externen Sortierens ist ein Relationen-Durchlauf und dient der Erzeugung der anfänglichen Menge von intern sortierten Läufen. Hierbei kann die Projektion durchgeführt werden, indem unerwünschte Attribute entfernt werden. Falls k Systempufferseiten hierfür verfügbar sind, werden k Seiten von R gelesen und $(m/n)\cdot k$ intern sortierte Seiten in eine Zwischenrelation hinausgeschrieben. In Kapitel 4 ist gezeigt worden, dass mit einem ausgereifteren Verfahren im Durchschnitt ungefähr $2\cdot k$ intern sortierte Seiten in die Zwischenrelation geschrieben werden können. Die Duplikateliminierung erfolgt während der Verschmelzungsphasen, so dass weniger Tupel in jeder Phase herausgeschrieben werden.

Aufgabe 7.4

Ein existierender Index zur Unterstützung der Realisierung einer Projektion ist sinnvoll, wenn der Suchschlüssel alle Projektionsattribute enthält. In diesem Fall können wir einfach die Suchschlüsselwerte des Index durchlaufen, ohne jemals auf die eigentliche Relation zugreifen zu müssen. Die Projektionstechniken werden dann auf diese, viel kleinere Menge von Seiten angewendet. Man bezeichnet diese Technik auch als *indexbeschränkten Durchlauf* (*index-only scan*). Liegt ein geordneter Index vor wie z.B ein Baumindex, dessen Suchschlüssel die Projektionsattribute als Präfix umfasst, ist eine noch einfachere Vorgehensweise möglich. Die Indexeinträge werden der Reihe nach gelesen, unerwünschte Attribute entfernt, benachbarte Indexeinträge verglichen und gegebenenfalls Duplikate entfernt.

Aufgabe 7.5

Man kann diese Situation als eine Variante des Sort-Merge-Join auffassen. Die Indexe ermöglichen einen Index-Durchlauf in der Sortierreihenfolge der Join-Attribute. Handelt es sich bei den Sekundärindexen um Primärorganisationen (was wohl eher nicht der Fall sein wird), so ergibt sich ein unmittelbarer Zugriff auf die Tupel und somit eine effiziente Verarbeitung. Handelt es sich jedoch um Sekundärorganisationen, so können die Tupel über alle Blöcke einer Relation verstreut sein. Somit wird diese Methode sehr ineffizient, weil jeder Tupelzugriff in der Regel einen Seitenzugriff nach sich ziehen wird.

Aufgabe 7.6

(a)

Der Join $R \bowtie S$ zweier Relationen $R(X, Y)$ und $S(Y, Z)$ ist eine Relation $T(X, Y, Z)$. Die Ergebnisrelation besteht also aus der Menge aller Tupel $(x : X, y : Y, z : Z)$, so dass ein Tupel in R existiert mit X-Wert x und Y-Wert y und ein Tupel in S existiert mit Y-Wert y und Z-Wert z. Offensichtlich ist diese Definition symmetrisch bezüglich R und S, so dass $R \bowtie S$ das gleiche ist wie $S \bowtie R$.

(b)

Die Vereinigung $R \cup S$ zweier schemaverträglicher Relationen R und S ist eine Relation mit dem gleichen Schema wie R und S. Sie enthält die Menge aller Tupel, die zu R, zu S oder zu beiden Relationen gehören. Ist T eine weitere zu R und S schemaverträgliche Relation, so gilt:

*   Die Vereinigung $(R \cup S) \cup T$ ist eine Relation mit dem gleichen Schema wie $R \cup S$ und T. Sie enthält die Menge aller Tupel, die zu $R \cup S$, zu T oder zu beiden Relationen gehören.

*   Die Vereinigung $R \cup (S \cup T)$ ist eine Relation mit dem gleichen Schema wie R und $S \cup T$. Sie enthält die Menge aller Tupel, die zu R, zu $S \cup T$ oder zu beiden Relationen gehören.

Beide Ergebnisrelationen haben das gleiche Schema und enthalten die Menge aller Tupel t, so dass t zu wenigstens einer der Relationen R, S oder T gehört. Beide Ergebnisrelationen sind somit identisch.

(c)

Falls $t \in R \cup (S \cap T)$ ist, dann ist $t \in R$ oder $t \in S \cap T$. Ist $t \in R$, dann gilt auch $t \in R \cup S$ und $t \in R \cup T$. Also gilt auch $t \in (R \cup S) \cap (R \cup T)$. Ist hingegen $t \in S \cap T$, dann gilt $t \in S$ und $t \in T$ und somit auch $t \in R \cup S$ und $t \in R \cup T$. Wiederum gilt also $t \in (R \cup S) \cap (R \cup T)$.

Umgekehrt, falls $t \in (R \cup S) \cap (R \cup T)$ gilt, so ist $t \in R \cup S$ und $t \in R \cup T$. Also ist $t \in R$ oder $t \in S \cap T$. Also gilt $t \in R \cup (S \cap T)$.

(d)

Falls $t \in R$ ist, dann gilt offensichtlich auch $t \in R \cup (R \cap S)$. Umgekehrt, falls $t \in R \cup (R \cap S)$ ist, dann gehört t entweder zu R oder aber t gehört zu R und S. Auf jeden Fall gehört also t zu R.

(e)

$$\sigma_F (R - S) = \{t \in R - S \mid F(t)\} = \{t \in R \mid F(t)\} - \{t \in S \mid F(t)\} = \sigma_F (R) - \sigma_F (S)$$

Die zweite Äquivalenz ergibt sich aus der Tatsache, dass nur solche Tupel von S aus R entfernt werden, die in $\sigma_F(R)$ enthalten sind und somit automatisch die Formel F erfüllen. Eine ausdrückliche Selektion auf S bezüglich F ist daher unnötig.

(f)

Da R und S aufgrund der Durchschnittoperation schemaverträglich sein müssen, ist die Attributmenge A eine Teilmenge des Schemas von R bzw. S. Betrachten wir eine Relation als eine Menge von Abbildungen, so gilt:

$$\pi_A (R \cap S) = \{t|_A \mid t \in R \wedge t \in S\} = \{t|_A \mid t \in R\} \cap \{t|_A \mid t \in S\} = \pi_A (R) \cap \pi_A (S)$$

Aufgabe 7.7

Insbesondere im Rahmen der Implementierung macht es häufig Sinn, eine Relation nicht als Menge sondern als eine *Folge* von Tupeln aufzufassen, da die Tupel in einer bestimmten Reihenfolge angesprochen oder abgespeichert werden. Wir notieren Folgen mit Hilfe der Klammern $\langle$ und $\rangle$ und bezeichnen die leere Folge mit $\Diamond$. Die Konkatenation von Folgen erledigt der Operator $\circ$. Die Einschränkung eines Tupels t auf eine Attributmenge A notieren wir mit $t[A]$. Das i-te Tupel einer Relation R bezeichnen wir mit $R(i)$.

(a)

Gegeben sei ein Ausdruck der Form $\pi_A (R)$, wobei R eine Relation mit n Tupeln und A eine Teilmenge der Attribute von R ist. Ein Algorithmus zur Implementierung der Projektion sieht dann wie folgt aus:

```
algorithm Projection(R, A, R');
{ Eingabe ist eine Relation R und eine Attributmenge A als Teilmenge
des Schemas von R. R' ist die Ausgaberelation.}
    R' := ◊;
    for i := 1 to n do
        R' := R' ∘ ⟨R(i)[A]⟩;
    od;
```

{ Auf die Formulierung von Operationen auf Folgen haben wir hier verzichtet. Wir gehen davon aus, dass die **for each**-Schleife sukzessive von
vorne nach hinten durch die Relation läuft. R' enthält das Ergebnis der
Projektion *vor* der Duplikateliminierung. }

if A enthält einen Schlüssel von R **then**

    { R' ist auch das Ergebnis der Projektion *nach* der Duplikateliminie-
    rung. }

    return

else

    $S := sort(R')$; { Sortiere die Tupel in R' }

    $i := 1; j := 2$;

    $R' := \Diamond$;

    while $i \leq n$ **do**

        $R' := R' \circ \langle S(i) \rangle$;

        while $S(i) = S(j)$ **do**

            $j := j + 1$ { Überspringe Duplikate }

        od;

        $i := j; j := i + 1$

    od

fi

end *Projection*.

(b)

Gegeben seien eine Relation R mit n Tupeln und eine Relation S mit m Tupeln.

algorithm *Union*(R, S, T);

    { Eingaben sind zwei Relationen R und S. T ist die Ausgaberelation.}

    Sortiere die Tupel in R und S bezüglich gleicher eindeutiger Sortierattri-
    bute;

    $T := \Diamond; i := 1; j := 1$;

    while $(i \leq n)$ **and** $(j \leq m)$ **do**

        if $R(i) > S(j)$ **do**

            $T := T \circ \langle S(j) \rangle$;

            $j := j + 1$

        elsif $R(i) < S(j)$ **do**

            $T := T \circ \langle R(i) \rangle$;

            $i := i + 1$

        else

            $j := j + 1$ { Überspringe eines der Duplikattupel }

        fi

    od;

    if $i \leq n$ **then** füge Tupel $R(i)$ bis $R(n)$ an T an **fi**;

    if $j \leq m$ **then** füge Tupel $S(j)$ bis $S(m)$ an T an **fi**

end *Union*.

(c)

Gegeben seien eine Relation R mit n Tupeln und eine Relation S mit m Tupeln.

```
algorithm Intersection(R, S, T);
{ Eingaben sind zwei Relationen R und S. T ist die Ausgaberelation.}
    Sortiere die Tupel in R und S bezüglich gleicher eindeutiger Sortierattri-
    bute;
    T := ◊; i := 1; j := 1;
    while (i ≤ n) and (j ≤ m) do
        if R(i) > S(j) do
            j := j + 1
        elsif R(i) < S(j) do
            i := i + 1
        else
            T := T ∘ ⟨R(i)⟩;
            i := i + 1; j := j + 1
        fi
    od;
end Intersection.
```

(d)

Gegeben seien eine Relation R mit n Tupeln und eine Relation S mit m Tupeln.

```
algorithm Difference(R, S, T);
{ Eingaben sind zwei Relationen R und S. T ist die Ausgaberelation.}
    Sortiere die Tupel in R und S bezüglich gleicher eindeutiger Sortierattri-
    bute;
    T := ◊; i := 1; j := 1;
    while (i ≤ n) and (j ≤ m) do
        if R(i) > S(j) do
            j := j + 1
        elsif R(i) < S(j) do
            T := T ∘ ⟨R(i)⟩; { R(i) ist in S nicht enthalten }
            i := i + 1
        else
            i := i + 1; j := j + 1
        fi
    od;
    if i ≤ n then füge Tupel R(i) bis R(n) an T an fi
end Difference.
```

Bildverzeichnis

Index

Index (englisch)

Druck und Bindung: Strauss Offsetdruck GmbH